Eliteökonomen

Jens Maeße

Eliteökonomen

Wissenschaft im Wandel
der Gesellschaft

 Springer VS

Dr. Jens Maeße
University of Warwick
Coventry
UK

ISBN 978-3-658-07337-4   ISBN 978-3-658-07338-1 (eBook)
DOI 10.1007/978-3-658-07338-1

Die Deutsche Nationalbibliothek verzeichnet diese Publikation in der Deutschen Nationalbiblio-
grafie; detaillierte bibliografische Daten sind im Internet über http://dnb.d-nb.de abrufbar.

Springer VS
© Springer Fachmedien Wiesbaden 2015

Lektorat: Cori Antonia Mackrodt, Katharina Gonsior

Gedruckt auf säurefreiem und chlorfrei gebleichtem Papier

Springer Fachmedien Wiesbaden ist Teil der Fachverlagsgruppe Springer Science+Business Media
(www.springer.com)

Vorwort

Die vorliegende Arbeit ist der erste von zwei Bänden, die sich mit der diskursiven Konstruktion von Wirtschaftsexperten in zeitgenössischen Gesellschaften befassen. Dieser Band nimmt die Globalisierungstendenzen in der deutschsprachigen Volkswirtschaftslehre in den Blick und beschreibt mit dem „Eliteprinzip" die Regeln, an die sich diskursive Positionierungspraktiken in der akademischen Welt der VWL orientieren. Der zweite Band mit dem Titel *Wirtschaftsexperten. Die Akademisierung des politischen Diskurses* untersucht die Veränderungen in der Konstruktion von Legitimierungsmustern in der angewandten Wirtschaftswissenschaft, in der Welt der Politik und der Medien. Es wird die Untersuchungsperspektive einer *Diskursiven Politischen Ökonomie der Wirtschaftswissenschaft* eingenommen. Diese wird am jeweiligen Untersuchungsgegenstand ausgeführt und fragt nach der Rolle ökonomischer Expertendiskurse im Machtgefüge globalisierter politischer Ökonomien. Beide Bände thematisieren jeweils aus ihrem Kontext heraus den übergreifenden Zusammenhang, der die *Akademisierung* des wirtschaftspolitischen Diskurses und die *Elitisierung* des akademischen Diskurses miteinander verbindet. Mit dieser Untersuchung wird das Forschungsprojekt „Financial expert discourse. The production, circulation and transformation of heterogeneous knowledge in financial economics between market, state and academia" (Fed) abgeschlossen. Das übergreifende Ziel dieses Projektes bestand und besteht darin, ökonomisches Expertentum in den multiplen sozialen Welten ihrer diskursiven Inszenierung zu beobachten und dabei den Zusammenhang der unterschiedlichen Expertendiskurse zwischen Wissenschaft, Wirtschaft, Staat und Medien in den Blick zu nehmen.

Für die Förderung dieses Projektes gilt mein ganz besonderer Dank der Volkswagenstiftung. Für wertvolle Kommentare, Hinweise, Fragen und Kritiken bedanke ich mich bei David Adler, Johannes Angermuller, Julian Hamann, Katharina Jahn, Julian König, Kris Kunst, Hanno Pahl und Jan Sparsam.

Inhaltsverzeichnis

Einleitung

1

Politik, Gesellschaft und Medien erwarten von Wirtschaftsexperten[1] üblicherweise Ratschläge für die Lösung gesellschaftspolitischer Probleme. Diese Ratschläge sollen auf wissenschaftlich fundierten Analysen stehen, die ihre Qualität und Leistungsfähigkeit hinreichend ausgewiesen haben. Aber wie werden Leistung und Qualität in der Wirtschaftswissenschaft bestimmt? Wer am 6. September 2014 die Frankfurter Allgemeine Zeitung (FAZ) aufschlug, konnte sich dort in dem Beitrag von Patrick Bernau ein Bild davon machen:

> Deutschlands einflussreichster Ökonom 2014 ist Hans-Werner Sinn, der Präsident des Ifo-Instituts. Kein anderer Wirtschaftsforscher hat in Deutschland so viel Gewicht in Medien und Politik und ist gleichzeitig auch in der Forschung präsent. Das zeigt unsere diesjährige Einfluss-Rangliste der Wirtschaftsforscher. Sinn hat sich viel Gehör verschafft, indem er unentwegt gegen die Vergemeinschaftung von Staatsschulden in der Eurokrise und gegen übermäßiges Gelddrucken der Europäischen Zentralbank kämpft. Und obwohl die Eurokrise aus den großen Schlagzeilen eigentlich schon verschwunden ist, ist Sinn mit seinem unentwegten Einsatz in den Medien noch häufiger zitiert worden als im Vorjahr.

Damit kürt die FAZ – eine der einflussreichsten Tageszeitungen Deutschlands und neben dem Handelsblatt eines der führenden Blätter in den Wirtschaftsnachrich-

---

[1] Die Begriffe „Experten", „Finanzexperten", „Wirtschaftsexperten" oder „Expertentum" werden ebenso wie die Begriffe „Akteur", „Diskurs" oder „Institution" im Sinne wissenschaftlicher Begriffe geschlechtsneutral behandelt und müssen demzufolge nicht geschlechtergerecht umformuliert werden.

© Springer Fachmedien Wiesbaden 2015
J. Maeße, *Eliteökonomen*, DOI 10.1007/978-3-658-07338-1_1

ten – Hans-Werner Sinn zum „Nummer-1-Ökonomen". Gleichzeitig thematisiert
dieser Beitrag eine aktuelle Diskussion über die Art der Bewertung von Erfolg
und Leistung in der Wirtschaftswissenschaft. Während vom Handelsblatt etwa
ausschließlich die akademische Leistungsfähigkeit gemessen und bewertet wird,
fordern andere, auch das Auftreten von ÖkonomInnen in Medien und der Politikberatung mit einzubeziehen. Mit diesem Ranking bezieht die FAZ nun Stellung in
dieser Debatte gegen das Handelsblatt-Ranking, welches seit einigen Jahren ausschließlich auf Grundlage der akademischen Publikationen die wissenschaftliche
Leistung von ÖkonomInnen misst. In den Augen des FAZ-Journalisten erweckt
das Handelsblatt mit seinem Forschungsranking offenbar den Eindruck, das gesamte Spektrum der „Leistungsfähigkeit" von WirtschaftswissenschaftlerInnen
abbilden zu können. Damit ist die FAZ aber offenbar nicht einverstanden, denn
weiter heißt es:

> Gerade Sinn zeigt, wie der Rat von Ökonomen die Stimmung in der Öffentlichkeit
> und in der Politik immer wieder mit lenkt. Eurokrise, Mindestlohn, Deflationsängste
> – was Wirtschaftsforscher sagen, beeinflusst die Entscheidungen in der Praxis. Das
> geschieht allerdings nur dann, wenn sich die Experten nicht nur auf *Grundlagenfor-
> schung* beschränken, sondern ihre Erkenntnisse auch in der *Politikberatung* einsetzen
> und in der *Öffentlichkeit* vermitteln. Genau das messen wir für unsere Rangliste.[2]

Gelingt es der FAZ damit wirklich, den Fokus von der akademischen Forschung
wegzulenken und die Bereiche „Medien" und „Politikberatung" stärker in die Betrachtung einzubeziehen? Oder wird die Bedeutung der Forschung gegenüber der
medialen Bedeutung und der Politikberatung nicht vielmehr bestätigt? Denn einerseits wird die Medienpräsenz und der Politikeinfluss im FAZ-Ranking zwar
gemessen, andererseits geht auch im FAZ-Ranking die Forschungsleistung – also
das, was das Handelsblatt-Ranking ausschließlich misst – immerhin zu 50 % in die
Wertung ein und die Bereiche Politik und Medien nur jeweils zu 25 %. Diese Beobachtung lässt zwei Schlussfolgerungen zu: Die Welt der Wirtschaftswissenschaft
unterscheidet sich von der Welt anderer – insbesondere sozialwissenschaftlicher
– Disziplinen durch ihre Orientierung auf nicht-akademische Fragen; aber gegenüber den Aktivitäten in Politik und Medien ist die akademische Reputation von
ÖkonomInnen wohl auch in dem FAZ-Ranking von herausragender Bedeutung.
Wie hängen dieser akademische und gleichwohl nicht-akademische Charakter der
VWL zusammen?

---

[2] Kursive Markierungen vom Autor vorgenommen.

1.1 Die gespaltene Welt der Ökonomie

ÖkonomInnen sind nicht nur in der akademischen Welt präsent. Sie sind auch in Politikberatung, Medien, Wirtschaftsunternehmen, Banken, Parteien und Verbänden involviert. Von den oberen Etagen in Management und Organisationsleitung bis in den mittleren und unteren Organisationsebenen ist wirtschaftswissenschaftliche Expertise anzutreffen. Die Ökonomie – ob als akademische Disziplin, wissenschaftliche Profession oder mediale Praxis – überbrückt unterschiedliche gesellschaftliche Bereiche, sie bildet keinen geschlossenen akademischen Kosmos, sondern sie ist eine gespaltene Welt, die sich nicht in ein singuläres gesellschaftliches Subsystem einsperren lässt.

Im Zuge der Etablierung monetärer Steuerungsformen und ökonomisierter Denkweisen in allen Bereichen des gesellschaftlichen Lebens breiten sich ökonomische Logiken weiter aus. Auch in der öffentlichen Wahrnehmung ist wirtschaftswissenschaftliche Expertise von Bedeutung, etwa durch die Besetzung von politischen Führungspositionen mit ÖkonomInnen oder durch die Rolle prominenter WirtschaftsexpertInnen im politischen Diskurs. Zu nennen sind hier nicht nur die LeiterInnen von Kommissionen („Rürup-Kommission") oder Beratergremien („Sachverständigenrat"), sondern auch populäre Figuren wie der oben bereits erwähnte Hans-Werner Sinn, Bernd Lucke, der Gründer der eurokritischen Partei „Alternative für Deutschland" (AfD), oder etwa Gustav Horn, der Keynesianische Dissident vom „Institut für Makroökonomie und Konjunkturforschung" (IMK), die regelmäßig über die Medien auf ihre ökonomischen Thesen aufmerksam machen. Besonders augenfällig ist die prominente Rolle von ÖkonomInnen in der diskursiven und institutionellen Bewältigung der Eurokrise. Obgleich die Europäische Union vor allem ein ökonomisches Konstrukt ist, spielten kultur- und friedenspolitische Themen neben kosmopolitischen Motiven immer eine gewichtige Rolle in der öffentlichen Aushandlung europäischer Identitäten. Diese Themen scheinen nun zumindest in den Hintergrund zu geraten. So ist etwa die sogenannte Troika, die aus Mitgliedern des Internationalen Währungsfonds, der Europäischen Kommission und der Europäischen Zentralbank besteht, fast ausschließlich mit ÖkonomInnen besetzt. In den sogenannten „Krisenländern" Italien und Griechenland haben jeweils WirtschaftswissenschaftlerInnen in der Krise die Regierungsgeschäfte übernommen. Auch in Deutschland ist in Zeiten der Eurokrise das Wort von ÖkonomInnen, etwa Jens Weidmanns von der Bundesbank oder Mario Draghis von der Europäischen Zentralbank, ausschlaggebend für die Ausrichtung der Politik.

Insgesamt zeichnet sich hier ein Trend ab, der von den Sozial- und Kulturwissenschaften als eine „Ökonomisierung des Sozialen" (Bröckling et al. 2000) und als eine „financialization of daily life" (Martin 2002) analysiert wird. Gesellschaftliche Probleme, die etwa in den 1970er Jahren noch mit politik-, sozial- oder kulturwissenschaftlichen Deutungsmustern als Fragen von politischer Souveränität, sozialer Ungleichheit oder divergenten Entwicklungschancen beschrieben wurden, werden nun mit fiskal-, wirtschafts-, finanz- und geldpolitischen Begriffen gedeutet. Mit ebendieser Veränderung des Problembewusstseins in vielen Teilen der Medien und der Gesellschaft verändern sich auch die von Wirtschaftsexperten dargebotenen gesellschaftlichen Lösungen in Richtung einer Ökonomisierung von Politik, Wirtschaft und Gesellschaft. Woher beziehen ökonomische Experten ihre Macht?

Der Einfluss basiert nicht nur auf der reinen Medienpräsenz und Politikorientierung von ÖkonomInnen, er setzt auch neue Zertifikate und Zertifizierungen voraus, die von der akademischen Welt konstruiert und bereitgestellt werden. Zu denken ist hier etwa an offizielle und inoffizielle Titel („Prof.", „Star-Ökonom") oder an konventionalisierte Label („Arbeitsmarktexperte"), die als Zertifikate dienen können. In diesem Zusammenhang begründen die „Eliteökonomen" der akademischen Welt einen diskursiven Kult, der bestimmte Zertifizierungsoptionen für Wirtschaftsexperten in Medien, Politik und Wirtschaft eröffnet. Aus der Sicht der Kontexte – also Medien, Politik, Wirtschaft –, in denen sich ÖkonomInnen als „Wirtschaftsexperten" diskursiv inszenieren, erscheint die Universität mit ihrem Elitekult als Ort der „sozialen Herkunft", die in den Inszenierungen ratifiziert wird und den Diskursakteuren dort Anerkennung verschafft (Maeße 2012).

Die vorliegende Studie geht der Frage nach, wie in zeitgenössischen Gesellschaften Wirtschaftsexperten diskursiv produziert werden und wie das Verhältnis von Wirtschaftswissenschaft und Gesellschaft konturiert ist. Damit wird hier eine gesellschaftliche Einbettung von akademischen Diskursen vorgenommen. Während die Kapitel drei, vier und fünf die Innenwelt der akademischen Ökonomie als einen auf „Exzellenz" ausgerichteten Wissenschaftsdiskurs ausleuchten, befassen sich die Kapitel zwei und sechs mit der gesellschaftlichen Umwelt der akademischen Ökonomie. Sie gehen der Frage nach, wie in der Innenwelt ein Exzellenzdiskurs entstehen konnte, der einerseits eine globale Reichweite hat und der anderseits durch ausgeprägte Wissenschaftshierarchien gekennzeichnet ist. Während für den Fall der Sozialwissenschaften Differenzierungsprozesse im Wissenschaftssystem entlang qualitativ-konstruktivistischer und quantitativ-prognostischer Wissenschaftsparadigmen oft mit internen Dynamiken erklärt werden (Abbott 2000), sollen die hier konstatierten Hierarchisierungs- und Globalisierungsprozesse der deutschsprachigen VWL maßgeblich als Effekt außerwissenschaftlicher, gesellschaftlicher Umbrüche verstanden werden. Diese treten im Zuge von Globalisierung, Entdifferenzierung und Reflexivierung gesellschaftlicher Beziehungen ab dem letzten Drittel des 20. Jahrhunderts zutage und wirken somit in einer postindustriegesellschaftlichen Umwelt (siehe Kapitel zwei).

Obgleich auch in der VWL die von Abbott genannten innerdisziplinären horizontalen Differenzierungsdynamiken wirken, kommen die vertikalen strukturbildenden Impulse im Falle der zeitgenössischen VWL vor allem von außen. Weil ökonomische Experten in den Medien, der Politik oder der Wirtschaft agieren, befindet sich die akademische Volkswirtschaftslehre in enger Beziehung zu ihrem Außen. Damit steht hinter dieser Fallstudie eine umfassende Forschungsperspektive zur Untersuchung ökonomischen Expertentums in der Gesellschaft, die von einer modernisierungstheoretischen Hypothese inspiriert ist. Während hier der Blick auf die Innenwelt der Ökonomie gerichtet wird, sollen die Umbrüche im gesellschaftlichen Umfeld an anderer Stelle beleuchtet werden (Maeße 2015a).

Ein wesentlicher Effekt jener gesellschaftlichen Umbrüche seit den 1960er und 1970er Jahren ist die Bildungsexpansion, die eine allgemeine „Akademisierung" und „Verschulung" von Legitimitätsmustern durch die Verbreitung akademischer Zertifikate einleitet (Angermuller und Maeße 2014). Akademische Zertifikate werden nun nicht nur im Arbeitsmarkt relevant, sondern ab den 1980er Jahren im Zuge von neuen Zertifizierungs-, Qualitätsmessungs- und Evaluierungsverfahren zunehmend auch in Wissenschaft, öffentlichen Verwaltungen oder Unternehmen. Ab den 1990er Jahren prägt die mittlerweile voll entwickelte, akademisierte Zertifizierungsindustrie schließlich auch den politischen Diskurs, etwa durch die Akademisierung der Wirtschaftsforschungsinstitute. Weil im Zuge dieser Entwicklung nicht länger nur die Vergabe von hohen sozialen Positionen, sondern auch politische Entscheidungen im Namen von „Qualität", „Exzellenz" und „Expertentum" legitimiert werden müssen, entsteht ein gesellschaftliches Bedürfnis nach neuen Qualitätssigeln. Um diese zu produzieren, werden „Eliteökonomen" benötigt. Gegenüber der klassischen Eliteforschung, die üblicherweise die materielle Dimension von Eliten untersucht, wird hier der symbolische Einfluss von Elitediskursen in den Blick genommen: Die Klasse der „Eliteökonomen", so die These dieser Arbeit, ist in erster Linie eine Klassifizierungsklasse, weil es weniger um den materiellen Reichtum von Eliten als vielmehr um die Deutungsmacht einer bestimmten sozialen Gruppe geht.[3] Denn die Macht des Ökonomischen in der Gesellschaft erzwingt Transformationen im Wissenschaftssystem: „Elitisierung" in der akademischen Welt sowie „Bildungsexpansion" und „Akademisierung" in der Gesellschaft treten in eine dialektische Spirale ein. Diese dialektische Spirale stößt wiederum Prozesse der Machtakkumulation in der akademischen Welt an, welche durch die Interaktion von Diskursen und materiellen Ressourcen vorangetrieben werden (vgl. Abb. 1.1).

---

[3] Siehe etwa für den britischen Fall: Lee et al. (2013), für die USA: Fourcade (2009) und Coates (1993), für Frankreich: Lebaron (2001a).

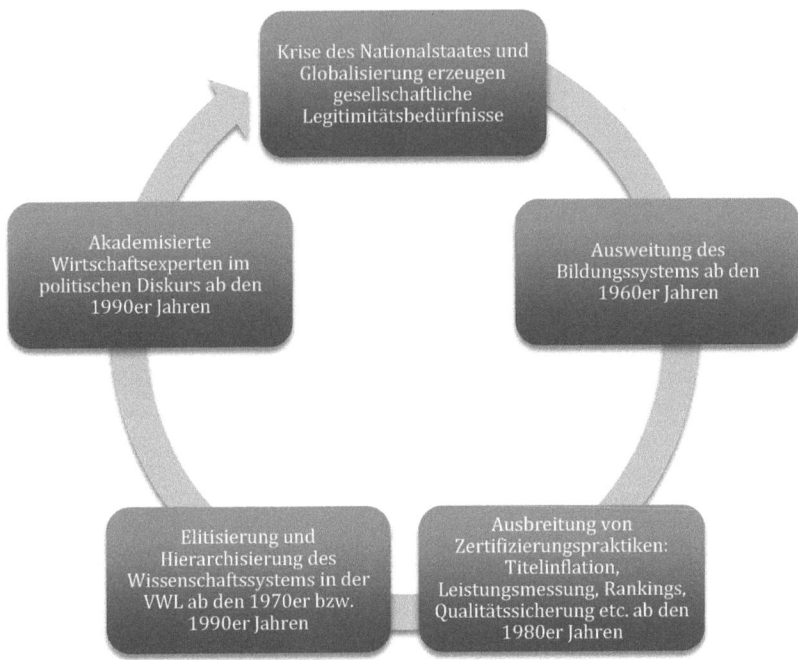

Abb. 1.1 Dialektik von Legitimierungsbedürfnissen der Gesellschaft, Bildungsexpansion, Akademisierung des politischen Diskurses und Elitisierung des akademischen Diskurses. (Quelle: Eigene Darstellung)

Sowohl die Wirtschaftssoziologie als auch Studien zur Politischen Ökonomie befassen sich mit der Rolle von Wirtschaftsexperten in Märkten, Staat und Gesellschaft. Genau hier besteht weiterer Forschungsbedarf. Denn bevor ÖkonomInnen als Wirtschaftsexperten ihre Rollen in Politik, Wirtschaft und Medien einnehmen können, müssen sie erst einmal zu dem gemacht worden sein, was sie sind: akademisch zertifizierte Experten. Dieser Umstand wirft die Forschungsfragen für diese Arbeit auf. Wie werden ÖkonomInnen fabriziert? Welche Prozesse, Strukturen und Stationen müssen durchlaufen werden, um schließlich das Siegel „Ökonom" bzw. „Ökonomin" tragen zu können? Wie ist die soziale Welt strukturiert, in der ÖkonomInnen sich als „Experten" diskursiv positionieren können?

Die Bildung wissenschaftlicher Persönlichkeiten untersucht die Wissenschaftssoziologie als einen Prozess der Sozialisation (Engler 2001) und gestufter Karrierewege (Gross und Jungbauer-Gans 2007). Aus der Sicht der Diskursanalyse (Angermuller 2013) müssen WissenschaftlerInnen einen mehrstufigen Prozess der

Positionierung durchlaufen, bis sie schließlich jenes Zertifikat erhalten, das ihnen die Berechtigung verleiht, in unterschiedlichen gesellschaftlichen Kontexten im Namen ihrer jeweiligen Disziplin als „Experten" auftreten zu können: In manchen Fällen reicht hierfür ein einfacher Studienabschluss, andere soziale Kontexte setzen die Promotion voraus. Als „Wirtschaftsexperte" im engeren Sinne gilt man in der Regel aber erst dann, wenn man über höchste akademische Weihen verfügt und unterschiedliche Formen institutioneller Macht auf sich vereinen kann.

Während die unteren akademischen Grade disziplinübergreifend einen Prozess der Titelinflation durchlaufen und damit für die machtvolle Positionierung in Politik, Wirtschaft und Gesellschaft immer seltener infrage kommen, können in jenen Disziplinen, die von besonderer gesellschaftlicher Relevanz sind, Verknappungsprozesse ab den oberen Etagen bis zur Spitze beobachtet werden (Müller und Pollak 2008; Hartmann und Kopp 2001). Dadurch wird einer Wertminderung bestimmter Titel und Anerkennungsgrade gegenüber anderen Zertifikaten entgegengewirkt. Während diese Verknappungsprozesse in manchen Fällen nur bedingt vom Bildungssystem geleistet und vor allem innerhalb jener Wirtschaftsunternehmen oder staatlichen und politischen Organisationen durch formelle und informelle Auswahlprozesse selbst erbracht werden, in denen die Posten in den oberen Etagen vergeben werden, ist die Bildung ökonomischen Expertentums auf Verknappungsstrategien innerhalb der akademischen Welt angewiesen. Für die Prozesse der diskursiven Positionierung von werdenden WirtschaftswissenschaftlerInnen bedeutet dies freilich, dass die Kontexte, in denen die Positionierungsbiographien verlaufen, von Bedeutung sind. Wenn wir also wissen wollen, warum Wirtschaftsexperten und ökonomisches Wissen in der Gesellschaft auf so viel Anerkennung stoßen, dann lohnt sich ein Blick hinter die Kulissen akademischer Positionierungspraktiken. Nicht nur die diskursiven Praktiken, die zur Verleihung höchster Grade erforderlich sind, sind von Bedeutung; auch die Besonderheiten jener Welt, in der diese Praktiken sich abspielen, müssen in den Blick genommen werden, um zu verstehen, wie ÖkonomInnen fabriziert werden. Somit sind einerseits die Diskurse von ÖkonomInnen relevant und andererseits die sozialen Welten, in denen diese von statten gehen. Wie verläuft dieser Prozess?

ÖkonomInnen beginnen ihre diskursive Karriere als werdende WissenschaftlerInnen zunächst damit, dass sie eine Welt betreten, die bereits vorstrukturiert ist und für sie bestimmte Stationen bereithält, die durchlaufen werden müssen. In der Wirtschaftswissenschaft spielen hier seit dem Ende der 1990er Jahre die Graduiertenschulen in den großen Einrichtungen in München, Frankfurt, Mannheim, Bonn oder Köln eine besondere Rolle. Um an die „Fleischtöpfe" der höchsten akademischen Würden zu gelangen, müssen ÖkonomInnen systematisch und nicht nur sporadisch in bestimmten Journalen publizieren. Hierfür erhalten sie in den Graduiertenschulen nicht nur das notwendige *know how*, sondern sie treten hier auch in wichtige Sozialbeziehungen ein, ohne die eine erfolgreiche Positionierung im akademischen Diskurs schwierig bis unmöglich ist. Auf der anderen Seite sind für eine erfolg- und ertragreiche Positionierung bestimmte Diskurskompetenzen wichtig, weil die akademische Welt der VWL durch ein hierarchisches Ranking-Journal-System gekennzeichnet ist. WirtschaftswissenschaftlerInnen positionieren sich also nicht nur mit ihren besonderen Forschungsfragen und Themen in ihrem engeren akademischen und institutionellen Umfeld. Sie schreiben sich auch in eine umfassendere Hierarchie ein, welche in einem Tableau von Diskurstypen der akademischen Weltgesellschaft ihren Widerhall findet. Die Hierarchie verweist wiederum auf die allgemeinen Strukturen des akademischen Feldes, das sich in den letzten Jahren als eine oligopole Struktur herausgebildet hat und an eine globale Statushierarchie der VWL anknüpft. Insbesondere durch Forschungsrankings – etwa des Handelsblatt-ÖkonomInnen-Ranking – wird aus der großen Gruppe gleichberechtigter ForscherInnen eine kleine Gruppe „Top-ÖkonomInnen" herausgeschält. Dies ist schließlich die Voraussetzung dafür, dass in den akademischen Diskursen der Wirtschaftswissenschaft nicht nur hohe (etwa die Professur) sondern höchste Titel („Top-ÖkonomIn") vergeben werden können.

Obgleich es sich bei diesen Titeln nicht unbedingt um institutionalisierte Etikette handelt, können diese dennoch in politischen Diskursen eingesetzt werden, um hier die Positionierung von ausgewiesenen und ausgewählten Wirtschaftsexperten zu ermöglichen. Auch das System der Nobelpreise, das es in keiner anderen sozial- und kulturwissenschaftlichen Disziplin gibt (und wohl auch kaum geben könnte), basiert darauf und knüpft daran an (Lebaron 2006): Die Welt der Wirtschaftsexperten kristallisiert sich als eine Welt der Eliteökonomen heraus, die als „Funktions- und Wissenseliten" „Wissensmacht" ausüben können (Krysmanski 2012, S. 63). Diese Wissensmacht erschöpft sich heute längst nicht mehr nur im praktischen Problemlösungswissen von Wirtschaftsexperten, sondern sie greift über auf die Bereiche symbolischer Macht, Reputation und Autorität.

1.2   Aufbau der Arbeit

Die Arbeit ist wie folgt aufgebaut. Das zweite Kapitel beleuchtet den historischen und gesellschaftlichen Kontext der Fallstudie und expliziert die theoretischen Hintergründe der Untersuchung. Zunächst werden aktuelle historische Tendenzen der Entgrenzung, Globalisierung und Reflexivierung skizziert; anschließend werden durch Verweis auf die poststrukturalistischen Sozialtheorien Deleuzes und Foucaults gesellschaftstheoretische Schlussfolgerungen gezogen, um abschließend ein um Bourdieus Kapitaltheorie erweitertes, gesellschaftstheoretisch inspiriertes Analyseinstrumentarium zu erarbeiten, das um die Begriffe Diskurs, Macht und institutionelle Technologie angeordnet ist und die diskurstheoretische Perspektive dieser Arbeit verortet. Wer sich weniger für die historischen und sozialtheoretischen Hintergründe und Aspirationen dieser Arbeit interessiert, kann von hier aus sowohl den folgenden Abschnitt dieses Kapitels als auch das gesamte zweite Kapitel überspringen und direkt zur Fallstudie ab Kapitel drei übergehen.

Das dritte, vierte und fünfte Kapitel bilden das empirische Herzstück der Untersuchung. Zunächst werden die institutionellen Umwälzungen des Feldes der VWL untersucht; es wird gezeigt, durch welche institutionellen Technologien Eliteeinrichtungen sozial konstruiert werden und welche Rolle die sozialstrukturelle Ungleichheitsdimension dabei spielt. In der hier vorgenommenen Feldanalyse, für die bisher noch keine Arbeit bezüglich der deutschsprachigen VWL vorliegt, auf die aufgebaut werden könnte, sollen die sozialen Hintergründe akademischer Diskurse beleuchtet werden. Anschließend (Kapitel vier) werden die Graduiertenschulen der VWL als Kaderschulen untersucht und Aspekte eines akademischen Lebensstils beleuchtet, der sich auf Grundlage elitisierter Strukturen sozialer Ungleichheit erhebt; hier werden die Reproduktionstechniken akademischer Eliten in den Blick genommen und das Zusammenspiel von akademischen institutionellen Strukturen, Lebensstilen und Diskursen beleuchtet. Von besonderer Bedeutung für den Gesamtzusammenhang von Wissenschaft und Gesellschaft sowie von Macht und Diskurs ist hier das akademische Akkumulationsregime. Das fünfte Kapitel nimmt eine Diskursanalyse akademischer Texte vor; Ziel dieses Kapitels ist es zu zeigen, wie durch diskursive Positionierungsstrategien Denkweisen und Rezeptionslogiken erzeugt werden, die sich vor dem Hintergrund einer akademischen Weltgesellschaft entfalten und abspielen. Während die ersten Kapitel auf die Strukturen und Lebensstile abheben, die hinter den Diskursen sozialer Ungleichheit stehen, fragt dieses Kapitel also, wie akademische Denkweisen diskursiv erzeugt werden und sich mit den Strukturen verbinden.

Das sechste Kapitel bindet die Ergebnisse der empirischen Untersuchung wieder an den gesamtgesellschaftlichen Rahmen zurück, indem es danach fragt, wie es zu erklären ist, dass ausgerechnet in der VWL derartige Elitebildungsprozesse möglich wurden. Dies wird macht- und diskurstheoretisch erklärt. Mit dem Begriff der „spirituellen Bürgschaft" werden einige theoretische Überlegungen darüber angestellt, wie Macht unter den Bedingungen eines globalisierten Weltsystems funktioniert. Ausgehend von Marcel Mauss' Theorie der „Gabe" wird das wechselseitige Zusammenspiel von akademischer Welt – die den engeren Bereich universitärer Forschung und Lehre umfasst – und der weltgesellschaftlichen Umwelt – welche die Bereiche der staatlichen Steuerung, der professionellen Politikberatung aber auch der Wirtschaft und der Verbände einbezieht – als eine Dialektik von „Akademisierung" und „Elitisierung" beschrieben. Die Theorie der Gabe kann diese Dialektik als einen Zusammenhang von „sozialer Herkunft" und Machtausübung sichtbar machen. Wenn Wirtschaftsexperten in Politik, Medien oder Unternehmen diskursiv in Erscheinung treten, dann tragen ihre Diskurse die „Inschrift ihrer sozialen Herkunft", welche schließlich ratifiziert werden muss, um als Autorisierungsmedium zu wirken. Da Bourdieu soziale Herkunft vor allem auf die Familie und die Sozialstruktur bezog, soll mit der Theorie der Gabe der Zusammenhang von Autorisierung und sozialer Herkunft weiter gefasst, entpersonifiziert und diskursanalytisch aufgeschlüsselt werden (Maeße 2016). Die Theorie der Gabe legt dar, wie ökonomische Experten in Medien und Politik auf ihre „soziale Herkunft" in den „Eliteclustern" anspielen und dadurch Reputationsgewinne erzeugen können. Insofern versteht sich diese Arbeit auch als ein Beitrag zur Erforschung der Macht des Akademischen in Diskursen (Maeße 2012).

Während die Welt der ökonomischen Politikberatung etwa durch einen Trend zu akademischer Profilierung (Akademisierung) gekennzeichnet ist, wonach Expertenwissen nicht mehr (nur) und in erster Linie staatlichen Planungs- und Steuerungsansprüchen genügen soll, sondern sich als akademisch relevant und anerkannt ausweisen muss, verläuft parallel dazu in der akademischen Welt ein Prozess der Elitisierung. Insofern beleuchtet die vorliegende Studie als erster Teilband den Elitisierungsprozess, der auf einem Akademisierungsprozess fußt, welcher allerdings erst später, in einer weiteren Studie (Maeße 2015a) selbst noch tiefgreifender erläutert werden muss.

1.3   Für eine *Diskursive Politische Ökonomie der Wirtschaftswissenschaft*

Die Wirtschaftswissenschaft wird in der Soziologie seit langem thematisiert. Hierbei sind unterschiedliche Akzentsetzungen zu beobachten. Während die Wirtschaftswissenschaft zeitweise vollständig zurückgewiesen wurde, hat man später im Rahmen der Performativitätsdebatte ihre wirklichkeitsstiftende Rolle für Märkte, Staaten und Gesellschaften erkannt. Demnach beobachten die Wirtschaftswissenschaften die Wirtschaft nicht nur, vielmehr zielen sie darauf, Märkte und Unternehmen nach ihrem Bilde zu formen. Von einer differenzierten Betrachtung dieser Debatte nimmt die vorliegende Studie ihren Ausgang und bezieht damit kritisch zur Neuen Wirtschaftssoziologie und zur Finanzsoziologie Stellung, um schließlich an Forschungsarbeiten aus der Politischen Ökonomie mit einer diskurs- und machtsoziologischen Perspektive anzuschließen.

Weil die Wirtschaftswissenschaft als Bestandteil der politischen Ökonomie des zeitgenössischen Kapitalismus betrachtet wird, indem sie trans-epistemisch mit Politik, Wirtschaft und Gesellschaft vernetzt ist, spielen Diskurse eine zentrale

Rolle. Was ist die Stärke eines Diskurskonzeptes, wie es hier verwendet wird? Während sowohl in der wirtschafts- und finanzsoziologischen Diskussion als auch in der Finanzialisierungsforschung „Diskurs" oft mit „Wissen", „Semantik" oder „Ideologie" gleich gesetzt wird, zielt das hier verwendete diskurstheoretische Konzept auf die Konstruktion von Sprecherpositionen. „Wirtschaftsexperten" und „Eliteökonomen" bezeichnen aber nicht einfach nur soziale Positionen, die man beziehen kann, um Ideen zu äußern, Definitionen vorzubringen und Wissen zu produzieren. Sie sind – und damit fließen machttheoretische Überlegungen in das Diskurskonzept mit ein – exklusive Orte, weil sie Sprecher inthronisieren, die durch besondere Zertifikate autorisiert sind zu sprechen.[4] Zwar kann jeder und jede an Diskursen als Sprecher teilnehmen; aber nicht jede und jeder kann gleichermaßen darauf setzen gehört zu werden. Damit Sprecher allerdings in einem Diskurs als „Wirtschaftsexperten" auftreten können, müssen sie Zertifikate erhalten, die in anderen Diskursen erzeugt und dann auf sie übertragen werden: Somit hängt die Welt der Universität mit der Welt der Politik zusammen.

Diese diskurstheoretische Perspektive auf das Verhältnis von Wirtschaftswissenschaft, Politik, Wirtschaft und Gesellschaft als polit-ökonomischer Komplex soll im Folgenden ausgehend von der Wirtschaftssoziologie, den Finanzmarktstudien und den Finanzialisierungsstudien umrissen werden. Gegenüber der Performationsdiskussion in der Neuen Wirtschaftssoziologie kann eine diskurstheoretische Erweiterung des Performativitätskonzeptes die multiplen Einflüsse der Wirtschaftswissenschaft auf Märkte und Unternehmen erfassen; für die Finanzialisierungsdiskussion ist der Diskursbegriff eine Bereicherung, weil wir damit polit-ökonomische Zusammenhänge ausgehend von einer diskursiv vermittelten zirkulativen Vernetzung differenter Sozialwelten und Machtsphären denken können. Während die klassische Politische Ökonomie typischerweise die Rolle von ökonomischer und militärischer Macht betont, unterstreicht eine Diskursive Politische Ökonomie (ausführlich Maeße 2016) die symbolische Dimension von Macht und Herrschaft (siehe auch Maeße und Nonhoff 2014; Adler 2013; Sum und Jessop 2013; Glynos et al. 2012; Best und Paterson 2009a, Wullweber und Scherrer 2010; Kessler und Wilhelm 2014; Herschinger 2011; Nonhoff 2006).

Obgleich die Arbeiten Bourdieus und Foucaults das theoretische Herzstück der Perspektive einer Diskursiven Politischen Ökonomie bilden, handelt es sich hierbei weder um eine strukturalistische Diskursanalyse noch um eine diskurstheoretische Phänomenologie. Vielmehr könnte der Begriff eines *diskurspragmatischen Marxismus* das komplexe Zusammenspiel von wissenschaftlichen Diskursen und akademischen Kapitalakkumulationen in einem rhizomatisch entgrenzten und

---

[4] Siehe dazu auch Kapitel zwei, letzter Abschnitt; Kapitel fünf, erster Abschnitt; Kapitel vier, letzter Abschnitt sowie Kapitel sechs, dritter Abschnitt.

trans-epistemisch restrukturierten Weltsystem auf den Punkt bringen, welches hier thematisiert werden soll. Um diese Perspektive besser einordnen zu können, lohnt sich ein Blick auf die gegenwärtige sozialwissenschaftliche Debatte zum Verhältnis von Wirtschaftswissenschaft und Gesellschaft.

Neue Wirtschaftssoziologie, Finanzmarktstudien und das Performativitätsproblem

Haben die Klassiker der Sozialwissenschaften wie Marx, Weber, Durkheim oder Simmel die Wirtschaft noch als einen selbstverständlichen Gegenstand sozialwissenschaftlicher Erkenntnis begriffen, plädierte der Strukturfunktionalismus später für eine Arbeitsteilung zwischen Sozial-, Kultur- und Politikwissenschaft auf der einen und Wirtschafts- und Betriebswissenschaft auf der anderen Seite. Obgleich die Sozialwissenschaften nie wirklich dieser Trennung gefolgt sind – zu denken ist hier etwa an die Industrie- und Arbeitssoziologie oder an die Politische Ökonomie – hat sich unter dem Dach der Wirtschaftswissenschaft ab den 1950er Jahren dennoch ein von den sozialwissenschaftlichen Disziplinen abgesonderter Wissensbereich formiert, in dem Märkte und Unternehmen mit neoklassischen Gleichgewichtsmodellen (*general equilibrium theory*) und nutzenorientierten Handlungstheorien (*homo oeconomicus*) beforscht wurden. Gegen diese neoklassische Orientierung gab es sowohl innerhalb der Wirtschaftswissenschaft als auch in den Sozialwissenschaften Gegenbewegungen. In der Soziologie hat sich insbesondere die Neue Wirtschaftssoziologie als Kritikerin der neoklassischen Theorie des freien Marktes hervorgetan.

Die Neue Wirtschaftssoziologie weist die neoklassische Theorie des freien Marktes als unzureichend und realitätsfern zurück (Smelser und Swedberg 1994). Märkte funktionieren nicht nur nach dem Prinzip von Angebot und Nachfrage, das auf Informationstransparenz der Marktakteure beruht. Vielmehr unterscheidet die Neue Wirtschaftssoziologie unterschiedliche Typen von Märkten (Aspers und Beckert 2008), weil Märkte in soziale Strukturen eingebettet sind (Beckert 1997; Mikl-Horke 2011). So differenziert White (1992) etwa zwischen Märkten, in denen die Rollen von KäuferIn und VerkäuferIn fixiert sind, etwa der Markt für Gebrauchtwagen oder Arbeitsmärkte, und Märkten, auf denen die Rollen flexibel sind, etwa Finanzmärkte, weil hier eine Person zum Zeitpunkt X KäuferIn und zum späteren Zeitpunkt Y VerkäuferIn desselben Produktes sein kann. Aspers (2007) ergänzt dieses Modell um zwei weitere Typen: Statusmärkte und Standardmärkte. Während auf ersteren der Wert des Produktes über das Ansehen des Verkäufers definiert wird, zählt auf letzteren der konventionelle Wert des Produktes. Neoklassische Märkte wären demnach nur ein Sonderfall von Standardmärkten mit flexiblen Rollen. Dieser Typus kommt in der Realität von Unternehmen und Märkten nur selten vor. Granovetter (1985) hat etwa dargelegt, dass Arbeitsmärkte auf losen sozialen Beziehungen basieren. Um einen neuen Job zu finden, sind enge Beziehungen nicht ertragreich, weil die entsprechende soziale Welt bekannt ist. Demgegenüber eröffnen gerade sporadische Beziehungen den Zugang zu neuen Netzwerken, in denen dann der neue Job warten könnte. Damit schließt die Neue Wirtschaftssoziologie an Diskussionen innerhalb der Wirtschaftswissenschaft an, etwa der Verhaltens- und Informationsökonomie, an Teile der Spieltheorie oder der Institutionenökonomie (Fine und Milonakis 2010; Sparsam 2013) und erinnert an Keynes Vorwurf an die Neoklassik, wonach der freie Markt nur ein sehr unwahrscheinlicher Sonderfall sei.

Ab Ende der 1990er Jahre breitet sich diese Diskussion innerhalb der Soziologie aus und bildet unterschiedliche Forschungszusammenhänge heraus. Märkte werden nun hinsichtlich ihrer unterschiedlichen Facetten untersucht (Beckert et al. 2007; Maurer 2008; Beckert und Deutschmann 2009; Engels und Knoll 2012). Auf der eine Seite wird dafür plädiert, das neoklassische Marktmodell zu ersetzen (Deutschmann 2007), auf der anderen Seite geht es darum, den *homo oeconomicus* institutionell einzubetten (Maurer 2008). Beckert (2007) betont etwa, dass Markthandeln auf der einen Seite Sicherheit und Vertrauen voraussetzt aber auf der andere Seite Innovationen ermöglichen muss. Um diese Leistung erbringen zu können, muss Unsicherheit in kalkulierbares Risiko überführt werden (Ganßmann 2007). Wenn Märkte in soziale Strukturen eingebettet sind und Preise das Resultat von Risikokalkulationen sind, die in einem sozial konstruierten Raum der Wahrnehmung und Deutung stattfinden, dann untersucht die Marktsoziologie die Interpretations- und Deutungspraktiken der Marktakteure. In diesem Zusammenhang kommt der diskursiven Dimension im Markthandeln eine besondere Bedeutung zu (Maeße 2014a). Preise sowie das daran gebundene restliche Marktgeschehen sind letztlich auch das Produkt von Diskursen, die auf unterschiedlichen Ebene angesiedelt sind. Sie können sowohl als situative Kalkulationspraktiken (Kalthoff 2005; Vormbusch 2012b), als übergreifende Deutungsordnungen und Signalisierungssysteme (Diaz-Bone 2009; Mützel 2009) oder als institutionalisierte Dispositive und Diskurspraktiken im Zusammenspiel unterschiedlicher Wissensformen (Wetzel 2013; Langenohl und Wetzel 2011; Maeße 2011) und Expertensysteme (Schmidt-Wellenburg 2013) untersucht werden.

Während die Wirtschaftssoziologie darin übereinstimmt, dass die meisten Gütermärkte und Branchen nicht das Produkt von Angebot und Nachfrage sind, sondern historisch gewachsene Gebilde darstellen, die unter Mitwirkung staatlicher und nicht-staatlicher Akteure über große Zeiträume gewachsen sind (Dobbin 1994; Ebner 2012), wird den Finanzmärkten offenbar ein Sonderstatus zuerkannt. Einerseits sind Finanzmärkte dynamischer. Sie basieren in viel stärkerem Maße

auf kurzlebigen Interaktionen (Knorr Cetina und Brügger 2002). Während etwa
Immobilienmärkte in stabile soziale Strukturen und Machtverhältnisse eingefasst
sind (Bourdieu 2005), werden im Falle der Finanzmärkte die Rolle menschlicher
Körper, situativer Mehrdeutigkeiten, technischer Artefakte und kalkulativer Pro-
zeduren unterstrichen (siehe etwa Muniesa 2007; Vormbusch 2012b; Knorr Cetina 2006; Wansleben 2012; Klus 2012; Laube 2012; Langenohl 2011). Auf der
anderen Seite wird nicht nur das Fehlen institutioneller Strukturen unterstrichen,
die bestimmte Formen von Finanzmarkthandeln langfristig sicherstellen, auch dem
Wissen an Finanzmärkten wird eine Sonderrolle zuteil. Denn während die Neue
Wirtschaftssoziologie die Wirtschaftswissenschaft noch als unzureichend kritisier-
te, betonen die Finanzmarktstudien die Bedeutung wirtschaftswissenschaftlichen
Wissens für die Konstruktion von Finanzmärkten (MacKenzie et al. 2007; Callon
et al. 2007). Ausgehend von Callons Performationsthese (Callon 1998), wonach die
Wirtschaftswissenschaften Märkte nicht beobachten, sondern diese formieren, for-
matieren und damit erst hervorbringen, wird das Verhältnis von Märkten und wirt-
schaftswissenschaftlichem Wissen thematisiert (Kalthoff und Vormbusch 2012).

Während die KritikerInnen dieser These die Autonomie und den Eigensinn der
Finanzmärkte betonen (siehe etwa Kalthoff 2005; Vormbusch 2012b; Diaz-Bone
2012; Knorr Cetina 2006), befassen sich andere Arbeiten mit den unterschiedlichen Facetten, Abstufungen und Formen des Verhältnisses von Wissenschaft und
Wirtschaft. So unterscheidet MacKenzie (2006, S. 17) etwa vier verschiedene Formen von Performativität: generische Performativität liegt dann vor, wenn „an aspect of economics is used by participants in economic processes"; von effektiver
Performativität spricht MacKenzie dann, wenn „the practical use of an aspect of
economics has an effect on economic processes"; Barnesianische Perfomativität
liegt dann vor, wenn „practical use of an aspect of economics makes economic
processes more like their depiction by economcis"; schließlich kennt MacKenzie
noch die Gegenperformativität, die dann wirkt, wenn das Gegenteil dessen, was
von einem ökonomischen Modell intendiert ist, erreicht wird.

MacKenzies Definition von „Performativität" ist bereits so umfassend angelegt,
dass sie beinah jede Ausprägung abdeckt, die das Verhältnis von (Wirtschafts-)
Wissenschaft und Wirtschaft annehmen kann. Ein genauerer Blick auf die sogenannte Barnesianische Performativität – also auf jene Form von Performativität,
um die es MacKenzie im Kern geht – offenbart, dass hier eine semantische Identität von ökonomischem Marktmodell und ökonomischer Marktrealität thematisiert
wird. Ökonomische Modelle sind dann performativ, wenn die Welt, die im Modell
enthalten ist, auch in der ökonomischen Realität wiederzufinden ist, und wenn dies
ein Resultat oder Effekt der (wie auch immer gearteten) Anwendung des Modells
ist. Die KritikerInnen der Performationsidee (siehe etwa Aspers 2007) weisen eben
diesen „semantischen" bzw. „realistischen" Begriff von Performativität zurück.

Semantische bzw. realistische Performativität ist auch aus diskursanalytischer Sicht nahezu eine theoretische Unmöglichkeit (Maeße 2013b; Angermüller 2007). Denn wenn Texte – die etwa wirtschaftswissenschaftliche Marktmodelle thematisieren – ihre akademischen Entstehungskontexte verlassen und in der Welt der Märkte verwendet werden, dann verändern sie ihren semantischen Gehalt notwendigerweise. Der semantische Gehalt eines Textes ist immer das Produkt einer Verbindung von Text und sozialem Kontext. Diese Verbindung ist freilich das Resultat interpretativer Aneignungsprozesse durch die Akteure in den differenten sozialen Welten. Das bedeutet – um es etwas holzschnittartig zu formulieren –, dass das Wort „Nutzen" in einem neoklassischen Modell in akademischen Kontexten einen anderen semantischen Gehalt annimmt, als wenn es etwa an Finanzmärkten oder im politischen Diskurs benutzt wird. Denn die sozialen Kontexte sind in den beiden genannten Welten nicht identisch. Demzufolge wird ein und dasselbe sprachliche Zeichen („Nutzen") auch nicht identisch gebraucht. Dies ließe sich nicht nur daran plausibilisieren, dass bisher noch keine wirtschaftssoziologische Studie davon berichtet hat, dass Akteure an den Märkten (oder in der Politikberatung) regelmäßig ihren „Grenznutzen" bestimmten, was sie tun müssten, wenn sie das Marktmodell umsetzen würden. Auch die KritikerInnen der Performationsforschung haben ebenso wie die BefürworterInnen den Eigensinn der Märkte empirisch nachgewiesen. Denn der Eigensinn der Märkte ist ja kein Hindernis, sondern gewissermaßen die soziologische Voraussetzung dafür, von der Wirtschaftswissenschaft performativ überformt werden zu können – egal, wie dies genau vollzogen wird!

Während jedoch die KritikerInnen daraus die Schlussfolgerung ziehen, die Performativitätsidee zurückzuweisen, suchen die BefürworterInnen einen Ausweg in unterschiedlichen Abstufungen und Graden der Performativität und Gegenperformativität (Deutschmann 2012). Beide Seiten scheinen sich allerdings in der semantischen bzw. realistischen Auslegung der Performationsthese einig zu sein. Aber gerade darin liegt aus diskurssoziolosicher Sicht das Problem. Denn die Beziehung zwischen (Wirtschafts-)Wissenschaft und Gesellschaft ist ja gerade dadurch gekennzeichnet, dass ebendiese Beziehung auf der einen Seite differente soziale Kontexte unterstellt, die auf der anderen Seite durch eine diskursive Zirkulationsebene miteinander verbunden sind (Weingart 2005). Wissenschaftliche Texte verlassen ihre Produktionskontexte im Wissenschaftssystem und werden im Wirtschaftssystem, in der Politik oder im Alltag erst interpretativ angeeignet. Auf diese Weise können wissenschaftliche Texte nicht nur eine einzige Bedeutung generieren, sondern es entsteht ein ganzes Spektrum von Bedeutungsmöglichkeiten, die etwa ökonomische Modelle in Wirtschaft (auf Finanzmärkten), Politik (in der wirtschaftspolitischen Beratung) oder Wissenschaft (in akademischen Diskursen) durch ihren interpretativen Gebrauch erzeugen können. Aus diesem Grunde sollte dann von *spektraler*[5] Performativität (Maeße 2013b) gesprochen werden, wenn sowohl dem Eigensinn differenter sozialer Welten (etwa in Märkten oder in der Politikberatung) Rechnung getragen werden soll als auch dem trans-epistemischen Charakter von Wissenschaft und Gesellschaft (Maeße 2013c), also der durch den Diskurs erst ermöglichten Überschreitung, Überlappung und Vernetzung heterogener sozialer Welten. Der Begriff der spektralen Performativität unterstreicht aber nicht nur die vielfältigen Bedeutungsmöglichkeiten, die wirtschaftswissenschaftliche Expertise annehmen kann. Er hebt auch den gebrochenen Charakter des Performationsvorganges ebenso hervor wie die Interpretationsnotwendigkeit. Die Vieldeutigkeit, die Gebrochenheit und die Interpretationen finden freilich in Diskursen und durch Diskurse vor dem Hintergrund unterschiedlicher sozialer Kontexte in Wirtschaft, Politik und Wissenschaft statt, die es einerseits separat zu untersuchen gilt, um andererseits vor diesem Hintergrund die offenen und verschlossenen Verbindungslinien zwischen ihnen offenzulegen.

Wissenschaft (und in unserem Fall: die Wirtschaftswissenschaft) beeinflusst die Gesellschaft. Aber nicht im Sinne einer semantischen oder realistischen Performativität, sondern im Sinne einer spektralen oder *diskursiven Performativität*. Mit dem Übergang von der Neuen Wirtschaftssoziologie zur Finanzmarktsoziologie geht also eine Objektivierung der Wirtschaftswissenschaft einher. Damit bietet die Wirtschaftswissenschaft nicht länger nur konkurrierende Paradigmen zur Deutung von Märkten und Unternehmen; sie wird nun selbst als Gegenstand der Forschung thematisiert. Damit verbindet sich Wirtschaftssoziologie mit Wissenschaftssoziologie zu einer Forschungsperspektive, welche das Innenleben der (Wirtschafts-) Wissenschaft als Sozialwelt vor dem Hintergrund der Prozesse in anderen Sozialwelten untersucht. Indem die Wirtschaftswissenschaft Zertifikate erstellt, die in Wirtschaft, Politik und Gesellschaft von Diskursakteuren benutzt werden können, greift die Wirtschaftswissenschaft dort im Sinne der spektralen Performativität ein.

Obgleich die Performationsstudien die Relevanz wirtschaftswissenschaftlicher Expertise für die Bildung und Transformation von Märkten unterstreichen, ist die Forschung zu diesem Verhältnis durch eine gewisse Einseitigkeit zugunsten der Märkte und Unternehmen gekennzeichnet. Das Gros der Forschung dazu befasst sich insbesondere mit der Rolle ökonomischen Wissens (MacKenzie 2006; Muniesa 2007) und ökonomischer Expertise in Märkten (Wansleben 2011, 2012; Leins 2013; Kessler und Wilhelm 2014; Maeße 2011). Aber die andere Seite der Medaille – nämlich die (Produktion der) Wirtschaftswissenschaft selbst als Quelle

---

[5] Der Begriff leitet sich von *spectrum* (lat. Bild, Erscheinung, Gespenst) und wird üblicherweise im physikalischen Sinne verwendet, wenn das Licht durch ein Prisma in seine Ursprungsfarben zerlegt wird: spectral = „das Bild in seiner Farbenvielfalt betreffend".

des performativen Wissens – scheint demgegenüber eher in den Hintergrund zu treten bzw. auf die Wissensdimension beschränkt zu bleiben. Erst in jüngster Zeit widmet sich die Wirtschafts- und Finanzsoziologie in Ansätzen auch der Wissenschaftsseite (siehe etwa Preda 2009; Fourcade 2009; Lebaron 2006; Maeße 2013c; Langenohl 2012; Pahl 2013a, b, c).

Zur deutschsprachigen Volkswirtschaftslehre liegt bisher noch keine systematische Analyse vor. Diese Studie will dazu beitragen, dieses Forschungsdefizit zu beheben. Allerdings soll die Welt der deutschsprachigen Wirtschaftswissenschaft nicht nur von Innen beleuchtet werden. Vielmehr wird die wissenschaftssoziologische Fallstudie in den Kapiteln drei, vier und fünf vor dem Hintergrund der gesellschaftlichen Entwicklungen außerhalb des engeren Bereichs der akademischen Welt interpretiert (siehe dazu Kapitel zwei und sechs). Denn die Wirtschaftswissenschaft wirkt nicht nur performativ auf die Gesellschaft, vielmehr wirkt die Gesellschaft auch zurück auf die Wirtschaftswissenschaft, nur eben nicht im Sinne einer semantischen Performativität (Fourcade 2009). Damit bezieht diese Arbeit sowohl zur Neuen Wirtschaftssoziologie als auch zu den Finanzstudien Stellung. Gegenüber den Ansätzen in der Neuen Wirtschaftssoziologie thematisiert der Begriff der spektralen Performativität die Rolle wirtschaftswissenschaftlicher Expertise für die Konstruktion von Märkten, Unternehmen und Politik; gegenüber der Performationsdebatte in den Finanzmarktstudien stellt er das Verhältnis von Wissenschaft und Gesellschaft „vom Kopf auf die Füße". Denn konzeptuelles wirtschaftswissenschaftliches Wissen über Märkte ist nur eine denkbare Möglichkeit, wie ökonomische Expertise auf die diskursive Formierung gesellschaftlicher Strukturen zugreifen kann. Eine andere Möglichkeit besteht in der Konstruktion und der Verwendung von Zertifikaten.

Die Politische Ökonomie und die Finanzialisierungsfrage
Studien zur Politischen Ökonomie beobachten seit den 1970er Jahren eine kontinuierliche Ausweitung von finanzwirtschaftlichen Diskursen, Deutungsmustern, Institutionen, Akteuren und Handlungsweisen. Diese Entwicklung steht in engem Zusammenhang mit einer Verschiebung der institutionellen Konstellationen in der politischen Ökonomie zwischen Staat und Wirtschaft (Pantich und Konigs 2008). Die politische Ökonomie des Bretton Woods Systems, das nach 1945 eingerichtet wurde, basierte noch auf regulierten Finanzmärkten, stabilen Wechselkursen und einer staatlichen Koordinierung des Welthandels. Im Rahmen dieser Konstellation war globale Machtausübung eng mit einer erfolgreichen ökonomischen Wachstumsstrategie verbunden. Über eine systematische Steigerung des Bruttoinlandsproduktes konnten sich nicht nur die Volkswirtschaften der ehemaligen Kolonien schritt- und teilweise ökonomisch und damit machtpolitisch international emanzi-

pieren. Vor allem die industriellen Kernländer wie Deutschland oder Japan holten
gegenüber der globalen ökonomischen Supermacht – den USA – deutlich auf. Darüber hinaus hatte die Wachstumsstrategie als Machtstrategie den Nebeneffekt, dass
die globale ArbeitnehmerInnenschaft durch die Keynesianische Nachfragepolitik
gegenüber der Kapitalseite in den 1950er, 1960er und 1970er Jahren an Boden
gewann (Huffschmid 2002).

Ab den 1970er Jahren funktionierte dieses Akkumulationsmodell nur noch um
den Preis einer weiteren Ausdehnung der Partizipationschancen der ArbeitnehmerInnenschaft und des Aufstiegs globaler KonkurrentInnen in den industriellen Kern-
und Entwicklungsländern. Vor diesem Hintergrund entschied sich die Nixon-Regie-
rung in den 1970er Jahren dafür, das Bretton Woods System aufzukündigen. Durch
die Einführung flexibler Wechselkurse und der Deregulierung der Finanzmärkte
wurde das Finanzsystem als Säule der Macht neben dem Staat institutionalisiert.
Weil dieser Prozess von den USA seinen Ausgang nimmt, spricht Gowan (1998)
von einem „Dollar-Wall Street Regime" (DWSR). Nicht das Finanzsystem erzwang
seine Deregulierung, sondern die Regierung als polit-ökonomischer Akteur setzte
gezielt auf eine Strategie der Einflussnahme auf die globale politische Ökonomie
durch den Dollar auf der einen Seite und das gestärkte amerikanische Bankensys-
tem als eine Art globaler Clearingstelle für die Petrodollar auf der anderen Seite.
Die Kombination von Dollar als globale Leitwährung und international agierenden
Finanzakteuren sollte den Einfluss der USA sichern und ausweiten (Konings 2008).
Immer mehr polit-ökonomische Beziehungen wurden nun auf Finanzbeziehungen
umgestellt, die politische Ökonomie wird finanzialisiert. „Im Kern [des Konzeptes
der Finanzialisierung, J.M.] steht die These, dass es zu einer Machtverschiebung
zwischen dem Finanzsektor und dem ‚produktiven' Sektor gekommen ist" (Heires und Nölke 2011, S. 38). Dieser Prozess wurde schließlich durch die restriktive
Geldpolitik der amerikanischen Zentralbank (Fed) noch beschleunigt, indem die
Leitzinserhöhung der Fed im Jahr 1979 das globale Wirtschaftswachstum endgültig ausbremste (Zeise 2011, S. 121 ff.). Dadurch wurde nicht nur das alte, wachs-
tumsbasierte Akkumulationsregime als Machtstrategie endgültig beerdigt, sondern
gleichzeitig konnte durch die nun einsetzende massive Verschuldung vieler Schwel-
len- und Entwicklungsländer das finanzmarktgetriebene Akkumulationsregime als
Machtstrategie etabliert und gestärkt werden (Felder 2008).

Die neue Machtstrategie im globalisierten Kapitalismus basiert nicht länger auf
Wachstum, sondern auf Umstrukturierung von Sozialbeziehungen als Finanzbeziehungen.[6] Nicht mehr wirtschaftlicher Erfolg als Resultat von volkswirtschaftli-

---

[6] Ein Ausnahme bilden die aufstrebenden Volkswirtschaften Asiens, allen voran China und
Indien, die jetzt auf volkswirtschaftliches Wachstum setzen. Dazu gesellen sich später Russ-
land, Brasilien, Südafrika, die Türkei und andere Schwellenländer.

chem Wachstum und Wohlstand, wie es etwa noch im Modell der „Sozialen Marktwirtschaft" beschworen wurde (Nonhoff 2006), sondern das flexible Umschichten
von Profit und Vermögenswerten in einem durch geringe Wachstumsraten ge-
kennzeichneten realwirtschaftlichen Umfeld (Huffschmid 2002, S. 22 ff.) sowie
die Fähigkeit, auch in Krisenzeiten über das „Dollar-Wall Street-Regime" (Gowan 1998) auf die Entwicklungen der und in der globalen politischen Ökonomie
Einfluss zu nehmen, bestimmen die Koordinaten der zeitgenössischen globalen
Machtstrategien. Auf die Akteursebene übertragen bedeutet dies, dass einerseits
Kapitaleinkommen zulasten von Lohneinkommen, Privatvermögen zulasten von
öffentlichem Vermögen und schließlich Finanzkapitalisten zulasten von Indust-
riekapitalisten gestärkt werden (Dörre und Brinkmann 2005; Deutschmann 2005;
Heires und Nölke 2011). Dies betrifft sowohl Staaten, Unternehmen, Branchen
und Marktsegmente als auch den Alltag, den Lebensstil und die globalen Kultur-
regimes im weitesten Sinne. In diesem machtstrategischen Umfeld, das nur noch
weltgesellschaftlich gedacht werden kann, spielt wirtschaftswissenschaftliches
Wissen in seinen vielfältigen Facetten eine wichtige Rolle: etwa für Deutungsmuster, Institutionenbildung, Unternehmenssteuerung, Hegemonien, Governan-
ce- oder Legitimierungsprozesse in Wirtschaft, Politik, Wissenschaft und Alltag
(Sum und Jessop 2013; Wullweber und Scherrer 2010). Gegenüber der klassischen
Politischen Ökonomie betonen kultur- und diskurstheoretische Ansätze die Rolle
Wissen, Deutungen und Positionierungen als Machtmittel.

> Political economy, as conventionally understood, whether in neoclassical, public
> choice, institutionalist, statist, or Marxist terms, thus fails to fully explain its object
> because it abstracts political economy from its cultural constitution (Best und Pater-
> son 2009b, S. 2)

Es kommt nicht mehr nur darauf an, in Besitz von Geld und Gewalt zu sein, um
Macht ausüben zu können. Vielmehr spielt die Verfügung über Deutungen des Geschehens in der politischen Ökonomie eine immer wichtiger werdende Rolle. Inso-
fern ist nicht nur wirtschaftswissenschaftliches Wissen als Deutungsressource von
Bedeutung, sondern auch das Wissen darum sowie die Fähigkeit und objektiven
Möglichkeiten dazu, dieses Mittel einsetzen zu können. Im Anschluss an Ansätzen
aus dem Bereich der Kulturellen Politischen Ökonomie, die sich vor allem auf
die semiotische Ebene des Diskurses konzentrieren, soll hier mit dem Begriff der
Diskursiven Politischen Ökonomie die diskursive Konstruktion von machtvollen
Sprechern als Akteure des polit-ökonomischen Geschehens thematisiert und er-
fasst werden.

Ausgehend von diesen Umbrüchen in der globalen politischen Ökonomie beobachten die Gouvernementalitätsstudien, die Finanzialisierungsstudien und die

Arbeiten zum Finanzmarktkapitalismus eine Umformung sozialer Beziehung als Finanzbeziehungen. Bröckling, Krasmann und Lemke (2000) beschreiben etwa eine Ausbreitung neoliberaler Ideen, Werte und Handlungsweisen im Bereich des staatlichen Regierens und des Alltags. Insbesondere durch die Technologien des Qualitätsmanagements werden unter Rückgriff auf wirtschaftswissenschaftliche Konzepte neue Technologien der Menschenführung etabliert. Neoliberale Prinzipien aktivieren und beschleunigen das Soziale (Lessenich 2008; Rosa 2005) und verkleiden Regierungspraktiken in Marktbegrifflichkeit (Dean 1999), welche wiederum soziale Machtpraktiken verändern, etwa durch Appelle an „Eigenverantwortlichkeit" und „Unternehmertum" (Krasmann und Volkmer 2007; Pieper und Rodríguez 2003).

Die Finanzialisierungsstudien untersuchen im Anschluss daran eine immer intensivere Durchdringung der Gesellschaft mit Finanzkategorien. Epstein (2005b) unterscheidet etwa zwischen Globalisierung, Neoliberalisierung und Finanzialisierung. Während der Begriff Globalisierung die Entgrenzungsprozesse ab den 1970er Jahren erfasst und Neoliberalisierung Vermarktlichungs-, Privatisierungs- und Deregulierungstendenzen beschreibt, zielt der Begriff Finanzialisierung stärker auf den Einfluss der Finanzmärkte auf Politik, Wirtschaft, Wissenschaft und Alltag. „[F]inancialization means the increasing role of financial motives, financial markets, financial actors and financial institutions in the operation of the domestic and international economies" (Epstein 2005b, S. 3). Die Finanzialisierungsforschung untersucht vor diesem Hintergrund die Ausbreitung wirtschaftswissenschaftlicher Kategorien in Unternehmen und Märkten, etwa durch das Shareholder Value-Prinzip als dominante Handlungslogik in Unternehmen (Froud et al. 2000; Dörre 2012; Chiapello 2009), Branchen und Märkten (Windolf 2005b, Ebner 2014) und Volkswirtschaften (Deutschmann 2005; Stockhammer 2014). Während in Unternehmen die kurzfristige Renditeorientierung als handlungsleitendes Motiv institutionalisiert wird, indem die Akteure sich an der Echtzeitbewertung von Firmenwerten an den Finanzmärkten ausrichten, werden auch in Branchen und Volkswirtschaften langfristige Investitions- und Wachstumsstrategien durch kurzfristige Bewertungspraktiken am „Markt" abgelöst (Beyer 2009). „Märkte" sind allerdings in der Perspektive der Politischen Ökonomie keine Struktureigenschaft zeitgenössischer Wirtschaftsordnungen, welche eher durch eine oligopole Herrschaftsstruktur globaler Großkonzerne gekennzeichnet sind (Huffschmid 1970, 1994, 2002). „Märkte" sind vielmehr Bewertungs-, Beobachtungs- und Messtechnologien (Angermuller und Maeße 2014), die sich auf wirtschaftswissenschaftliches das Klassifizierungsinstrumentarium aus der neoklassischen Preistheorie stützen. Dieser Unterschied bleibt oft im Unklaren.

In der Perspektive der Finanzialisierungsstudien wird jedoch nicht nur die Wirtschaft, sondern auch der Alltag zunehmend finanzialisiert. Wie Martin (2002) und

Leyshon und Thrift (2007) zeigen, dringen finanzialisierte Deutungsmuster in die Mikrosituationen des Alltags vor (Vollmer 2012). Young (2011) sieht etwa in der Verschuldung privater Haushalte ein Übergreifen von Finanzkategorien auf die private Haushaltsführung. Während die Finanzmarktkapitalismusdebatte (siehe dazu etwa Kraemer 2012) vor allem den Zusammenhang von makroökonomischer Transformation und Unternehmenspolitik untersucht (siehe die Beiträge in Windolf 2005a; Kraemer und Nessel 2012), fokussieren die Finanzialisierungsstudien neben der Kultur und dem Alltag insbesondere den Zusammenhang von Produktionswirtschaft, Finanzwesen und politischer Steuerung (Epstein 2005a; Heires und Nölke 2014; Kessler 2011; Thiemann 2012).

In diesen Debatten werden unterschiedliche Dimensionen der Finanzialisierung beleuchtet, die sich in heterogenen Begrifflichkeiten widerspiegeln. So spricht etwa Ebner (2014) von „Vermarktlichung" und meint damit Polany folgend „die Ausweitung von Marktmechanismen in zuvor nicht-marktlich koordinierten gesellschaftlichen Feldern" (Ebner 2014, S. 49). Demnach werden Marktbegrifflichkeiten aus der neoklassischen Preistheorie in gesellschaftliche Steuerungsinstrumente verwandelt. Hierbei stellt sich allerdings die Frage, die bereits den Gouvernementalitätsstudien kritisch vorgehalten wurde, nämlich: Wo ist die Differenz zwischen Steuerungstechnologien – etwa als Mess- und Klassifizierungstechnologien (siehe dazu Angermuller und Maeße 2014) – und – wenn man so will – „realen Märkten" (Aspers 2007)? Wenn der Begriff der „Vermarktlichung" auf eine Ökonomisierung gesellschaftlicher Klassifizierungsmuster im Rahmen von Bewertungs- und Legitimierungsdiskursen zielt, dann kann nicht uneingeschränkt von Vermarktlichung gesprochen werden. Denn die wirtschaftlichen Strukturen folgen eher mono- und oligopolistischen Tendenzen. Von „Märkten" kann hier keine Rede sein, wohl aber von Profiten.

Demgegenüber folgen Shareholder Value-Ansätze (etwa Froud et al. 2000) eher einem handlungstheoretischen Finanzialisierungsbegriff. Demnach werden Werte und Normen der Unternehmensführung (Dörre 2012) oder Alltagsbewältigung (Martin 2002) von wirtschaftswissenschaftlichen Kategorien dominiert. Auch dies kann zu nicht-intendierten Ergebnissen auf der Ebene der Handlungsfolgen führen, die sich etwa in Beschleunigung, Stress und Unsicherheit zeigen können (Bröckling 2007; Lessenich 2008). Auch Young (2014) betont die Wissensdimension der Finanzialisierung, indem sie mit dem Ordoliberalismus und dem Neoliberalismus differente Wissensordnungen aus der Wirtschaftswissenschaft gegenüberstellt, die auf die Wirtschaftspolitik und auf das Wirtschaftsgeschehen koordinierend einwirken. Allerdings bleiben hier drei Fragen offen. Erstens, wie wirken diese Wissensordnungen auf Politik und Märkte? Zweitens, worin unterscheiden sich die Wirkungen in den beiden genannten Bereichen? Schließlich, wie können wir uns die Beziehung zwischen Wirtschaft/Politik auf der einen Seite und (Wirtschafts-)Wissenschaft auf der anderen Seite vorstellen?

Diskurstheoretisch informierte Arbeiten sind gegenüber der Wissensdimension skeptisch. Denn wirtschaftswissenschaftliches Wissen in der Wissenschaft und wirtschaftswissenschaftliches Wissen in den Märkten und der Politik sind nicht gleichbedeutend. Wie schon die Performationsdiskussion in der Wirtschaftssoziologie gezeigt hat, haben wir es immer mit heterogenen Wissensordnungen zu tun; gleichwohl bestehen enge Beziehungen zwischen Wissenschaft und Wirtschaft/ Politik/Alltag etc. Würde diese Beziehung nicht bestehen, machte es auch keinen Sinn, von Finanzialisierung zu sprechen. Ebenso wenig wie im Falle der Performation muss die Finanzialisierung von Gesellschaft, Wirtschaft, Politik und Alltag sich nicht (nur) auf der Wissensebene abspielen, etwa in den handlungsleitenden Normen und Werten, dem Steuerungswissen oder den Klassifizierungsapparaten. Sie kann auch auf der Ebene der Autorisierung von Finanzakteuren angesiedelt sein. So sprechen Kessler und Wilhelm (2014) am Beispiel des Schattenbankensystems etwa von „epistemischen Autoritäten", die die Funktion haben, Entscheidungen zu legitimieren. Auch Leins (2013) und Wansleben (2011) unterstreichen die Rolle von Finanzexperten für die Legitimierung von Entscheidungen in Finanzmärkten (siehe auch Stavrakakis 2013). Während etwa Langenohl (2011) von Deutungsökonomien spricht und damit auf die Wissensebene von Diskursen in Finanzmärkten abhebt, soll mit der Frage nach der Legitimierung und Autorisierung die Machtdimension ökonomischer Expertendiskurse untersucht werden. Dieser Linie folgt diese Arbeit.

Legitimierungsvorgänge mit wissenschaftlich autorisierten Akteuren sind jedoch komplexe Prozesse, die sich nicht in einem Feld abspielen, sondern einen trans-epistemischen Zusammenhang zwischen differenten sozialen Welten voraussetzen (Maeße 2010b, 2012, 2013c). Grundsätzlich ist Wissen immer das Produkt diskursiver Aneignungsprozesse: Indem Texte, Symbole, gesprochene Sprache, Gesten, Handlungen, Ereignisse etc. deutend angeeignet werden, entsteht Wissen über die Welt. Dies geschieht grundsätzlich in den konkreten Aneignungskontexten, etwa in Unternehmen, Märkten, Branchen, politischen und staatlichen Organisationen und im Alltag. Sowohl Autoritäten (etwa Finanzexperten) als auch Konzeptwissen (etwa die neoklassische Preistheorie) sind das Produkt sozialer Zuschreibung in Märkten, Politik und Alltag. Auf der anderen Seite sind ebendiese Prozesse vorstrukturiert, und zwar durch jene Produkte, die in anderen sozialen Kontexten produziert worden sind: etwa ökonomische Expertise aus der Wissenschaft. Ausgehend von einer um die diskursive Dimension erweiterten Perspektive der Politischen Ökonomie bedeutet dies für unsere Analyse:

1. Wenn Wissen Interpretation voraussetzt und Macht auf Autorisierung basiert, dann kann der Diskurs nicht auf semantische Fragen, Wissen und Ideen reduziert werden. Vielmehr rückt die Frage ins Zentrum, wer in wessen Namen was

sagt. Diskurse sind Mechanismen, die Akteure konstruieren, welche über ihre Aussagen als Sprecher einer bestimmten Sache Sichtbarkeit erlangen. Wenn diese Prozesse sind nicht auf mikrosoziologische Situationen reduziert werden können, dann benötigen wir einen makrosoziologischen Rahmen, um das Verhältnis von Macht und Diskurs adäquat denken zu können.

2. Um dies zu leisten, müssen auf der einen Seite in Märkten, Unternehmen, Parteien, Regierungsorganisationen, Think Tanks und Forschungsinstituten etc. die Rezeptions- und Wissenserzeugungsprozesse studiert werden, die wirtschaftswissenschaftliche Expertise erst zur „Finanzialisierung" und „Performation" ihrer jeweiligen Welt verhelfen. Diskurse machen diese Rezeptionsprozesse erst möglich, weil Diskurse sowohl das Medium sind, das die Zirkulation von Texten denkbar macht, als auch der Mechanismus, wodurch Texte in Wissen übersetzt werden. Eine politische Ökonomie der Wirtschaftswissenschaft basiert nicht nur auf Macht, sondern auch auf Diskurs.

3. Auf der anderen Seite müssten die Zirkulationspfade zwischen Wissenschaft und Gesellschaft untersucht werden, ohne die Finanzialisierung/Performation nicht funktioniert. Hierbei wird nicht nur gefragt, inwiefern die Wissenschaft die Gesellschaft beeinflusst, sondern auch, inwiefern die Wissenschaft durch die Gesellschaft dazu gebracht wird, auf sie performativ Einfluss zu nehmen (Weingart 2005). Die Finanzmarkt- und Finanzialisierungsstudien neigen jeweils dazu, das Verhältnis von Wissenschaft und Gesellschaft unidirektional zu betrachten, etwa von Wissenschaft auf Wirtschaft. Demgegenüber plädiert diese Studie für eine Dialektik von Wirtschaftswissenschaft und Gesellschaft (Maeße 2013e), die ihren Anstoß allerdings von Prozessen in der Gesellschaft nimmt und von dort aus die Wissenschaft einbindet. Der Diskurs ist hierbei mehr als nur eine Brücke, die zwischen zwei divergenten Welten vermittelt. Er ist auch die Voraussetzung dafür, dass die Welten jeweils für sich existieren, weil sie durch und durch spektrale – und damit diskursive – Erscheinungen sind.

4. Schließlich kommt eine Analyse spektraler Performationsprozesse nicht ohne eine Analyse ihrer Entstehungskontexte aus. Wenn wirtschaftswissenschaftliche Expertise im Zuge von Finanzialisierungs-, Performations- oder Ökonomisierungsprozessen, die aus Sicht des Neoinstitutionalismus als Isomorphieprozesse gedeutet werden können, auf die Gesellschaft Zugriff nimmt, dann lohnt sich ein Blick in jene Welt, die für die Produktion der „Wirtschaftswissenschaft" in all ihren Facetten zuständig ist. Allerdings ist auch diese akademische Welt in ihrer konkreten Ausformung als der Effekt gesellschaftlicher Diskurse zu denken, weil die akademische Welt Teil eines trans-epistemischen Netzwerks zwischen Politik, Wirtschaft und Gesellschaft ist (Lebaron 2001a).

Eine *Diskursive Politische Ökonomie* untersucht also die Effekte, die Diskurse für die trans-epistemische Vernetzung differenter sozialer Welten spielen. Ausgehend von dieser Drei-Ebenen-Heuristik setzt diese Fallstudie am dritten Punkt an. Gleichwohl werden die anderen beiden Ebenen immer mit gedacht, insbesondere indem die Zirkulationssphäre zwischen Wissenschaft und Gesellschaft als ein diskursiv vermitteltes Akkumulationsregime gedacht wird, in welchem verschiedene wissenschaftliche Kapitalsorten ineinander übersetzt werden (siehe Kapitel drei, Abschnitt drei). Die erste und die zweite Ebene werden in einer weiteren Studie untersucht (Maeße 2015a). Während hier die Innenwelt der deutschsprachigen Volkswirtschaftslehre betrachtet werden soll, befasst sich die Folgestudie mit der Rolle von Experten in wirtschaftspolitischen Diskursen, also in einem Teil der Außenwelt der akademischen Wirtschaftswissenschaft. Damit wird gewissermaßen der Schritt in jene Welt gegangen, in der sich ÖkonomInnen als „Experten" positionieren müssen, um im politischen Diskurs gehört zu werden. Die Welt, in der sich diese Wirtschaftsexperten bewegen, ist allerdings durch eine Akademisierung geprägt. Damit soll zum Ausdruck gebracht werden, dass die dortigen Diskursakteure zunehmend auf akademische Reputation angewiesen sind, um eine einflussreiche Position im wirtschaftspolitischen Diskurs zu beziehen. Durch die Akademisierungstendenzen der wirtschaftspolitischen Welt wird schließlich die Brücke zu den Elitisierungstendenzen der akademischen Welt geschlagen, indem Elitisierung als ein Effekt von Akademisierung gedeutet wird (ausführlich Kapitel sechs).

Für eine gesellschaftstheoretisch informierte Wissenschaftssoziologie
Vor diesem Hintergrund plädiert die vorliegende Studie für eine gesellschaftliche Einbettung der Wissenschaftssoziologie. Typischerweise fragen Analysen aus der Wissenschaftssoziologie, die sich nicht mit dem Wissenschaftssystem, sondern mit einzelnen Disziplinen befassen, danach, wie sich bestimmte akademische Gruppen in einem Feld der Macht bilden (Bourdieu 1992), sich als Disziplin konstituieren (Stichweh 1984), Kontroversen in „Fakten" überführen (Latour 1987), sich über Paradigmen, Theorien oder andere Labels des Wissenschaftsdiskures positionieren (Angermuller 2013) oder ein Selbstverständnis über Bildungsbegriffe und Wissenschaftssemantiken erzeugen (Hamann 2014; Kaldewey 2013). Dabei fällt auf, dass in manchen Fällen innerwissenschaftliche Beobachtungen auf innerwissenschaftliche Prozesse bezogen werden – etwa Latour (1987), der die Überführung von Kontroversen in „Fakten" als ein innerdisziplinäres Phänomen untersucht – und ein anderes Mal innerakademische Transformationsprozesse auf gesellschaftliche Strukturdynamiken zurückgeführt werden – zum Beispiel Readings (1996), der die Formierung der kulturwissenschaftlichen Fächer mit der Entstehung des modernen Staates in Zusammenhang bringt. Weil die Wirtschaftswissenschaft enge Bezie-

hungen zur Gesellschaft unterhält, die in ihrer Vielfältigkeit noch nicht beforscht sind (siehe etwa Fourcade 2009; Coates 1993; Lebaron 2006, 2008, Maeße 2013a; Pahl und Sparsam 2013), verfolgt diese Studie eine gesellschaftstheoretische Betrachtung der internen Dynamiken der Wirtschaftswissenschaft.

Somit soll durch die Einbeziehung der gesellschaftlichen Einbettung des Gegenstandes dieser Studie auch theoretisch an die Diskussion aus der Politischen Ökonomie angeschlossen werden, indem der historische Kontext, in welchem der empirische Gegenstand dieser Arbeit verortet ist, mit einer diskurssoziologisch und machttheoretisch gewendeten Weltsystemtheorie erfasst werden soll. Die hier untersuchten Transformationsprozesse in der Wirtschaftswissenschaft spielen sich demnach vor dem Hintergrund eines globalisierten kapitalistischen Weltsystems ab. Beide Aspekte zusammengenommen will die vorliegende Studie aufzeigen, wie globale Finanzialisierungsprozesse durch das Zusammenwirken von lokalen Dynamiken auf der Mikroebene in der Welt der Wirtschaftswissenschaft und der Mesoebene der Welt der Wirtschaftswissenschaft mit globalen Tendenzen auf der Makroebene des zeitgenössischen kapitalistischen Weltsystems interagieren. Erst eine Verbindung von lokalen mit globalen Dynamiken unter den Voraussetzungen einer von Macht und Herrschaft durchsetzten globalen diskursiven und institutionellen Kräftekonstellation machen die Finanzialisierungsprozesse praktisch erfahrbar. Während sich in der akademischen Welt Prozesse der „Elitisierung" abspielen, sind in der Welt der Gesellschaft etwa Prozesse der „Akademisierung" zu beobachten (Maeße 2015a). Deswegen plädiert die vorliegende Arbeit für die Verbindung von diskursanalytisch informierter Machttheorie mit einem kultursoziologisch inspirierten Weltsystemansatz (siehe Kapitel zwei und sechs).

Ökonomisches Expertentum im kapitalistischen Weltsystem

2

Ökonomisches Expertenwissen ist eine reichhaltige Quelle für Macht und Wissen in Politik, Wissenschaft, Wirtschaft und Alltag. Die zeitgenössischen, globalisierten Gesellschaften bieten ökonomischen Experten ein großes Aktivitätsfeld, das sich über unterschiedliche soziale Welten erstreckt. Der gestiegene und in Zukunft wohl weiter steigende Einfluss ökonomischen Expertenwissens geht einher mit der Ausübung von Macht auf internationaler Ebene. Was ist der gesellschaftliche und historische Hintergrund dieser Erscheinung? Im 19. Jahrhundert verordneten Staaten im Rahmen des Imperialismus anderen Ländern ihre Politik; später, im Kalten Krieg, übte der Zwang zur Bündnistreue Einfluss auf die Politik von Staaten aus. Von beiden Situationen sind wir heute weit entfernt. Weder die kolonialistische Gewalt noch der militärische Bündniszwang geben den Ton an. Vielmehr scheint die Globalisierung eigene Formen von Macht und Herrschaft zu entwickeln. Wie funktionieren Herrschaftssysteme in unserer zeitgenössischen Welt und was bedeutet dies für die Strukturen des Sozialen?

2.1 Das neue Gesicht der Macht

Nach Max Weber ist Herrschaft eine institutionalisierte Sozialbeziehung, die eine oder mehrere Gruppen von Individuen dazu veranlasst, der Idee einer oder mehrerer anderer Gruppen freiwillig Folge zu leisten. Um dies zu erreichen, setzen Herrschaftssysteme auch Macht ein. Auch für Marx war Macht in erster Linie ein Zwangsmittel, das auf dem Besitz ökonomischer Ressourcen basierte. Während Weber Macht und Herrschaft gegenüberstellte und Macht mit Gewalt gleichsetzte,

© Springer Fachmedien Wiesbaden 2015
J. Maeße, *Eliteökonomen,* DOI 10.1007/978-3-658-07338-1_2

die auf den massiven Einsatz von Geld und Militär basiert, und auch Marx die grobschlächtige, materielle Dimension von Macht unterstrich, haben Kultur- und Diskurstheorien den subtilen Charakter von Macht unterstrichen (Maeße und Nonhoff 2014). Auch der Einsatz ökonomischer Expertise folgt einer solchen kulturelldiskursiven Logik. So hat etwa Foucault (1983) betont, dass Macht Dinge hervorbringt, indem sie unterschiedliche Technologien der Menschenführung einsetzt; nach Bourdieu (1997) dient Macht nicht der gewalttätigen Unterdrückung, sondern der Herstellung sozialer Beziehungen hinter dem Rücken der Akteure. Macht ist ein unterschwelliges Strukturierungsprinzip, das durch die Akteure hindurch wirkt und das Soziale an seinen Ursprüngen erfasst. Wie bereits Hannah Arendt (1970) ausgeführt hat, sind Macht und Gewalt nicht identisch: Macht bezeichnet die Konstruktion von Sozialbeziehungen; Gewalt dagegen ist nur der rohe Einsatz von materiellen Ressourcen.

Die Art und Weise, wie Macht und Herrschaft zusammenspielen, hat sich in den letzten Jahrzehnten und Jahrhunderten verändert. Während das 19. Jahrhundert noch durch die Etablierung der nationalstaatlichen Macht- und Herrschaftsapparate gekennzeichnet war, die durch Polizei und Militär auf der einen und Wirtschaftsmacht auf der anderen Seite soziale Beziehungen strukturierten und disziplinarische Formen der Menschenführung praktizierten, etablierte sich später, im 20. Jahrhundert, das Bildungs- und Universitätssystem als Macht- und Herrschaftsfaktor, auf das sich auch ökonomische Expertise letztlich stützt. Nicht die autoritäre Disziplinierung der SchülerInnenschaft durch die LehrerInnenschaft ist heute bedeutsam für Macht. Vielmehr werden Individuen durch Appelle an „Eigenverantwortung" gelenkt und SchülerInnen mithilfe von pädagogisch-didaktischen Lehr-Lern-Modellen „gefördert". Wer sich diesen Apparaten widersetzt, muss sich die Schuld für das Scheitern selbst zuschreiben. Um begehrte berufliche Positionen zu erlangen, reichen soziales und ökonomisches Kapital längst nicht mehr aus, vielmehr sind hohe und immer höhere Bildungstitel die Eintrittskarte in die Gesellschaft. Bildung und Wissenschaft sind omnipräsente Technologien der Zertifizierung und Klassifizierung, der Legitimierung und Reputationszuschreibung. Als kulturelles und symbolisches Kapital üben sie Macht aus, weil sie verbürgen, rechtfertigen, legitimieren, kategorisieren und autorisieren (Angermuller und Maeße 2014). Insbesondere Experten stehen an der Schnittstelle von Wissenschaft und Gesellschaft, weil sie aus der einen Welt symbolisches Kapital beziehen, das sie in der anderen einsetzen und damit Anerkennung für ihre akademisch und wissenschaftlich legitimierten Expertisen einfordern. Indem die vorliegende Studie den Zusammenhang von Wissenschaft und Gesellschaft thematisiert, will sie zu einem Forschungsfeld beitragen, das die Rolle von akademischer Reputation ökonomischen Expertentums für die Ausübung von Macht in Politik und Gesellschaft untersucht (Lebaron 2006; Fourcade 2006).

Obgleich die Inszenierung ökonomischen Expertentums (Maeße 2012) nur ein Fall unter vielen anderen Formen der symbolischen Machtausübung darstellt, ist auch diese Form der akademisierten „Ökonomisierung des Sozialen" (Bröckling 2007; Lessenich 2008) letztlich ein exemplarischer Fall einer allgemeinen Tendenz der Verschiebung von Macht und Herrschaft vom kolonialistisch-imperialistischen Souveränismus zu eher diffusen, unsichtbaren und anonym Technologien. Diese Tendenzen wurden nicht nur von Foucault und Bourdieu, sondern vor allem von Deleuze und Guattari thematisiert (siehe etwa Hardt und Negri 2000). Macht und Herrschaft lassen sich nicht mehr einfach greifen und beseitigen, Verantwortliche nicht mehr problemlos benennen und in die Pflicht nehmen, Kausalzusammenhänge zwischen Wirkmechanismen von Macht und Herrschaft nicht ohne weiteres durchschauen, auch wenn die Auswirkungen der Macht heute scheinbar so offensichtlich sind, wie vielleicht nie zuvor. Dies zeigt sich etwa in der massiven Ausweitung, Anhäufung und Monopolisierung ökonomischer, polizeilicher und militärischer Gewaltmittel in den Händen weniger globaler Akteure (Krysmanski 2012; Huffschmid 1994). Reichtum und ökonomische Ungleichheit hat gigantische Ausmaße angenommen. Zum Einsatz dieser Gewaltmittel kommt es allerdings immer nur in Verbindung mit Macht. Macht stützt sich zwar oft auf materielle Gewalt; aber ihr Funktionsprinzip liegt vor allem in der Kraft zur Mobilisierung und Demobilisierung von Menschenmengen durch Diskurse.

Die vorliegende Arbeit versteht sich als ein Beitrag zur Untersuchung der Funktionsweise von Macht und Herrschaft unter den Voraussetzungen der Globalisierung im Bereich ökonomischer Diskurse. Deswegen werden die drei empirischen Kapitel (Kapitel drei, vier und fünf) von zwei Theorie- und Reflexionskapiteln eingefasst (Kapitel zwei und sechs). Ausgehend von der Weltsystemtheorie (Arrighi 1994), dem Neoinstitutionalismus (Meyer 2005) und der Kultursoziologie (Robertson 1992) wird Globalisierung als das Zusammenspiel von global zirkulierenden Formaten und lokalen Transformations- und Aneignungsdynamiken verstanden. Eine wissenschaftliche Disziplin wie die VWL kann sich nicht hinter den Mauern der Universität verschanzen; sie ist in eben diese globalen Transformationsdynamiken eingebunden, weil sie Herrschaftswissen, Symbole sowie Zertifikate bereitstellt und dadurch auf politische Entscheidungen Einfluss nimmt. Sie ist Produkt und Voraussetzung jener Entgrenzungstendenzen, die in den folgenden Abschnitten umrissen werden. Anders als mitunter so manche staats-, wirtschafts- und derweilen auch gesellschaftsferne Disziplin wird die soziale Welt der akademischen VWL von den Strömen des globalisierten Weltsystems erfasst, von dem sie als soziale Umwelt umgeben ist. Im Wandel der VWL zu einem globalen, oligo-

polistischen, elitären Diskursfeld spiegelt sich eine allgemeiner Wandel der (Welt)
Gesellschaft wider (Abschnitte eins bis drei).

Für die Konstruktion sozialer Beziehungen im globalisierten Weltsystem spielen Diskurse und institutionelle Technologien, die in der Anhäufung unterschiedlicher Kapitalsorten münden, eine zentrale Rolle. Gegenüber klassischen, auf den
Nationalstaat bezogenen Gesellschaftsvorstellungen und Handlungstheorien sollen in dieser Arbeit die theoretischen Reflexionen aus dem Poststrukturalismus
und der Gouvernementalitätstheorie als Analyseinstrumentarien fruchtbar gemacht
werden (Abschnitte vier bis sechs). Das „Soziale" tritt an die Stelle der „Gesellschaft"; „Institution" und „Macht" werden diskurstheoretisch gewendet; an die
Stelle einer funktionalistischen Institutionentheorie tritt eine Diskurstheorie institutioneller Technologien der Macht.

Die vorliegende Studie wird vor allem die Rolle des symbolischen und kulturellen Kapitals in den Blick nehmen, das gegenüber ökonomischem und sozialem
Kapital zu den subtileren Formen der Macht zählt. Auf der einen Seite wird gezeigt, wie akademische Reputation als „Elite" entsteht (Kapitel drei bis fünf); auf
der anderen Seite wird gefragt, wie die symbolischen Produkte dieser „Elitisierung" diskursiv in nichtwissenschaftlichen Welten als Macht- und Herrschaftsins-
trumente relevant werden (Kapitel sechs). Damit bilden die Arbeiten von Foucault
und Bourdieu das theoretische Herzstück dieser Untersuchung (Angermüller 2007;
Bernhard und Schmidt-Wellenburg 2012; Hamann 2014). Thematisch nimmt die
Studie ihren Ausgangspunkt von wirtschafts- und wissenschaftssoziologischen
Forschungsperspektiven, insbesondere von der Erforschung ökonomischen Expertentums (Coates 1993; Yonay 1998; Breslau 2003; MacKenzie 2006; Lebaron
2006; Fourcade 2009; Pahl und Sparsam 2013; Maeße 2013a; Wansleben 2012;
Leins 2013; Kessler und Wilhelm 2014; Langenohl 2012; Sennholz-Weinhardt
2014).

2.2 Globalisierung, Entgrenzung und Expertentum

Vor dem Hintergrund der skizzierten Transformationen im Bereich von Macht und
Herrschaft haben sich die gesellschaftlichen Strukturen seit der Mitte des 20. Jahrhunderts verändert. Sie bilden den gesellschaftlichen und historischen Kontext,
in dem sich die Phänomene entfalten, die in der vorliegenden Studie untersucht
werden. Dieser Kontext ist durch drei Merkmale gekennzeichnet, die im folgenden
Kapitel skizziert werden sollen. Zunächst können seit dem Ende des zweiten Welt-
kriegs Tendenzen beobachtet werden, welche die Globalisierungs- und Moderni-
sierungsforschung als *Entgrenzung und Reflexivität* bezeichnet. Spät- oder post-

moderne Gesellschaften laufen der gesellschaftlichen Ausdifferenzierungstendenz in funktional aufeinander bezogene Subsysteme entgegen, die von den Klassikern der Soziologie herausgearbeitet wurde. Wirtschaft und Kultur, Wissenschaft und Politik, Bildung und Macht oder Individuum und Gesellschaft bilden keine separierten Einheiten mehr, sondern hybride Konstrukte. Im Zuge dieser Entwicklung wird, zweitens, Wissen auf den Prüfstand gestellt. *Wissenschaft und Expertentum* erhalten eine neue Rolle in der und für die Gesellschaft, weil sie den akademischen Rationalitätsansprüchen, die Gesellschaften an Wissen stellen, entsprechen. Dieser neue Status wissenschaftlichen Wissens hat Konsequenzen für die Wissenschaftssoziologie. Beide Entwicklungen wiederum stellen, drittens, die analytischen Kategorien der Soziologie vor neue Herausforderungen. Während die Gesellschaft als Gegenstand soziologischer Forschung typischerweise zwischen Handeln und Struktur angesiedelt ist, wird nun *das Soziale als eine pulsierende Struktur* zur Herausforderung für die Gesellschaftstheorie. Wissenssoziologische sowie modernisierungs- und gesellschaftstheoretische Überlegungen gehen ineinander über, weil die Soziologie als eine gegenstandsorientierte Wissenschaft mit historischem Bewusstsein das eine ohne das andere nicht denken kann.

Globalisierung des kapitalistischen Weltsystems
Die zeitgenössische soziale Welt entspricht nicht mehr den Ordnungsmustern der nationalstaatlich gerahmten „Gesellschaft". Die 1980er und insbesondere die 1990er Jahre waren geprägt von kontroversen Debatten über die Herausforderungen der Globalisierung in zeitgenössischen Gesellschaften (siehe etwa Martin und Schuhmann 1996; Dörre und Röttger 2006). Dabei standen nicht nur die Gestaltungsmöglichkeiten der auf den Nationalstaat bezogenen politischen Institutionen zur Disposition, auch der sozialwissenschaftliche Gesellschaftsbegriff wurde zunehmend infrage gestellt. Obgleich die Soziologie der Rede von den „Sachzwängen der Globalisierung" stets kritisch gegenüber stand, bröckelte ihr durch den Strukturfunktionalismus geprägter Gesellschaftsbegriff. Während Talcott Parsons (1985) soziales Handeln noch aus den funktionalen Erfordernissen der nationalstaatlich gerahmten Gesellschaft erklärte, meldeten sich ab den 1970er Jahren immer mehr Stimmen zu Wort, die die Begrenzung der Gesellschaft infrage stellten.

Bereits Luhmanns Weltgesellschaftstheorie (Luhmann 1986) steht der klassischen „Container-Theorie der Gesellschaft" (Beck 1998, S. 49), die gesellschaftliche Systeme, Gruppen und Identitäten wie auf ein Schachbrett unterschiedlichen, wohl gegliederten, voneinander abgetrennten Bereichen und Funktionen zuordnet, skeptisch gegenüber. Im Zuge der Ablösung stratifikatorischer Differenzierungsformen sieht Luhmann eine funktional differenzierte Gesellschaft entstehen, die im Gegensatz zu Parsons' Strukturfunktionalismus nicht auf Integration sondern auf Kommunikation basiert (Luhmann 1998). Nicht die Sprache als Zeichen nationaler Zugehörigkeit ist das Medium, in dem sich Sinn manifestiert, sondern Sinn ist das Medium, in dem jedes Subsystem kommuniziert. Unterschiedliche Subsysteme wie etwa Recht, Wirtschaft, Wissenschaft, Erziehung etc., die autopoetisch geschlossen sind und unabhängig von der jeweiligen Nationalsprache auf Grundlage binärer Codes Sinn produzieren, breiten sich weltweit aus. Während die Subsysteme in Parsons' Theorie auf die übergeordneten Erfordernisse der (National-) Gesellschaft funktional bezogen waren, etwa indem das Wirtschaftssystem Anpassungsleistungen vornimmt, das politische System Ziele definiert, das Rechtssystem Integration sicherstellt und das kulturelle System Sinn produziert, fehlt Luhmanns Systemen eine übergeordnete Instanz. Modernisierung und Globalisierung sind parallel verlaufende Prozesse.

Auch die Weltsystemtheorie (Wallerstein 1986; Arrighi 1994; Gunder Frank 1968) hat die Vorstellung einer auf den Nationalstaat bezogenen Gesellschaftsordnung infrage gestellt und auf die globalen Handels- und Produktionsnetzwerke verwiesen, die unterschiedliche Weltregionen, Kulturen und Ökonomien miteinander verbinden. Die Weltsystemtheorie spricht in diesem Zusammenhang von einem fünfhundert- bzw. tausendjährigen Weltsystem, das sich seit der Etablierung der ersten Handelsruten über die eurasische und später die transatlantische Welt entfaltet. Wie bereits die Regulationstheorie (Aglietta 2000) dargelegt hat, reicht die bloße kommerzielle Vernetzung von Weltregionen nicht aus, um von einem Weltsystem als einem sozialen System zu sprechen. Vielmehr macht dies die Entwicklung eines gemeinsamen Akkumulations- und Regulationsregimes notwendig, das die Produktion, Distribution und Akkumulation in soziale Normen und Werte einbettet und durch ein Macht- und Herrschaftssystem absichert.

Folgen wir Arrighis Verbindung von Weltsystemtheorie und Regulationstheorie, dann kann die Weltgesellschaft als ein kapitalistisches Weltsystem beschrieben werden, das durch unterschiedliche historische Hegemonien gekennzeichnet ist (Arrighi 1994). Während die ersten 500 Jahre seit dem zwölften Jahrhundert durch die eruptive Entstehung der morphologischen Grundstrukturen des kapitalistischen Weltsystems ausgehend von Norditalien über Spanien, Frankreich und die ersten globalen Handelsgesellschaften gekennzeichnet waren, etablierte sich im 18. Jahrhundert das Commonwealth unter britischer Führung als erstes global regiertes kapitalistisches Welthandelssystem. Die britische kapitalistische Welthegemonie war gekennzeichnet durch die Industrialisierung der Warenproduktion und die Entstehung nationalstaatlicher Institutionen, zunächst der polizeilich repressiven, später der wohlfahrtstaatlichen Einrichtungen (Foucault 2006). Mit den Welt- und Kolonialkriegen Anfang des 20. Jahrhunderts gerät diese Hegemonie in eine Krise und wird abgelöst durch die US-amerikanische Hegemonie.

Die amerikanische Phase ist gekennzeichnet durch die Einführung eines Welt-geldes, das durch ein Netzwerk wichtiger Zentralbanken unter der Führung der amerikanischen Federal Reserve (Fed) gesteuert wird und die Grundlage eines dicht gestrickten Freihandelssystems ist, das anders als das britische nicht auf Ko-lonialismus basiert (Pantich und Konings 2008); vielmehr, und dies ist die zweite Errungenschaft der US-Hegemonie, basiert es auf der globalen Institutionalisie-rung des Nationalstaates nach dem Vorbild westlicher liberaler Marktdemokra-tien (Meyer 2005). Für die Etablierung dieses Staatensystems spielt die globale Anwendung ökonomischer Expertise eine besondere Rolle (Fourcade 2006). Eine dritte Errungenschaft der US-Hegemonie ist die Etablierung globaler Produkti-onsnetzwerke unter dem Dach transnationaler Konzerne, die sich auf ein globa-les Netzwerk von Staaten als Vertrags- und Verhandlungspartner stützen, welche gegebenenfalls die Verträge vor Ort auch juristisch und polizeilich durchsetzen (Altvater und Mahnkopf 1998). Schließlich ist diese Phase durch eine universale Ausbreitung des Bildungssystems zur Reproduktion von Macht und Herrschaft ge-kennzeichnet (Bourdieu et al. 1981). Durch den immer früher stattfinden Eintritt mittlerweile aller Gesellschaftsmitglieder in das und die expansive Ausweitung des Bildungswesens auf immer weitere biographische Phasen werden Individuen durch Messverfahren permanent evaluiert und durch Anwendung des Leistungs-mythos soziale Ungleichheiten reproduziert (Angermuller und Maeße 2014). Auf diese Weise kann die soziale Machtposition von Eliten, die auf Herkunft basiert (Hartmann 2002), gerechtfertigt und das Scheitern sowie den damit verbundenen sozialen Abstieg der unteren und mittleren Klassen als Ergebnis „mangelnder Leistung" legitimiert werden.

Nach Arrighi besteht die US-amerikanische Hegemonie (wie jede andere He-gemonie auch) aus drei Phasen: der aufsteigenden Phase (ab Ende des 19. Jahr-hunderts), dem hegemonialen Zenit (1945–1970) und der absteigenden Phase (ab 1970). Während die aufsteigende Phase und Teile des Zenits noch durch eine Kon-solidierung der internationalen, (post)kolonialen Beziehungen und eine Pazifizie-rung der Klassenkämpfe sowie durch den fordistischen Ausbau der Industriege-sellschaft gekennzeichnet waren, beginnt ab den 1960er/1970er Jahren eine Phase der Finanzialisierung, Kulturalisierung und Liberalisierung. Mit Liberalisierung ist die Deregulierung der industriell bedingten Sozialbeziehungen gemeint, insbe-sondere die Aufkündigung des Klassenkompromisses zugunsten der Kapitalseite (Huffschmid 2002; Windolf 2005b); Kulturalisierung bezeichnet die Entstehung der Kulturindustrie (Horkheimer und Adorno 1969), neuer, klassenübergreifender, kommerzialisierter Lebensstilformate (Schulze 2005; Zizek 2002), die Informa-tionalisierung der Industrieproduktion (Bell 1974; Deutschmann 2002) und die Expansion des Bildungswesens; Finanzialisierung meint schließlich den „numerokratischen" (Angermüller 2010a, 2012) Umbau lokaler, nationaler und globaler Formen des Regierens (Leyshon und Thrift 1997; Martin 2002; Nölke und Heires 2014) auf der Grundlage meritokratisch geprägter Klassifikationsdiskurse (Angermuller und Maeße 2014). Dies betrifft sowohl die Expansion der Finanzmärkte als auch die Einführung von Rankings und Ratings sowie New Public Management Modelle zur Steuerung der Sozialbeziehungen in Wirtschaftsunternehmen, Verwaltungen und Universitäten. Es ist vor allem diese letzte, absteigende Phase der US-amerikanischen Hegemonie im kapitalistischen Weltsystem, die mit dem Begriff Globalisierung bezeichnet wird, weil nicht nur die ökonomische Morphologie in Form von Distributionsnetzwerken weltgesellschaftlich geformt ist, sondern weil nun auch organisatorische Formate, soziale Beziehungen und kulturelle Praktiken eine globale Dimension entfalten (Robertson 1992; Lash 1996; Jameson 1997).

Entdifferenzierung und Postmoderne

Ausgehend von diesen kulturellen und sozialen Entgrenzungen auf der institutionellen Ebene im entfalteten kapitalistischen Weltsystem verweisen kulturtheoretische Ansätze auf den hybriden Charakter von Sinn und Wissen. Während die phänomenologische Wissenssoziologie im Anschluss an Durkheim noch die kollektiv verbindlichen, von allen Gesellschaftsmitgliedern geteilten Wissens- und Sinnhorizonte hervorhebt (Berger und Luckmann 2000), unterstreicht etwa Robertson (1992) den glokalen Charakter weltgesellschaftlicher Beziehungen. Auf der einen Seite überschreiten kulturelle Güter und Praktiken wie etwa Essgewohnheiten, Kunst, Nachrichten etc. den nationalen Rahmen und entwickeln sich zu global zirkulierenden Symbolen; auf der anderen Seite werden diese Symbole aber lokal unterschiedlich interpretativ angeeignet (Angermüller et al. 2011). Sinn ist demnach nicht das Produkt innersystemischer Kommunikation, sondern entsteht im Zuge der Globalisierung in der lokalen Aneignung globaler Symbole. Aus neo-institutionalistischer Sicht hat Meyer (2005) diese globale Entgrenzungsdynamik mit dem Begriff der Weltkultur bezeichnet. Die Weltkultur ist ein symbolischer Bezugspunkt für regionale Transformationsdynamiken. Ausgehend von der westlichen Welt entfalten Institutionen wie beispielsweise Bildung, Demokratie, Individualismus etc. eine isomorphe Wirkung. Dies führt zu Anpassungsprozessen, die schließlich auf eine Transformation der Weltgesellschaft nach westlichem Vorbild hinauslaufen. Wie Münch (2009) am Beispiel des Bildungswesens zeigt, übt die Weltkultur Druck auf nationale Bildungssysteme aus (Maeße 2010c). Sie ist ein symbolisches Kapital, das Legitimität für Reformen erzeugt und zur Entstehung von hybriden Strukturen zwischen Weltkultur und nationalen Entwicklungspfaden führt (Münch 2009, S. 60). Auf den hybriden Sinn der Globalisierung haben auch die *postcolonial studies* hingewiesen (Hall 2000). Identitäten sind nicht mehr kulturell fixierbar, sondern gleiten über differente Erfahrungskontexte hinweg.

Die globale Entgrenzung symbolischer und institutioneller Bezugssysteme stellt nicht nur die Gesellschaftstheorie vor neue Herausforderungen, sondern auch die Modernisierungstheorie. Während die Klassiker der Modernisierungssoziologie ausgehend von Durkheim, Marx und Weber die Gesellschaft als das Produkt von funktionaler Ausdifferenzierung, Industrialisierung und polit-ökonomischer Regulation sowie fortschreitender Bürokratisierung beschreiben, haben im letzten Drittel des zwanzigsten Jahrhunderts neuere Ansätze der Modernisierungssoziologie eine Reflexivität, Entdifferenzierung und Verwissenschaftlichung der Gesellschaft beobachtet. Die Reflexivitätssoziologie (Beck et al. 1996) weist etwa darauf hin, dass die moderne Gesellschaft nicht mehr darauf zielt, sich im Sinne der Aufklärung von traditionellen Wurzeln und natürlichen Zwängen zu befreien (Habermas 1983).

Vielmehr ziele das Projekt einer reflexiven Moderne auf die Konsequenzen des eigenen Handelns ausgehend von einer erfolgreichen Modernisierung im Sinne der Aufklärung. Zu nennen sind in diesem Zusammenhang etwa die Umweltprobleme, die als Resultat erfolgreicher Modernisierung neuartige Probleme von globaler Reichweite erzeugen und neue Expertensysteme auf den Plan rufen (Beck 1988). Gegenüber einer fortlaufenden Ausdifferenzierung der Gesellschaft beobachten Lash und Urry (1987) eine Verwischung der Grenzen der Gesellschaft. Während für Parsons Kultur, Wirtschaft, Sozialintegration und Macht noch als Systeme gedacht wurden, die von einander geschieden sind, setzt nun ein Prozess der Entdifferenzierung ein (Eisenstadt 2000). Die Wirtschaft wird kulturalisiert, das Soziale ökonomisiert und die Kultur vermachtet. Wenn aber die Idee einer in getrennte Sinnsphären geordneten Gesellschaft problematisch wird, dann stellt dies die Einheit der Gesellschaft infrage. Ambivalenzen und Risiken treten gegenüber einem linear verstandenen Modernisierungsverlauf in den Vordergrund (Baumann 2005). An die Stelle geordneter Sinnbezüge treten Komplexitätsprobleme, die nach immer neuen Lösungen verlangen. Über unterschiedliche Forschungsfelder hinweg betont die Soziologie die Rolle von Vertrauen für die Stiftung funktionierender Sozialbeziehungen etwa dann, wenn klassische „Integrationsmechanismen" nicht mehr vorbehaltlos unterstellt werden können (siehe etwa Hartmann und Offe 2001).

Die globale, äußere Entgrenzung der Gesellschaft scheint mit einer nach innen gerichteten Entgrenzung standardisierter Sinnformen einher zu gehen. Wenn die containerartig geformte Gesellschaft implodiert, dann explodiert der soziale Sinn (Stäheli 2000). Die modernisierungssoziologische Reflexivität und Unsicherheit spiegelt sich in einer sozialtheoretischen Hybridisierung von Sinn wider. In diesem

Zusammenhang kommt Wissenschaft, Bildung und Expertenwissen eine bedeutende Rolle zu. Weil althergebrachte Problemlösungsstrategien nicht mehr ohne weiteres greifen (Beck et al. 1996) und traditionelle Autoritäten an Ansehen verloren
haben (Münch 2009), greifen die Individuen auf allen Ebenen des Sozialen, von
der Ernährungsberatung im Alltag über professionelle Beratung von Eltern, von
der technischen Lösung von Umweltproblemen bis zu Gesellschaftssteuerung, in
Regierungshandeln und Wirtschaftsmanagement zunehmend auf Expertenwissen
zurück (Lash 1996).

Expertenwissen und Reflexivität
Expertensysteme geben eine Antwort auf zwei Grundprobleme reflexiver Gesellschaften. Einerseits schaffen sie Vertrauen, weil das Wissen, das sie der Öffentlichkeit bereit stellen, durch die institutionelle Position der Experten autorisiert wird;
andererseits rationalisieren sie Wissen, weil es aufgrund seiner Wissenschaftlichkeit
von traditionalen Autoritätsansprüchen entbunden ist und diskursiv infrage gestellt
werden kann. Während die traditionelle Modernisierungssoziologie die integrative Kraft von Werten und Normen betonte, werden in der reflexiven Modernisierungstheorie solche fixen Sinnbezüge aufgelöst. Auch wenn die Theorie reflexiver
Modernisierung zumindest in Teilen eine modernisierungssoziologische Zurückweisung der neo-marxistischen und post-marxistischen Theorien der Postmoderne
war (Angermüller 2008), bestätigt sie doch wichtige Tendenzen insbesondere auf
der kulturellen Ebene des nun auf mehreren Ebenen global entfalteten kapitalistischen Weltsystems. Denn die Vieldeutigkeit und Interpretationsbedürftigkeit von
Identitäten, institutionellen Modellen, Ideen und anderen kulturellen Formen ist
kein Hindernis, sondern die Bedingung kultureller Globalisierung. Nur unter dieser Voraussetzung können globale Modelle multiple regionale, historische, politische und ideologische Kontexte kommunikativ erreichen. Expertenwissen und
eine damit verbundene Reputation etwa akademischer Akteure muss immer auch
schwammig bleiben, weil es nicht um die Präsentation passender gesellschaftlicher Problemlösungen etwa im Bereich der Wirtschaftssteuerung geht, sondern um
die diskursive Findung vielfältiger Lösungsoptionen für kulturelle Adaptions- und
Anschlussprozesse auf den Ebenen staatlicher, unternehmerischer, medialer, zivil-
gesellschaftlicher und Bildungsinstitutionen.

Die zunehmende Bedeutung wissenschaftlichen Expertenwissens für die Gesellschaft diagnostizieren auch die Theoretiker der post-industriellen Gesellschaft
(Bell 1973). Während die industrielle Gesellschaft noch durch die Strukturen der
industriellen Arbeitsorganisation, der taylorisierten Lebensrhythmen und der organisierten, funktional differenzierten Arbeitsteilung gekennzeichnet war, ist die
post-industrielle Gesellschaft nicht etwa durch weniger Industrie, sondern durch

eine zunehmende Bedeutung akademisch begründeten Spezialistenwissens gekennzeichnet. Technischer Fortschritt, Arbeitsteilung und die gewachsene Bedeutung von Dienstleistungen aller Art haben körperliche Arbeit zugunsten von kognitiver, ästhetischer und kommunikativer Tätigkeit an den Rand gedrängt (Deutschmann 2002). Immer mehr Bereiche in Beruf und Alltag werden zunehmend von
wissenschaftlichem Wissen geprägt.

Dieser Prozess ist nicht nur in der Arbeitswelt sondern auch im Alltag zu beobachten. Während die Klassiker der Soziologie etwa der Religion noch eine zentrale
Stellung als Sinngebungsinstanz zugeschrieben haben, diagnostizierte die Religionssoziologie ab den 1970er Jahren eine „Verwissenschaftlichung des Daseins"
(Tenbruck 1972, S. 218). Um Deutungen der Welt zu rahmen und Handeln zu ermöglichen, gehen Wissenschaft und Religion neue Beziehungen ein. Dies fördert
das Reflexivwerden post-industrieller Gesellschaften, weil die Grundlagen des
Wissens im Zuge der Säkularisierung nun selbst problematisiert werden.

Nicht zuletzt beobachtet die Bildungssoziologie eine fortschreitende Expansion der Wissenschaft, die sich in der Verwissenschaftlichung und Akademisierung
der Gesellschaft zeigt. War in den 1950er Jahren ein akademischer Titel noch ein
Privileg und Exklusivitätsausweis einer kleinen bildungsbürgerlichen Klasse, so
wird durch die Bildungsexpansion in allen Ländern der Welt die gesamte Bevölkerung direkt oder indirekt in das Hochschulsystem inkludiert. Ein akademischer
Titel ist heute längst keine hinreichende, sondern vielmehr eine notwendige Voraussetzung für beruflichen Erfolg, auch wenn Bildungstitel die dahinter stehenden
sozialstrukturellen Ungleichheiten lediglich rechtfertigen. Dies bedeutet im Umkehrschluss, dass BewerberInnen ohne akademischen Titel systematisch verdrängt
werden (Bourdieu 1982, S. 210 ff.). Für die Beurteilung von Erfolg und Leistung
hat akademische Legitimität eine unangefochtene Rolle eingenommen. Bildung
– insbesondere in ihrer akademisierten Form – ist heute auf vielfältige Weise ein
Herrschaftsmechanismus, ob in Form von akademisierten Experten, die nicht nur
Problemlösungswissen liefern sondern vor allem Legitimität stiften, oder in Form
von akademischen Titeln, die auf Grundlage der Leistungsillusion als eine Währung für die Vergabe von begehrten und knappen sozialen Positionen fungieren.

Im Zuge von Globalisierung als aktuelle Tendenz des kapitalistischen Weltsystems und den damit einhergehenden inneren und äußeren Entgrenzungsprozessen
kommt wissenschaftlichem Expertentum eine Rolle zu, die in ihrer Vielfältigkeit
und Komplexität bisher noch nicht systematisch untersucht und herausgearbeitet
ist (siehe aber Jasanoff 1990; Weingart 2005; Lentsch und Weingart 2011). Dies
betrifft nicht nur den rationalen Gehalt etwa ökonomischer Expertise, sondern
auch den Status von Experten für die Legitimierung von Deutungen, die Vergabe
von Bildungszertifikaten oder die machtvolle Durchsetzung von Interessen. Um

die besondere Rolle von Expertentum an der Schnittstelle von Wissenschaft und
Gesellschaft systematisch erfassen zu können, muss die Wissenschafts- und Bil-
dungssoziologie ihre bisherige theoretische, heuristische und methodologische
Ausrichtung überdenken.

2.3 Wissenschaft und Gesellschaft

Die traditionelle Wissenschaftssoziologie neigt dazu, die Wissenschaft als ein
selbstreferentielles, geschlossenes System zu betrachten (Maeße und Hamann
2014). Soziale Strukturen, Diskurse, Praktiken und Transformationen der Wissenschaft werden oft auf interne Determinanten zurückgeführt. Während die Soziologie auf viele Bereiche des Sozialen, etwa der Kultur, der Politik, der Familie,
des Staates oder der Religion externe Einflüsse wirken sieht – zu nennen sind hier
Modernisierung, Differenzierung, Individualisierung, Globalisierung oder Rationalisierung – reklamiert insbesondere die funktionalistische Soziologie für das
eigene soziale System Autonomie. Eine Ausnahme ist etwa die Professionssoziologie von Stehr (1994), die zeigt, wie sich die Wissenschaft im Zuge der Herausbildung der Professionen – also in Interaktion mit und Abhängigkeit von der
Gesellschaft – in ihrer modernen Form etablierte, allerdings als *autonomes, selbst-
bezügliches* System. Damit steht Stehrs Professionssoziologie in enger Beziehung
zu einer bestimmten Lesart der Luhmann'schen Systemtheorie, wonach auch die
Wissenschaft wie jedes andere soziale System autopoetisch geschlossen ist (Luhmann 1987).

Der Autonomieanspruch der Wissenschaft geht auf die klassischen Programme
des humboldtianischen Bildungsidealismus zurück. Wissenschaft möge frei sein
und ausschließlich dem Ziel der Wahrheitsfindung dienen. Nicht gesellschaftliche
Interessen, sondern die Orientierung an der reinen Vernunft begründet das welt-
fremde, der Realität abgewandte Desinteresse der humboldtianischen Gelehrten
(Ringer 1987). Während die angewandten Professionen eine nach außen gerichtete
Klientenorientierung aufweisen, orientieren sich die idealistischen Gelehrten an
sich selbst (Stichweh 1984). So plädiert bereits Weber (1972) in seinem Aufruf
„Wissenschaft als Beruf" für die Zweckfreiheit von Wissenschaft. In Mertons wis-
senschaftlichem „Ethos" (Merton 1973) spiegelt sich diese Haltung in mehrfacher
Hinsicht wieder. Der *Universalismus* entbindet die ForscherIn von ihren sozialen
Kontexten (Klasse, Schicht, Rasse, Geschlecht, Nationalität, Religion etc.), der
Kommunismus verpflichtet ihn auf die wissenschaftliche Gemeinschaft, das *Desinteresse* verlangt von ihr, sich ausschließlich auf die Wahrheitssuche zu begeben
und der *Skeptizismus* nötigt ihn zur unvoreingenommenen Prüfung und Hinterfra-

gung aller Autoritäten, Strukturen und blinden Flecke, die die reine Autonomie der Wissenschaft infrage stellen könnten. Besonders Aufschlussreich ist die historisch-soziologische Analyse des Universitätssystems durch Ben-David (1991). Während die europäischen Wissenschaftssysteme noch als durch Macht und Herrschaft geprägte, von traditionalen Riten und anderen wissenschaftsfremden Elementen durchzogene Einrichtungen beschrieben werden, erhebt sich die neue, amerikanische Universität als Ort reiner Vernunft und Freiheit. Der tiefe Glaube an die innere Reinheit und Rationalität der Universität setzt sich bis in die zeitgenössischen Reformbemühungen fort, die darauf zielen, durch die Anwendung von monetären Technologien der Organisationssteuerung und quantifizierenden Methoden der Messung von Qualität und Leistung in Forschung und Lehre könne die intrinsische Universität als vermutlich letzter Ort der reinen Vernunft realisiert und bewahrt werden. Auch wenn es sich hierbei oft um Reformrhetorik und politische Floskeln handelt, bestätigt das offizielle Bild, das damit bedient werden soll, die Autonomieillusion der Wissenschaft. Wie im letzten Kapitel dieser Arbeit aufgezeigt werden soll, ist ebendiese Autonomieillusion ein Mythos, der als ein Effekt von Macht in der Globalisierung gedeutet werden kann. Denn nur wenn etwas von außen autonom erscheint, kann es als Bürge für Legitimität fungieren.

Das wissenschaftssoziologische Autonomiepostulat scheint sich über viele Grenzen der theoretischen und methodischen Konfliktlinien hinwegzusetzen. Während die ethnographische Wissenschaftssoziologie anfangs noch von transepistemisch geöffneten Feldern und Handlungsarenen spricht (Knorr Cetina 1991), sieht sie später inkommensurable Wissenskulturen entstehen, die scheinbar jeden Kontakt zur Außenwelt der Gesellschaft abgeschnitten haben (Knorr Cetina 2002). Spiegeln sich in diesem Sinneswandel etwa selbst die Effekte der Globalisierung wider? Am Beispiel der Hochenergiephysik und der Molekularbiologie arbeitet Knorr Cetina die Mikropraktiken von Expertensystemen heraus, die nach Außen geschlossen bleiben und nur für ihre kleinen Mitgliederkreise verständlich sind. Selbst bis in die Schlafzimmer und Träume der PhysikerInnen am CERN setzt sich die Autonomie der Wissenschaft fort. Auch für die Aktor-Netzwerk-Theorie ist Wissenschaft vor allem ein Prozess interner Konflikte über wissenschaftliche Aussagen, die später zu unumstößlichen Wahrheiten geblackboxt werden (Latour 1987). Dieser Fokus auf die inneren Prozesse der Wissenschaft wirkt insofern irritierend, weil in anderen Fällen die Netzwerke gegen alle Gesetze der systemischen Geschlossenheit verstoßen und selbst über die Grenzen des Sozialen als solchem hinweg mäandern (Latour 1996).

Nicht nur die funktionalistische und ethnographische Wissenschaftssoziologie, sondern auch die epistemologisch ausgerichtete Forschung sieht die Entwicklung

und Entfaltung wissenschaftlichen Wissens in geschlossenen Einheiten. So entwickeln sich nach Kuhn wissenschaftliche Disziplinen in Paradigmen, bestehend
aus in sich zusammenhängenden Methoden, Theorien, Erkenntnissen und Forschungsfragen, die sich in revolutionären Schüben einander ablösen (1967). Auch
Foucaults Episteme (1974), die in sich geschlossene Regelsysteme der Erzeugung
von Wissen bezeichnen, verweisen in diese Richtung. Erst später (Foucault 1981)
wendet sich Foucault von dieser puristischen, strukturalistisch geschlossenen
Wissenssoziologie ab und fokussiert mit der Diskurstheorie die Heterogenität des
Wissens. Eine Ausnahme bilden konflikt- und machttheoretische Perspektiven
(Restivo 1992). Für Bourdieu (1992) ist zwar die Wissenschaft ein durch Macht-
und Absonderungskämpfe geschlossenes akademisches Feld, das seinen inneren
Gesetzen folgt. Allerdings ist es in das gesellschaftliche Machtfeld eingebettet und
durch gesamtgesellschaftliche Dynamiken vorstrukturiert (Bourdieu 2004). Wissenschaft und Gesellschaft stehen in enger Wechselbeziehung zueinander, die aber
durch Diskurse vermittelt sind (Kaldewey 2013).

Bekanntermaßen ist das Wissenschaftssystem eng an das Bildungssystem gebunden und organisatorisch in die Universität eingelassen. Beide bilden nicht nur
eine harmonische Reproduktionsgemeinschaft, sondern konkurrieren gleichzeitig um Zeit und Ressourcen (Schimank 1995). Während das Forschungssystem
nach innen gerichtet ist und vor allem die eigene Gemeinschaft adressiert, ist das
Bildungssystem in der Perspektive der Bildungssoziologie vor allem ein Dienst-
leister, etwa für die Reproduktion der wissenschaftlichen Gemeinschaft und die
Bildung und Ausbildung von Arbeitskräften und mündigen BürgerInnen für Staat,
Öffentlichkeit und Wirtschaft. Darüber legitimiert die Universität ihren autonomen
Eigensinn in der (vermeintlich) zweckfreien Forschung. Demgegenüber argumentiert diese Studie, dass gerade die zur Schau gestellte Weltabgewandtheit schein-
barer reiner akademischer Forschung einen Macht- und Legitimierungseffekt in
der Globalisierung begründet. Parsons strukturfunktionalistische Theorie (Parsons
und Platt 2000) sah die (amerikanische) Universität in dieser Funktion als Treuhänderin der gesellschaftlichen Rationalität der durch Evolution erzeugten modernen
Gesellschaftsordnung. Aber spätestens seit Horkheimer und Adorno (1969) ist bekannt, dass Rationalität selbst ein Mythos ist, den es zu entschlüsseln gilt.

Die Außenorientierung teilt Parsons' Bildungssoziologie mit anderen bildungs-
soziologischen Perspektiven. So konstatieren etwa Luhmann und Schorr (1988),
dass das Bildungssystem in der modernen, funktional differenzierten Gesellschaft
nach Leistung selektiert, um systemexterne Bedürfnisse bedienen zu können, indem Erfolg und Misserfolg in Aussicht gestellt werden. Demgegenüber kritisiert
Bourdieu (2001a) die Leistungsorientierung des Bildungswesens. Hiernach ist das
Bildungssystem ein gesellschaftlicher Vererbungsmechanismus von Macht und

Prestige, in dem die Zuschreibung von Leistung und Begabung lediglich der Legitimation gesellschaftlicher Ungleichheiten dient. Im Zuge der Umstellung des familialen Unternehmenskapitalismus auf den bürokratisierten, globalisierten Industrie- und Organisationskapitalismus wurden die traditionellen, auf Blutsbande basierenden Vererbungstechnologien zunehmend wirkungslos (siehe Bourdieu et al. 1981). In einer komplexer werdenden Gesellschaft konnte Macht nicht mehr in Form von ökonomischem Kapital vom Vater auf den Sohn weitergereicht werden. Vielmehr kommt es nun darauf an, soziale Positionen durch Bildungstitel zu vererben. Bildungstitel sind als kulturelles Kapital eine Währung im Kampf um die Besetzung prestigeträchtiger Machtpositionen in der Gesellschaft, wenngleich der Kampf um sie im Bildungssystem immer schon zugunsten der Nachkömmlinge aus den oberen Schichten der Gesellschaft vorentschieden ist (Hartmann 2002).

Gegenüber der traditionellen Wissenschaftsforschung wird dem Bildungssystem nicht nur in der soziologischen Theorie ein instrumenteller Charakter zugewiesen. Ob in der humanistisch geprägten erziehungswissenschaftlichen Forschung, in Rational-Choice-Ansätzen oder in der Ungleichheitsforschung, das Bildungssystem wird üblicherweise mit Blick auf seine funktionalen oder dysfunktionalen Leistungen für Persönlichkeitsentwicklung, Gesellschaft und Herrschaft untersucht. In diesem Sinne steht es in merkwürdigen Kontrast zum Wissenschaftssystem, dem typischerweise Autonomie und Selbstreferentialität unterstellt wird. Aber warum sollte die Wissenschaftssoziologie dem Wissenschaftssystem vorenthalten, was die Bildungssoziologie dem Bildungssystem gewährt, und umgekehrt, warum wird das Bildungssystem auf gesellschaftliche Instrumentalität reduziert, während der Wissenschaft volle Freiheit zuerkannt wird?

Gegenüber der auf die internen Entwicklungen, Strukturen und Dynamiken ausgerichteten Wissenschaftsforschung haben diskursanalytisch, feldtheoretische, systemtheoretische und organisationssoziologisch ausgerichtete Perspektiven eine Öffnung wissenschaftlicher Organisationen, Felder und Diskurse für externe Einflüsse und Umweltinteraktionen vorgenommen. Hier werden die komplexen Beziehungen unterstrichen, die die akademische Welt zu anderen sozialen Welten unterhält. So konstatiert etwa Weingart (2005) eine strukturelle Kopplung von Wissenschaft mit Wirtschaft, Öffentlichkeit und Politik. Während die akademische Welt immer stärker unter ökonomischen, politischen und öffentlichen Druck gerät, nutzen umgekehrt Wirtschaft, Politik und Öffentlichkeit wissenschaftliche Expertise für die Bearbeitung und Lösung systeminterner Probleme. Dies führt weder zu einer Auflösung der wissenschaftlichen Systemgrenzen, noch disseminiert die akademische Wissensproduktion in alle Bereiche der Gesellschaft (siehe dazu Gibbons et al. 1995). Vielmehr sorgen Diskurse dafür, dass Wissen die Systemgrenzen überschreiten und gleichzeitig neue Schließungsprozesse ermöglichen. Während

etwa Bourdieu das akademische Feld auf das nationalstaatliche Institutionengefüge bezieht und transnationalen Entgrenzungen skeptisch gegenübersteht (siehe
etwa Bourdieu 1999), zeigt Angermüller (2007, 2010a), wie sich vor dem Hintergrund unterschiedlicher nationalstaatlicher Wissenschaftsinstitutionen transnationale Diskurse entfalten, die in den jeweiligen Kontexten unterschiedliche Interpre-
tationsprozesse auslösen.

Die Wechselbeziehung zwischen Wissenschaft und Gesellschaft fokussiert
auch die Organisationssoziologie. Auf der einen Seite untersucht sie die Prozesse
der Organisationsbildung in der Wissenschaft; auf der anderen Seite interessiert sie
sich dabei für die Art und Weise, wie die Umwelt auf die Wissenschaft im Besonderen und die Universität im Allgemeinen wirkt. Dabei stellt sie die professionsso-
ziologische Trennung der Universität in einen disziplinären, dem Forschungssystem zugeneigten Teil, und dem institutionellen, eher der Lehre und der Verwaltung
nahe stehenden Part in Rechnung (Clark 1983). Beide Teile stehen nicht nur in
Kontrast zueinander, sondern widersprechen sich und laufen oft aneinander vorbei, indem sie den Akteuren unterschiedliche „Reparaturpraktiken" abverlangen
(Schimank 1995). Nichtsdestotrotz bildet die Universität als Organisation einen
geregelten Wirkungszusammenhang. Ausgehend von der neoinstitutionalistischen
Bildungs- und Wissenschaftsforschung werden verschiedene Techniken der Isomorphie unterschieden, die auf die Universität als „Mülleimerorganisation" (Cohan et al. 1972) wirken, etwa staatlicher Zwang, Nachahmung und normativer
Druck (Krücken 2004).

Im Zuge der Globalisierung ist das Außen der akademischen Welt die westlich
dominierte Weltkultur (Meyer 2005), die als Modell in transnationalen Räumen
zirkuliert und auf die unterschiedlichen nationalen Wissenschaftssysteme normativen Druck ausübt. Wie etwa Münch (2009) für den deutschen Fall zeigt, etabliert
sich ein transnationales Feld aus BildungswissenschaftlerInnen und Wirtschafts-
vertreterInnen, das Druck auf die nationalen Institutionen und Traditionen ausübt. Transnationale Diskurse wie etwa der Bologna-Prozess entwickeln in unterschiedlichen nationalen Systemen Transformationsdynamiken, die die etablierten
institutionellen Strukturen unterlaufen (Maeße 2010c). Dabei entstehen zumindest
mittelfristig keine homogenen globalen Strukturen (Musselin 2008), vielmehr legt
sich eine globale Formalstruktur auf eine traditionale Aktivitätsstruktur (Münch
2009). Das heißt, alte Gewohnheiten verbinden sich mit neuen Erwartungen. Auf
der Organisationsebene führt dies zu Innovationsprozessen mit offenem Ausgang
(Krücken 2006). In der Regel sind es nicht die intendierten oder augenscheinlichen
Wirkungen politischer Steuerung und ökonomischer Einflussnahme, sondern die
versteckten und verdeckten nicht-intendierten Effekte, über die Wissenschaft und
Gesellschaft in Beziehung treten.

2.4 Ökonomie als Leitwissenschaft der Globalisierung

Auf die Ökonomie als wissenschaftlicher Disziplin wirken sowohl gesellschaftliche als auch transnationale Entgrenzungen. Das heißt, einerseits entgrenzt die Ökonomie in Wirtschaft, Öffentlichkeit und Politik (Maeße 2010b, 2012, 2013b, c); andererseits steht sie wie kaum eine andere Disziplin unter Internationalisierungsdruck (Lebaron 2006). Aufgrund dieser doppelten Entgrenzung übte die Wirtschaftswissenschaft einen starken Einfluss auf die Ausgestaltung der gesellschaftlichen Institutionen der zweiten und dritten Phase der US-amerikanischen Hegemonie aus und prägte das zeitgenössische kapitalistische Weltsystem wie kaum eine andere akademische Disziplin. Die Ökonomie ist die Leitwissenschaft der Globalisierung (Fourcade 2006). Während die britische Hegemonie noch stark unter dem Einfluss der politischen Theorie, der Staatswissenschaften, der Soziologie und der Philosophie stand, welche die Ideen der Bürgerschaft, der Freiheit und des Rechts aber auch das Bedürfnis nach Ordnung und Sicherheit aus sozialwissenschaftlich-philosophischen Programmen der Aufklärung begründeten, setzen sich nach dem zweiten Weltkrieg ökonomische Ideen wie etwa Wohlstand oder Wettbewerb als Leitprinzipien für die Begründung von Institutionen und gesellschaftlichen Wertvorstellungen durch. So beschreibt etwa Foucault (2006) die Rolle der „Polizeywissenschaft" für die Institutionalisierung disziplinierender und normierender Machttechniken, während nach dem zweiten Weltkrieg die neoliberale Gouvernementalität das Zepter übernimmt (Foucault 2004). Diese Entwicklung ist untrennbar verbunden mit der Entstehung der Ökonomie als von den Kultur-, Rechts- und Sozialwissenschaften abgetrennter, institutionalisierter akademischer Disziplin.

Wirtschaftswissenschaft und Staat
Wie Fourcade (2009) am britischen, US-amerikanischen und französischen Fall zeigt, hat sich die Ökonomie als akademische Disziplin in enger Interaktion mit der jeweiligen nationalen politischen Kultur entwickelt (siehe auch Coats 1993). Während etwa Frankreich durch einen Zentralstaat mit eignen wirtschaftlichen Planungsbüros und speziell dafür ausgebildeter Verwaltungseliten gekennzeichnet ist, sind für die USA eine starke Skepsis gegenüber staatlichen Einrichtungen typisch. Dies führt paradoxerweise dazu, dass sich die Ökonomie als akademische Disziplin in Frankreich viel unabhängiger von den Erfordernissen des Staates entfalten konnte, hat doch der Regierungsapparat seine Wirtschaftsexpertise nicht aus dem universitären Bereich, sondern aus seinen Verwaltungshochschulen rekrutiert. Demgegenüber war eine solche interne Rekrutierung von Planungs- und Steuerungsexpertise in den USA nicht möglich. Vielmehr werden vor allem externe Ex-

perten für die Entwicklung und Bereitstellung von Expertenwissen zum Zwecke der staatlichen Wirtschaftssteuerung rekrutiert, damit wirtschaftspolitische Deutungen und Expertisen in den Augen der Öffentlichkeit Anerkennung durch den Anschein von akademischer Unabhängigkeit finden. Dies setzt auf der einen Seite Universitäten voraus, die für sich einen Autonomiestatus erfolgreich geltend machen können und demnach nicht im Verdacht stehen, unter staatlichem Einfluss zu geraten; auf der anderen Seite steht die akademische Diskussion wesentlich enger an den staatlichen Ansprüchen. Autonomie schlägt um in Heteronomie, Sein in Schein. Vor diesem Hintergrund kann es nicht verwundern, dass anfangs klassische akademische Denkrichtungen wie etwa der Keynesianismus oder die Neoklassik erst in den und durch die USA in Technologien der professionellen staatlichen Wirtschaftssteuerung umgewandelt wurden (Hall 1989). Während die europäischen Wissenschaftskulturen eine spezifische Form von gesellschaftlicher Irrelevanz für das von ihnen produzierte Wissen in Anspruch nahmen, waren die US-amerikanischen Institutionen an praktische Anwendungen interessiert. Dies zeigt sich etwa in der gesellschaftlichen Bedeutung und der politischen Rolle von akademisch besetzten Stiftungen und Think Tanks. Somit setzte sich die Praxis, staatlich geformte Gesellschaften auf der Grundlage ökonomischer Weltdeutungen zu regieren, erst mit der globalen Machtübernahme durch die USA nach 1945 weltweit durch.

Sowohl im französischen als auch im US-amerikanischen Fall stehen Wissenschaft und Gesellschaft in enger Beziehung, denn die institutionelle akademische Autonomie der französischen Ökonomie ist ebenso wie die symbolische Autonomie der US-amerikanischen Departments keine intrinsische Qualität des wissenschaftlichen Feldes, sondern ein Effekt der Beziehungen, die beide Felder zu anderen gesellschaftlichen Feldern eingehen. Wie Bourdieu (2004) am Beispiel der Entstehung des Bildungswesens gezeigt hat, ist die konkrete institutionelle Gestalt der akademischen Welt das Produkt seiner gesamtgesellschaftlichen Verflechtung. Ohne die Entwicklung des Staates ist die Entstehung der Wissenschaft ebenso undenkbar wie die gegenwärtigen Transformationen der akademischen Welten ohne die Transformationen von Staat und Macht. Die Universität existiert nicht im luftleeren Raum, vielmehr ist sie bis in ihre kleinsten Kapillaren hinein in die Dynamiken des kapitalistischen Weltsystems verwoben.

Während die Universität des 19. und frühen 20. Jahrhunderts noch auf die institutionellen Anforderungen der sich etablierenden Nationalstaaten ausgerichtet war – etwa durch die Ausbildung einer Beamtenschaft und die Konstruktion eines nationalen Bildungskanons – zielt die Universität des späten 20. Jahrhunderts auf die Herstellung globaler Exzellenzformate, Leistungszertifikate und Eliteinstitutionen (Readings 1996). Der isomorphe Druck entfaltet sich ausgehend von transnationalen Organisationen in Wirtschaft (Multinationale Unternehmen), Finanzwesen (globale Investmentbanken) und polit-ökonomischer Koordination (Zentralbanken, EU, IWF), welche die nationalen Klassenhierarchien in globale Ungleichheitsformate überführen. Oberhalb der nationalen Rekrutierungsinstitutionen (Hartmann 2008) bilden sich globale Elitenetzwerke (Krysmanski 2012). Gerade die Kulturalisierung des Weltkapitalismus eröffnet der Materialität kultureller Praktiken, wie sie etwa von Experten ausgehen, neue Möglichkeiten der Machtausübung. Umso sensibler sind die Entwicklungen in der akademischen Welt, die scheinbar auf innerwissenschaftliche Dynamiken zurückgehen, wie etwa die Elitebildung in der Volkswirtschaftslehre, für tektonische Verschiebungen im Weltsystem.

Somit folgt die Entwicklung der Volkswirtschaftslehre der Formierung einer auf Grundlage der Globalisierung sich entfaltenden inneren und äußeren staatlich geprägten Gesellschaftsordnung. Während die Ökonomie am Anfang des zwanzigsten Jahrhunderts noch durch eine Vielfalt vor allem regional geprägter Theorien, Forschungsansätze und Methoden gekennzeichnet war, setzte ihre Institutionalisierung als akademische Disziplin und global ausgerichtete Profession erst nach dem zweiten Weltkrieg ein. Die Institutionalisierung des Faches hatte unterschiedliche Quellen, Entwicklungsverläufe und Dynamiken. Nichtsdestotrotz lassen sich zwei überlappende Konfliktlinien identifizieren, die von zentraler Bedeutung für die Institutionalisierung des Faches waren. Dies ist zum einen der „Methodenstreit" und der damit verbundene Konflikt um das Wissenschaftsverständnis und zum anderen das Verhältnis zur empirischen Welt im Allgemeinen und zu Staat, Politik und Wirtschaft im Besonderen.

In den USA entflammte gegen Ende des 19. Jahrhundert eine Debatte über das Wissenschaftsverständnis der Ökonomie, die ausgehend von dort die globale Institutionalisierung des Faches prägen sollte (Yonay 1998). Ähnlich dem „Methodenstreit" in Deutschland, konkurrierten Institutionalisten und Neoklassiker um die Definitionshoheit in der Ökonomie. Hier standen sich nicht nur unterschiedliche Wissenschaftsphilosophien gegenüber, sondern auch ethische und politische Grundhaltungen (Fourcade 2009). Während die Institutionalisten sich stärker aus einem religiös-sozialistischen Milieu rekrutierten, hatten die GrenznutzentheoretikerInnen eine kritische Einstellung gegenüber allem, was den freien Markt beeinflussen könnte (Breslau 2003). Neben diesem Wertekonflikt sah sich die Ökonomie als akademische Wissenschaft immer stärker externen Rechtfertigungszwängen ausgesetzt. Durch den Rückgriff auf das mathematisch-naturwissenschaftlichdeduktive Wissenschaftsideal, dem die neoklassische Fraktion stärker zuneigte als die an der historisch-statistischen Analyse orientierten, induktiv vorgehenden Institutionalisten, konnte die Rechtfertigungszwänge gegenüber externen Geldgebern und Abgrenzungsbedürfnisse gegenüber anderen, „nichtwissenschaftlichen" Formen der Wissensproduktion bedient werden (Fourcade 2009, S. 79 ff.). Während sich die ÖkonomInnen in Europa noch auf ihre institutionelle Gelehrtenautorität stützen konnten, war gerade für die jüngere Generation in den USA durch den Verweis auf das neoklassische Wissenschaftsideal eine bedenkenlose Positionierung als akademischer Akteur möglich – vor allem gegenüber Staat und Öffentlichkeit. Paradoxerweise war somit gerade die amerikanische Wirtschaftswissenschaft immer schon zutiefst verstaatlicht. Nach der Reorganisation der akademischen Welt in Deutschland ab den 1950er Jahren verband sich diese amerikanische Konstellation mit dem „Methodenstreit" in Deutschland und führte zu einer Zurückdrängung der sozialwissenschaftlich ausgerichteten „Historischen Schule" zugunsten der „modernen Ökonomie", die vor allem in Form der neoklassischen Synthese Keynes' makroökonomische Innovationen mit Teilen der neoklassischen Equilibriumtheorie zusammenbrachte (Hesse 2010a).

Die institutionalistische, auf empirische Forschung, induktive Theoriebildung und Sozialreform ausgerichtete Tradition musste die wissenschaftliche Bühne jedoch nicht vollständig räumen. Sie zog sich vor allem in die Institutionen des ökonomischen Regierens zurück, die Anfang des 20. Jahrhunderts entstanden und nach dem zweiten Weltkrieg voll etabliert wurden. Zu nennen sind hier etwa das National Bureau of Economic Research (NBER) in den USA oder das Zentrum für Konjunkturforschung, aus dem später das Deutsche Institut für Wirtschaftsforschung (DIW) hervorging. Im Rahmen der Etablierung des modernen Nationalstaats als gouvernementaler Staat, der in immer mehr Bereichen wie etwa Stadtplanung, Gesundheit oder Kriminalität statistische Technologien des Regierens nutzte und damit Technogien der Normalisierung, Disziplinierung und Selbstführung der Bevölkerung zur Anwendung brachte (siehe Foucault 2006, 2004), stieg ab dem Beginn des zwanzigsten Jahrhunderts die Ökonomie zur leitenden Regierungsdisziplin auf (Nützenadel 2005). Während die akademische Wirtschaftswissenschaft sich um eine legitime Positionierung als wissenschaftliche Disziplin bemühte, konzentrierte sich die empirische Wirtschaftsforschung auf das Sammeln von statistischen Daten (Morgan 1990). Insbesondere seit den 1930er Jahren wurden im Bereich der Konjunktur- und Wachstumstheorie, der Finanzwissenschaft und der Ökonometrie Modelle, Verfahren und Instrumente entwickelt, die nicht in erster Linie der Theorieentwicklung dienten, sondern der Anwendung auf staatliche Steuerung. Wie Morgan (1990) etwa am Beispiel der Geschichte der Ökonometrie zeigt, stand die statistische Ökonometrie der mathematischen Ökonometrie gegenüber. Während letztere sich für das Testen von Theorien interessierte, konzentrierte sich erstere auf eine induktive Analyse von Daten und den sich daraus ableitenden Erkenntnissen. Die empirische Wirtschaftsforschung war demnach vor allem daran interessiert, auf Grundlage von Daten und Datenauswertungen Technologien des praktischen Regierens bereitzustellen. Ohne die Anwendung der Ökonomie in Regierungsapparaten etwa im Zuge der Kriegs- und Nachkriegsplanungen, ist die Entwicklung auch der akademischen Ökonomie in ihrer heutigen Form undenkbar (Mirowski 2002). Nach Fourcade (2006) war es zunächst der auf Globalisierung ausgerichtete Staat, der sich für mathematisierte Verfahren der Deutung ökonomischer Theorie interessierte, und anschließend erst die akademische Welt.

Wirtschaftswissenschaft und Wirtschaft

Die Wirtschaftswissenschaft unterhält jedoch nicht nur enge Beziehungen zum Staat, sie übt auch einen Einfluss auf Märkte, Branchen und Unternehmen aus. Sie ist Teil des kapitalistischen Weltsystems, das durch den aktuellen Aggregatszustand einer historischen Hegemonie in seinen Grundstrukturen geprägt wird. Innerhalb dieser tektonischen Verschiebungen und den damit verbundenen Kräftekonstellationen ist die akademische Welt der Ökonomie ein pulsierender Komplex aus Macht und Diskurs. Auf der einen Seite reichen ökonomische Institutionen und Diskurse in Öffentlichkeit, Politik und Wirtschaft hinein; auf der anderen Seite tragen Wirtschaft, Politik und Öffentlichkeit Erwartungen an die akademische Welt der Ökonomie heran.

Den besonderen Einfluss der Wirtschaftswissenschaften auf die Konstitution zeitgenössischer Gesellschaften hat die Wirtschaftssoziologie bereits früh erkannt. Gegenüber der Ökonomie als Wissenschaft von der Funktionsweise der Wirtschaft haben sich unterschiedliche sozialwissenschaftliche Forschungszusammenhänge mit der Rolle sozialer Strukturen in der Wirtschaft befasst. Bereits die Klassiker der Soziologie – wie etwa Weber, Marx und Durkheim – haben die Wirtschaft als einen Teil der gesellschaftlichen Werte, Strukturen und Handlungssysteme untersucht. Für Marx (1958) ist die Wirtschaft die Basis der Gesellschaft. Auf Grundlage von Produktionsverhältnissen und Produktivkräften erheben sich die gesellschaftlichen Institutionen, Werte und Ideologien. Während die Ökonomie die materielle Dimension von Gesellschaft bezeichnet, bildet der Überbau die Sinnstrukturen. Nach Weber ist Wirtschaften ein spezieller Typ sozialen Handelns, der sich auf zweckrationale Orientierungen stützt (Weber 1972, S. 35). Für Durkheim ist die Wirtschaft schließlich ein Bestandteil der gesellschaftlichen Arbeitsteilung, welche nicht-ökonomische Bereiche einbezieht (1992). Wie etwa Mauss (1990) gezeigt hat, basiert die materielle Reproduktion von sozialer Ordnung nicht auf zweckrationalen Handlungen, sondern ist durch gesellschaftliche Konventionen und Riten charakterisiert, die sich dem ökonomischen Zweck-Mittel-Rationalismus wiedersetzen.

Diese Tradition wurde etwa von der Industrie- und Arbeitssoziologie fortgesetzt (Deutschmann 2002) und durch die Neue Wirtschaftssoziologie wieder aufgenom-

men (Beckert at al. 2007; Smelser und Swedberg 1994). Gegenüber der neoklassisch geprägten wirtschaftswissenschaftlichen Analyse der Ökonomie klagt die
Wirtschaftssoziologie die Rolle sozialer Strukturen ein. Bereits Bourdieu (2005)
hat die Theorie des *homo oeconomicus* schon früh zurückgewiesen und für eine
soziologische Betrachtung von Märkten plädiert (siehe Lebaron 2001b). Granovetter (1985) hat gegenüber der neoklassischen Markttheorie die Rolle von engen
und weitläufigen sozialen Netzwerken für die Herstellung von Marktbeziehungen
herausgearbeitet. Auch White (1992) weist die Neoklassik zurück und betont die
Rolle von Nischen und Produktionsnetzwerken.

Die Bedeutung wissenschaftlichen Expertenwissens für die Formation und
Transformation des Sozialen hat die Wirtschaftssoziologie am Beispiel der Konstitution von Unternehmen und Märkten untersucht. Wie etwa Callon, MacKenzie &
Co. gezeigt haben (Callon 1998; KacKenzie 2006), dient wirtschaftswissenschaftliches Wissen nicht dazu, die Wirtschaft zu beschreiben, sondern sie durch prakti-
sche Interventionen zu verändern (MacKenzie et al. 2007, siehe Einleitung). Märkte
und Unternehmen sind das Produkt der Anwendung wirtschaftswissenschaftlicher
Kategorien (siehe Chiapello 2009). Die Wirtschaftssoziologie spricht in diesem
Zusammenhang von Formatierungsprozessen: Die Wirtschaftswissenschaft formt
Wirtschaft (Breslau 2003), Märkte (MacKenzie 2006), Unternehmen (Chiapello
2009) und Staaten (Fourcade 2006) und beschreibt diese nicht nur. Hierbei spielen
Diskurse eine besondere Rolle (Diaz-Bone und Krell 2009; Maeße 2013a), weil
die Transformation und Formierung von Institutionen, Märkten und Unternehmen
durch Wissen Kommunikationsprozesse voraussetzt. Diese Kommunikationen
sind durch komplexe Schichten und Rezeptionsdynamiken gekennzeichnet, weil
sich Wissen nicht von selbst anwendet (Maeße 2013b). Dies bedeutet zweierlei:
auf der einen Seite benötigen wir zur Analyse von Formatierungsprozessen eine
diskursanalytisch informierte Theorie des Sozialen, die der inneren und äußeren
Offenheit weltsystemischer Sozialbeziehungen gerecht wird; weil diese kulturellen Prozesse Bestandteil globaler Machtverschiebungen sind, die einerseits von
institutionellen Dynamiken auf der Ebene des Weltsystems vorstrukturiert sind und
die anderseits ebendiese Dynamiken mit vorantreiben, ist ein kulturtheoretisches
Verständnis von Macht nötig.

Vor diesem Hintergrund verfolgt die vorliegende Studie *thematisch* einen trans-
versalen wissenschaftssoziologischen Ansatz, der an wirtschaftssoziologische
Grundfragen anschließt, indem die gesellschaftliche Rolle von ökonomischen Experten untersucht werden soll. Die Globalisierungsdiskussion aus Weltsystemtheorie und Neoinstitutionalismus bildet den *historischen Rahmen*, um die Wirkungs-
kräfte, Machtverhältnisse und Globaltendenzen zu erfassen, in denen und durch
die ökonomisches Expertentum als Bestandteil einer kulturell fundierten Form von

Macht wirksam wird. Um schließlich Kultur und Macht vor dem Hintergrund einer weltsystemischen Morphologie *gesellschaftstheoretisch* zu fundieren und das die Untersuchung anleitende methodologische und methodische Instrumentarium daraus abzuleiten, liegt der vorliegenden Studie schließlich eine auf Foucault und Bourdieu zurückgehende poststrukturalistische Sozial- und Diskurstheorie zugrunde, die um eine feldtheoretische Reflexion von Macht und Kultur erweitert wird.

Die Veränderungen des historischen Rahmens, der eben umrissen wurde, und die Rolle wirtschaftswissenschaftlicher Expertise darin, wie sie hier dargelegt wurde, gehen in gesellschaftstheoretische Schlussfolgerungen über. So wie aus jedem historischen Problem ein Theorieproblem wird (Jameson 1989), werfen die Themen des späten 20. und frühen 21. Jahrhunderts die Frage nach adäquaten soziologischen Deutungsmustern auf. Mit welchen gesellschaftstheoretischen Kategorien lässt sich eine Gegenwart untersuchen, in der Expertendiskurse in einem reflexiv entgrenzten weltgesellschaftlichen Wissens- und Sozialgefüge wirken? Inwiefern stößt die klassische soziologische Gesellschaftstheorie hier an Grenzen und wie lassen sich diese durch eine Dekonstruktion in Richtung einer auf die Fragen von Macht und Diskurs zielenden Theorie des Sozialen überwinden?

2.5   Die Dekonstruktion der klassischen Gesellschaftstheorie

Die gesellschaftstheoretische Diskussion in der Soziologie entfaltet sich seit dem späten 19. Jahrhundert im Spannungsverhältnis von Struktur und Handeln. Während die StrukturtheoretikerInnen Handeln durch gesellschaftliche Normen, Werte und Institutionen bestimmt sehen, betonen die HandlungstheoretikerInnen, dass gesellschaftliche Strukturen ausgehend vom Handeln und Sinnverstehen der Gesellschaftsmitglieder erst erzeugt werden. Der Klassiker der soziologischen Strukturtheorie ist Durkheim. Als einer der Gründungsväter der Soziologie definierte Durkheim die soziologische Methode in Abgrenzung zu anderen Bereichen der Erkenntnis und Begriffsbildung wie etwa der ökonomischen Nutzentheorie, der Moralphilosophie oder Biologie (Durkheim 1984). Das Soziale bzw. die Gesellschaft als ein disziplinär bestimmter, eigenständiger Bereich der Untersuchung ist eine „Tatsache" und wirkt auf soziales Handeln und Denken von außen ein. Soziale Tatsachen wie etwa Sprache und Geld oder Normen und Werte sind kollektive Güter, die Zwang ausüben und Handeln strukturieren. Im ausgehenden 19. Jahrhundert beobachtete und theoretisierte Durkheim eine historische Gesellschaftsformation, die sich im Zuge von Industrialisierung, Urbanisierung und Nationalstaatenbil-

dung von ihren traditionellen Wurzeln löste und als ein funktional ausdifferenzier-
tes Ordnungsgebilde entfaltete (Durkheim 1992).

Gesellschaft
Vor diesem Hintergrund stellte sich Durkheim die Frage, wie der gesellschaftliche
Zusammenhalt angesichts zunehmender Komplexität gewährleistet werde kann.
Während traditionelle Gesellschaften über gemeinsame Werte und Normen durch
die mechanische Solidarität zusammengehalten werden, entwickeln moderne Gesellschaften eine arbeitsteilige Komplexität. Durkheim hält hierfür den Begriff der
organischen Solidarität bereit. Im Gegensatz zur ökonomischen Theorie bezieht
Durkheim den Begriff der Arbeitsteilung nicht nur auf die Wirtschaft, sondern auf
alle Bereiche des gesellschaftlichen Lebens wie etwa Familie, Kultur und Politik.
Arbeitsteilung ist für Durkheim kein Nebeneinander autonomer Aktivitäten, sondern die ausdifferenzierten gesellschaftlichen Funktionsbereiche arbeiten einander
zu. Dadurch ist das Handeln der Gesellschaftsmitglieder integrativ aufeinander
bezogen; solidarische Formen der Ausdifferenzierung können damit von unsoli-
darischen unterschieden werden. Legitime Formen der Arbeitsteilung sind analog
der Physiologie des biologischen Körpers ausschließlich solche, die dem Gesell-
schaftskörper als sozialem Organismus dienen.

Damit stellte Durkheim die Weichen des soziologischen Denkens in eine Richtung, die Gesellschaft als integrierte Totalität betrachtet. Insbesondere Parsons
Strukturfunktionalismus hat diese totalisierende Tendenz verstärkt und in Richtung eines hermetisch abgeriegelten Containers ausgebaut. Nach Parsons wird soziales Handeln durch Normen bestimmt, auf die sich die Gesellschaftsmitglieder
gemeinschaftlich ausrichten (Parsons 1968). Handeln ist aber nicht nur normativ
strukturiert, sondern auf konkrete Funktionen bezogen (Parsons 1985). Während
sich die Handlungstheorie noch in einem Rahmen abspielte, der prinzipiell offen
für Abweichung, Pluralität und Aushandlung ist, hat Parsons' AGIL-Schema die
Gesellschaft als totalitäre Struktur funktionalistisch geschlossen.

Während für Durkheim Integration vor allem ein statistischer Durchschnittswert, an dem sich die Gesellschaft als Tatsache offenbarte, und Desintegrations-
erscheinungen ein empirischer Normalfall waren, hat Parsons die Gesellschaft als
Totalität zusammengefügt. Durkheim und die SchülerInnen Durkheims hatten ein
integratives Konzept von Struktur und Gesellschaft im Hinterkopf. Allerdings war
die Frage der gesellschaftlichen Integration mit drei Grundproblemen konfrontiert.
Einerseits ist die Gesellschaft seit dem Übergang von der mechanischen zur organischen Solidarität mit dem Problem der Zeitlichkeit konfrontiert, die immer wieder neue Verwerfungen und Übergangsverwerfungen mit sich bringt; zum zweiten
sind funktional differenzierte Gesellschaften nach Durkheim mit dem Problem der

Ungleichzeitigkeit unterschiedlicher Integrationsformen gekennzeichnet, die eine homogene Sozialordnung ausschließt; schließlich hat Durkheim das Problem der Anomie umfassend thematisiert, die sich offenbar als systematischer Bestandteil moderner Gesellschaften zu etablieren scheint. Allerdings war es Foucault (1977) vorbehalten, die systematische Produktion von Anomie als eine Regelerscheinung moderner Gesellschaften zu verstehen. Die Gesellschaft als integrative Kraft wird gegenüber den empirischen Erscheinungen, die sie als Zwang hervorbringt, immer allgemeiner, was Durkheim (und Mauss) dazu veranlasst, in den Mythen, Traditionen, Bräuchen und der Religion nach den allgemeinen, immer abstrakter werdenden Fundamenten der Gesellschaft zu suchen (Durkheim 1981).

Mauss' Soziologie zielte etwa auf fundamentale soziale Gesetze, die menschliches Handeln ermöglichen und aus dem Lebens- und Erfahrungszusammenhang der sozialen Akteure entspringen (Mauss 1990). Die Gabe ist kein Integrationskonzept, sondern ein sozialer Zwang, der Verbindlichkeit einfordert und sehr heterogene Formen und Ausprägungen annehmen kann. Gegenüber utilitaristischen Handlungstheorien bringt Mauss damit den Eigensinn von Institutionen, Traditionen und Konventionen gegenüber den autonomen Interessen und Präferenzen der Individuen ins Spiel. Das Soziale aus dem Sozialen und nicht etwa aus den individuellen Nutzenkalkülen heraus zu erklären, setzt zwar die Totalität des Sozialen aber nicht eine Integration in diese Totalität voraus. Wenn „Totalität der Tatsachen" vor diesem Hintergrund Zwang und Geschlossenheit bedeuten kann, dann kann das eine auch ohne das andere wirken.

Ebenso wie die Gesellschaft für Durkheim ist die Sprache für de Saussure (1967) und das Feld für Bourdieu (etwa Bourdieu 2001b) zwar eine (ab-)geschlossene Struktur. Ihr Interesse galt jedoch vor allem den inneren Regeln der Struktur bzw. der sozialen Bedingtheit sozialen Handelns. Immer wieder bricht diese soziale Struktur jedoch auf und offenbarte einen Rest, den die Struktur nicht zu integrieren vermochte, der aber gleichwohl Resultat der Gesellschaft war, ob im Selbstmord oder dem Verbrechen bei Durkheim, den Permutationen bei Levi-Strauss (1967) oder in den religiösen und spirituellen Relikten, die Mauss und Durkheim noch in den Gegenwartsgesellschaften ihrer Zeit wirken sahen. Die Durkheimianische Tradition setzt nicht notwendigerweise voraus, das Problem der sozialen Ordnungsbildung ausgehend von der Frage erfolgreicher Integration her zu denken, wie es etwa Parsons weiter verfolgt hat. Wie Luhmann (1992) darlegt, muss das Problem, wie soziale Ordnung möglich ist, von dem Problem unterschieden werden, wie sich Handeln auf soziale Ordnung bezieht. Damit kann nicht nur zwischen der Logik des Handelns und der institutionellen Ordnung der Gesellschaft unterschieden werden, sondern die Entscheidung für eine auf Integration zielende Soziologie, die ausgehend von Durkheim begründet wird, erscheint damit als das Resultat einer ebenso nachvollziehbaren wie arbiträren Richtungswahl. Denn auch nicht-integrierte, offene und heterogene Sozialgebilde können als „Tatsachen" Zwang ausüben. Insofern ist Durkheim nicht nur ein Integrationstheoretiker, sondern auch der Mitbegründer eines bestimmten, für die Soziologie typischen kritischen Blicks auf den Eigensinn des Sozialen.

Handeln

Gegenüber den StrukturtheoretikerInnen haben die VertreterInnen der verstehenden Soziologie die Emergenz der Gesellschaft aus dem Handeln erklärt (Weber 1972). Insbesondere die Phänomenologie von Alfred Schütz macht wie kaum eine andere Schule das Handeln und Sinnverstehen zum Ausgangspunkt der Gesellschaft (Schütz 1960). Das Individuum tritt zunächst zu sich selbst in Beziehung, in der es sich als erlebendes und verstehendes Wesen vergewissert. In interaktiven Prozessen mit anderen Individuen wird die soziale Welt Stück für Stück hervorgebracht und aufgebaut. Dabei rückt der Alltag, den die Mitglieder der Gesellschaft miteinander teilen, in das Zentrum der sozialen Strukturen. Auf Grundlage von Allerweltswissen handeln Individuen intentional und interpretieren nicht nur die Resultate des eigenen Handelns, sondern auch die Handlungen der anderen. In diesem Interpretationsprozess verändert sich das Wissen über die Welt als auch der subjektive und gesellschaftliche Sinn des Handelns und damit die Beschaffenheit der jeweiligen Sozialwelt. Normen wirken nicht deterministisch auf das Handeln, die Gesellschaft ist keine integrierte Totalität. Sie besteht vielmehr aus kleinen Mikrowelten, die sich beständig interpretativ wandeln können. Die interpretative Soziologie wendet sich damit gemeinsam mit dem symbolischen Interaktionismus (Goffman 1978) und der Ethnomethodologie (Garfinkel 1987) gegen den auf Totalintegration zielenden Determinismus von Parsons Strukturfunktionalismus.

Die Gesellschaftstheorie blieb nie wirklich an einem der beiden Pole aus Handlung und Struktur stehen. Vielmehr bewegte sie sich zwischen diesen beiden hin und her und suchte nach immer neuen Möglichkeiten der Synthese von Individuum und Gesellschaft, Handeln und Struktur, Freiheit und Zwang. Zu nennen ist hier etwa die wissenssoziologische Synthese von Peter Berger und Thomas Luckmann (1999). Ausgehend von Durkheims Theorie des sozialen Zwangs und Schütz' (und Webers) Theorie des Sinnverstehens beschreiben Berger und Luckmann die Gesellschaft als das dialektische Produkt aus objektiver und subjektiver Wirklichkeit, Internalisierung und Externalisierung. Wie in einem Kreislauf wird das Individuum in die soziale Welt geworfen und mit den Evidenzen objektivierten Sozialen Sinns konfrontiert, insbesondere der Sprache, die als Fakt wirkt. Stück für Stück eignet es sich die Welt verstehend an, internalisiert objektivierten sozialen Sinn und externalisiert Bedeutung, die sich wiederum als sozialer Sinn verfestigt. Dabei

eignet es sich einen Wissensvorrat an, der das Individuum zur ExpertIn ihres Alltags macht. Das Individuum ist SpezialistIn ihrer Mikrowelt, aber es verfügt auch
über ein Wissen von Bereichen, von denen es weiß, dass es nichts oder nur wenig
darüber weiß. Es handelt sich dabei um andere Spezialwelten, in die es vermittelt
über die gesellschaftliche Arbeitsteilung eingebunden ist.

Oberhalb der Ebene des Alltags und der speziellen Wissenswelten thronen
die sozialen Institutionen, in denen es seinen Platz einnimmt. Die Institutionen
wie etwa die „Vetternwirtschaft" sind allgemeine Regelsysteme, die jenseits des
Alltags die soziale(n) Welt(en) organisieren und in Beziehung setzten. Aber den
endgültigen Zusammenhalt der Gesellschaft können auch sie nicht gewährleisten,
erscheint ihre Existenz, ihr Sinn und ihre Ausgestaltung doch immer noch latent
begründungsbedürftig und geradezu „illegitim". Gegenüber den Institutionen sorgt
deshalb eine weitere Instanz für die endgültige Schließung des gesellschaftlichen
Sinnhorizonts. Diese Rolle übernimmt die symbolische Sinnwelt. Die symbolische
Sinnwelt als der allumfassende Sinnhorizont ist das soziale Integrationsvehikel
schlechthin. Sie verleiht jeder Erfahrung eine übergeordnete Bedeutung, nivelliert
Widersprüche der institutionellen Ordnung und sorgt dafür, dass alles und jeder
seinen bzw. ihren Platz im Sinnkosmos der Gesellschaft findet. Gegenüber der
heterogenen Institutionenwelt ist die Sinnwelt „legitim".

> Diese Ebene der Legitimation unterscheidet sich weiterhin von der vorigen durch die
> Reichweite der sinnhaften Integration. Schon auf der vorigen (der Ebene der institu-
> tionellen Ordnung, Anmerkung J.M.) war ein hoher Integrationsgrad bei bestimmten
> Sinnprovinzen und abgetrennten Prozessen institutionalisierten Verhaltens zu finden.
> Jetzt jedoch werden *alle* Ausschnitte der institutionalen Ordnung in ein allumfassen-
> des Bezugsystem integriert, das eine Welt im eigentlichen Sinn begründet, weil *jede*
> menschliche Erfahrung nun nurmehr als etwas gedacht werden kann, das *innerhalb*
> ihrer stattfindet (alle Markierungen i.O.). (Berger und Luckmann 1999, S. 102/103)

Während also das verstehende Ich im Alltag mit alter ego eine Vielfalt an immer wieder zu interpretierenden Sozialwelten produziert, erhebt sich auf dieser
Grundlage eine grundsätzlich erklärungsbedürftige institutionelle Welt, die von
einer symbolischen Sinnwelt eingefangen wird. Damit verbinden Berger und
Luckmann die Schütz'sche Phänomenologie mit einer auf Integration abzielen-
den Gesellschaftsstruktur, die nicht nur Parsons' kybernetischer Struktur ähnelt,
sondern vielmehr noch an Hegels „Weltgeist" erinnert, wo jedes Element seinen
vernunftbedingten Platz einnimmt.

Wenn man so will, dann ließe sich jener prominente, institutionalisierte und
kanonisierte Teil der klassischen Gesellschaftstheorie als eine oppositional struk-
turierter Raum darstellen, der um zwei paradigmatische Pole herum aufgebaut ist:

Handeln vs. Gesellschaft

Abb. 2.1 Der einfache Raum der soziologischen Gesellschaftstheorie (Quelle: Eigene Darstellung)

Gesellschaft vs. Handeln, Zwang vs. Freiheit, Durkheim vs. Weber, Integration vs. Aktion, Parsons vs. Schütz (Abb. 2.1).

Dekonstruktion
Gegenüber totalisierenden Gesellschaftstheorien haben dekonstruktive Ansätze die Sinnbrüche und Bedeutungsüberschüsse unterstrichen (Stäheli 2000). Die Gesellschaft als integrierte Totalität wurde nicht nur von Interaktionismus und der Ethnomethodologie infrage gestellt, sondern von Luhmanns Systemtheorie ebenso wie von Vertretern des Poststrukturalismus (Maeße 2010a, S. 67 ff.). Luhmann weist den universalistischen Gesellschaftsbegriff gleich aus drei Gründen zurück. Erstens, der „alteuropäische" Gesellschaftsbegriff beruht auf Dichotomien wie etwa Handeln und Struktur, territorialen Grenzen und einer geschlossenen kulturellen Integration, die Luhmann überholt und fragwürdig erscheinen. Die gesellschaftstheoretischen Dichotomien basieren auf Voraussetzungen, die erklärungsbedürftig bleiben. Vielmehr ist Gesellschaft ein weltgesellschaftlich entgrenzter Flickenteppich aus Subsystemen, die ihrer Eigenlogik folgen. Zweitens, durch Operationen konstruieren die Subsysteme nicht nur intern ihren jeweiligen sozialen Sinn, sondern verhandeln auch stets das Verhältnis zu ihrem Außen. Die Außenseite der Form schließt das System nicht nur kommunikativ nach innen ab, sondern behält zahlreiche Sinnalternativen bereit, die latent weiterexistieren. Das Innen und das Außen werden nun nicht durch Integration gelöst, sondern im Gesellschaftssystem problematisiert (Stäheli 2000). Drittens, aus einer epistemologischen Perspektive fragt Luhmann, wie man eine Beobachterposition begründen will, die dem Gegenstand, der Gesellschaft, gleichzeitig äußerlich und innerlich wäre. Wenn „[d]ie Definition [...] schon selbst eine Operation des Gegenstandes [ist]" (Luhmann 1998, S. 16), dann beobachtet die Soziologie die Gesellschaft nicht mehr von außen. Aber, so könnte man fortfahren, wenn dem so ist, dann muss wissenschaftliches Beobachten einen infiniten Regress in Rechnung stellen, der die Beobachtung der Gesellschaft zwischen dem Innen und dem Außen der Gesellschaft oszillieren lässt. Spätestens jetzt erscheint die Möglichkeit, die Gesellschaft als geschlossenen, funktional differenzierte Totalität von außen zu beobachten, auf widersprüchlichen weil dekonstruierbaren theoretischen Voraussetzungen zu fußen.

Das Verhältnis zwischen dem Innen und dem Außen hat auch die politische Philosophie thematisiert. So argumentieren die republikanischen Theoretiker Lefort und Gauchet (1990), dass moderne Gesellschaften gespaltene Gesellschaften sind. Durch das sprichwörtliche „Köpfen des Königs" hat die traditionale Gesellschaft ihren Anker verloren, war doch der König als Institution der profanen Gesellschaft transzendental enthoben. Nur in dieser transzendenten Position konnte er – gewissermaßen von außen – die „heilige Ordnung" als integrierten Kosmos garantieren. Durch die Einführung der Demokratie wurde diese Position des Außen gewissermaßen in die Gesellschaft hinein verlegt; damit wurde der transzendentale Platz vakant, der nun in der Form eines Risses die moderne Gesellschaft prägt und sie zu immer neuen Schließungen zwingt. Moderne Gesellschaften sind aufgerissene Gesellschaften, die beständig mit ihren Unzulänglichkeiten hadern. Hätte Durkheim nicht in der Religion nach den letzten Fundamenten der Gesellschaft gesucht, wäre dann nicht auch dieser Weg, den die politische Philosophie wählt, eine Option für die „Durkheimianer" gewesen?

Diese in der Lacan'schen Tradition (Lacan 1990, 1991) stehende Theorie des Risses haben Laclau und Mouffe gesellschaftstheoretisch reformuliert (Laclau und Mouffe 2001). Ausgehend von Saussures Sprachtheorie, wonach Sinn durch Differenzen entsteht und Gesellschaft sich nur als Sinnzusammenhang konstituiert, dekonstruieren die AutorInnen eine Gesellschaftstheorie, die auf einem geschlossenen, totalisierenden Gesellschaftsbegriff basiert. Dabei haben sie insbesondere Marxistische Basis-Überbau-Determinismen im Blick, wonach sozialer Sinn sich aus den Produktionsverhältnissen ableitet. Mit Derridas Dekonstruktivismus im Hinterkopf fragen Laclau und Mouffe, wie Gesellschaft, die auf Differenzen basiert, ihr Verhältnis zu sich selbst finden soll, wenn nicht ebenfalls durch Differenz? Das Andere der Gesellschaft, so die AutorInnen, kann aber nichts anderes sein als der Verlust von Sinn und damit das Außen der Gesellschaft. Da das Außen der Gesellschaft keine positive Existenz haben kann, ist dieses Außen nichts anderes als ein Riss, der sich durch die Gesellschaft zieht.

Laclau und Mouffe nennen dies Hegemonie. Im Anschluss an Gramsci und Saussure bedeutet Hegemonie, durch die Bildung von Differenzen und Äquivalenzen zwischen sprachlichen Zeichen und gesellschaftlichen Identitäten soziale Gebilde als Sinngebilde zu konstruieren, die letztlich unterschiedliche „hegemoniale Projekte" (Nonhoff 2006) formieren. Während Mouffe (2005) diese Idee auf demokratietheoretische Fragen bezieht, verfolgt Laclau die dahinter stehende gesellschaftstheoretische Fragestellung weiter und plädiert für den Begriff des Sozialen (Laclau 1990). Im Gegensatz zur Gesellschaft ist das Soziale eine immer nur graduell schließbare Struktur, die um Leerstellen, Sinnüberschüsse, Routinen und Institutionen herum oszilliert und jenen nichtintegrierbaren Rest zu integrieren

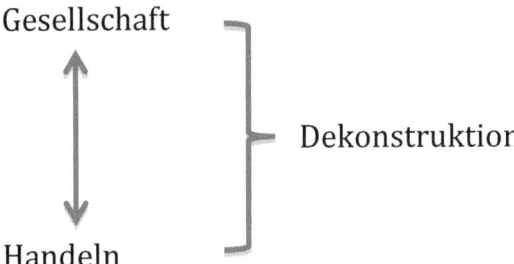

Gesellschaft

Dekonstruktion

Handeln

Abb. 2.2 Die poststrukturalistische Zurückweisung der klassischen Gesellschaftstheorie. (Quelle: Eigene Darstellung)

sucht, auf dem es basiert. Die Gesellschaft als Struktur wird eigentümlich paradox und „gespenstisch" (Stäheli 2000; Moebius und Reckwitz 2008). Somit positioniert sich die poststrukturalistische Dekonstruktion gegen die Opposition von Gesellschaft vs. Handeln (vgl. Abb. 2.2).

Mit der Dekonstruktion der Gesellschaft kommt die auf den Nationalstaat fokussierte „Gesellschafts-Soziologie" an ihr Ende. Ein Blick auf die soziologische Theoriebildung der Gegenwart zeigt, dass drei Reaktionsmuster auf die Dekonstruktion der Gesellschaft und dem Ende der Ordnungstheorie beobachtet werden können: eine Orientierung auf die Mikrosoziologie, eine steuerungstheoretische Rekonstruktion der „Gesellschaft" zwischen Mikro-, Meso- und Makroebene und eine gesellschaftstheoretische Reformulierung gesellschaftlicher Beziehungen jenseits der Mikroebene unter dem Begriff des „Sozialen". Während sich mikrosoziologisch ausgerichtete Ansätze für die situativen Praktiken interessieren und den Gesellschaftsbegriff tendenziell herunter hängen und neuere Makroanalysen ihr analytisches und handlungsprognostisches Instrumentarium im Rahmen es Mehr-Ebenen-Gesellschaftsmodells ausdifferenzieren, kann mit der Theorie des Sozialen, wie sie im Folgenden umrissen wird, eine Historisierung von universaler Gesellschaftstheorie vorgenommen werden. Damit verbleibt die Theorie des Sozialen in der Tradition klassischer Ansätze der Gesellschaftstheorie, indem sie Gesellschaftstheorie verändert.

2.6   Das Soziale als pulsierende Struktur

Ausgehend von der poststrukturalistischen und systemtheoretischen Kritik an integrativen, funktionalistischen und totalisierenden Gesellschaftstheorien bezeichnet das Soziale ein „offenes Terrain" (Angermüller 2011, S. 21) sozialer Beziehungen, das durch unterschiedliche Praktiken der Gouvernementalität strukturiert, definiert und beherrscht wird. Im Gegensatz zur Gesellschaft, die als geschlossene Struktur dem Handeln gegenübersteht, bewegt sich das Soziale entlang heterogener Flucht-linien, die sich nie in ein einziges Strukturmuster fügen lassen, sondern durch multiple Kräfte und Kräfteverhältnisse kanalisiert und in vertikale und horizontale Beziehungen eingefügt werden. Entscheidend für diese Hinwendung zum Sozialen sind die Arbeiten Foucaults, Deleuzes und Guattaris.

Im Stile eines „Anti-Leviatan" weist Foucault die Theorie der Souveränität zu-rück. Gesellschaft und Herrschaft gehen nicht auf die Intervention eines Souveräns zurück, der den kriegerischen Naturzustand in ein geordnetes, integriertes Sozial-gefüge überführen würde (Foucault 2001). Indem Foucault Clausewitz' Formel, wonach der Krieg die Fortsetzung der Politik mit anderen Mitteln ist, umdreht und die Politik als die Fortsetzung des Krieges mit anderen Mitteln definiert, stellt er die traditionelle gesellschaftstheoretische Teleologie von Chaos und Ordnung, Krieg und Frieden, Egoismus und Altruismus, Dissens und Konsens auf den Kopf und plädiert für einen offenen, konfliktorientierten Sozialbegriff. Das Soziale ist immer von Brüchen, Kämpfen und nicht-institutionalisierten Zonen durchsetzt.

Deleuze und Guattari prägen hierfür den Begriff des „Rhizoms" (1992, S. 11 ff.). Das Rhizom ist keine feste Struktur. Es ist vielmehr ein wuchernder Mechanismus, der sich nie fixieren lässt, sondern immer wieder neue Wege bahnt. Die für die Soziologie des frühen 20. Jahrhunderts typische Gegenüberstellung von Natur und Kultur, Tradition und Moderne, Gemeinschaft und Gesellschaft, Innen und Außen löst sich auf in ein Amalgam von Macht, Zeichen, Strömen und Verzweigungen. Anstatt die Macht als ordnendes Prinzip im Sinne der Souveränität zu denken, die von oben nach unten strukturierend und institutionenbildend wirkt, präferiert Foucault eine aufsteigende Analyse. Es geht darum, ausgehend vom Innenleben der Institutionen die Ordnungsgefüge und strukturbildenden Machtpraktiken der Gesellschaft offen zu legen. In ihrer Abhandlung über den Staat heben Deleuze und Guattari die traditionelle Dichotomie von Zwang vs. Freiheit auf (Deleuze und Guattari 1992, S. 481 ff.). Allem Geordneten, Definierten und Strukturierten – dem „Staat" in den Worten von Deleuze und Guattari – fehlt jede Form von Leben und Energie. Die Strukturen haben keine Macht. Sie bilden lediglich die formale Pro-jektionsfläche, an der sich die „Kriegsmaschine" abarbeitet. Die Kriegsmaschine ist demgegenüber ein pulsierender, anarchischer Mechanismus, der den „Laden am Laufen hält" und den Staatsapparat permanent beschäftigt. Es ist das Chaos, das Leben in die Ordnung bringt und nicht die Ordnung, die das Leben durch Strukturen ermöglicht. Handeln und Struktur stehen sich nicht gegenüber, sondern sie lösen sich im Amalgam des Sozialen auf. Macht und Gesellschaft sind keine ordinalen Gebilde, sondern spektrale Gefüge aus dynamischen Praktiken und pul-sierenden Strukturen (Angermuller und Maeße 2014).

Ausgehend von diesem spektralen Begriff des Sozialen plädiert Foucault für eine Theorie von Macht und Herrschaft, die nicht nur die repressiven Aspekte be-

tont, sondern den produktiven Charakter in den Vordergrund stellt (Foucault 1983).
Ähnlich wie Schütz neigt Foucault zu einer „aufsteigenden" Theorie sozialer Welten; aber anders als Schütz interessiert sich Foucault für das Wirken der großen
gesellschaftlichen Institutionen wie den Gefängnissen, Armeen, Krankenhäusern
oder Schulen. Für Foucault sind nicht die sinnverstehenden Interaktionen, sondern
die Praktiken der Macht die emergenten Mechanismen des Sozialen.

Insgesamt unterscheidet Foucault vier Formen von Macht. Die Souveränitätsmacht des 17. und 18. Jahrhunderts basiert auf monarchischen Gewaltstrukturen.
Davon heben sich die Disziplinartechniken ab, die im Zuge der Herausbildung der
nationalstaatlichen institutionellen Ordnung vor allem auf die körperliche Haltung
der Individuen zielen. Foucault hat hier vor allem die Sitzordnung in Schulen,
die Quarantäne im Gesundheitswesen, die Aussonderung von Delinquenz in der
Gesellschaft oder die geometrische Ordnung in Armeen im Blick. Auch die Hierarchien in der aufkommenden bürokratischen Verwaltung und die mit der Arbeitsteilung einhergehende Ausdifferenzierung der Gesellschaft in horizontale und
vertikale Subsysteme sowie die Institutionalisierung von Gruppenordnungen wie
etwa der Geschlechterordnung basieren auf Techniken der Disziplinierung (Foucault 1983, 2001).

Parallel dazu entsteht in den großen Institutionen, die an die staatliche und ökonomische Verwaltung gebunden sind, eine Technologie, die Foucault als Normalisierung und Regulierung bezeichnet (Foucault 2006). Gemeint sind damit die
auf wissenschaftlicher Expertise und Statistiken basierenden Technologien der
Konstruktion großer Mengen. Nun zählt nicht mehr, ob ein individueller Körper
etwa krank oder gesund, delinquent oder normal ist und zum Gegenstand von disziplinären Ausschließungspraktiken wird, sondern der durchschnittliche Gesundheitszustand der gesamten Menschenmenge. Damit erfindet und konstituiert die
Normalisierungsmacht die „Bevölkerung" und macht sie zum Gegenstand und
Ausgangspunkt „numerokratischen Regierens" (Angermüller 2012, S. 713). Nicht
mehr der individuelle Körper sondern ordinale und metrische, das heißt auf numerischen Skalen abbildbare Wahrscheinlichkeiten, Relationen und Durchschnittsgrößen werden als Technologien der Macht eingesetzt, etwa für die Stadtplanung,
die Organisation des Gesundheitswesens, später der Verkehrsplanung, der Indus-
triepolitik und im Zuge des 20. Jahrhunderts schließlich der globalen Kriegs- und
Wirtschaftsplanung sowie schließlich der Bildungspolitik. Während die Diszipli-
narmacht die Individuen aufstellte und aufreihte, indem sie zwischen normal und
unnormal, richtig und falsch unterscheidet, ist die Normalisierungsmacht in der
Lage, große Menschenmassen in Form der Bevölkerung aus der Distanz zu regieren. Indem neben den individuellen menschlichen Körpern kollektive Entitäten
als die gesellschaftlichen Durchschnittsgrößen der Bevölkerung (etwa bezüglich

Konsumgewohnheiten, Gesundheitszustand, Zufriedenheit, Kriminalitätsrate etc.) treten, entstehen ganz neue Aktivitätshorizonte, die die Verfolgung von Zielen über große Zeiträume hinweg ermöglichen und auf der Mikroebene in den Institutionen heterogene Praktiken evozieren. Die „Gesellschaft" war nicht identisch mit dem statistischen Durchschnitt wie etwa bei Durkheim; vielmehr war die Idee der Gesellschaft als statistischer Durchschnittswert ein Machtinstrument, mit dem in die soziale Realität ordnend eingegriffen und „die Gesellschaft" als ein Effekt von Regierungstechnologien erzeugt werden kann. In diesem Sinne war die soziologische Gesellschaftstheorie eine „intellektuelle Ordnungsmacht" (Beck 1998, S. 49) des modernen Staates.

Schließlich sieht Foucault ab etwa den 1970er Jahren eine weitere Form der Macht entstehen, die als Technologie die sozialen Beziehungen prägen sollte: die Techniken der Selbstführung. Im Zuge des Neoliberalismus entsteht die Idee des Individuums als eigenverantwortlichem Akteur, der sein Leben wie ein Unternehmen planen und führen soll (Foucault 2004). In Auseinandersetzung mit den griechischen Texten zur Ethik (1986a, b) untersucht Foucault, wie das Selbst als Bezugspunkt für Werte und Normen des Handelns und der Lebensführung konstituiert wird. Nicht die Gesellschaft, der Staat oder die Gruppe, sondern das Selbst wird zur autorisierenden und autorisierten Autorität erhoben. Dies impliziert etwa die Pflicht zur Selbstsorge aber auch die stetige Auseinandersetzung mit sich selbst. Das Selbst ist keine gesellschaftstheoretische Größe. Es ist vielmehr Teil einer neue Regierungstechnologie, die in ein Terrain interveniert, das zu groß und zu unübersichtlich geworden ist, um allein durch die bürokratisch-statistischen Normalisierungstechnologien beherrscht werden zu können. Die Macht reagiert damit ein weiteres Mal auf gestiegene gesellschaftliche Komplexität, nur diesmal nicht mit der Erfindung eines noch größeren Aggregates, wie es die „Bevölkerung" bzw. die „Gesellschaft" in Bezug auf die Körper oder die „Volkswirtschaft" in Bezug auf die Güter und Preise darstellte, sondern durch die Aktivierung des Individuums als gleichzeitig allgemeinste (JEDER Mensch ist Individuum) und singuläre globale Kategorie (jeder MENSCH ist Individuum). Vor dem Hintergrund der Herausbildung transnationaler Klassenhierarchien im Zuge der Globalisierung (Krysmanski 2012) wäre die „Weltbevölkerung" als alleiniger, herrschender Bezugsrahmen vermutlich zu homogen, um die Regierung der Weltgesellschaft zu ermöglichen, geht es doch jetzt darum, auf zunehmend komplexe Sozialgefüge kommunikativ einzuwirken. Diese Herausforderung wird offenbar durch die Kombination allgemeinster Aggregate – etwa der „Menschenrechte", des „Weltbruttosozialproduktes" oder Rankings aller Art – mit mikrologischen Einheiten – etwa das „Individuum", „Nutzenerwartungen" und „Preise" oder „Best-Practice-Benchmarks" – bewältigt.

2.7 Das Soziale als Diskurs und Macht

In den letzten Jahren hat die sozialwissenschaftliche Theoriediskussion diese Hinwendung zum Sozialen vor allem im Rahmen von Diskurstheorie und Gouvernementalitätsforschung weiter entwickelt und mit gegenstandsorientierten Forschungsfeldern verbunden (Ott und Wrana 2010; Angermüller und van Dyk 2010; Maeße 2010c). Die Gouvernementalitätstheorie hat durch die Einbeziehung der späten Arbeiten Foucaults die subtilen Transformationen des Neoliberalismus einzufangen versucht (Dean 1999). Während die neoliberale Rhetorik einen Rückzug des Staates einforderte, konnten die Gouvernementalitätsanalysen aufzeigen, dass der vorgebliche „Rückzug des Staates" nur eine neue Form von Staatlichkeit und Regieren etablierte (Pieper und Rodriguez 2003; Krasman und Volkmer 2007). Das neoliberale Freiheitsversprechen mündet in den Selbsttechnologien der Macht, die den Individuen nicht mehr vorbehaltlos als sicht- und bekämpfbare heteronome Kraft entgegenstehen (Bröckling et al. 2000). Damit veränderte sich die Sicht- und Erfahrbarkeit von Macht und Herrschaft, die nun nicht mehr wie die Disziplinar- oder gar die Souveränitätsmacht den Individuen konfrontativ und reglementierend gegenüber stehen, sondern die Individuen zum „Mitmachen" und „Aktivwerden" animiert (Lessenich 2008). Macht basiert nicht mehr auf Unterwerfung und Gehorsam sondern auf Verstehen, Kommunikation und Kooperation der Subjekte und Subjektkonstitution (Bröckling 2007). Vor diesem Hintergrund nahm in der Gouvernementalitätsforschung das Interesse an Kommunikations- und Diskurstheorien zu (Angermüller und van Dyk 2010).

Diskurs

Im ausgehenden 20. Jahrhundert und insbesondere ab Anfang der 2000er Jahre wurde die Diskurstheorie Foucaults (1981) Ausgangspunkt einer lebendigen interdisziplinären Debatte in den Sozial- und Sprachwissenschaften, die sich in unterschiedlichen diskurstheoretischen und diskursanalytischen Projekten niederschlug (etwa Bublitz 2003; Keller et. al 2001, 2003; Angermüller et al. 2001; Reisigl und Wodak 2000; Wrana 2006). Die diskurstheoretische Diskussion befasst sich vor allem mit der sprachlich-konstruktivistischen Dimension des Sozialen. Sprache wird nicht als Ausdruck sozialer Realität verstanden, sondern als ein Mechanismus von Regeln der Erzeugung von sozialer und natürlicher Realität. Diskurse begründen die Objekte, von denen sie sprechen, sie erzeugen Sprecher[1] und Akteure,

---

[1] „Sprecher" sind ebenso wie „Institution" oder „Akteur" wissenschaftliche Begriffe. Sie bezeichnen formale Elemente der diskursiven Struktur und werden demzufolge nicht geschlechtergerecht umformuliert.

schaffen Fakten und lösen Kontroversen aus. Ein solch konstruktivistischer Diskursansatz musste gerade für eine Machttheorie von Bedeutung sein, welche sich
für die nicht-repressiven, unsichtbaren und weichen Formen der Machtausübung
interessiert, und für eine Theorie des Sozialen Interesse zeigen, die den Blick auf
pulsierende Strukturen frei macht. Die „verborgenen Mechanismen der Macht"
(Bourdieu 1997, S. 81) hinter der scheinbaren Unbefangenheit der Sprache freizu-
legen, begründet das gemeinsame Interesse von Machttheorie und Diskursanalyse.

   Während es der diskurstheoretischen Diskussion (siehe etwa Keller 2005;
Stäheli 2007) um die systematische Verortung des Diskursbegriffs in der sozialwissenschaftlichen Forschung und Theoriebildung geht, suchen die vielfältigen
diskursanalytischen Projekte (siehe dazu Angermuller et al. 2014) nach Wegen,
um das empirische Material der sozialen und sprachlichen Welt methodisch aufzu-
schließen. Vor diesem Hintergrund bedeutet die Verbindung von Macht und Diskurs, wie sie hier vorgenommen wird, sozialtheoretische Einsichten, die aus der
poststrukturalistischen und Foucaultianischen Diskussion gewonnen wurden, mit
konstruktivistisch-diskurstheoretischen und diskursanalytischen Ideen zu verbinden. Der Diskurs wird hier weder als eine differentielle semiotische Struktur verstanden, die den Sinn- und Bedeutungskosmos von Gesellschaften absteckt, noch
wird er auf Interaktionsregeln reduziert, die in mikrosozialen Situationen wirken.
Vielmehr ist der Diskurs eine Formation im Sinne Foucaults, die jenseits von Ma-
kro und Mikro angesiedelt ist: sie ist sowohl eine Praxis als auch das Produkt einer
Praxis, die symbolisches Material (Texte) mit Kontexten (alltägliches, organisatio-
nales, historisches, soziales, ideologisches etc. Wissen) verbindet. Das Soziale und
das Sprachliche stehen sich nicht kategorisch gegenüber, sondern gehen im Sinne
einer pulsierenden Struktur ineinander über. Das Soziale ist immer auch diskursiv.

   Vor dem Hintergrund dieser diskurstheoretischen Reformulierung des Sozialen
werden Diskurse methodisch als Positionierungspraktiken begriffen (ausführlich
Angermuller 2013). Akteure positionieren sich nicht über ihr Bewusstsein, ihre
Interessen oder ihre Stellung in der Sozialstruktur, sie nutzen vielmehr sprachliche
und parasprachliche Formen, um in Erscheinung zu treten. In der Wissenschaft
sind dies typischerweise wissenschaftliche Texte, Vorträge und andere Formen der
Kommunikation in umfassenden Makro- und sporadischen Mikrosettings. Positionierungspraktiken finden immer in institutionellen Settings, sozialen Strukturen
und anderen Kraftfeldern und Wissensarenen statt; umgekehrt tragen Positionierungen zur Bildung von institutionellen Konstellationen und Machtverhältnissen
bei. Nichtsdestotrotz sind Diskurse eigenen Regeln unterworfen, die sich von institutionellen Technologien und sozialen Machtverhältnissen unterscheiden.

   Mit Foucault, Deleuze & Co. gewinnen wir ein gesellschaftstheoretisches Be-
griffsinstrumentarium, das den starren, auf Parsons' Soziologie zurückgehenden

Begriff der Institution zugunsten des Begriffs der *institutionellen Technologie* ersetzt. Institutionelle Technologien unterstreichen den prozessualen, vermachteten und anti-totalitären Aspekt von Institutionalisierungsprozessen. Gleichzeitig kann der Begriff des handelnden Akteurs durch ein diskurstheoretisches und –analytisches Verständnis von Handeln als *Positionierungspraxis* ersetzt werden. Institutionelle Technologien und diskursiv positionierende Akteure sind zwei Seiten einer Medaille, weil das institutionelle Umfeld des diskursiven Handelns sowohl vorausgesetzt als auch *in actu* hervorgebracht werden muss. Umgekehrt laufen institutionelle Strukturierungsprozesse ins Leere, wenn sie nicht auf diskursiv handelnde Akteure treffen, auf die sie einwirken können. In den folgenden Kapiteln sollen diese Zusammenhänge am Fall der VWL untersucht und herausgearbeitet werden.

Während Foucault die Rolle unterschiedlicher Technologien der Macht (Disziplin, Selbstführung etc.) hierfür beleuchtet hat, die durch Praktiken der Kategorisierung, Subjektivierung und Institutionalisierung gouvernementale Interventionsgebiete abstecken (Staat, Körper, Bevölkerung, Selbst etc.), Klassifikationsordnungen hervorbringen (Rankings, Geschmacksrichtungen, bürgerschaftliche Rechte und Pflichten etc.), Praxisfelder sedimentieren (Institutionen und Organisationen) und kontextuelles Wissen sortieren, bleibt die Natur der sozialen Beziehungen zwischen Individuen, Gruppen und Klassen bei Foucault unbestimmt. Um die Rolle sozialer Beziehungen für die Theorie des Sozialen als eine Verbindung von Macht und Diskurs zu bestimmen, bietet Bourdieus Soziologie fruchtbare Anschlussstellen. Im Folgenden sollen ausgehend von Bourdieu die Begriffe *Kapital* und *Klassifikation* als zwei Modalität der Herstellung sozialer Beziehungen herausgearbeitet werden, welche die Positionierungspraktiken und institutionellen Technologien ergänzen. Während der Kapitalbegriff auf die materielle Ebene abhebt, bezeichnet der Klassifikationsbegriff die Wissensebene sozialer Beziehungen. Beide entfalten sich im Rahmen von institutionellen Technologien und Positionierungspraktiken. Während Positionierungen vor allem den handelnden Akteur konstituieren, erzeugen Klassifikationen Bilder der Sozialwelt, in die der Akteur sich diskursiv einschreibt. Der eine Mechanismus bezeichnet die Selbst- und der andere eher die Fremdpositionierung.

Macht

Die Soziologie hat die Frage nach den Fundamenten von Gesellschaft, sozialer Ordnung und des Sozialen im Anschluss an Durkheim zunächst tautologisch beantwortet: das Soziale sei durch das Soziale bestimmt. Mauss' Theorie der Gabe sowie der damit verbundene anthropologische Ansatz führt die ordnungsbildenden Elemente der modernen Gesellschaft auf Institutionen und Riten prämoderner Sozialordnungen zurück. Auch Parsons ordnungsphilosophische Soziologie setzte den Gegenstand, den es zu erklären gilt – nämlich soziale Ordnung –, immer schon voraus. Luhmann hat demgegenüber eine historische Erklärung stark gemacht (Luhmann 2000). Demnach ist die Gesellschaft als ordnungsstiftende Instanz das Resultat eines evolutionären Entwicklungsprozesses. Damit wird die Frage nach der Natur sozialer Beziehungen historisch verschoben, nicht jedoch theoretisch gelöst. Auch die poststrukturalistischen (sowie systemtheoretischen und ethno-methodologischen) Kritiken der Gesellschaftstheorie erfassen den entscheidenden Punkt der Frage nach den Fundamenten sozialer Beziehungen nicht, wenn sie auf die Kontingenz des Sozialen verweisen, bezeichnet dies doch nur den ursprungs-losen Konstruktivismus von Gesellschaft, nicht jedoch den Ansatzpunkt, von dem aus sich die sozialen Beziehungen entfalten können. Die Phänomenologie (und in bestimmter Hinsicht auch der Interaktionismus) scheint die Fundamente sozialer Beziehungen im Bewusstsein und der phänomenologischen Erschließung der Welt zu verorten, welche schließlich die Grundlagen für die interpretative Gestaltung und Aneignung der Sozialwelt bilden. Der Mensch – und in praxistheoretischen Ansätzen: „die Praktiken" – als kreatives Wesen wäre demnach der Ausgangspunkt des Sozialen.

Demgegenüber haben konflikttheoretische Ansätze auf die Rolle der Macht ver-wiesen. Schon bei Marx ist die Auseinandersetzung mit der Natur durch Arbeit der fundamentale Akt, in dem der Mensch sich vom Tier unterscheidet. Über die Arbeit und die damit verbundene kollektive Aneignung der Güter werden die sozialen Beziehungen nicht als organische Arbeitsteilung im Sinne Durkheims sondern als Machtbeziehungen geformt (Marx 1958). Dass nach Marx und Engels Macht nicht in Ausbeutung enden muss, zeigt sich in der Rolle der Demokratie, die Marx und Engels in den kommunistischen Urgesellschaften entdecken und deren moderne Entfaltung sie der künftigen weltkommunistischen klassenlosen Gesellschaft über-antworten. Auch für Foucault ist Macht nicht gleichbedeutend mit Unterdrückung. Vielmehr hat sie hier vor allem gestalterische und produktive Effekte. Macht als das grundlegende Prinzip der Konstruktion von sozialen Beziehungen deutet sich auch in angrenzenden Disziplinen der Soziologie, etwa in der Psychoanalyse an, indem der durch den Ausstoß erzeugte Mangel die Bedingung für die Interpellation in die gesellschaftlichen Ordnungsgefüge ist. In der Soziologie Bourdieus bildet Macht schließlich die fundamentale Grundlage sozialer Beziehungen. Ohne Macht gibt es keine sozialen Beziehungen. Aber was genau bedeutet „Macht" unter den Voraussetzungen der Theorie des Sozialen?

Macht in der Diskurssoziologie

Wenn man ausgehend von der Dekonstruktion der klassischen Soziologie den Be-griff des Sozialen zwischen Macht und Diskurs aufblättert, dann kann die Bezie-

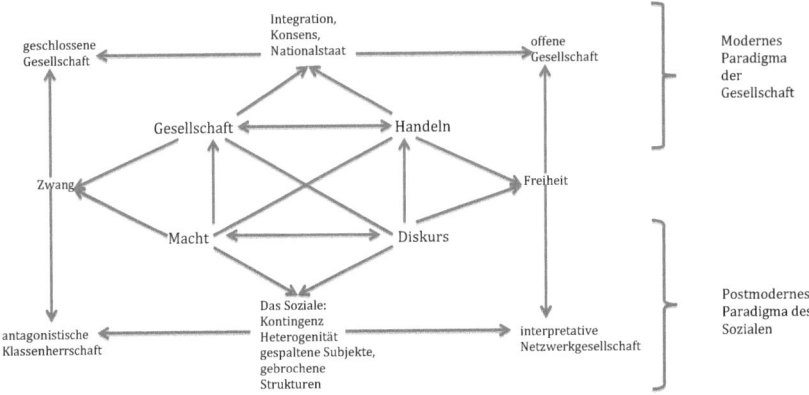

Abb. 2.3 das Feld der poststrukturalen Gesellschaftstheorie. (Quelle: Eigene Darstellung)

hung des Sozialen zur klassischen gesellschaftstheoretischen Opposition wie in Abb. 2.3 dargestellt illustriert werden

Mit dem Viereck kann einem bestimmten Begriff (hier die Rolle des Begriffes der Macht im Rahmen der Theorie des Sozialen) Bedeutung zugewiesen werden, indem sein begriffliches Umfeld differenztheoretisch dargelegt wird (zur Methode des *Semiotischen Vierecks* siehe Maeße 2014b). Demnach erhält ein Begriff seine Bedeutung aus der differentiellen Konstellation, in die er eingelassen ist. Innerhalb dieser Konstellation gehen die gesellschaftstheoretischen Konzepte unterschiedliche Beziehungen zueinander ein. „Gesellschaft" und „Handeln" stehen sich ebenso wie „Macht" und „Diskurs" als gegensätzliche, jedoch komplementär auf einander verweisende Seiten eines Paradigmas gegenüber, wobei das klassisch-soziologische Paradigma (Gesellschaft + Handeln) zum poststrukturalistischen Paradigma (Macht + Diskurs) in Konkurrenz tritt. Dies zeigt sich in den gegensätzlichen paradigmatischen Charakterisierungen, die durch die Begriffe der horizontalen zusammenfassenden Pfeile (Integration etc. vs. Das Soziale etc.) verdeutlicht wird. Allerdings verweisen die entgegengestellten Seiten eines jeden Paradigmas (Diskurs/Handeln und Struktur/Macht) auch auf eine paradigmenübergreifende Gemeinsamkeit der jeweiligen Komplementärpaare. Dies wird durch die vertikal zusammenfassenden Pfeile verdeutlicht (Freiheit=Diskurs und Handeln vs. Zwang = Macht und Gesellschaft). Selbstverständlich handelt es sich beim „Diskurs" und beim „Handeln" bzw. bei der „Gesellschaft" und der „Macht" jeweils nicht um die gleiche Form von „Freiheit" bzw. „Zwang", gehören sie doch auf der horizontalen Ebene entgegengesetzten Theorieparadigmen an.

Die durch die Zusammenführung erzeugten, übergeordneten Beziehungen der paradigmatischen und sub-paradigmatischen Konzepte (Freiheit und Zwang, Integration etc. und das Soziale etc.) können nun selbst wieder Beziehungen untereinander eingehen. Diese Beziehungen, die als ein „Rahmenviereck" erscheinen, das ausgehend vom inneren „Kernviereck" gebildet wurde, lassen schließlich unterschiedliche Gesellschaftskonzepte an den äußersten Ecken entstehen. Für das nationalstaatliche Zeitalter der Moderne, welche die klassische Gesellschaftstheorie beschrieb, stehen die bekannten Paradigmen einer „offenen, liberalen" bzw. einer eher „geschlossenen, solidarischen" Form von Gesellschaft, für die sich jeweils leicht historische Beispiele anführen ließen. Auf der unteren Ebene deuten sich für das in der Entstehung befindliche globale Zeitalter der Postmoderne ebenfalls Gesellschaftskonzepte an, die auf der einen Seite das Bild einer auf Klassenkämpfe orientierten, gebrochenen Form des Sozialen und auf der anderen Seite die Konturen einer an der politischen Phänomenologie ausgerichteten interpretative Netzwerkgesellschaft entstehen lassen. Diese beiden Konzepte lassen sich wiederum an soziologische Paradigmen anbinden, welche sich im Feld der Theorie des Sozialen herauszubilden scheinen: eine neo-marxistische Diskurstheorie des Sozialen auf der einen und eine neo-phänomenologische Sozialtheorie der Diskursanalyse auf der anderen Seite.

Während die neo-marxistische Diskurstheorie des Sozialen stärker auf Fragen von Macht und Konflikt eingeht, sich für gesellschaftspolitische Forschungsthemen interessiert und an psychoanalytisch-marxistische Diskurstraditionen aus der Ideologie- und Hegemonieanalyse anschließt, fokussiert die neo-phänomenologische Sozialtheorie der Diskursanalyse die interpretative Konstruktion von sozialen Ordnungsrepräsentationen. Als Forschungsthemen dienen oft eher Probleme des Alltags und die Nähe zu wissenssoziologischen und ethnomethodologischen Theorietraditionen wird stärker betont als in neo-marxistischen Ansätzen. Neben den bereits etablierten strukturalistischen und interaktionistischen Ansätzen in der Diskursforschung lassen sich demnach zwei weitere Tendenzen hinzufügen, die das aktuelle Feld der Diskurssoziologie abstecken (Abb. 2.4).

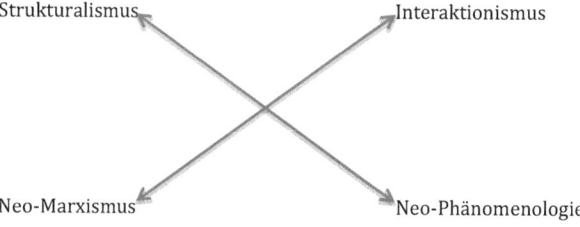

Abb. 2.4 Das Feld der Diskurssoziologie. (Quelle: Eigene Darstellung)

Während der Strukturalismus und der Interaktionismus auf Theorien und
Methoden der Diskursanalyse verweisen, die noch stärker den klassischen „gesellschaftstheoretischen" Gesellschaftstheorien anhängen, orientieren sich neo-
phänomenologische und neo-marxistische Ansätze an der „sozialtheoretischen"
Gesellschaftstheorie. Das strukturalistische Erbe spiegelt sich nicht nur etwa in
Saussures Sprachtheorie oder Durkheims Religionssoziologie wider, sondern es
ist auch bei Bourdieu, Althusser oder Derrida noch zu finden. Die interaktionisti-
sche Kritik wurde vor allem von der Ethnomethodologie und den VertrerInnen des
Symbolischen Interaktionismus vorgebracht, die keinesfalls die Existenz großer
Institutionen leugneten, sondern vor allem deren Entstehung anders beschreiben
wollten. Mit Blick die neueren Ansätze ist hier etwa an die Arbeiten zu denken,
die im Anschluss an Lacans/Althussers/Pechêuxs Diskursanalyse und (vor allem)
später Laclaus Hegemonietheorie entstanden sind, an Ansätze aus der Kritischen
Diskursanalyse und der Cultural Political Economy, an wissenssoziologische Diskurstheorien, an im Anschluss an Foucault entstandene Äußerungsanalysen oder
an Arbeiten aus der pragmatischen *discourse analysis*, der Aktor-Netzwerk-Theorie oder neueren Praxistheorien. All diese Ansätze können dem sozialtheoretischen Paradigma zugeordnet werden und siedeln je nach konkreter Ausformung
im Spannungsfeld zwischen Neo-Phänomenologie und Neo-Marxismus, zwischen
interpretativer und konflikttheoretischer Orientierung.

Diese Arbeit nimmt vom neo-marxistischen Pol in der Diskursforschung ihren Ausgang und bezieht neo-phänomenologische Überlegungen mit ein. Insbesondere durch die konflikt- und machtorientierten Akzente, die hier mithilfe von
Bourdieus Kapitaltheorie sichtbar gemacht werden, kommt der Neo-Marxismus
zum Tragen. Die phänomenologischen Akzente spiegeln sich wiederum in den äußerungstheoretischen Aspekten wider. Um den hier vertretenen neo-marxistischen
Diskursansatz allerdings von einer allzu holzschnittartigen strukturalistischen Ordnungstheorie abzugrenzen, soll im Folgenden ein konfliktorientierter Machtbegriff
von einem stände- oder schichttheoretischen Machtbegriff unterschieden werden.
Denn genau hierin liegt nicht nur der Unterschied zwischen Durkheim und Marx,
Schicht und Klasse, Funktionalismus und Konflikt, sondern auch der zwischen
einer poststrukturalistischen und einer strukturalistischen Theorie der Macht.

Ständische Klassen

Nach Bourdieu sind soziale Beziehungen das Resultat relationaler Positionen, die
Individuen und Gruppen im sozialen Raum beziehen (Bourdieu 1982). Der soziale
Raum wiederum gliedert sich entlang dreier Achsen der Macht. Die horizontale
Achse bestimmt die Art der Macht, über deren Besitz die Individuen im Sozialraum
ihren Platz beziehen: kulturelles Kapital im linken Teil, ökonomisches Kapital im

rechten Teil. Die vertikale Achse bestimmt dagegen die Menge von kulturellem bzw. ökonomischem Kapital, wobei der signifikante Besitz der einen Kapitalsorte den signifikanten Besitz der anderen ausschließt. Dies hat mit der dritten Dimension zu tun, die den Sozialraum strukturiert: der Zeit, die man benötigt, um Kapital zu akkumulieren und sich damit im Sozialraum zu positionieren. Die Theorie des sozialen Raumes definiert die Gesellschaft als eine Klassengesellschaft, weil das fundamentale Prinzip seiner Strukturierung nicht nur die Differenz zwischen den Positionen ist, sondern eben Macht, die es den Differenzen überhaupt erst ermöglicht zu erscheinen. Im linken oberen Teil des Sozialraumes befindet sich die beherrschte Fraktion der herrschenden Klasse: BesitzerInnen hoher und höchster Bildungstitel, KulturproduzentInnen, Intellektuelle etc. Im rechten oberen Teil sind Industrielle und Finanzeliten, etwas weiter unten hohe Beamte und Manager positioniert. Sie bilden die herrschende Fraktion der herrschenden Klasse. Darunter befindet sich die homologe Struktur der Mittelschicht (links die mit kulturellem [etwa LehrerInnen], rechts die mit ökonomischem und sozialen Kapital [mittlere Beamte, Ingenieure]). Im unteren Bereich ist die Masse der Mittel- und Machtlosen angesiedelt.

Dem so konstruierten sozialen Raum entspricht der Raum der Lebensstile, der Geschmäcker, der Moden und Wahrnehmungsformen. Je nach Position im Raum nehmen die Individuen eigene Sichtweise auf die Welt ein, sie kleiden sich entsprechend, essen, trinken, wohnen und leben determiniert durch die Position im Sozialraum. Während die herrschenden Klassenfraktionen aus ihrer Lebensweise einen „Stil" machen, sind die unteren Klassen im Reich der Notwendigkeit gefangen. Der „legitime Geschmack" tröpfelt entlang einer Legitimitätshierarchie von oben nach unten. Indem die Individuen als Mitglieder einer Klassenfraktion ihre jeweiligen kulturellen Praktiken anwenden, unterscheiden sie sich voneinander. Die Verbindung zwischen Handeln und Denken der Individuen und ihrer Position im Raum leistet der Habitus. Vor diesem Hintergrund spricht Bourdieu von einer Homologie zwischen Sein und Bewusstsein, Klassenzugehörigkeit und Klassifizierungspraxis. Der Raum der Unterschiede sowie der homologe Raum der Lebensstile und Praktiken ist aber gleichzeitig ein Kampf um die Veränderung bzw. die Beibehaltung der jeweiligen Positionen. Dieser Kampf findet in Arenen statt, die Bourdieu als Felder bezeichnet, etwa im kulturellen Feld (Kunst, Medien), im akademischen Feld (Universität), im Staatsfeld (Bürokratie, Recht, Steuern), im ökonomischen Feld (Handel, Produktion, Distribution, Konsumption), wobei alle diese Subfelder vom Feld der Macht eingefasst sind. Die Felder definieren die Spielregeln, nach denen ökonomisches, kulturelles, soziales und symbolisches Kapital im Kampf um die Position im Sozialraum, der gleichzeitig ein Kampf um die Veränderung bzw. Aufrechterhaltung der herrschenden Ordnung und der damit verbundenen Spielregeln im Feld ist, eingesetzt wird.

Nicht zu Unrecht kann man Bourdieu vorwerfen, die Gesellschaft als eine fixierte Sozialstruktur erstarren zu lassen. Und in der Tat scheinen manche Ansätze der Schichttheorie ebendiesen Weg zu verfolgen. Die Gesellschaft erscheint als ein Ständekapitalismus. Individuen werden in eine Klasse hineingeboren und vermöge der damit einhergehenden Kapitalstruktur (Volumen und Zusammensetzung des Kapitals) sowie mithilfe des Habitus auf ihre Position im hierarchischen Raum der Macht automatisch festzementiert. Kämpfe sind hier, streng genommen unmöglich und auch nicht mehr nötig. Mit dieser statischen, „synchronen" Theorie sozialer Klassen, die auf Grundlage relationaler Merkmale gebildet werden, fordert Bourdieu gegenüber substanzialistischen und subjektivistischen Theorien wissenschaftliche Rigorosität ein (Bourdieu 1970). Gleichzeitig scheint Bourdieu dieser starre Charakter der ständischen, beinahe schon funktionalistischen Klassengesellschaft selbst suspekt gewesen zu sein. Dies zeigt sich etwa dann, wenn Bourdieu betont, dass es sich bei Klassenbeziehungen und Distinktionen immer auch um Klassenkämpfe handelt. Zwischen Klassenbeziehungen und Klassenkämpfen unterscheidet Bourdieu etwa dann, wenn er das differentielle Sein einer Klasse, das sich messen lässt, der politischen Mobilisierung einer Klasse als handelnder Akteur gegenüber stellt (etwa Bourdieu 1985, S. 24).

Vor diesem Hintergrund hat der Bourdieu'sche Kapitalbegriff eine doppelte Bedeutung: zum einen verweist er auf das Prinzip einer sedimentierten Klassenstruktur als Struktur sozialer Beziehungen; auf der anderen Seite ist er aber auch das Prinzip der Kräfteverhältnisse und des Klassenkampfes als immerwährendes in-Beziehung-setzen von sozialen Positionen. Während die ständegesellschaftliche Schichttheorie somit eher einem funktionalistischen Gesellschaftsverständnis einer integrierten sozialen Struktur entspräche, wäre die klassenkampftheoretische Kraftfeldtheorie wohl näher an Foucaults und Deleuzes Konzeption.

Kämpfende Klassen

Legt man die Theorie des Sozialen als einer pulsierenden Struktur zugrunde, dann ist der Machtkampf nicht nur ein Kampf um bereits etablierte soziale Positionen und Beziehungen zu denken, sondern er ist selbst als Prozess der permanenten Konvertierung, Akkumulation und Entwertung von Kapital das Prinzip sozialer Beziehungen. Jede fixe Position ist damit nur das Resultat alter und der Ausgangspunkt neuer Kämpfe, Prozesse und Praktiken. Demnach werden soziale Praktiken in Form von Kapital verfestigt und bilden den Ausgangspunkt neuer Praktiken. Das Soziale sedimentiert und prozessiert. Wenngleich dies nicht bedeutet, die Existenz des Ständekapitalismus grundsätzlich zurückzuweisen, impliziert die Akzentverschiebung von der Klassenstruktur zum Klassenkampffeld, soziale Beziehungen auch vom Akt der Formation her zu denken und nicht nur von der bereits fixierten Form. Dies eröffnet den Blick auf die pulsierenden Machteffekte, die auch von den scheinbar starren sozialen Formen ausgehen. Ganz im Sinne von Foucaults Theorie des Krieges, wonach die Gesellschaft nicht der befriedete Krieg des Naturzustandes ist, sondern die fortwährende Transformation des Konfliktes unter der scheinbar friedlichen Oberfläche der „Gesellschaftsordnung" mit neuen, subtileren Mitteln der Kriegsführung, wäre Bourdieus Klassengesellschaft eine Klassen(kampf)gesellschaft, die hinter den eitlen Distinktionen der herrschenden Klasse jene Verteidigungskämpfe sichtbar werden lässt, ohne die Macht nicht das Fundament des Sozialen wäre. Der Kampf um den Raum öffnet den Raum für Transformationen der Sozialstruktur und die Performationen der Ströme der Macht. Trotz sozialer Ungleichheiten ist die Gesellschaft offen, weil das fundamentale Prinzip nicht die *Klasse* sondern der *Klassenkampf* ist. Diese Akzentverschiebung unterscheidet eine orthodoxe Leseweise von Bourdieus Feldtheorie nicht nur vom Marxismus, sondern von jeder Theorie, die soziale Formationen als historisches Produkt versteht.

Was für den Raum gilt, gilt nun auch für den Begriff des Feldes. Felder sind nach Bourdieu das Arrangement von Institutionen, die den Dingen ihren jeweiligen Wert als Kapital und Konstitutionskraft sozialer Beziehungen zuweisen. Das akademische Feld (Bourdieu 1992) legt etwa fest, welche Publikationen, Verlage, Ämter und Posten den Akteuren Macht verleihen und ihnen damit eine Position im Raum zuteilen. Das Feld legt aber auch fest, welche Sichtweise der jeweiligen Welt als legitim gilt, nach welchen Regeln sich einfache Ressourcen (etwa Posten oder Publikationen) in Kapital verwandeln und wie Kapitalien ineinander konvertiert werden können und müssen (etwa kulturelles Kapital in Form von Titeln in ökonomisches Kapital in Form von Forschungsgeldern). Nach Bourdieu ist das Feld ein geschlossener Mikrokosmos (Bourdieu 2001, S. 41), das die Teilnehmer einer Doxa unterwirft, einer herrschenden Meinung über die legitimen Deutungen und Praktiken im Feld, und einer illusio, einer offiziellen Mission und einem endgültigen, tieferen Sinn allen Handelns, welche die realen Machtkämpfe, die hinter dem Rücken der Feldspieler wirken, verschleiert.

Dadurch entsteht der Eindruck einer „geschlossenen Gesellschaft", die mit dem Postulat des Klassencharakters des sozialen Raumes, der sich in jedem Feld erstreckt, nicht wirklich zusammenpasst. Der rigorose Feldbegriff wird den heterogenen Klassenpositionen nicht gerecht. Auf welcher soziologischen Grundlage sollen die Akteure um die Veränderung der Regeln im Feld kämpfen, wenn die herrschenden Regeln im Rahmen eines geschlossenen Raumes fixiert und sedimentiert sind, könnte man aus dekonstruktivistischer Sicht fragen? Aus diskurstheoretischer

Sicht kritisiert Angermüller (2007) etwa den geschlossenen Charakter des Feldes und plädiert für eine Öffnung des Feldbegriffs. Felder als institutioneller Rahmen sozialer und diskursiver Praxis können sich über unterschiedliche Institutionen erstrecken, in deren Zwischenräumen und Grauzonen sich die Machtkämpf abspielen (Maeße 2013c). Das Feld ist demnach kein geschlossener Mikrokosmos, sondern es ist eine offene Struktur.

Nicht zuletzt sind soziale Beziehungen das Resultat von Klassifikationen. Bourdieu unterstellt ein homologes Verhältnis zwischen der Struktur des Raums in einem spezifischen Feld und den Klassifikationen. Damit folgt er Durkheims Religionssoziologie (Durkheim 1981). Demgegenüber betonen diskurstheoretische und –analytische Ansätze die Eigenlogik des Diskurses (Diaz-Bone 2002; Bernhard und Schmidt-Wellenburg 2012; Hamann 2014). Die Art und Weise, wie Texte gelesen werden, das heißt wie sie klassifizieren, hängt nicht allein vom Feld ab. Diskurse sind nicht der Reflex der Struktur, sondern verfügen über einen wirklichkeitskonstituierenden Charakter (Boltanski und Chiapello 2003; Diaz-Bone und Thevenoth 2010). Der Diskurs ist nicht auf eine Lesart reduzierbar, zahlreiche soziale Kontexte wie etwa historisches oder situatives Wissen spielen eine Rolle (Angermüller 2007). Klassifikationen sind nicht in den symbolischen Formen inhärent, sondern das Resultat der Verbindung von Text und Kontext. Wenn Feld und Raum geschlossene Gebilde wären, dann würden homologe Klassifikationen nur in die ewige Wiederkehr der immergleichen Strukturen münden. Wie vor diesem Hintergrund sozialer Wandel möglich sein soll, bliebe dann freilich ein Geheimnis jener orthodoxen SchichttheoretikerInnen, die Korrespondenzen mit relationalen Positionierungen vermischen.

Die institutionelle Offenheit und Prozessorientierung von Feld und Raum, Klasse und Klassifizierung begründet nicht nur die Eigenständigkeit diskursiver Praktiken, sondern setzt die interpretative Aktivität der sozialen Akteure voraus. Vor diesem Hintergrund erscheint das Homologiepostulat von Klassifikation und Klasse fragwürdig. Klassifikationen als Diskurse werden hier nicht nur als Ausdruck einer Klassenposition verstanden, die über den Habitus als Reproduktionsmaschine generiert werden. Vielmehr sind sie Instrumente im Kampf um die Deutung der Welt, die mit dem Kampf um Kapital und Positionen zusammenfallen. Wenn der Diskurs aber gegenüber Raum und Feld eine eigene Realität begründet, dann zeigt sich dies auch in den eigenständigen inneren Regeln des Diskurses, die zwar in den Raum eingreifen und auf Grundlage der institutionellen Rahmen des Feldes stattfinden, die allerdings mit beiden weder identisch noch homolog sind. Das Verhältnis von Struktur und Diskurs, von Klasse und Klassifizierung ist dialektisch und heterolog, weil sich beide Seiten aufeinander beziehen und immer wieder auch Neues generieren (siehe dazu Kapitel sechs). Diskurse und machtvoll begründete Sozialbeziehungen basieren auf jeweils eigenständigen Regeln, obgleich beide Sphären im Sozialen ineinandergreifen. Während der Diskurs ein Klassifikationsmechanismus ist, der Wissensbestände arrangiert und damit an die Logik des diskursiv geöffneten Feldes anschließt, ist die Macht als produktiver und hierarchisierender Mechanismus jenes Strukturierungsprinzip sozialer Beziehungen, das Klassifikationen in Ressourcen im Sinne der Bourdieu'schen Kapitalsorten übersetzt. Umgekehrt bilden ressourcenfundierte Sozialbeziehungen den Resonanzboden für Klassifikationspraktiken, ohne dass die Ordnung der Sozialbeziehungen homolog in der Ordnung der Klassifikationen aufgehen würde. Das Soziale ist das dialektische Produkt von Macht und Diskurs.

Fazit

Obwohl die Dynamiken von Macht und Diskurs aufeinander bezogen sind und ineinander übergreifen, lassen sie sich dennoch auch getrennt voneinander untersuchen. Aus heuristischen Gründen soll das Soziale in vier Kategorien unterteilt werden: institutionelle Technologien, Klassifikationen/Taxonomien, Kapital und Positionierungen.

Nicht jede diskursive Praxis mündet in sedimentierter Macht und nicht jede vermachtete Struktur begründet eine besondere diskursive Praxis. Am Beispiel von Rankings in der Volkswirtschaftslehre kann dies illustriert werden (ausführlich Kapitel drei und vier). Rankings sind eine *institutionelle Technologie* im Sinne Foucaults Technologien der Macht. Sie erzeugen eine spezifische Realität, indem sie bestimmte Publikationen sichtbar sowie andere unsichtbar machen und sie auf einen Platz innerhalb einer weitergefassten Ordnung der Universität zuweisen. Hieran zeichnet sich sowohl der produktive als auch der repressive Charakter der Macht im Sinne Foucaults ab. Aber Rankings sind nicht einfach nur Institutionen im Sinne der klassischen funktionalistischen Soziologie, vielmehr sind sie dynamische Konstruktionsinstrumente, die letztlich Produkte ganz unterschiedlicher Art herstellen können, weil sie sich immer auch mit anderen Dynamiken zwischen Macht und Diskurs erst verbinden müssen. Eine funktionalistische, fundamentalistische Sichtweise auf Rankings wird ihrem Aspekt als Technologie der Produktion sozialer Tatbestände nicht gerecht. Wie Foucault am Beispiel großer gesellschaftlicher Institutionengebäude wie etwa Schulen, Krankenhäusern, Gefängnissen etc. gezeigt hat, bewegen sich diese Institutionen aus der Innenperspektive als dynamische Strukturierungsprinzipien. Die scheinbar festen Institutionengebäude der Moderne lösen sich in ihrer inneren Konflikthaftigkeit als ein Kampf um die Kohärenz der „Gesellschaft" auf (Foucault 1999). Dieses Moment des Bruches in der Gesellschaftsstruktur will der Begriff der institutionellen Technologien einfangen.

Rankings erzeugen *Klassifikationen*, die als Wissensformen in Diskurse einfließen und von Akteuren für Positionierungspraktiken genutzt werden können.
Die jeweilige Klassifikationsordnung oder „Konvention" (Diaz-Bone und Theve-
not 2010) bedeutet jenseits ihrer interpretativen Aneignung noch nichts. Erst wenn
Akteure sich diskursiv darauf direkt oder indirekt beziehen, entsteht Wissen über
soziale Beziehungen, die sich hinter der Kategorisierung von Publikationen ver-
bergen. Wie Desrosières (2005) am Beispiel der Entstehung der Statistik gezeigt
hat, war die Konstruktion von Wahrnehmungsschemata oder Taxonomien von
grundlegender Bedeutung für die statistisch-ökonometrisch erzeugte Realität des
Staates (Maeße 2015a). Die Welt konnte nun in „Volkseinkommen", „Konsum",
„Investitionen" und „Ausfuhren" unterteilt und somit für makroökonomische
Interventionen in die soziale Welt als „Volkswirtschaft" aufbereitet werden.

Taxonomien sind gewissermaßen das, was übrig bleibt, wenn man die *langue*
dekonstruiert hat, denn sie bieten als diskursive Ressource nur sprachlich verfestigte Klassifizierungsmöglichkeiten. Denn auf der anderen Seite sind Klassifikationen nicht nur Ausgangspunkt, sondern auch Resultat von akademischen und
nicht-akademischen *Positionierungspraktiken*, beispielsweise dann, wenn WissenschaftlerInnen sich in ihren Texten mit Keynesianischen Argumenten antago-
nistisch gegen „Klassiker" abgrenzen (siehe dazu ausführlich Kapitel fünf). Jede
Positionierung operiert wiederum mit Klassifikationen und wendet unterschiedliche institutionelle Technologien an, um Sichtbarkeit zu erzeugen oder zu unterbin-
den. Erst das Zusammenspiel von akademischen Positionierungen, Taxonomien/
Klassifikationen und institutionellen Technologien ermöglicht die Herausbildung
von akademischen Eliten. Damit ordnen diskursive Praktiken die Welt durch Rückgriff auf Kategoriensysteme in strategischen und sedimentierten Umwelten.

Damit Sedimentierungsprozesse möglich werden, kulminieren Klassifikationen
und Positionierungen im Rahmen von institutionellen Technologien in *Kapital-
bildungsprozessen* und *Kapitalakkumulationen*, welche die sozialen Beziehungen
der Akteure auf eine materielle Grundlage stellen. In Form von Titeln, Forschungsmitteln, Publikationen etc. verwandelt sich diskursive Praxis in institutionalisierter
Form in materielle Macht. Während Positionierungen als „weiche", ephemere Formen der Konstruktion von Akteuren und sozialen Beziehungen bezeichnet werden
können, ist Kapital der festgefügte, unflexible Beziehungstyp, der Hierarchien als
sedimentierte Formen begründet.

Das Soziale als pulsierende Struktur oszilliert zwischen beiden Polen (vgl.
Abb. 2.5). Während die Kapitalhierarchien und die Taxonomien eher Deleuzes
„Staatsapparat" bezeichnen, verweisen die Positionierungspraktiken und die insti-
tutionellen Strategien auf die „Kriegsmaschine" (siehe Deleuze und Guattari 1992,
S. 481–655).

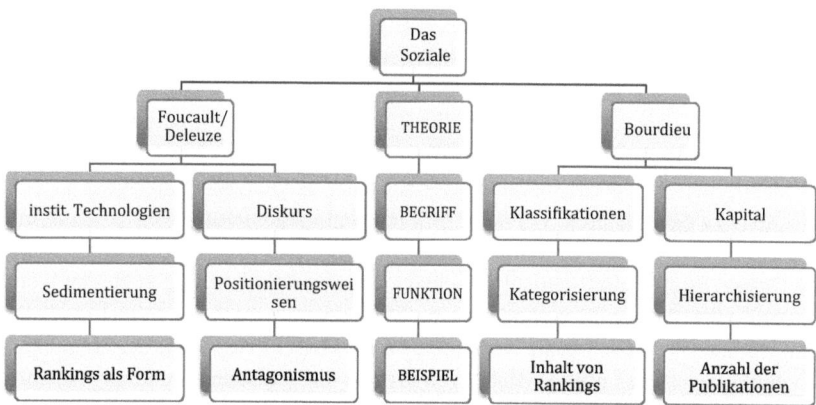

Abb. 2.5 Das Soziale als Macht und Diskurs. (Quelle: Eigene Darstellung)

Während dem Begriff der „Gesellschaft" noch die Vorstellung einer geordneten Struktur zugrunde lag, die aus unterschiedlichen Etagen zwischen der Mikro-, der Meso- und der Makroebene besteht und in der Handeln dialektisch mit Strukturen verkoppelt ist, unterläuft die Theorie des Sozialen dieses Modell. Das Soziale spannt sich als ein pulsierender Strukturierungsmechanismus zwischen den mikroskopischen Kapillaren der Situation und den antagonistischen Megatrends des Weltsystems auf. Zwischen diesen beiden Polen sind institutionelle Technologien, Klassifikationen/Taxonomien, diskursive Positionierungsweisen und Hierarchisierungsprozesse geschaltet, die das Soziale im Weltsystem wirken lassen. Die „Universität" als Institution des Nationalstaates, um am Thema dieser Arbeit zu bleiben, löst sich zwischen diesen Ebenen auf und entfaltet sich als transnational entgrenztes Praxisfeld entlang den Fluchtlinien des Sozialen.

In der folgenden Fallstudie soll dies Stück für Stück am Beispiel der transnationalen Entgrenzung bzw. der Elitisierung der deutschsprachigen VWL nachvollzogen werden. Dabei werden in dieser Arbeit drei Aspekte bzw. Facetten dieses Globalisierungsprozesses ausgeführt, dessen weiterer Rahmen in der Einleitung angedeutet wurde. Im folgenden Kapitel wird zunächst gezeigt, wie durch das Zusammenwirken von vier unterschiedlichen institutionellen Technologien akademische Elitestrukturen als Strukturen sozialer Ungleichheit erzeugt werden, die das alte nationalstaatliche akademische Universum aufspalten, und zwar einerseits in eine kleine Gruppe von Fakultäten und ForscherInnen, die an globale Elitestrukturen andocken, und anderseits in eine große Gruppe von Fakultäten, die im Schatten der Eliteeinrichtungen stehen und im Rahmen eines regionalisierten Feldes unterhalb der Ebene nationaler Prestigeeinrichtungen reorganisiert werden. Die Eliteeinrichtungen bilden wiederum den strukturellen Nährboden für die Etablierung eines spezifischen akademischen Lebensstils, der im vierten Kapitel am Beispiel der Graduiertenschulen als Kaderschulen in den Blick genommen werden soll. Hier entfaltet sich das Soziale zwischen Macht und Diskurs infolge der Anwendung von mikrologischen institutionellen Technologien, welche darauf zielen, eine bestimmte Form von Diskurskompetenz zu erzeugen: nämlich die Fähigkeit von akademischen Akteuren, sich auf der Ebene der akademischen Weltgesellschaft diskursiv zu positionieren. Wie diese diskursiven Positionierungsweisen wiederum funktionieren, erörtert das fünfte Kapitel.

Das sechste Kapitel schließlich schlägt den theoretischen Bogen zu den weltsystemischen Dynamiken, ohne die jene Elitebildungsprozesse sich nicht vollziehen würden. Weil das Soziale weder eine kompakte Einheit wie die „Gesellschaft" noch ein begrenztes mikrosoziales Terrain wie die „epistemic cultures" ist, sondern das Zusammenwirken von institutionellen Technologien, diskursiven Praktiken, klassifizierenden Regimen sowie Hierarchisierungsweisen, kann es auch nicht vollständig abgebildet, hinreichend durchmessen oder gar erschöpfend rekonstruiert werden. Die vorliegende Fallstudie unternimmt vielmehr einen ersten Schritt, um einen Einblick in die Formierungsprozesse der VWL als pulsierender Struktur zu geben (mehr dazu in Maeße 2015a). Wenn die „Gesellschaft" wie ein Baukasten beschrieben werden kann, in dem jedes Individuum seinen funktionalen Platz einnimmt, dann erscheint die soziale Welt ökonomischen Expertentums aus der hier eingenommenen theoretischen Sichtweise des „Sozialen" wie der Fluchtpunkt einer vibrierenden Linie in einem trans-epistemischen Wirkungsfeld, die sich immer wieder neu mit einer globalisierten Umwelt verbindet und dabei wandelnde Formen herausbildet.

Wie Eliten konstruiert werden: der Fall der VWL 3

3.1 Zwischen Republik und Monopol: Die Strukturen der akademischen Welt

Die akademische Welt steht seit ihrer Etablierung als universitäre Wissenschaft in enger Beziehung zu gesellschaftlichen Transformationsdynamiken. In diesem Zusammenhang können nach Readings (1996) drei Typen der Universität unterschieden werden. Im Zuge der Aufklärung hat sich die *University of Reason* gegen die scholastische Gelehrtenuniversität etabliert. Die *University of Reason* begründete auf der einen Seite eine auf wissenschaftlich angeleitete empirische Forschung basierende Theoriebildung (Stichweh 1984). Wissenschaftliche Lehren sollten nicht nur in der scholastischen Praxis wiederholt, sondern nun auch durch den wissenschaftlichen Forschungsprozess verändert werden. Auf der anderen Seite stand die *University of Reason* neben anderen Institutionen an der Schnittstelle zur Gründung des modernen Staates und gab den liberalen, bürgerlichen Impulsen der Aufklärung eine ideelle und institutionelle Grundlage.

Die den Staat begründende Haltung der *University of Reason* wandelte sich bald in eine staatstragende Haltung der *University of Culture*. Nach innen findet die Institutionalisierung eines differenzierten Lehr- und Forschungsbetriebes statt, der geprägt von den humanistischen Impulsen der Zeit (insbesondere in Deutschland) auf den sozialen Beziehungen zwischen der ProfessorIn, ihrer AssistentIn und den Studierenden basierte (Clark 1983). Nach außen tritt die Universität nun als Treuhänderin der durch den Nationalstaat proklamierten Kultur auf (Parsons und Platt 2000). Insbesondere Philologie, Philosophie und Geschichtswissenschaft übernehmen eine Führungsrolle als HüterInnen des nationalen Erbes (Bourdieu

© Springer Fachmedien Wiesbaden 2015
J. Maeße, *Eliteökonomen*, DOI 10.1007/978-3-658-07338-1_3

2004). Die Ausbildung von Staatsbeamten, die durch die humanistisch geprägte Universität gehen, ist von besonderer Bedeutung für das Verhältnis von Wissenschaft und staatswissenschaftlich geprägter Gesellschaft (Ringer 1987).

Nach dem zweiten Weltkrieg setzt eine Ökonomisierung der Universität ein, die vor allem darin zum Ausdruck kommt, dass sich nun neben den staatlichen Beamten auch die ökonomischen Eliten über das Bildungssystem rekrutieren und reproduzieren (Bourdieu et al. 1981). Kulturelles Kapital in Form von Bildungsabschlüssen wird zur Zugangsvoraussetzung für Elitepositionen, obgleich soziale Herkunft das strukturbildende Prinzip bleibt, die durch den Leistungs- und Begabungsmythos nun verschleiert wird (Hartmann 2002). Im Zuge der ökonomischen Öffnung wandelt sich die Ordinarienuniversität zur Massenuniversität (vgl. Abb. 3.1).

Nach Readings etabliert sich nun die *University of Excellence*, die nicht länger dem nationalen kulturellen Erbe und der vernunftgesteuerten Forschungspraxis verpflichtet ist, sondern der Hervorbringung von Forschungsgütern, die als „exzellent" ausgewiesen werden können (und müssen). In diesem Zusammenhang werden umfangreiche Technologien der Messung wissenschaftlicher Leistung und Qualität hervorgebracht. Die „Numerokratie" (Angermüller 2012) als eine Praxis der Regierung des wissenschaftlichen Alltags durch Bewertungen mit Zahlen erhält im Zuge der Etablierung von Rankings und New Public Management-Methoden Einzug in die Universität. Gute Bewertungen drücken sich letztlich in wissenschaftlichen „Profiten" aus, die es den BesitzerInnen von Forschungsgeldern, Ansehen und mächtigen Positionen ermöglichen Macht auszuüben. Ein akademischer Kapi-

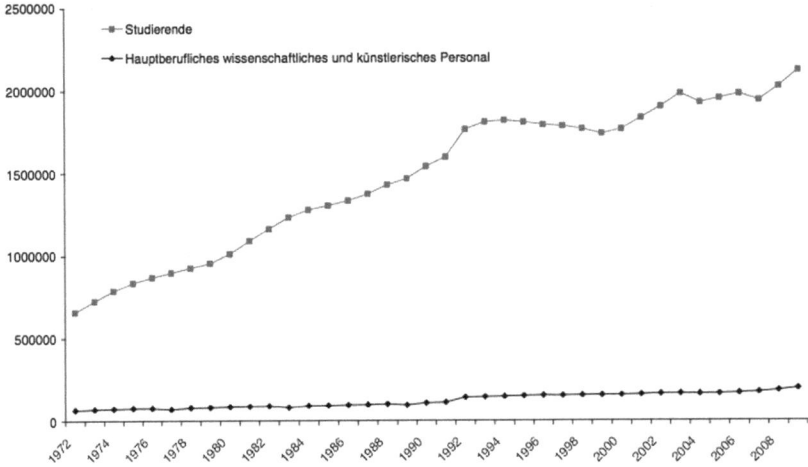

Abb. 3.1 Entwicklung der Anzahl der Studierenden. (Quelle: Gülker 2011, S. 14)

talismus entsteht (Slaughter und Leslie 1999; Münch 2011), der wissenschaftliches Handeln unter die Profitlogik stellt. Während die *University of Culture* an den nationalstaatlichen Rahmen gebunden ist, etabliert sich die *University of Excellence* im Zuge der Globalisierung akademischer Beziehungen in einem postnationalen Setting. Bedingt durch die neuen Medien sowie die Entwicklung der Forschung als internationalem Massenbetrieb spielen kanonische Referenzen und Klassiker wie etwa „Bourdieu" und „Durkheim" in der Soziologie oder „Lucas" und „Keynes" in der Ökonomie eine bedeutende Rolle für die diskursive Konstruktion eines globalen Wissenschaftsraumes, in dem Ideen zirkulieren und in unterschiedlichen lokalen akademischen Kontexten angeeignet werden (Angermüller 2010b).

Im Zuge dieser Entwicklung sind die Strukturen der akademischen Welt im Wandel. Münch unterscheidet zwei Strukturtypen des wissenschaftlichen Feldes (Münch 2011, S. 37 ff.). Auf der einen Seite kann Wissenschaft nach dem Prinzip der „Gabe" organisiert sein. In diesem Fall ist die wissenschaftliche Gemeinschaft in unterschiedliche Disziplinen und viele kleine Subdisziplinen, Netzwerke und Untergrüppchen gegliedert. Auch wenn einige ForscherInnen eine herausragende Stellung einnehmen können, dominiert hier eine horizontale Form der Strukturierung, die durch geringe Machtgefälle und heterogene akademische Gemeinschaften gekennzeichnet ist. Forschungsleistungen in Form von Erfindungen oder Publikationen und Leistungen in der Lehre wie etwa Studienabschlüsse und Promotionen sind eine Gabe an die wissenschaftliche Gemeinschaft, die sich in Anerkennung und Gegengabe niederschlägt, nicht jedoch in akkumulierter Macht – sei dies Deutungsmacht oder ökonomische Macht in Form von Forschungsmitteln. Abgesehen von einigen Ausnahmen sind alle Mitglieder grundsätzlich gleichberechtigt, was sich etwa in der Anerkennung und Gleichbehandlung heterogener Forschungsleistungen und Publikationen niederschlägt. Privilegien werden nur auf Zeit verliehen und führen nicht zur Verfestigung von Macht. Die Qualität von Forschung lässt sich nicht für alle verbindlich messen, weil es keinen Akteur im wissenschaftlichen Feld gibt, der sich über die anderen erheben und einen legitimen Standard dafür etablieren könnte, auf dessen Grundlage bestimmte Forschungsleistungen höher und andere geringer geschätzt werden. Die allgemeinen Maßstäbe „guter Forschung" sind ebenso wie konkrete Forschungstrends, -methoden und -themen mäandernden Transformationsschüben unterworfen. Eine systematische Monopolisierung von akademischer Macht etwa um Standorte oder Standards herum bleibt aus. Im Zentrum steht die ProfessorIn als voll anerkannte Forscherpersönlichkeit mit ihrem Hof an MitarbeiterInnen und Assoziierten. Diese Struktur kann bezogen auf den deutschsprachigen Wissenschaftsraum als „ProfessorInnenrepublik" bezeichnet werden und bildet in anderen institutionellen Feldern in Französisch, sowjetisch oder angelsächsisch beeinflussten Regionen eigene Logiken und Strukturen heraus (Clark 1983).

Gegenüber der republikanischen Struktur ist das Regime der Wissenschaft als „Exzellenz" durch eine ungleiche Verteilung von Forschungsmitteln, Lehrbelastung, Verwaltung und Forschung sowie Anerkennung erbrachter Leistungen innerhalb der wissenschaftlichen Gemeinschaft gekennzeichnet. Während einige Mitglieder der wissenschaftlichen Gemeinschaft eine hohe Lehr- und Verwaltungsbelastung haben, können andere in eigens dafür eingerichteten Zentren ihre Zeit auf Forschung verwenden. Mit für alle Mitglieder verbindlichen quantitativen Verfahren wie etwa dem Shanghai-Ranking wird Forschungsleistung gemessen und allgemein vergleichbar gemacht. Die dabei zugrunde gelegten Standards begünstigen bestimmte Gruppen während sie andere systematisch benachteiligen. Im Schatten einer Wettbewerbsrhetorik bilden sich institutionalisierte Hierarchien heraus. Qualitativ unterschiedliche Forschungsleistungen (etwa eine Monographie und eine Handvoll Zeitschriftenbeiträge) werden durch quantifizierende Messmethoden in Beziehung gesetzt und in eine Hierarchie eingeordnet. Bestimmte Leistungen erscheinen nun als „exzellent" während andere abgewertet werden. Die Exzellenzpolitik der Bundesregierungen der letzten Jahre wie etwa die Einrichtung von Exzellenzclustern und Eliteuniversitäten verstärkt diesen Trend, indem sie die wissenschaftliche Gemeinschaft in eine privilegierte Elite und die übrigen „NormalforscherInnen" spaltet. Diesem System der „Exzellenz" liegt die Idee der „Leistungsgerechtigkeit" zugrunde. Die Herausbildung einer „Leistungselite" folgt diesem Schema.

Die horizontal strukturierte ProfessorInnenrepublik wandelt sich nun in ein vertikal differenziertes Wissenschaftsoligopol, in dem durch homogene Wissenschaftsstandards mittels Rankings eine Vergleichbarkeitsillusion hergestellt wird, die systematisch bestimmte Gruppen der akademischen Welt begünstigt. „Akademische Elite" wäre demnach ein Effekt der Ungleichverteilung von Zugangschancen zu solchen Ressourcen, die akademische „Spitzenleistungen" ermöglichen wie etwa Zeit für Forschung (z. B. in Forschungszentren, durch Entlastungen in der Lehre), soziale Netzwerke (Kontakte zu Personen in Entscheidungspositionen), Forschungsmittel (insbesondere viele DFG-Projekte und europäische Großprojekte), akademische Ämter (etwa Herausgeberschaften in Fachzeitschriften, Posten in Fachgesellschaften und Fördereinrichtungen) oder andere Produktionsmittel (wie etwa MitarbeiterInnen, Assoziierte und DoktorandInnen für die Übernahme von Lehraufgaben und Ko-Autorschaften).

Diese beiden Typen der Strukturierung des wissenschaftlichen Feldes sind freilich konstruierte Idealtypen. In der Realität bilden sie zwei entgegengesetzte Strukturierungsprinzipien des Wissenschaftsalltags, wobei durch die Einführung quantitativer Mess- und Steuerungsverfahren in den letzten Jahren die Monopolisierungstendenzen stärker zugenommen haben. Monopolbildung führt aber nicht zur Abschaffung der kleinen, horizontal strukturierten Wissenschaftsgemeinschaften, sondern restrukturiert diese entlang quantifizierend-hierarchisierender Technologien. Wie etwa Angermüller (2012) zeigt, ist die wissenschaftliche Welt auf der einen Seite durch die *ad hoc*-Bewertung von Forschungsleistung durch die wissenschaftliche Gemeinschaft (siehe etwa Lamont 2009; Hirschauer 2005) und auf der anderen Seite durch Bewertungspraktiken des Staates mittels quantitativer Verfahren gekennzeichnet (siehe dazu Hornbostel 2008). Republikanische und monopolistische Tendenzen überkreuzen sich hier und verknüpfen heterogene Technologien der Messung von wissenschaftlicher Leistung miteinander. Denn wissenschaftliche Praxis wird nicht nur durch die disziplinären Normen und Werte angeleitet, sondern auch durch die Institution der Universität, die andere Anforderungen an die Wissenschaft stellt als die Disziplinen(en) (Clark 1983). Die konkrete wissenschaftliche Praxis und Zusammensetzung der Strukturtypen unterscheidet sich je nach Disziplin, Nation und Institution.

Wie ist die Welt der Volkswirtschaftslehre strukturiert?

3.2   Der historische Kontext: die Entwicklung der VWL ab 1970

Ausschlaggebend für die Umbrüche im akademischen Feld der deutschsprachigen VWL, die in diesem Kapitel untersucht werden sollen, sind die Entwicklungen der VWL als zunehmend global aufgestellter Disziplin. Ab den 1970er Jahren verstärken sich die Amerikanisierungstendenzen, die das Fach bereits seit seiner Institutionalisierung in der ersten Hälfte des 20. Jahrhunderts kennzeichnete (Coates 1993). Auf der einen Seite ist eine Globalisierung der VWL zu beobachten, die vor allem in einer Hierarchisierung von akademischer Statusordnungen durch Rankings, einer Differenzierung von Subdisziplinen in Form von „Field-Journals", einer Homogenisierung von Publikationsformen und Wissenschaftsstandards sowie einer Elitisierung von Rekrutierungswegen zum Ausdruck kommt. Auf der anderen Seite nimmt die gesellschaftspolitische Bedeutung der VWL immer stärker zu. Dies kommt insbesondere darin zum Ausdruck, dass wirtschaftswissenschaftliches Wissen ein strukturbildender Faktor für die Entwicklungen in Staat und Wirtschaft ist. Diese performative Rolle der VWL spielt mit den Globalisierungstendenzen zusammen. Beide bilden gemeinsam den historischen Hintergrund, vor dem sich die Monopolisierungsprozesse des deutschsprachigen Feldes ab den 1990er Jahren abspielen.

Die Globalisierung der VWL

Ein Blick auf die Entwicklung der Wirtschaftswissenschaft offenbart unterschiedliche Tendenzen des Faches. Während die Wirtschaftswissenschaft des 18., 19.

und frühen 20. Jahrhunderts durch starke regional und paradigmatisch bedingte Unterschiede und innerdisziplinäre Vielfalt geprägt ist, gerät die Disziplin in der zweiten Hälfte des 20. Jahrhunderts immer stärker unter amerikanischen Einfluss (Hesse 2010b). Die heutige VWL war im 18. und 19. Jahrhundert noch durch enge Beziehungen zu anderen Sozial- und Kulturwissenschaften gekennzeichnet. Historischen Analysen von Wirtschaftsformen waren etwa für die „Historische Schule" charakteristisch; auch die Berücksichtigung sozialer Institutionen oder Klassenlagen zeichnete die Ökonomie als eine Disziplin aus, die enge Bezüge zur Soziologie, zur Politikwissenschaft oder zur Geschichtswissenschaft aufwies. Erst die Konflikte zwischen einem eher naturwissenschaftlich und einem eher kulturwissenschaftlich ausgerichteten Flügel in den ersten Jahrzehnten des 20. Jahrhunderts ließen das Fach auseinanderdriften. Dieser Konflikt wurde in Gegensatz zu anderen sozialwissenschaftlichen Disziplinen deutlich zugunsten des naturwissenschaftlichen Flügels entschieden.

In der zweiten Hälfte des 20. Jahrhunderts verstetigte sich dieser Trend, der schließlich zur Etablierung modell-formalistischer Wissenschaftsstandards führte. In den USA setzte sich diese Modellorientierung zuerst durch. Von hier aus breiteten sich diese Standards als globale Wissenschaftsstandards ab 1970 nach und nach aus. Dies zeigt sich nicht nur in der Verbreitung des Englischen als Standardsprache, sondern auch in der Ablösung heterogener Publikationsformen (Monographien, Sammelbandbeiträgen etc.) zugunsten von Artikeln in Fachzeitschriften, die durch Rankings hierarchisch geordnet sind. Wie die folgende Tab. 3.1 die Zitationen von ökonomischen Fachzeitschriften illustriert, setzt dieser Trend zugunsten von Journalen ein. Obgleich die Anzahl der Mitglieder der American Economic Association (AEA), die als Indikator für die Gesamtpopulation der betreffenden TextproduzentInnen dient, nur leicht stieg, explodierte die Zahl der registrierten Zitationen (Tab. 3.1).

Parallel zu dieser Entwicklung findet im Rahmen des modelltheoretisch-mathematischen Paradigmas eine interne Ausdifferenzierung in Spezial- und Subdisziplinen statt. Vor dem Hintergrund der Marginalisierung des kultur- und sozialwis-

Tab. 3.1 Zitationen von ökonomischen Fachzeitschriften. (Quelle: Laband und Piette 1994, S. 652)

Number of citations to	1970	1980	1990
Papers published 1965–1969 All papers (est.)	4,815 13,192		
Papers published 1975–1979 All papers		17,798 45,018	
Papers published 1985–1989 All papers			28,122 83,948

senschaftlichen Flügels in der VWL bildet sich damit innerhalb des modell-theo-
retisch-mathematischen Paradigmas eine neue Differenzierungsstruktur heraus.
Diese entfaltet sich weniger entlang methodologischer bzw. wissenschaftsphiloso-
phischer Paradigmen, sondern sie spiegelt sich in differenten „Forschungsfeldern"
wieder. Die sogenannten *field journals* als ein horizontales System der Differenzierung, das jedoch vertikal über die *general interest journals* integriert ist, sind
das Resultat dieses Prozesses. Während sich die nationalen und die Spezialgesell-
schaften ab dem Ende des zweiten Weltkrieges noch parallel entwickeln (*National*-
Kurve), ist ab 1970 ein starker Anstieg der spezialisierten Fachgesellschaften zu
beobachten (*National-Specialized*-Kurve) (vgl. Abb. 3.2).

Auch die Anzahl spezialisierter ökonomischer Reviews nahm deutlich zu: zwischen 1959 und 1993 verfünffacht sich die Zahl (Fourcade 2006, S. 162, Fußnote
12). Diese Hinwendung zu einem hierarchischen Journalsystem, das aus den bereits erwähnten *general interest journals* auf der einen Seite und den zahllosen
field journals auf der anderen Seite besteht, entbindet die akademische Fachdiskussion von den lokalen Verlags- und Schriftensystemen und fungiert als „Autorisierungsinstanz" (Heiberger und Riebling 2012). Wie im Kapitel fünf gezeigt wird,
korrespondiert diese Entwicklung mit der Herausbildung bestimmter diskursiver
Strukturhierarchien, die in von Monographien geprägten Disziplinen so nicht be-
obachtbar sind. Obgleich die Institutionen des Wissenschaftssystems an die lokalen Einrichtungen, Traditionen und Regeln gebunden bleiben, werden Teile der
akademischen Welt dadurch global entkoppelt und an die Formate der US-amerikanischen Eliteeinrichtungen angeschlossen.

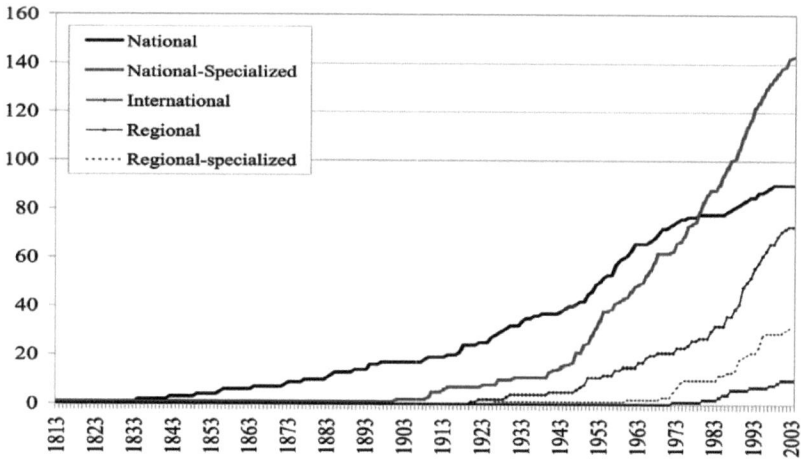

Abb. 3.2 Entwicklung der ökonomischen Fachgesellschaften. (Quelle: Fourcade 2006,
S. 175)

Mit der Abschaffung der Monographie als wissenschaftliches Standardformat scheint sich die VWL nicht nur endgültig von den anderen Sozial- und Kulturwissenschaften zu trennen. Es entwickelt damit auch *de facto* ein globales Verlagswesen. Die Auswirkungen, die diese Entkopplung auf die akademischen Diskurse hat, sind kaum zu überschätzen. Denn das Zusammenspiel von akademischen Diskursen mit der institutionellen Struktur des Verlagswesens ist in den unterschiedlichen Disziplinen von enormer Bedeutung für die Technologien der Erzeugung akademischer Macht und Anerkennung. Dies zeigt sich etwa im Kampf um den Zugang zu bestimmten Verlagen, die allein bereits als Zertifizierungsinstanz fungieren. Das gewachsene, national bzw. regional verfasste Verlagswesen ist nun weitestgehend abgeschafft und durch ein System globaler Journale ersetzt, die freilich eine enge Beziehung zum US-amerikanischen Kontext haben. Hier ist etwa die Besetzung der Editorial Boards von Bedeutung für die Platzierung von Forschungsthemen, Publikationen und ForscherInnen. In diesem Zusammenhang beklagen insbesondere Europäische ÖkonomInnen oftmals die einseitige Ausrichtung der Forschung auf amerikanische Datensätze, ohne die eine Publikation in einem Top-Journal vielen ÖkonomInnen fast aussichtslos erscheint.

Begleitet wird diese Doppelentwicklung von Hierarchisierung/Differenzierung von paradigmatischen Umbrüchen im Feld, die in einer Homogenisierung münden. Gegenüber den sozialwissenschaftlichen Prägungen des Faches (etwa der Historischen Schule, teilweise der Keynesianismus) erleben monetaristische, neoklassische und formalistische Tendenzen (wozu auch die neoklassisch-Keynesianische Synthese zu zählen ist) im gleichen Zeitraum ihren Durchbruch zur „Orthodoxie" des Feldes. Während der Monetarismus etwa Friedmans sich gegen die Keynesianische Wirtschaftssteuerung richtet und mit neoklassischen Ansätzen universalistische Gleichgewichtstheorien etabliert werden, zielt die „formalistische Revolution" (Blaug 2003, S. 396) weniger auf den Inhalt ökonomischer Theorie, sondern auf die mathematische Darstellung ökonomischer Wirkungszusammenhänge. Der Formalismus geht damit über das Marktmodell der Neoklassik hinaus und ermöglicht eine Abstraktion ökonomischer Theorie, die nach Fourcade eine zentrale Voraussetzung für die globale Verbreitung ökonomischer Ideen ist.

Economic problems are detached from their local (historical and geographical) context, and are generally understood to be instances of some universal phenomena. The prosperity of the ‚mic-mac-metrics' (microeconomics, macroeconomics, econometrics) regime at the core of American graduate programs, and the concomitant weakening of area studies, economic history, and the history of economic thought since the 1960s, as well as the disappearance of foreign language requirements, epitomize the ideal of a „monoeconomics," tool-centered knowledge relatively insensitive to historical and geographical variations. […] The collapse of specificity-oriented paradigms (most notably development economics), attests to the widespread conviction among mainstream economics practitioners that countries do not fundamentally differ from one another, and allows for a similar treatment of the rich and the poor, the agricultural and the industrial, the open and the closed economies, and so on. (Fourcade 2006, S. 160)

Das bedeutet, dass der scheinbar kontextlose, ahistorische Charakter des mathematischen Formalismus nicht nur ideengeschichtlich von Bedeutung ist, sondern dass er auch strategische Effekte für die Ausgestaltung der sozialen Strukturen der Disziplin hatte. Hätten sich in der VWL auch unter der Herrschaft eines anderen wissenschaftlichen Paradigmas jene Globalisierungstendenzen eingestellt? Diese Frage muss wohl offen bleiben, obgleich die strategischen Vorzüge des abstrakten Formalismus augenfällig sind.

Die Durchsetzung des Formalismus, die eng mit der Umstellung auf Rankings und Journale zusammenhängt, wird schließlich begleitet durch einen vierten Trend, der mit dem Begriff der „Elitisierung" umrissen werden kann. Elitisierung bedeutet nicht nur Hierarchisierung, sondern bezeichnet in erster Linie einen Trend zur Insulierung bzw. Gentrifizierung von Teilen der akademischen Welt, die darauf hinausläuft, die Durchlässigkeit zwischen den unterschiedlichen Schichten der akademischen Reputationshierarchie zu verringern. Die akademische Welt wird an der Spitze kleiner und verschließt sich gegenüber dem Rest des Feldes. Wie Han (2003) anhand eines disziplinübergreifenden Vergleichs zeigt, zählt die Ökonomie nicht nur zu den Disziplinen mit einer ausgeprägten Reputationshierarchie (vertikale Achse); darüber hinaus finden die Zirkulationen von Ph.D-KandidatInnen[1] vor allem innerhalb der durch die Reputationshierarchie gebildeten Klassen statt (horizontale Achse) (siehe Abb. 3.3).

In der akademischen Welt der VWL bilden sich exklusive soziale Netzwerke heraus, die um amerikanische bzw. amerikanisch geprägte Eliteeinrichtungen herum strukturiert sind. Während die Hierarchie innerwissenschaftlich durch das Leistungsprinzip legitimiert wird, konnte eine klassenübergreifende, leistungsorientierte Rekrutierungspraxis nicht belegt werden. Die akademische Gemeinschaft spaltet sich in eine *upper class* und eine *lower class* und verbreitet diese Reputations- und Statushierarchie durch die Anwendung des Journal-Ranking-Systems auf die akademische Weltgesellschaft. Sichtbarkeit wird über zwei Prinzipien erzeugt: vertikal über die Konstruktion globaler Wissenschaftsstars (siehe Kapitel drei und vier) und horizontal über *field journals* (siehe Kapitel fünf). So zeigen etwa Goyal et al. (2006), dass sich um sogenannte „akademische Stars" Publikationsgemeinschaften in der Form von Ko-Autorschaften herausbilden, welche die vertikalisierenden Tendenzen des Feldes institutionalisieren. Es bilden sich publikationspotente Grup-

---

[1] Bzw. „DoktorandInnen".

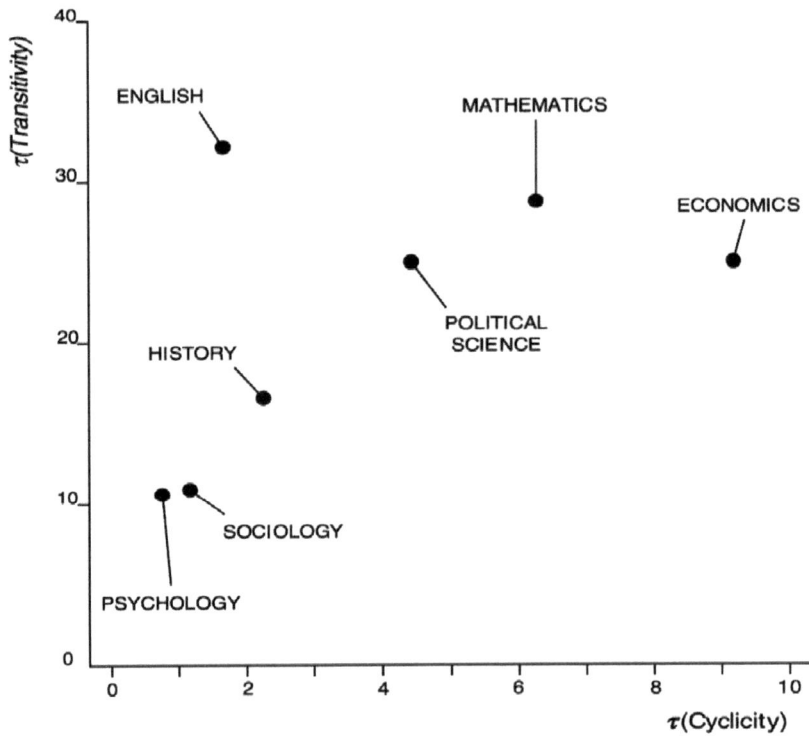

Abb. 3.3 Reputationshierarchie in der Wissenschaft. (Quelle: Han 2003, S. 271)

pen heraus, die über das *know how*, die Techniken, die Reputation, die sozialen Kontakte und andere Ressourcen verfügen, um systematisch in den oberen Etagen der Journale zu publizieren. Damit ist nicht das individualisierte Leistungsprinzip, sondern das hierarchische Gruppenprinzip ausschlaggebend für Publikationserfolg. Für den britischen Fall wird diese Elitisierung als ein Zusammenspiel von staatlicher Forschungsevaluation und der Macht akademischer Elitenetzwerke, bestimmte Wissenschaftsstandards als „exzellent" auszuweisen und damit Forschungsgelder auf bestimmte Forschungsarbeiten zu konzentrieren, beschrieben (Lee et al. 2013). Während in UK dieser Prozess bereits ab Ende der 1980er/Anfang der 1990er Jahre beginnt, setzt sich in der deutschsprachigen VWL etwa ab Ende der 1990er Jahre dieses globale Prinzip durch und spiegelt sich etwa in der Universalisierung der kumulativen Promotion und der damit verbundenen Verdrängung der Monographie in den Bereich der populärwissenschaftlichen Ökonomiedebatte wider.

Die unterschiedlichen national und regional institutionalisierten Wissenschaftssysteme werden sowohl in den kapitalistischen Kernländern mit eigener Wissenschaftstradition (z. B. Frankreich, Deutschland, Großbritannien) als auch in der Peripherie und der Semiperipherie, deren Traditionen in der Regel noch von der jeweiligen kolonialen Besatzungsmacht geprägt sind (etwa die Länder Asiens, Afrikas und Südamerikas), von den genannten Entwicklungen erfasst. Lokale Traditionen und Hierarchien werden durch die Globalisierung der Disziplin umgebildet. Dies zeigt sich etwa darin, dass mächtige traditionelle Standorte wie etwa Cambridge und Oxford in Großbritannien oder Köln, Kiel und Berlin in Deutschland von neuen Standorten Konkurrenz bekommen, die sich zunehmend als amerikanisierte Eliteeinrichtungen konstituieren (etwa die LSE und Warwick in UK oder Mannheim, Bonn, München und Frankfurt in Deutschland). Ein Blick auf eines der zahlreichen Rankings, die VWL-Fakultäten bzw. Departments international hinsichtlich ihrer Forschungsstärke vergleichen, offenbart das Bild einer globalen Wissenschaftslandschaft, die um ein starkes US-amerikanisches „Festland" (Harvard, Chicago, Stanford etc.) und zahlreiche „globale Inseln" (LSE [London School of Economics], Oxford, Toronto, Tilburg, Amsterdam, Bonn, Zürich, Leuven etc.) herum strukturiert ist (vgl. Abb. 3.4). Die Globalisierung der VWL basiert demnach auf Exklusivität. Wie wird diese Exklusivität in den jeweiligen nationalen Wissenschaftsräumen hergestellt?

Ausgehend von der Beobachtung, dass die VWL sich ab den 1970er Jahren als eine auf Journale und Rankings orientierte Disziplin mit einem formalistisch-mathematischen Wissenschaftsverständnis global aufstellt und ausgehend von US-amerikanischen Einrichtungen das Eliteprinzip als Exklusivitätsprinzip etabliert, fragt die vorliegenden Studie danach, wie die deutschsprachige Wissenschaftslandschaft auf diese isomorphen Prozesse des Weltsystems reagiert (siehe zur deutschsprachigen Wirtschaftswissenschaft auch Pahl 2011, 2013a, b, c).

In den folgenden Abschnitten und Kapiteln sollen mit einer Kombination aus Diskurs- und Feldanalyse die Technologien der Transnationalisierung als Elitisierung herausgearbeitet werden. Der Elitesoziologie folgend (Hartmann 2008) wird „Elite" als Voraussetzung und Resultat von Macht verstanden, nicht als Ergebnis von Leistung. Aber im Gegensatz zur klassischen Elitesoziologie wird der Elitebegriff hier nicht nur auf materielle Ressourcen reduziert, sondern diskurstheoretisch erweitert und auf die symbolische Dimension des „Elitismus" fokussiert. Unter Rückgriff auf Foucaults Theorie der Macht werden jene Technologien erforscht, die eine republikanische Feldstruktur in ein oligopoles Weltwissenschaftssystem überführen (Münch 2007). Damit werden einerseits die strukturellen Dynamiken auf der institutionellen Ebene in den Blick genommen. Auf der anderen Seite soll thematisiert werden, welche Rolle Diskurse im sich entfaltenden Wissenschaftssystem der VWL spielen. Hierbei wird einerseits die Rolle wissenschaftlicher Dis-

Rank	University	Score	
1.	• ▦ HARVARD UNIVERSITY	582	(-22)
2.	• ▦ UNIVERSITY OF CHICAGO	387	(-1)
3.	✦ ▦ STANFORD UNIVERSITY	327	(+8)
4.	✦ ▦ MASSACHUSETTS INSTITUTE OF TECHNOLOGY	314	(-13)
5.	✦ ▦ UNIVERSITY OF CALIFORNIA, BERKELEY	301	(-15)
6.	✦ ▦ COLUMBIA UNIVERSITY	295	(-2)
7.	✦ ▦ NORTHWESTERN UNIVERSITY	290	(+1)
8.	✦ ▦ NEW YORK UNIVERSITY	288	(-34)
9.	• ▦ YALE UNIVERSITY	274	(+5)
10.	✦ ▦ UNIVERSITY OF PENNSYLVANIA	265	(+7)
11.	✦ ▦ LONDON SCHOOL OF ECONOMICS AND POLITICAL SCIENCE	244	(-17)
12.	• ▦ PRINCETON UNIVERSITY	239	(+10)
13.	• ▦ UNIVERSITY OF OXFORD	220	(+13)
14.	• ▦ UNIVERSITY OF MICHIGAN	213	(+12)
15.	• ▦ UNIVERSITY OF CALIFORNIA, LOS ANGELES	187	(-1)
16.	• ▦ DUKE UNIVERSITY	181	(-6)
17.	• ▦ UNIVERSITY OF TORONTO	179	(+2)
18.	✦ ▦ UNIVERSITY OF CALIFORNIA, SAN DIEGO	174	(+8)
19.	✦ ▭ TILBURG UNIVERSITY	171	(+24)
20.	✦ ▦ UNIVERSITY COLLEGE LONDON	169	(-6)
21.	✦ ▦ CORNELL UNIVERSITY	166	(+9)
22.	✦ ▦ UNIVERSITY OF MARYLAND	151	(-3)
23.	• ▭ UNIVERSITY OF AMSTERDAM	139	(+4)
	✦ ▦ UNIVERSITY OF BONN	139	(+22)
25.	✦ ▦ UNIVERSITY OF WARWICK	124	(+5)
26.	✦ ▦ UNIVERSITY OF MINNESOTA	118	(+12)
	✦ ▦ UNIVERSITY OF ZURICH	118	(+5)
28.	✦ ▮▮ UNIVERSITE CATHOLIQUE DE LOUVAIN	114	(-6)

Abb. 3.4 Tilburg University Ranking. (Quelle: https://econtop.uvt.nl/rankinglist.php (24.1.2014))

kurse für die Reproduktion von struktureller Macht in Form der Elitestruktur erläutert und anderseits die Bedeutung von diskursiven Positionierungsweisen für die Entfaltung einer akademischen Weltgesellschaft untersucht.

Die performative Rolle der VWL

Die Elite- bzw. Monopolbildungsprozesse sind allerdings nicht hinreichend zu verstehen, wenn man die Entwicklungen außer Acht lässt, die unter dem Einfluss der Wirtschaftswissenschaft in Staat und Gesellschaft ereignet haben (siehe dazu Kapitel zwei, Teil vier). Denn die Volkswirtschaftslehre hat sich im Zuge ihrer Institutionalisierung als akademische Disziplin parallel dazu als Staatswissenschaft etabliert (Coates 1993; Maeße 2013b; ausführlich in Maeße 2015a). Auch diese Entwicklung nimmt ihren Ausgang von den USA. Ab dem Ende des zweiten Weltkrieges kann eine weltweite Ausdehnung ökonomischer Expertise zur Steuerung von Staaten als Volkswirtschaften beobachtet werden (Hall 1989). Gesellschaften werden durch unterschiedliche statistische und ökonometrische Technologien vermessen und als volkswirtschaftlich aggregierte Zusammenhänge geformt (Breslau 2003; Desrosières 2005; Speich Cassé 2013). Mit Foucault (2004, 2006) kann dieser Prozess als eine gouvernementale Konstruktion von Sozialbeziehungen mit ökonomischen Mitteln bezeichnet werden. In der Wirtschaftssoziologie, der Wissenschaftssoziologie und den *accounting studies* (Miller 2001; MacKenzie 2006; Fourcade 2009; Vormbusch 2012b) wird die Rolle von Zahlen, Statistiken und wissenschaftlichen Repräsentationen für die Strukturierung von Gesellschaften untersucht. Demnach bilden die Repräsentationsinstrumente die Welt nicht ab, sondern sie formen sie nach ihrem Bilde, indem sie vorgeben, sie abzubilden. Weil dies auch für die Wirtschaftswissenschaft gilt, können die Entwicklungen in der akademischen Welt der VWL nicht unabhängig von ihrer Rolle als gesellschaftsverändernde Repräsentationstechnik betrachtet werden.

Ausgehend von Callons Performationsthese (1998) analysiert etwa Fourcade (2006, 2009), wie sich die globalisierende Wirtschaftswissenschaft mithilfe des globalisierenden Staates Zugriff auf die gesellschaftlichen Strukturen verschafft. Demnach performiert die Wirtschaftswissenschaft Staat und Wirtschaft. Der Umbau von „Gesellschaften" nach dem Modell von „Volkswirtschaften" (Breslau 2003) zeigt sich etwa in der Ausbreitung von Zentralbanken, die heute zunehmend einer pragmatischen Linie nach US-amerikanischem Vorbild folgen (vgl. Abb. 3.5). Zentralbanker bilden mittlerweile ein professionelles, globales Feld, das sich als eine der gegenwärtig wohl einflussreichsten Einrichtungen des ökonomischen Regierens über dem traditionellen nationalstaatlichen Institutionengefüge angesiedelt hat (Lebaron 2008). Die Macht von ökonomischen Experten in der Gesellschaft zeigt sich auch in der Attraktivität, die angelsächsische Ph.D-Abschlüsse weltweit genießen. So haben mittlerweile mehr als 50 % der Promovierenden in

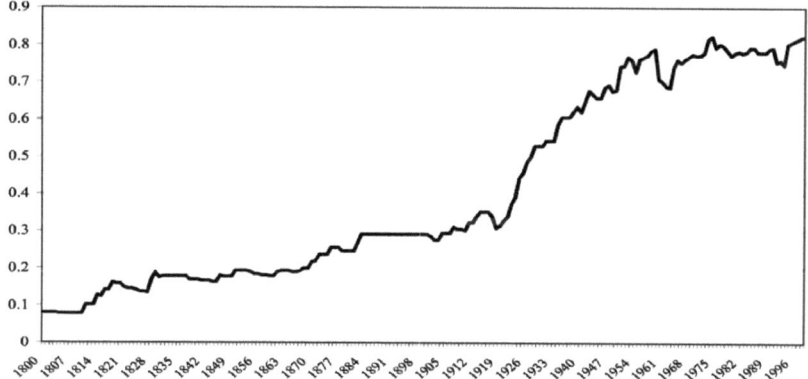

Abb. 3.5 Entwicklung der Zentralbanken. (Quelle: Fourcade 2006, S. 165)

den USA und über 90 % in Großbritannien einen ausländischen Pass (Fourcade 2006, S. 172). Die volkswirtschaftlichen Abschlussgrade dienen als kulturelles Kapital, um in den Heimatländern Toppositionen in Regierungen, Zentralbanken und Universitäten zu besetzen. Hier deutet sich bereits an, dass die Wirtschaftswissenschaft auch eine symbolische Bedeutung im Sinne kulturellen Kapitals hat. Nicht nur die Wissensbeziehungen in Staat und Wirtschaft sind mehr und mehr nach wirtschaftswissenschaftlichen Kategorien strukturiert, auch die Akteure tragen ökonomische Titel und schmücken sich so mit dem Prestige einer globalisierten Institution.

Heute kann davon ausgegangen werden, dass ausnahmslos alle Nationen ökonomische Grundstandards anwenden und mehr oder weniger in ökonomisch überformte internationale Rechtsbeziehungen einbezogen sind, die vor allem in Form von Freihandelsabkommen organisiert sind. Während selbst in den USA im 19. Jahrhundert Geld noch durch Gerüchte entwertet werden konnte (Galbraith 1990), verfügen heute abgesehen von wenigen Ausnahmen alle Länder über ein zentralbankgestütztes Währungssystem, ein Finanzministerium und Steuerbehörden sowie Investitionsschutzabkommen und Freihandelsverträge. Wie Speich Chassé (2013) darlegt, wird die Wahrnehmung und der internationale Vergleich von Staaten heute in vielen Bereichen über die Begriffe des Bruttoinlandsproduktes als Deutungsmuster organisiert. Desrosières (2005) sieht die Entstehung der modernen, amerikanisierten Staatenordnung gar als ein Resultat der Statistik und der Ökonometrie (Morgan 1990).

> This economicization of the technocracy on the one hand, and of the political elite on the other (particularly noticeable in middle-income countries) are two dimensions of the institutionalization of economic knowledge within the state in the twentieth century. (Fourcade 2006, S. 167)

Die performative Überformung von Institutionen und Gesellschaften wird jedoch nicht nur in der staatlichen Gouvernementalität beobachtet, sondern auch in Unternehmen, Märkten und gesellschaftlichen Einrichtungen. So zeigt Chiapello (2009) etwa, wie durch die Anwendung von Accountingstandards Unternehmen umgestaltet werden. Unterschiedliche Märkte wie etwa Finanzmärkte sind das Produkt der Anwendung von finanzökonomischem Wissen auf Sozialbeziehungen und Objekte (MacKenzie 2006; Muniesa 2007; Callon et al. 2007). Erst durch die Anwendung und Institutionalisierung von finanzökonomischer Expertise konnten sich die Finanzmärkte[2] in ihrer heutigen Form entfalten (Abb. 3.2) (Tab. 3.2).

---

[2] Weitere Beispiele für die durch ökonomische Theorie performativ erzeugte Realität liefert die Spieltheorie, etwa das „mechanism design" für die Gestaltung von Auktionen.

Tab. 3.2 Perioden in der Entwicklung des Risikomanagements im Optionshandel. (Quelle Millo et al. 2008, S. 9)

	Trading/clearing practices	Risk management technologies	Institutional structure of the market
1973–1975 (Sect. 3)	Single traders, scalping	Sheets with calculated prices	CBOE is the only options exchange
1976–1984 (Sect. 4)	Inter-market distributed portfolios; Margins calculated using strategy-based method	Spreading, daily trading strategies using pricing models	Options traded in several exchanges
1985–1987 (Sect. 5–6)	Index tracking; Dynamic portfolio insurance	OCC Margins calculated using pricing model	
October 1987 (Sect. 7)	Under extreme volatility, Black-Scholes-Based applications are not accurate		
1988–1994 (Sect. 7)		Testing of model-based application for net capital requirements (TIMS), approved by SEC in 1994	

Auch diese Entwicklung nimmt in den 1970er Jahren ihren Ausgang, wie das
Wachstum etwa des professionalisierten Optionshandels illustriert (vgl. Abb. 3.6).
Die Finanzökonomie erzeugt spezifische Formen von Sichtbarkeit (Preda 2009)
und trägt dazu bei, die Wahrnehmung der Realität durch Frames zu verändern und
zu legitimieren (Wansleben 2011). Erst wenn Preise durch wissenschaftliche Techniken visualisiert und verglichen werden können, entsteht eine Realität, die als
„Markt" akzeptierbar wird (Kalthoff 2005).

Während Fourcade (2006) eine diskursiv-performative Überformung der globalen Gesellschaften mit ökonomischen Kategorien und eine dialektische Rück-
wirkung der ökonomisierten Gesellschaftsstrukturen auf die Disziplin behauptet,
unterstreicht etwa Lebaron (2006) die Rolle von ökonomischer Expertise als symbolisches Kapital, das in Politik und Gesellschaft als Machtmittel eingesetzt werden kann. Während es im ersten Fall um die Frage der formalen Ausgestaltung von
Institutionen nach globalen Vorbildmustern geht (Meyer 2005), konzentriert sich
die Konstruktion symbolischen Kapitals eher auf die Art und Weise, wie Status
und Reputation verliehen werden (Kraemer 2009). In beiden Fällen handelt es sich
allerdings nur um zwei Seiten derselben Medaille, deshalb schließen sie sich kei-

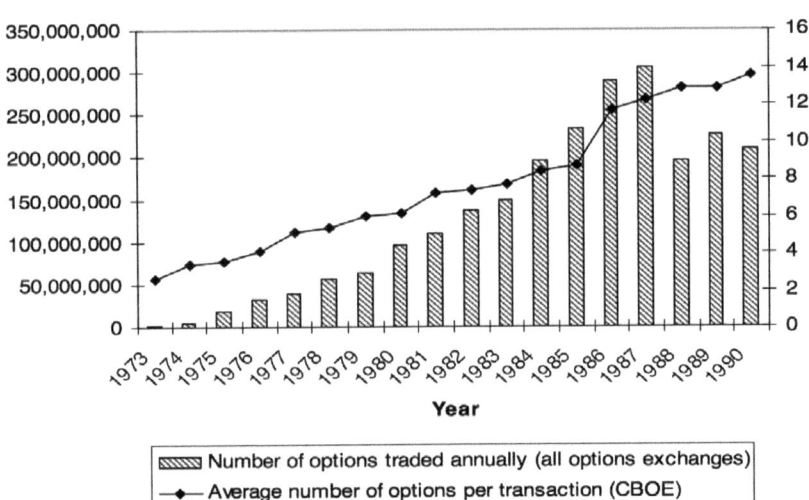

Abb. 3.6 Entwicklung des Optionshandels. (Quelle Millo et al. 2008, S. 14)

nesfalls aus. Somit können die innerwissenschaftlichen Entwicklungen der VWL, die hier herausgearbeitet werden sollen, nicht ohne die gesamtgesellschaftlichen Transformationen in Wirtschaft, Politik und Gesellschaft gedacht werden.

3.3 Die Konstruktion akademischer Elitecluster

Die VWL ist auf ihre ganz eigene Art und Weise eine Wissenschaft, die im Wandel der Gesellschaft steht (Fourcade 2009; Lebaron 2014). Ausgehend von einer wissenschaftssoziologischen Fallstudie (Kapitel drei, vier, fünf) verfolgt diese Arbeit das Ziel, den gesamtgesellschaftlichen Wirkungszusammenhang in den Blick zu nehmen, in dem sich die beschriebenen Globalisierungs- und Elitisierungstendenzen des Feldes abspielen (Kapitel zwei und sechs). Damit fragt die Arbeit nicht nur nach innerakademischen Strukturen, Diskursen und Tendenzen, sondern sie nimmt auch das Verhältnis von Wissenschaft und Gesellschaft in den Blick (Gibbons et al. 1995; Weingart 2005; Maeße und Hamann 2014). An diese Entwicklung schließen die Transformationen der VWL an, die im Folgenden untersucht werden sollen.

Rankings

Die Einführung von Rankings als Instrumente zur verbindlichen Messung von Forschungsleistung kann als eine Zäsur gelesen werden, die vor dem Hintergrund des skizzierten historischen Entwicklungstrends auch in der deutschsprachigen VWL ab Ende der 1990er Jahre den Übergang von einer republikanischen in eine oligopole Feldstruktur einleitet. Von nun an gehört die VWL zu den Disziplinen, in denen die quantitative Messung wissenschaftlicher Leistung mit Hilfe von Rankings von großer Bedeutung für die Verleihung akademischer Würden ist. Im deutschsprachigen Raum (Deutschland, Österreich, Schweiz) hat sich ab der Jahrtausendwende das Handelsblatt-Ranking als eine anerkannte Technik der Messung von Forschungsleistung etabliert. Auf Grundlage von Impact-Faktoren (siehe Combes und Linnemer 2010) werden nach eigenen Angaben über 1250 Zeitschriften gerankt und unterschiedlichen Klassen mit Punktwerten zugeordnet (von A + = ein Punkt bis D = 0.05 Punkte). Auf Grundlage dieses Journal-Rankings werden unterschiedliche Forschungs-Rankings erstellt: das Ranking der 100 besten ForscherInnen, das Ranking der 25 besten VWL-Fakultäten, das Lebenswerk-Ranking, das Ranking der besten ForscherInnen unter 40 Jahren, das Ranking deutschsprachiger Ökonomen im Ausland und das Emeriti-Ranking. Neuerdings (ab 2013) wird das 100-Ranking mit dem AuslandsforscherInnenranking zusammengeführt (vgl. Abb. 3.7).

HANDELSBLATT-RANKING VOLKSWIRTSCHAFTSLEHRE 2011

Top-100 Aktuelle Forschungsleistung (seit 2007)

Rang 2011	Rang 2010	Name	Universität	Alter	Fach	Punkte VWL 2011	Punkte A+	Punkte A und A+	Punkte / Publikation
1	1	Roman Inderst	Frankfurt / Main Uni	41	Industrieökonomie, Bankbetriebslehre & Finanzierung	9.98	2.5	8	0.31
2	4	Peter Egger	Zürich ETH	41	Internationale Ökonomie	7.02		3.15	0.11
3	2	Ernst Fehr	Zürich Uni	55	Experimentelle Wirtschaftsforschung	6.82	2.99	6.14	0.24
4	5	Marcel Fratzscher	Frankfurt EZB	40	Internationale Ökonomie, angewandte Makroökonomie	6.21	0.5	3.75	0.17
5	3	Matthias Sutter	Innsbruck Uni	42	Experimentelle Wirtschaftsforschung	5.67	1.5	4	0.19

Abb. 3.7 Ausschnitt aus dem Ranking der 100 besten ForscherInnen 2011. (Quelle: Handelsblatt, http://tool.handelsblatt.com/tabelle/index.php?id=80&so=1a&pc=102, Zugegriffen am 09. Dez. 2014)

Eine Analyse der deutschsprachigen Volkswirtschaft durch das Handelsblatt mit Hilfe dieser Rankingmethode kommt bereits 2008 zu folgendem, verblüffendem Ergebnis:

> Die Handelsblatt-Studie legt ein krasses Leistungs- und Qualitätsgefälle offen, das zwischen den einzelnen VWL-Fachbereichen im deutschsprachigen Raum besteht. An mehr als 60 Fakultäten – der großen Mehrzahl aller Unis – wird so gut wie keine international sichtbare Forschung betrieben. Zugleich gibt es eine kleine Gruppe von Top-Fakultäten, die im internationalen Wettbewerb mithalten können. (HB, 22.9.2008: http://www.handelsblatt.com/politik/oekonomie/vwl-ranking/handelsblatt-vwl-ranking-die-besten-adressen-fuer-volkswirtschaftslehre/3024848.html)

Dieses Bild sollte sich auch in den Rankings nach 2008 bestätigen. Ein solcher Befund ist dem soziologisch geschulten Blick natürlich Anlass zur Hinterfragung der Strukturen und Funktionsweise des akademischen Feldes und Diskurses der VWL im deutschsprachigen Raum. Aus einer *ungleichheitstheoretischen Perspektive* könnte gefragt werden, ob die hier zur Anwendung kommenden Messmethoden die tatsächlichen Forschungsleistungen des Feldes abbilden können oder ob sie nicht vielmehr bestimmte Gruppen und Universitäten aus nicht-wissenschaftlichen Gründen wie etwa Ämtermacht oder exklusivem Zugang zu den Definitionskriterien guter Wissenschaft aufwerten und andere, die diesen Zugang nicht haben, abwerten (siehe etwa Münch 2009). In diesem Fall setzen bestimmte Gruppen Klassifikationspraktiken durch, die sie selbst bevorteilen; aus einer *konstitutionstheoretischen Perspektive* drängt sich freilich die Frage auf, inwiefern die Anwendung und Anerkennung von Rankings durch die Akteure des Feldes zur Umstrukturierung eben jenes Feldes geführt und beigetragen haben (siehe etwa Lamont 2009). Insbesondere die performationstheoretische, praxistheoretische und diskursanalytische Forschung hat immer wieder auf die self-fullfilling-prophecy Effekte von Messtechnologien hingewiesen. In diesem Fall erzeugen bestimmte Klassifikationspraktiken erst die Realität, die sie vorgeben zu „messen", und formieren damit bestimmte Gruppen als „Elite". Eliten sind somit das Produkt der Anwendung numerokratischer Messmethoden sowie Produkt und Voraussetzung von Strukturen sozialer Ungleichheit (Angermuller und Maeße 2014).

Während die traditionelle, funktionalistische Theorie Elite als funktionalen Bestandteil gesellschaftlicher Ordnungsbildung auffasst, deren Legitimität auf erbrachter Leistung basiert, betont die kritische Elitetheorie die soziale Herkunft und den Herrschaftscharakter von Eliten (Hartmann 2008). Elite basiert nicht auf Leistung und Begabung, sondern ist ein Effekt der ungleichen Verteilung von Ressourcen in Verbindung mit der Anwendung von hierarchisierenden Klassifizierungssystemen wie etwa Schulnoten, Berufszertifikaten und Hochschulabschlüssen. In die Klasse der Elite wird man hineingeboren, das Bildungssystem vermittelt und verschleiert diesen Vererbungsprozess gleichermaßen und lässt als „Leistung" erscheinen, was auf Herkunft basiert (Bourdieu 2001a; Hartmann 2002).

Zwischen sozialen Klassen und diskursiven Klassifizierungssystemen besteht eine Dialektik, die zwei Teufelsspiralen in Gang setzt, die Merton als „Matthäus-Effekt" bezeichnet hat: eine führt nach oben und die andere nach unten. Am Beispiel der deutschsprachigen, universitären Volkswirtschaftslehre soll im Folgenden gezeigt werden, wie die systematische Verbindung von Forschungsressourcen (finanzielle Ausstattung, Professuren, Drittmittel, Ämter etc.) und diskursiven Klassifizierungssystemen (Forschungsrankings) eine monopolartige, departmentalisierte Wissenschaftslandschaft hervorbringt. Während sich auf der einen Seite eine akademische Welt der „Elite" formiert, die sich als autonome Subkultur institutionalisiert, könnte sich auf der anderen Seite eine akademische „Schattenwelt" etablieren, in der ebenso viele akademische Leistungen in Form von Publikationen, Konferenzen und Lehrleistungen erbracht werden. Allerdings werden die Produkte der „akademischen Schattenwelt" systematisch *entwertet*, während die Produkte der Welt der Elite systematisch *aufgewertet* werden. Sobald sich institutionelle Technologien der Leistungsmessung mit Technologien der Bildung von Eliteclustern verbinden, wandeln sich Ressourcen in Kapital, einfache „Rohstoffe" des wissenschaftlichen Alltags in Mittel zur Machtausübung. Dies bleibt langfristig nicht ohne Konsequenzen, denn Wissenschaft basiert letztlich auf der wechselseitigen Anerkennung der erbrachten Leistung. Bleibt dies aus systematischen Gründen aus, dann werden sich randständige akademische Zonen breit machen, die sich irgendwo zwischen Elite, Lehralltag und gesellschaftlicher Bedeutungslosigkeit ansiedeln. Ebenso wie Licht und Schatten zusammenhängen, ist der Gegensatz zwischen forschungsstarken, gut ausgestatten Fakultäten auf der einen Seite und schlecht ausgestatten, forschungsschwachen Fakultäten auf der anderen Seite letztlich nicht die Ursache, sondern der Effekt eines auf dem Elitismus basierenden Wissenschaftsdiskurses.

Im Folgenden soll gefragt werden, wie die akademische Elite der Wirtschaftswissenschaft als ein Effekt der Strukturen sozialer Ungleichheit und diskursiver Klassifikationen des Feldes der VWL entsteht. Durch die Anwendung von institutionellen Technologien wie der *Magnifizierung* werden Ressourcen ungleich verteilt und im Zusammenspiel mit anderen Technologien wie der regionalen und symbolischen *Konzentration*, der *Evaluation*, der *Departmentalisierung* werden einfache Ressourcen in akademisches Kapital verwandelt. Wie Marx bereits für den Kapitalismus als Wirtschafts- und Gesellschaftssystem zeigte, sind einfache Gebrauchsgüter erst dann Kapital, wenn sie in Machtmittel verwandelt und durch Akkumulation systematisch angehäuft werden. Ungleiche Verteilung und Kapitalbildung folgen aufeinander. Am Anschluss an Bourdieu soll damit gezeigt werden, wie durch unterschiedliche Kapitalien soziale Beziehungen als Beziehungen der Macht hervorgebracht werden. Mit Foucault werden demgegenüber die pulsierenden Dynamiken unterstrichen. Macht als konzentriertes akademisches Kapital ist das Resultat des Zusammenspiels unterschiedlicher institutioneller Technologien auf der Mesoebene des Weltsystems. Die Strukturen der akademischen Welt, die in den folgenden Kapiteln herausgearbeitet werden, befinden sich in einem stetigen Bewegungsprozess der Macht. Dies soll der Begriff der Kapitalakkumulation unterstreichen; diskursive Praktiken münden in institutionellen Strukturen, welche wiederum die Grundlage für die Entstehung akademischer Lebensstile sind. Auf diese Aspekte wird schließlich das vierte Kapitel ausführlich eingehen.

Professuren und Fakultäten

Beginnen wir die Analyse der Strukturen sozialer Ungleichheit des Feldes der deutschsprachigen VWL mit der quantitativen Verteilung von Professuren und Fakultäten als zentrale Kenngrößen für die Ressourcenausstattung in der Wissenschaft (vgl. Abb. 3.3). Nach Angaben des Handelsblatts ist die VWL in Deutschland, Österreich und der Schweiz in etwa 90 Fakultäten an Universitäten gegliedert. Eine Studie von Heinig et al. (2008) zählt etwa 1000 ForscherInnen im Bereich der ProfessorInnen und Postdocs. Eigene Recherchen auf Grundlage von Internetauftritten, die im Rahmen des Forschungsprojektes „Financial Expert Discourse" durchgeführt wurden[3], ergaben 88 Fakultäten und etwa 693 Professuren inklusive Juniorprofessuren an Universitäten in Deutschland, Österreich und der Schweiz. In diesem Zusammenhang wurden die ökonomische Größe der Fakultäten gemessen an der Anzahl von Professuren sowie die Erwähnung der ForscherInnen im Handelsblatt Lebenswerk-Ranking sowie im Top 100-Ranking aus dem Jahr 2011 ermittelt. Die Analyse des Zusammenhangs von Anzahl der Professuren, Verteilung auf Fakultäten und Erwähnung in den Handelsblatt-Rankings hat zu folgenden Ergebnissen geführt:

1. Die etwa 90 VWL-Fakultäten lassen sich in vier quantitativ bestimmte Gruppen einteilen: 34 kleine Fakultäten mit weniger als sechs Professuren, 33 mittlere Faultäten mit sechs bis neun Professuren, 16 große Fakultäten mit zehn bis 20 Professuren und fünf Mega-Fakultäten mit mehr als 20 Professuren.
2. Ein Vergleich des Handelsblatt Top-100-Rankings mit dieser Gruppenstruktur offenbart, dass allein die Megafakultäten Bonn, Mannheim, München, Köln und Frankfurt 26 % aller Top 100-ForscherInnen auf sich vereinen. Diese fünf Fakultäten befinden sich zudem an der Spitze oder im oberen Bereich im Top-25-Fakultäten-Ranking.
3. Ein Blick auf die übrige Zusammensetzung der Top-100-ForscherInnen zeigt, dass sich dieses „Gesetz der reinen Größe" (Magnifizierung) hier fortsetzt. Von den 16 großen Fakultäten waren 2011 15 im Top-Fakultäten-Ranking. Damit waren fast alle großen Fakultäten im Top-Fakultäten-Ranking (20 von 21), die restlichen sieben (es wurden 27 Fakultäten auf 25 Plätze gelistet) rekrutieren sich aus der Gruppe der mittleren Fakultäten. Auch hier setzt sich das Gesetz der reinen Größe fort.
4. Diese 15 großen Fakultäten, die im HB-25-Ranking gelistet sind, stellen zudem 40 % aller Top-100-ForscherInnen und die sieben mittleren Fakultäten, die im HB-25 gelistet sind, stellen acht Prozent der Top-100-ForscherInnen. Damit stellen die restlichen 56 Fakultäten (4+22+30) lediglich die übrigen 21 % der Top-100-ForscherInnen.
5. Alle Fakultäten, die im HB-25 gelistet sind, haben eine Publikationsproduktivität (Anzahl der HB-Punkte pro ProfessorIn), die zwischen 1,54 (Mainz, Platz 27) und 2,55 (Mannheim, Platz eins) bzw. 0,88 (Uni Graz, Platz 26) und 3,16 (Uni Zürich, Platz zwei) liegt. Auch ein Vergleich der Anzahl der Punkte der ForscherInnen im Top-100-Ranking mit ihrer Fakultätszugehörigkeit spiegelt

---

[3] In diesem Zusammenhang bedanke ich mich recht herzlich bei David Waldecker für die Hilfe bei der Datenrecherche.

dies wieder. Um Platz 100 zu belegen, benötigte man im Jahr 2011 1,88 Punkte; die ForscherInnen im oberen Drittel kommen aus den großen Einrichtungen. Damit spiegelt die Arbeitsproduktivität gemessen in HB-relevanten Veröffentlichungen die quantitativ determinierte Fakultäten-Hierarchie wider: Die großen Fakultäten sind auch die produktivsten im Sinne des HB-Rankings. (Tab. 3.3)

Allein der Blick auf die Verteilung einer der wichtigsten Ressourcen des Feldes, nämlich der Professuren, und der Zusammenhang dieser Verteilung mit der durchschnittlichen Forschungsproduktivität gemessen am Handelsblattranking zeigt, dass die Technologie der Magnifizierung bzw. die reine Größe einer Einrichtung und die damit verbundene Konzentration von ökonomischen Ressourcen auf wenige Standorte der entscheidende strukturbildender Faktor im Feld ist. Neben der „ProfessorIn" als Forscherpersönlichkeit wird damit die „Fakultät" als Ort der Forschung von zentraler Bedeutung. Fakultäten mit vielen Professuren legen ein anderes Forschungsverhalten an den Tag als solche mit wenigen Professuren. Umso größer die Fakultät ist, desto größer ist die Wahrscheinlichkeit, dass die ForscherInnen dort in bestimmten Zeitschriften publizieren. Größenbildung bzw. Magnifizierung ist damit eine zentrale Technologie zur Heranbildung von Macht durch die Umwandlung von Forschungsressourcen (etwa Professuren) in Kapital. Dass es sich hierbei um einen Konvertierungsprozess handelt und nicht etwa nur eine bloße regionale Anhäufung ökonomischer Ressourcen, darauf deutet die Differenz in der Handelsblattproduktivität hin, die mit der Größe der Fakultät steigt und auf ein abweichendes Publikationsverhalten hindeutet.

Magnifizierung verstanden als Umwandlung einfacher Forschungsressourcen, die traditionell in der deutschsprachigen, idealistisch-humboldtianisch geprägten Welt auf die Institution der ProfessorIn und nicht auf den Wissenschaftsstandort bezogen wurden, in Kapital, das nun einen Absetzungs- und Hierarchiebildungsprozess auf der Ebenen des Instituts und der Gruppe in Gang setzt, lässt sich in seiner historischen Heranbildung nur schwer quantitativ rekonstruieren und belegen. Dies ist auch deswegen schwierig, weil die reine Anzahl an Professuren, die vermutlich auch in der Vergangenheit an jenen Standorten bereits hoch war, nichts über den Magnifizierungsgrad aussagt. Denn Magnifizierung setzt erst dann ein, wenn ebendiese Ressourcen eingesetzt werden, um systematisch ein spezifisches Forschungsverhalten (Publizieren in Top-Journale) hervorzubringen, das soziale Ungleichheit zwischen ForscherInnengruppen jenseits der Institution der individualisierten ProfessorIn erzeugt. Der Beginn dieser Entwicklung zur Magnifizierung gemessen an den typischen Indikatoren wie etwa die Orientierung auf Papers und auf die kumulative Promotion statt auf Monographien kann auf die 1990er Jahre datiert werden. Diese Hypothese ist schließlich durch eine nichtrepräsentative Anzahl von etwa 80 Interviews, die mit ÖkonomInnen geführt wurden, unter-

Tab. 3.3 Die quantitative Struktur der Fakultäten. (Quelle: Eigene Darstellung)

	5 Mega-Fakultäten	16 Groß-Fakultäten	33 Mittel-Fakultäten	34 Klein-Fakultäten
HB 25	5 = 100 %	15 = 93,75 %	7 = 21 %	0 = 0 %
HB 100[a]	26 %	40 %		
Anzahl der Professuren (n = 693)	149	230	212	102
Prozentualer Anteil der Professuren	21,5 %	32,5 %	30 %	14 %
1/5-Anteil der Fakultäten	1	3	7	7
Relativer Anteil von 50 ProfessorInnen	11	15	16	8
Relativer Anteil der Fakultäten (Gesamt 88)	5,6 %	18,3 %	37,5 %	38,6 %
Relativer Anteil der Fakultäten gemessen am relativen Anteil der Professuren	1	2	4	8

[a] Bezogen auf die Fakultäten, die auch im HB 25-Ranking vorkommen

legt. Auch die Einführung und Etablierung von Rankings als Deutungstaxonomien geht auf ebendiese Phase zurück.

Die Magnifizierung allein reicht jedoch nicht aus, um einfache Ressourcen wie Drittmittel, Professuren und Ämter in akademisches Kapital zu verwandeln. Sie ist vielmehr die erste und notwendige Bedingung dafür. Hierzu bedarf es erst eines komplexen Bündels weiterer Technologien, welche die Magnifizierung des Feldes ergänzen und ihre Effekte verstärken. Werfen wir einen genaueren Blick auf die Publikationen.

Publikationen

Auf Grundlage der oben ausgeführten quantitativen Zuordnung von Fakultäten wurden Stichproben von acht kleinen Fakultäten, neun mittleren Fakultäten, fünf großen Fakultäten und vier Mega-Fakultäten genommen. In diesen Stichproben wurde auf Grundlage der Lebensläufe von ProfessorInnen sowie Angaben der DFG die Anzahl und Zusammensetzung der Drittmittel, die Anzahl und Zusammensetzung von Ämtern und die biographischen Stationen untersucht. Zudem wurde aus dieser Stichprobe eine Stichprobe aus 30 ProfessorInnen gebildet, deren Literaturlisten ausgewertet wurden. Schließlich wurden Zitationszahlen auf scholar.google von ProfessorInnen aus drei kleinen, einer mittleren und einer Megaeinrichtung miteinander verglichen.

Der Vergleich der scholar.google Zitationen konnte den vom Handelsblatt-Ranking konstatierten schroffen Gegensatz zwischen wenigen „forschungsstarken" Einrichtungen und vielen unsichtbaren Einrichtungen zumindest relativieren. Während die ÖkonomInnen aus der Mega-Einrichtung je nach Alter zwischen 150 und 1000 Zitationen aufwiesen, konnten ihre KollegInnen von den kleinen Fakultäten zumindest bei der am häufigsten zitierten Publikation mithalten. Hier lagen die Werte zwischen 70 und 600. Auffällig war aber der Unterschied in der absoluten Anzahl der relativ häufig zitierten Publikationen zugunsten der Mega-Einrichtung. Auch ForscherInnen an kleinen Einrichtungen erzielen hohe bis sehr hohe Zitationen, jedoch weniger oft als ihre KollegInnen an den großen Einrichtungen.

Ein Blick auf die absolute Anzahl der Publikationen inklusive Monographien, Sammelbandbeiträgen und Zeitschriftenartikeln zeigt, dass hier keine Differenz zwischen ProfessorInnen kleiner, mittlerer und großer Einrichtungen mehr erkennbar ist. Auf Grundlage des „relativen Anteils von 50 (Voll-)ProfessorInnen" (Tabelle drei, Spalte sechs) wurden die Anzahl der Publikationen, die in den Lebensläufen und Publikationslisten angegeben waren, inklusive Working Paper, Monographien, Sammelbandbeiträgen und Ko-Autorschaften der letzten zehn Jahre ausgewertet. Hierbei war eine systematische Ungleichverteilung nach Größe der Fakultät bzw. Listung der ForscherInnen in den Handelsblatt-Rankings *nicht* festzustellen. Das bedeutet, dass alle ForscherInnen in der VWL unabhängig von der Fakultätszugehörigkeit gleichviel publizieren. Wie in anderen Disziplinen auch schwanken die Zahlen sehr stark und liegen in der VWL zwischen 18 und 120 (angegebenen) Publikationen in den letzten zehn Jahren (2002–2012).

Wie Bräuninger, Haucap und Muck (2011) und Bräuninger und Haucap (2001) bereits gezeigt haben, verfügen im akademischen Feld der VWL eine Reihe von Publikationen zwar über eine hohe Relevanz jedoch nur über eine geringe Reputation. Obwohl die AutorInnen einen grundsätzlichen Zusammenhang zwischen Reputation und Relevanz aufzeigen, werden nichtsdestotrotz zahlreiche wissenschaftliche Leistungen erbracht, die zwar relevant sind, aber die durch die enge Reputationshierarchie unsichtbar gemacht werden und damit gegenüber den „Top-Journale" als „wissenschaftliche Leistung" kaum eine offizielle Anerkennung finden, wie sie durch das Ritual des „Rankings" zelebriert wird. Diese Beobachtung legt die Schlussfolgerungen nahe, dass neben der Welt der „akademischen Exzellenz", die sich vor allem auf die Mega-Fakultäten bezieht, eine „akademische Schattenwelt" existiert, in der ebenso viele wissenschaftliche Leistungen erbracht werden wie in der „Welt der Elite". Aber durch die Anwendung identischer Bewertungsstandards auf das gesamte Feld der VWL, wie sie dem Ranking etwa des Handelsblattes zugrunde liegen, werden bestimmte Publikationssorten systematisch aufgewertet, während andere Formen der Publikation systematisch abgewertet werden. Im Lichte einer fünfseitigen Publikation in den „Economic Letters", welche sich wesentlich auf Forschungsergebnisse stützen kann, die bereits in vier bis fünf anderen Journal-Papers veröffentlicht sind, ist die Monographie einer KollegIn in dem Klassifikationsregime des Rankings wertlos, selbst wenn es sich dabei um einen Bestseller handelt. Insofern ist im Feld der VWL ein Zusammenhang zwischen ökonomischer Macht (prototypisch: Menge an Professuren) und Definitionsmacht über wissenschaftliche Relevanz zu beobachten.

Damit wird die Technologie der Magnifizierung von Ressourcen verbunden mit und ergänzt um eine Evaluationstechnologie. Das diskursive Klassifikationsregime bringt eine spezifische Taxonomie hervor, die sich auf genau den Bereich bezieht, der durch die Magnifizierung sichtbar gemacht und hervorgebracht wurde. Magnifizierung und Evaluation sind zwei unterschiedliche, jedoch komplementär auf einander bezogene Technologien der Sichtbarmachung. Während die eine Technologie Ressourcen auf einen bestimmten Raum fixiert, lässt die andere Technologie diesen Raum als besonders „forschungsstark" erscheinen, indem taxonomische Symbolisierungen erfolgen, etwa *Mannheim* als Ansammlung von Ressourcen und „Mannheim" als Symbol für eine „forschungsstarke Fakultät". Auch geographische Orte sind ein Effekt von sozialer und diskursiver Macht, wie es die Humangeographie etwa für Städte oder andere Räume gezeigt hat (Glasze und Mattissek 2009).

Erst vor dem Hintergrund des Zusammenspiels von Magnifizierung und Evaluation wird ein Akkumulationszyklus in Gang gesetzt, der es erlaubt, unterschiedliche wissenschaftliche Ressourcen wie etwa Forschungsgelder, wissenschaftlichen Nachwuchs oder Ämter, die unter den Bedingungen einer republikanischen
Feldstruktur keine nachhaltigen Machteffekte gezeitigt hätten, als ökonomisches
Kapital in die monopolartige Feldstruktur einzuspeisen. Das bedeutet, dass etwa
ein großes Forschungsprojekt erst dann ökonomisches Kapital darstellt, wenn es
in eine Umwelt eingebettet wird, die auf die systematische Produktion von Publikationen in hoch klassifizierten Journalen ausgerichtet ist. Denn eine Ressource
wie etwa Drittmittel ist erst dann ökonomisches Kapital, wenn es zur Reproduktion
und Stabilisierung von Ungleichheitsbeziehungen systematisch beiträgt, die sich
schließlich auch taxonomisch niederschlägt. Während es sich beim Handelsblatt-
ranking um eine Klassifizierungstechnologie handelt, die auf eine bestimmte quantitative Verteilung von Ressourcen auf bestimmte Standorte trifft, entfaltet sich
aus diesem Zusammentreffen erst dann eine Klassenstruktur im Sinne einer Herrschaftsstruktur, wenn alle anderen diskursiven und institutionellen Ressourcen in
die Dynamik von Klassenbildung und taxonomischer Klassifizierung einbezogen
werden.

    Die pure Anzahl von Professuren wirkt erst dann als Elitebildung, wenn sie
mit einer elitären Klassifizierungsstruktur verbunden wird, das ist der Kern des
Elitismus als ein Diskurs der Macht und unterscheidet ihn von klassischen Eli-
tebegriffen. Die monopolartige Feldstruktur der VWL basiert auf einer Dialektik
von Klasse und Klassifizierung, ökonomischer Macht und diskursiver Gruppie-
rung. Beide Elemente sind nicht die homologen Aspekte ein und derselben Struktur, sondern differente Technologien, die sich heterolog aufeinander beziehen. Ein
Blick auf das HB-Ranking 2013 lässt vermuten, dass sich dieser Trend fortsetzt,
weil der Abstand zwischen den „Eliteeinrichtungen" und allen anderen Fakultäten
größer wird. Die Ungleichheiten der einen treten durch die permanente symbolische Sichtbarmachung der anderen immer stärker hervor und verfestigen sich.
In diesem Moment verdichten sich institutionelle Technologien, Taxonomien und
Kapitalbildungsprozesse zu Hierarchien. Diskursive Praxis als Positionierung beginnt nun, sich in eine Welt einzuschreiben, die mehr und mehr kapitalistisch sedimentiert wird.

Drittmittel
Werfen wir im Folgenden einen Blick auf die Verteilung der Drittmittel. Insge-
samt wurden die Drittmittel von acht kleinen, neun mittleren, fünf großen und vier
Mega-Fakultäten ermittelt. Wenn diese mit der 1/5-Verteilung gewichtet werden
(Tabelle drei, Spalte fünf), dann kann zunächst festgestellt werden, dass Fakultäten

bzw. ProfessorInnen aus allen Fakultätstypen systematisch Drittmittel einwerben. Die „pro-ProfessorIn-Verteilung" bleibt zunächst intakt. Allerdings schiebt sich unter diese republikanische Feldstruktur nun eine oligopolistische Struktur. Denn die Mega-Fakultäten unterscheiden sich von allen anderen dadurch, dass sie durchweg sehr hohe Quoten (Vorhandensein von Drittmittel pro Professur) von etwa 80% aufweisen. Auch kleine Fakultäten stechen hier hervor. So sind etwa kleine und mittlere Fakultäten zu finden, in der jede ProfessorIn Drittmittel nachweisen kann; allerdings gibt es auch Fakultäten, die über keinerlei Drittmittel verfügen. Während also *einzelne* Einrichtungen mithalten können, offenbart ein Blick auf die *Summe* eine unsystematische Heterogenität. Große Einrichtungen weisen in der *Summe* allerdings eine große Homogenität auf. Während also in den kleineren Fakultäten das Vorhandensein von Drittmitteln von sporadischen, situativen Einflüssen wie etwa der Einwerbungsaktivität einzelner ProfessorInnen oder der Nähe zu einer Mega-Fakultät abzuhängen scheint, werben die großen Einrichtungen systematisch Drittmittel ein. Das bedeutet, je kleiner die Fakultäten werden, umso geringer ist die Quote (in unserem Fall von sieben Fakultäten liegt sie bei 50%) und umso heterogener ist die Zusammensetzung der Drittmittel (zwischen 100% und 0%=Homogenität). Umso größer die Fakultäten werden, desto geringer ist die Heterogenität und desto größer die Quote (mittelgroß: 60%, groß: 67%, mega: 80%).

Darüber hinaus fällt auf, dass die relative Anzahl der ausgewiesenen Drittmittel pro Professur (Häufigkeit) steigt, je größer die Fakultät ist. An den Mega-Fakultäten kommen fünf oder sechs Projekte pro Professur recht häufig vor und mehr als zehn regelmäßig. Demgegenüber ist eine solche Einwerbungsaktivität pro ProfessorIn in kleinen Fakultäten selten, obwohl sie vereinzelt vorkommt. Schließlich hat die Recherche der Lebensläufe ergeben, dass große Projekte im Millionenbereich (Umfang) – etwa die ERC-Projekte[4] – vor allem an den Mega-Einrichtungen vorkommen, an denen sich fast ausnahmslos alle Graduiertenschulen befinden, die im Rahmen der Exzellenzinitiative vor allem in den letzten Jahren gegründet wurden.

Am Beispiel der Verteilung der Drittmittel (Quote [Vorhandensein/Prof.], Häufigkeit [Menge/Prof.], Homogenität [Quote je Fakultät] und Umfang [Größe der Einzelprojekte]) im Feld der VWL bestätigt sich die Struktur der *Kapitalkonzentration*: Ressourcen, die unter republikanischen Bedingungen auf die einzelnen ForscherInnen verteilt wären, konzentrieren sich auf die Standorte, die auch in Rankings stark abschneiden (welches immer öfter die großen Standorte sind), und werden dadurch in ökonomisches Kapital umgewandelt. Während also die Magnifizierung eine Umwandlung von Ressourcen in Kapital an bestimmten Standorten meint, wird eben dieses Kapital durch Prozesse der Konzentration auf wenige

---

4 European Research Council (ERC)-Projekte.

Standorte verteilt. Wenn dies stimmt, dann sind in Zukunft Kapitalabflüsse aus den
peripheren Bereichen in die Zentren zu beobachten, etwa in Form von „Abwerbun-
gen" von potenten ProfessorInnen an große Einrichtungen, und Konkurrenzkämp-
fe in der Semiperipherie um Aufhol- und Anschlusschancen an die Zentren (etwa
durch Berlin, Kiel, Göttingen, Köln, evtl. Wien, Zürich).

Gleichzeitig bildet sich eine akademische Schattenwelt heraus, in der die gleichen Aktivitäten zu beobachten sind wie in der Welt der Elite, aber erstens nicht in
dieser Systematik und Kohärenz und zweitens losgelöst von den Klassifikationsap-
paraten. Dieser Trend der Loslösung von den etablierten Taxonomien und der Erfindung autonomer, informeller Taxonomien wird sich wohl in Zukunft verstärken,
weil eine systematische Abwertung der eigenen erbrachten Leistung zunehmend
auch als ungerechtfertigte Demütigung empfunden werden kann. Das bedeutet,
idealtypisch gesprochen, dass Drittmittel in der Welt der Elite systematisch für die
Reproduktion der symbolischen Sichtbarkeit in Form von Publikationen in „Top-
Journalen" eingesetzt werden können und müssen, während in den peripheren Einrichtungen Drittmittel auch in Publikationen münden können, die nicht den Standards der Rankings entsprechen. In diesem Falle „verpuffen" Ressourcen in der
Schattenwelt, während sie in der Welt der Elite für die Reproduktion akademischer
Exzellenz eingesetzt werden und damit automatisch nicht nur „Exzellenz" produzieren, sondern die Legitimationsbedingungen für die Konstruktion von Exzellenz
– nämlich die diskursiven Klassifikationsapparate – reproduzieren. Erst wenn Ressourcen und Taxonomien zusammen kommen, entsteht Macht.

Jede als „exzellent" ausweisbare Publikation verstärkt und bestätigt damit die
Legitimität des Diskursapparates (also der Rankings inklusive der Kriterien, seien
diese auch noch so umstritten), der die Bedingung für die diskursive Konstruktion
von „Exzellenz" überhaupt erst ist. Der Produktionsapparat – das Ranking und
seine Kriterien – spiegelt sich durch sein Produkt – die als exzellent ausgewie-
sene Publikation – hindurch und kristallisiert seine Gültigkeit als Evidenz. Die
diskursiven Klassifikationsapparate verstärken damit den Effekt, der durch die ungleiche Verteilung von Ressourcen auf unterschiedliche Standorte ohnehin besteht;
im Gegenzug legitimieren die Diskursapparate dadurch die bestehende Ungleichverteilung und verstärken sie damit. Das ist die Teufelsspirale von Diskurs und
Macht, die auf dem Elitenexus basiert. Damit gesellt sich zu den Technologien
der Magnifizierung und der Evaluation eine dritte Technologie: die Konzentration von symbolischen und materiellen Ressourcen, die über die Grundausstat-
tung mit Professuren hinausgehen. Die durch Magnifizierung zusammengefügten
geographischen Zonen werden nun mit weiteren Mitteln systematisch aufgestockt.
Konzentrationsprozesse finden in magnifizierten Regionen der akademischen Welt
statt. Vor allem hier bildet sich deswegen akademisches Kapital heraus. Die glei-

chen Ressourcen werden in den peripheren Regionen vor allem darauf verwendet, den Alltag zwischen Lehre, Verwaltung und Forschung zu meistern. Entscheidend für die Konzentrationsdynamik ist die „freie Zeit", die vor allem in den großen Einrichtungen frei geschaufelt werden kann, insbesondere in Form von Graduiertenschulen. Diese freien Zeit als Effekt von Konzentration und Magnifizierung ist schließlich der Schlüssel für das Funktionieren des taxonomischen Evaluationsapparates.

Ämter

Die durch den Klassifikationsapparat erzeugte und durch die Konzentration verstärkte symbolische Ungleichheit, welche durch die Umwandlung von Forschungsressourcen in ökonomisches Kapital auch als strukturelle Ungleichheit erscheint, setzt sich in der Verteilung von Ämtern fort. So haben diejenigen ProfessorInnen, die regelmäßig im Handelsblatt 100-Ranking gelistet sind und über überproportional viele Forschungsmittel in großem Umfang verfügen, Ämter im Editorial Board von A-, B- und/oder C-gelisteten Zeitschriften wie etwa im „Journal of Monetary Economics" oder in der „American Economic Review", Positionen in internationalen Fachgesellschaften (American Economic Association, Game Theory Society etc.) und Forschungsorganisationen (European Research Council). Demgegenüber sind ForscherInnen an kleineren Einrichtungen oft Mitglied in mehreren Ausschüssen des Vereins für Socialpolitik sowie HerausgeberIn deutschsprachiger Zeitschriften. Damit scheint sich im hier untersuchten Forschungsfeld ein globaler Trend des Faches fortzusetzten, der von den US-amerikanischen Eliteeinrichtungen seinen Ausgang nimmt und sich in einer Konzentration von Ämtern auf wenige Eliteeinrichtungen wiederspiegelt (Hodgson und Rothman 1999).

Zunächst wurden sechs Lebensläufe von ForscherInnen an Mega-Einrichtungen ausgewertet, die auch im Handelsblatt 100-Ranking gelistet sind. Hiervon waren alle mit Editor-Posten in A-, B- und/oder C-Journalen bestückt. Darüber hinaus waren umfassende Aktivitäten insbesondere in internationalen Fachgesellschaften aufgelistet. Anschließend wurden sechs Lebensläufe von ÖkonomInnen, die ebenfalls gelistet waren, an anderen Einrichtungen ausgewertet. Hiervon hatten fünf Personen Editor-Posten inne. Dann wurden jeweils drei Lebensläufe von ForscherInnen ohne Rankingplatz an kleinen, mittleren und großen Einrichtungen ausgewertet (insgesamt neun). Hiervon waren acht Personen ohne jede Editortätigkeit. Jene Person, die einen Editor-Posten innehat, hat an einer großen Einrichtung eine Professur. Auffällig war zudem eine relativ häufige Aufführung von Tätigkeiten und Posten in nationalen Fachgesellschaften (etwa im Verein für Socialpolitik) und lokalen Forschungszusammenhängen (etwa Mitglied im Forschungsbeirat eines Wirtschaftsforschungsinstituts). Schließlich wurden sechs Lebensläufe von

ForscherInnen an Mega-Einrichtungen ausgewertet, die ebenfalls nicht im Handelsblatt-Ranking aufgeführt wurden. Dabei fiel auf, dass immerhin nur vier von sechs keiner Editortätigkeit nachgehen. Das bedeutet, dass von 15 ForscherInnen, die nicht gerankt sind, drei über ein internationales Amt verfügen und dass diese drei Personen an einer großen oder einer Mega-Einrichtung tätig sind.

Durch die Technologie der Kapitalkonzentration werden wertvolle Ressourcen wie etwa Ämter in internationalen Fachzeitschriften und viele, insbesondere große Drittmittelprojekte an den großen und sehr großen Fakultäten, deren wissenschaftliche Publikationen durch die Evaluationstechnologien aufgewertet werden, systematisch angesiedelt. Durch Magnifizierung, Evaluation und Konzentration entsteht eine Wanderneigung von wertvollen Ämtern und Posten in die Elitecluster. Wie ein Magnet ziehen sie wertvolle Güter an, dies ist schließlich unabhängig von der jeweiligen Person, die dort forscht, weil sich institutionelle und personelle Reputationszuweisungen nun wechselseitig verstärken. Dieser Trend setzt sich in der Wissenschaftspolitik der jeweiligen Standorte fort und breitet sich schließlich als dominante Form der Reputationszuweisung auf die gesamte akademische Welt aus. Der „Ruf" einer Fakultät löst sich mehr und mehr von den Personen, die dort gerade forschen. Die ProfessorInnen-Taxonomie („München ist gut, weil Prof. Shuster dort ist") wird unterlaufen und überlagert von einer Standort-Taxonomie („Prof. Shuster ist gut, weil er in Harvard ist").

Wissenschaftspolitik
Wie die Verteilung der klassischen akademischen Ressourcen, etwa die Anzahl der Professuren, Drittmittel und Ämter in Verbindung mit einem hohen Output an Publikationen in Journalen mit hohem Impact-Faktor auf bestimmte Standorte zeigt, geht die Umwandlung des Feldes der VWL im deutschsprachigen Raum von einer republikanischen in eine monopolartige Struktur mit einer Veränderung der sozialen Beziehungen in der Wissenschaft einher. Während die republikanische Struktur in der durch den deutschen Humanismus beeinflussten Welt um die Institution des Professorentums herum konzentriert war, gewinnt nun die durch Magnifizierung, Evaluation und Konzentration sichtbar gewordene Einrichtung selbst zunehmend an Bedeutung. Der Standort wandelt sich nun selbst in symbolisches Kapital, weil der hinter dem Rücken des Standortes verlaufende Kapitalkonzentrationsprozess „unsichtbar" wird. In Anlehnung an Marx' Geldfetisch kann hier von einem „Standortfetisch" gesprochen werden. Akademische Ressourcen werden nicht länger nur pro ProfessorIn gezählt und als Mittel in der akademischen Auseinandersetzung wirksam; vielmehr müssen sie auf die Fakultät bezogen werden, um als Kapital zu fungieren. Damit geht eine Aufwertung der Fakultät im Vergleich zum Professorentum einher, was sich in einem Wandel wissenschaftspolitischer

Strategien ausdrückt. Dieser Prozess kann mit dem Begriff *Departmentalisierung* beschrieben werden.

Mit Departmentalisierung meine ich die Imitierung des angelsächsischen Modells der Wissenschaftsorganisation, wonach die akademische Welt mitsamt der MitarbeiterInnen, Forschungsmittel, Forschungsorganisation, der Lehre und der Verwaltung nicht um die Institution (und Person) der ProfessorIn herum organisiert ist, sondern über die Fakultät bzw. das Department. Auf diese Weise wird auch eine regionale Identifizierung und Assoziierung von Forschungsqualität erleichtert, weil der Ort des Departments ("Harvard") für die Zuschreibung von Exzellenz entscheidend ist und nicht in erster Linie die Person. Auch nach Münch ist Monopolbildung in der Wissenschaft mit der Konzentration auf wenige Standorte verbunden (2009, S. 297 ff.), in der VWL geht dieser Trend allerdings mit Departmentalisierungsprozessen einher, welche sich auf den Wissenschaftsalltag auswirken, wie es im nächsten Kapitel am Fall der Graduiertenschulen illustriert wird. Das bedeutet keinesfalls, dass die Professur als Strukturierungsprinzip zurückgedrängt wird; vielmehr wird sie überlagert von einer Departmentalisierung. Dies läuft schließlich darauf hinaus, Professuren "erster und zweiter Klasse" zu schaffen. Die Professuren in den Mega-Fakultäten erfahren eine Prestigesteigerung, während die an den kleineren Einrichtungen eine relative Abwertung in Kauf nehmen müssen. Dies spiegelt sich letztlich nicht nur in der relativen Lehrbelastung wieder, sondern auch in der Bezahlung. Auf der einen Seite bilden sich Professuren "on the job" heraus, die den akademischen Alltag mühsam abarbeiten, und auf der anderen Seite entstehen Professuren "on the top", die im Blitzlichtgewitter der akademischen Exzellenz stehen.

Für die ProfessorInnen bieten sich dadurch neue Möglichkeiten. Zwar verzichtet die ProfessorInnenschaft ein Stück weit auf Autonomie und Prestige, etwa dann, wenn Großprojekte gemeinsam eingeworben werden müssen oder wenn akademisches Prestige von der Person auf die Institution abgegeben werden muss. Im Gegenzug erhält die Person von der prestigeträchtigen Organisation durch Mitgliedschaft wieder Prestige zurück; die Verlierer sind hier jene ProfessorInnen an den prestigearmen, peripheren Einrichtungen. Sie verlieren in doppelter Hinsicht, einerseits durch die relative Abwertung der Institution des Professorentums und andererseits durch die relative Abwertung ihrer Fakultät im Vergleich zu den Fakultäten mit einer "exzellenten" Reputation. Zudem können die ProfessorInnen an den prestigeträchtigen und wohlhabenden Einrichtungen insbesondere bedingt durch die Graduiertenschulen auf ein größeres Netzwerk von publikationspotenten NachwuchsforscherInnen für Ko-Autorschaften zurückgreifen. Durch Departmentalisierung verstetigen sich die Akkumulations- und Zentralisierungseffekte des Feldes. Erst durch das Zusammenwirken von Magnifizierung (die kapitalbilden-

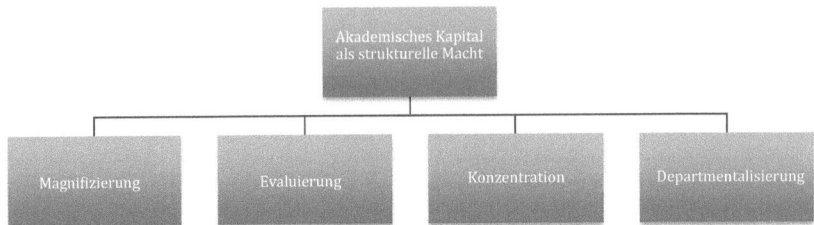

Abb. 3.8 Die Umwandlung von Ressourcen in Kapital. (Quelle: Eigene Darstellung)

de Macht der reinen Größe), Evaluierung (hierarchisierende Klassifizierung von Forschungsleistung), Konzentration (Lokalisierung von begehrten symbolischen und materiellen Ressourcen auf eine Region) und Departmentalisierung (Mimikry des angelsächsischen Wissenschaftssystems) werden die Ressourcen des Feldes gebündelt, in Kapital umgewandelt und für den Akkumulationszyklus aufbereitet (vgl. Abb. 3.8).

3.4 Elitecluster im gesellschaftlichen Kontext

Die skizzierten Elitebildungsprozesse stehen in engem Zusammenhang mit wissenschaftsexternen Tendenzen auf der Ebene des kapitalistischen Weltsystems. Die Departmentalisierung und die damit einhergehende Umwandlung des akademischen Feldes der VWL gehen auf die Erzeugung und Etablierung neuer Formen von akademischer Sichtbarkeit in Form von internationalen Rankings zurück, ein Trend, der sich im akademischen Feld der VWL seit den 1970er Jahren entwickelt und gegen Ende der 1990er Jahre etwa mit der flächendeckenden Einführung der kumulative Promotion im deutschsprachigen Raum seinen Durchbruch schaffte. Wir haben es hier also mit einer noch recht jungen Entwicklung zu tun, deren Anfänge sicherlich nicht zufällig in die Zeit der 1990er Jahre fallen, jener Zeit, in der der Durchbruch der Globalisierung des Weltsystems mit dem Ende des Kalten Krieges von statten ging. Eine NachwuchswissenschaftlerIn (JuniorprofessorIn) positioniert sich zur Rolle des Handelsblattrankings in diesem Zusammenhang etwa folgendermaßen:

> Jaja, natürlich, es gibt ja dieses Handelsblattranking, das wirklich auf Basis der veröffentlichten Papiere dann die Forscher rankt und auch die Fakultäten rankt, da gibt's natürlich Riesendebatten. In BWL ist das jetzt gerade erschienen und da gab's dann auch Boykott-Aufrufe, ja, also ich bin natürlich, man kann natürlich vieles kritisieren an diesen Rankings und man sollte auch weiter diskutieren, wie kann ich die Rankings verbessern, aber ich hab z. B. in VWL miterlebt, dass es schon zu einem

Aufbrechen alter Strukturen geführt hat, diese Rankings einfach. Gerade die VWL in Deutschland war sehr abgeschottet von internationaler Forschung. Es gab natürlich einige deutsche Forscher, die auch international publiziert haben, aber die meisten haben ihre Bücher geschrieben, haben sich im eigenen Saft gedreht und durch diese Rankings ist das schon aufgebrochen worden. Gerade junge Forscher haben halt gesehen, wir müssen uns einfach auch international positionieren und anders geht es nicht. Wir müssen an der internationalen Debatte teilnehmen. Deshalb finde ich, dass das sehr viel Gutes auch bewirkt. (ÖkonomIn 2)

Die von der ÖkonomIn beschriebenen Umstrukturierungen des akademischen Feldes finden im Rahmen der Globalisierung unter amerikanischer Führung statt und spiegeln sich etwa in der Verleihung der Nobelpreise (Lebaron 2006), der Adaption der Wissenschaftstheorie und akademischen Standards, die sich im Zuge der Institutionalisierung der VWL in den 1930er Jahren in den USA durchgesetzt haben (Breslau 2003), und in der Verbreitung des Englischen als Wissenschaftssprache wieder (Fourcade 2009). Wie die Studien von Bräuninger, Haucap und Muck (2011) und Bräuninger und Haucap (2001) zeigen, hat die Orientierung an internationalen, insbesondere amerikanischen Journalen ab Ende der 1990er Jahre deutlich zugenommen.

Dies zeigt sich besonders eindrucksvoll am Generationenwechsel, der zwischen der ersten Befragung von ProfessorInnen über die Beurteilung von Fachzeitschriften im Jahr 2000 und der zweiten Befragung zehn Jahre später stattgefunden hat. War in der Befragung von 2000 noch ein deutlicher Unterschied in der Bewertung der Reputation und Relevanz von internationalen Fachzeitschriften und Fachzeitschriften aus dem deutschsprachigen Raum zwischen den älteren und den jüngeren ProfessorInnen erkennbar, so schmilzt dieser Unterschied in der Befragung 2010 dahin. Das bedeutet, dass die Anerkennung von zitationsbasierten Zeitschriftenhierarchien und der damit verbundenen Messung von Forschungsqualität durch Rankings zugenommen hat, obwohl auch heute noch ein erkennbarer Unterschied zwischen Reputation und Relevanz erhalten bleibt. Während in vielen sozialwissenschaftlichen Fächern munter darüber gestritten werden kann und wird, worin eigentlich akademische Exzellenz und der damit verbundene Anspruch auf den Elitestatus besteht, scheint sich in den letzten zehn bis 20 Jahren in der VWL trotz der bestehenden Debatten über die korrekte Messung von Leistung ein überwältigenden Konsens herausgebildet zu haben, der darin besteht, Leistung als quantifizierbar und damit auch mess- und vergleichbar anzusehen. Das bedeutet, dass in den Jahren zwischen dem Ende der 1990er Jahre und 2011 eine grundlegende Transformation in den Dispositionen des Habitus der beteiligten Akteure stattgefunden haben muss.

Die amerikanisierten internationalen Wissenschaftsstandards haben heute einen
hohen Universalisierungsgrad und eine enorme Verbindlichkeit im Feld erreicht.
In den etwa 80 Interviews, die im FED-Projekt mit ÖkonomInnen aus allen Kar-
rierephasen im Bereich der universitären und der außeruniversitären Forschung in
Deutschland und Großbritannien geführt wurden, konnte dies durchgängig bestätigt werden. Selbst die KritikerInnen der Amerikanisierung streben Publikationen
in Top-Journale an. Während den älteren WissenschaftlerInnen der Umstellungs-
prozess noch anzumerken ist, hat die Nachwuchsgeneration die Orientierung auf
Journale bereits vollständig internalisiert. Auch wenn nur ein kleiner Teil der ForscherInnen in der VWL als „Elite" sichtbar wird und große Teile der wissenschaftlichen Gemeinschaft von akademischer Sichtbarkeit im Elitenexus ausgeschlossen
sind, wird das Klassifizierungssystem zumindest offiziell nicht infrage gestellt.
Bestenfalls „hinter vorgehaltener Hand" und in Teilen der heterodoxen Ökonomie sowie in Teilen der politikberatenden Forschung wird die Fixierung auf dieses
System zurückgewiesen. Diese Haltung geht nicht selten mit einem schleichen-
den Austritt aus der Disziplin einher. Die Gründe dafür können mit dem Begriff
der „Akademisierung der Wirtschaftspolitik" (Maeße 2015a) erfasst und sollen im
Schlusskapitel ursächlich erklärt werden.

Zudem wird die Ungleichheitsstruktur im Feld durch eine Enkulturation der
akademischen Elite auf den südwestdeutschen Raum begleitet. Das heißt die Kapitalkonzentration geht mit regionaler Clusterbildung einher, wie dies aus dem Bereich der Wirtschaft auch bekannt ist. Denn ökonomisches Kapital verbindet sich
nicht nur auf spezifische Weise mit kulturellem Kapital, sondern immer auch mit
sozialem Kapital, wie dies die Analyse des Zusammenhangs von Elitestatus und
Ämtern bereits nahelegt. An dieser Stelle kann ein Blick durch die Brille der wirtschaftssoziologischen Netzwerkforschung (White 1992; Granovetter 1984) weiteren Aufschluss geben.

Netzwerke und Clusterbildung
Zunächst fällt auf, dass drei der fünf Mega-Fakultäten in den wohlhabenden Bun-
desländern Bayern, Baden-Württemberg und Hessen liegen (München, Mannheim,
Frankfurt), die anderen beiden Universitäten liegen in Nordrhein-Westfalen (Bonn,
Köln). Diese Herausbildung einer Klassen- oder Kastenstruktur in der Volkswirtschaftslehre scheint ein globales Phänomen zu sein, wie Lee et al. (2013) für den
britischen Fall aufzeigen. Demnach konzentrieren sich in UK die Forschungsmittel
auf eine Handvoll von insgesamt über 60 Economics-Departments (vgl. Abb. 3.4)
(Tab. 3.4).

Auch der durchgehende Erfolg der Schweizer Einrichtungen kann auf die ökonomische Lage der Gebietskörperschaften zurückgeführt werden, schließlich ist

Tab. 3.4 Stratifizierung von Forschungsqualität nach volkswirtschaftlichen Departments. (Quelle: Lee et al. 2013, S. 700)

Elite class	Near-elite class	Middle class	Working class
LSE	Nottingham	Kent	London Metropolitan
UCL	Bristol	Leicester	Kingston
Warwick	Queen Mary	Birkbeck	Manchester Metropolitan
Oxford	Cambridge	Surrey	
Essex	Manchester	Surrey	
	Southampton	Sheffield	
	Royall Holloway	York	
	Exeter	Birmingham	
		East Anglia	
		Sussex	
		City	
		Brunei	
		Loughborough	

akademisches Kapital handelbar. Damit haben diese Standorte aufgrund der re-gionalen ökonomischen Ungleichheiten, die sich auch in den Länderhaushalten niederschlagen, klare Vorteile gegenüber der akademischen Region etwa um Berlin, die immerhin über mehrere kleine und mittlere sowie über eine große Fakultät verfügt. Die Ausstattung allein der volkswirtschaftlichen Fakultät einer Universität mit teilweise über 30 Professuren inklusive der hoch dotierten Professuren mit Extravergütung und deutlich unterdurchschnittlicher Lehrbelastung muss auch lokal politisch gerechtfertigt werden. Die Konzentration der akademischen ökonomischen Macht auf den Süden, der über eines der weltweit dynamischsten Wirtschaftscluster verfügt und ökonomisch global ausgerichtet ist, ist sicher kein Zufall. Auch diese Beobachtung bestätigt die Vermutung, dass die Elitebildungs-dynamiken innerhalb der akademischen Welt der VWL keinesfalls auf rein interne Determinanten zurückführbar sind, sondern vielmehr mit übergeordneten Zusam-menhängen auf der Ebene des Weltsystems in Berührung stehen.

Das Zusammenfallen zwischen den geographischen, ökonomischen, wissen-schaftlichen und historischen Zusammenhängen fördert die bestehenden Konzen-trationstendenzen und Elitebildungsprozesse. Wenn die These stimmt, dass die Konstruktion von akademischer Elite mit der Einführung und Etablierung von For-schungsrankings als allgemein verbindlichem Maß für „Forschungsqualität", der Umwandlung von Forschungsressourcen in ökonomisches Kapital und der Departmentalisierung und regionalen Konzentration einher geht, dann sind diese Prozesse wohl ohne ein finanzkräftiges Bundesland in der Hinterhand kaum zu stemmen.

Darüber hinaus besteht eine auffällige Nähe der Mega-Fakultäten zu Einrichtungen der anwendungsorientierten Wirtschaftsforschung, außeruniversitären Forschung und Politikberatung. In Mannheim befindet sich neben der Fakultät auch das Zentrum für Europäische Wirtschaftsforschung (ZEW) und in München das Institut für Wirtschaftsforschung (ifo). In Frankfurt haben die Deutsche Bundesbank, die Europäische Zentralbank sowie die großen internationalen Investmentbanken ihre Hauptniederlassungen. Alle Einrichtungen verfügen über Forschungsabteilungen und rekrutieren regelmäßig akademisches Prestige. In Bonn befindet sich das Max-Planck-Institut und das IZA, in der Nähe von Köln liegt das RWI, obwohl die Verbindung zu Köln nicht sehr eng zu sein scheint. Die Existenz anderer Standorte wie etwa in Norddeutschland (der Cluster Kiel-Hamburg: Institut für Weltwirtschaft, Hamburgisches Weltwirtschaftsinstitut und zwei Groß-Fakultäten) oder in Berlin (Deutsches Institut für Wirtschaftsforschung und eine Handvoll Fakultäten zwischen Magdeburg und Frankfurt/Oder) widerspricht dieser Logik nicht. Sie sind entweder in das Netzwerk eingebunden, bilden periphere Orte, an denen eine Atmosphäre der Entspannung und Abwesenheit jeder Form von Elitebewusstsein regelrecht in der Luft liegt, oder können aufgrund der finanziellen Lage der jeweiligen Länderhaushalte bei der fast schon massenhaften An- und Abwerbung von ForscherInnen, die in der Lage sind, in den Top-Journalen zu publizieren, nicht mithalten. Ohne politische Einbettung ist die Bildung von Eliteclustern nicht möglich. In diesem Sinne hat die Bildung akademischer Hierarchien immer auch eine polit-ökonomische Dimension. Die Independenz der akademischen Welt von der gesellschaftlichen Macht ist eine Fiktion, die man sich nur dann noch leisten kann, wenn man im Schatten einer langen Geschichte ohne Alternativen für eine andere Zukunft verweilt. Die Persistenz sogenannter „Orchideen-Fächern" belegt dies.

Innerhalb der Elitecluster bestehen vielfältige soziale Netzwerke zwischen Wissenschaft, Wirtschaft und Politik. Die Vernetzung mit der Welt der angewandten Wirtschaftsforschung geht einher mit einer Nähe zu den politischen und ökonomischen Eliten, trotz (oder gerade wegen!) der demonstrativen *akademischen* Ausrichtung dieser Fakultäten, welche oft in Gefechte mit der politikberatenden Wirtschaftsforschung treten (siehe etwa der neuere „Methodenstreit" zwischen eher anwendungsorientierten ÖkonomInnen und den mathematisch-theoretischen KollegInnen anlässlich der Neubesetzung von Lehrstühlen in Köln, Pahl 2011). Denn in unmittelbarer Nachbarschaft zu den theoretisch-mathematisierten und – wie es im Feld heißt – „weltfremdesten" Fakultäten befinden sich die „profanen", fast schon „unwissenschaftlichen" Wirtschaftsforschungsinstitute.

Die enge Anbindung an die nicht-akademische Welt zeigt sich auch auf der Ebene der wirtschaftspolitischen Beratungsgremien. Allein aus Frankfurt, Mannheim, München, Köln und Frankfurt stammen 16 ÖkonomInnen von insgesamt 31 Mitgliedern, die ihre akademische Herkunft ausgewiesen haben, im einflussreichen „Wissenschaftlichen Beirat" des Bundeswirtschaftsministeriums. Acht weitere Mitglieder haben keine unmittelbare universitäre Herkunft ausgewiesen. Neben den offen und in der Öffentlichkeit ausgetragenen, wenn nicht gar zelebrierten Widersprüchen und Unvereinbarkeiten zwischen akademischer Theorie und wirtschaftspolitischer Beratungspraxis besteht offenbar eine tiefe, enge Beziehung auf der Ebene der Netzwerke. Hinter dem Rücken der öffentlich zelebrierten Absetzungsrhetorik besteht ein heimlicher Pakt der gesellschaftlichen und akademischen Eliten. Wie die Globalisierungsforschung gezeigt hat, funktionieren erfolgreiche ökonomische Strukturen nur dann, wenn sie in ein komplexes Geflecht kultureller, technologischer, politischer und wissenschaftlicher Milieus eingebettet sind (Sassen 2006). Dies spiegelt sich auch in der VWL wider. Die Eliten bleiben unter sich und rekrutieren sich aus sich selbst heraus.

Ein Blick auf die inneren Netzwerke zwischen den Mega-Fakultäten zeigt, dass insbesondere zwischen Bonn, Mannheim, München und Frankfurt enge soziale Beziehungen bestehen, die einer „geschlossenen Gesellschaft" ähneln. Folgen wir der Idee der „Leistungsgerechtigkeit", die dem Elitekult zugrunde liegt, dann führen alle Wege in die Zentren der akademischen Elite über die persönlich erbrachte Leistung in der Wissenschaft; ein Blick auf die Biographie der dort forschenden Personen offenbart jedoch, dass der Weg etwa nach Mannheim vor allem über Bonn, München, Frankfurt oder eine angelsächsische Universität (etwa die LSE oder die Doktorandenschule in Florenz) führt. Im Fall Bonns haben über die Hälfte der dort ansässigen ProfessorInnen einen biographischen Verweis auf München, Mannheim oder Frankfurt, ein gutes Drittel kommt direkt aus Bonn und der Rest über den Atlantik. In Frankfurt und München sieht es ähnlich aus. Eine biographische Alternative zu den Mega-Fakultäten und dem angelsächsischen Raum scheinen noch Köln, Kiel, Berlin, Zürich und die Universitäten der unmittelbaren Nachbarschaft (etwa Heidelberg für Mannheim oder Wien für München) zu bieten. Damit scheint sich in der deutschsprachigen Welt der VWL ein Trend zu wiederholen, der bereits typisch für die elitisierten amerikanischen Departments ist (Han 2003). Die „Elite" sondert sich ab und bildet eine gentrifizierte Mikrowelt heraus.

Neben den engen Beziehungen zur Politik – vermittelt über die Zugehörigkeit zum Bundesland, über die politischen Ämter und die Nähe zur politiknahen Wirtschaftsforschung – und zu den entsprechenden Publikationsorganen und Personennetzwerken – bestehen offenbar vor allem enge Beziehungen untereinander. Wie die Feldtheorie gezeigt hat (Bourdieu 1982), neigt die herrschende Klasse

dazu, sich durch Distinktionen von den unteren Klassen abzusondern und einzu-
nisten. Dies ist ein Effekt der hier beschriebenen institutionellen Technologien.
Was Bourdieu etwas verkürzt als „Distinktionen" beschrieben hat, ist mehr als nur
das Bedürfnis, „unter sich" zu bleiben. Es ist vielmehr die komplexe und voraus-
setzungsvolle Konstruktion von Hierarchien, welche wiederum neue institutionelle
Technologien in Gang setzen, Technologien, die sich nun auf der Ebene des mikrologischen biographischen Alltags in der Wissenschaftswelt in Form von Graduiertenschulen niederschlagen. Beim Übergang von der „Struktur" zum „Lebensstil"
handelt es sich also nicht um eine homologe Wiederspiegelung bereits analysierter
Muster, sondern um den Übergang von einer Sorte institutioneller Technologien zu
einer neuen Sorte, von mesokularen Strategien zu mikrologischen Mustern.

Von der „Struktur" zum „Lebensstil"

Die durch „Distinktionen" konstruierten akademischen Lebenswelten erheben sich
nicht auf homologer Grundlage des ökonomischen Kapitals, sondern sie bilden
sich als heterologer „Lebensstil" heraus, der mit narrativ-biographischen Methoden rekonstruiert und mit ethnographischen Mitteln beobachtet werden kann. Die
Welt der Elite basiert demnach nicht nur auf ökonomischer Macht, sondern sie formiert sich als subkulturelle Lebenswelt, die durch Departmentalisierungsstrategien
herausgentrifiziert wurde. Es ist diese Kultur, in welche die ÖkonomInnen im Elitecluster durch Graduiertenschulen einsozialisiert werden. Graduiertenschulen als
institutionelle Technologie ist der Effekt von Departmentalisierung, Evaluierung,
Konzentration und Magnifizierung; umgekehrt tragen die institutionellen Technologien der Graduiertenschulen zur Reproduktion von Hierarchien und zur Akkumulation akademischen Kapitals bei, was sich schließlich in der Intensivierung
von Departmentalisierung, Evaluierung, Konzentration und Magnifizierung zeigt.

   Die Elitekultur manifestiert sich weniger im Kleidungsstil oder in den Essgewohnheiten, sondern vielmehr über die Praxis des akademischen Alltags, insbesondere in der Welt des Forschens und Publizierens. Insofern hat die Praxis des
Publizierens in „Top-Journalen" auch eine Distinktionsfunktion. Forschung unter
dem Diktat von Rankings entwickelt sich als *l'art pour l'art*, als eine Kunstfertigkeit, die nicht nur dem wissenschaftlichen Erkenntnisfortschritt dient, sondern
die vom Schreib- und Argumentationsstil über die Verwendung der Methoden und
Modelle bis hin zur adäquaten Gewichtung und Einordnung in das System der
Journale mitunter strengen ästhetischen Ansprüchen genügen muss.

   Diese kulturelle Dimension bezieht sich auf ein Milieu aus sozialen Netzwerken, akademischen Gewohnheiten sowie institutionellen und institutionalisierten
Praktiken. Im Falle der VWL handelt es sich hier insbesondere um die Graduiertenschulen und die damit verbundenen wissenschaftlichen Praktiken, die sich nun

um das Publizieren in „Top-Journalen" entwickeln. Institutionelle Technologien auf der Mesoebene, die in diesem Kapitel herausgearbeitet wurden, konstruieren eine Welt, in der sich weitere institutionelle Technologien auf der Mikroebene entfalten können. Sie bilden den Nährboden für eine besondere akademische Lebenswelt, weil sie die Akteure, in deren Netzwerke sich die Graduiertenschulen einnisten, mit akademischen Kapitalien ausgestattet haben, die ihre Sozialbeziehungen prägen. Die Mikrotechnologien, die einen akademischen Lebensstil ermöglichen, sollen im nächsten Kapitel auf Grundlage der Analyse von narrativ-biographischen Interviews mit NachwuchswissenschaftlerInnen aus der Ökonomie herausgearbeitet werden. Bestandteil dieses akademischen Lebensstils sind spezifische Lese- und Schreibtechniken, eine meritokratische Erfolgsorientierung, soziale Netzwerke und spezifische biographische Verlaufsmuster.

Die in den Graduiertenschulen einstudierten und inkorporierten Kompetenzen und Dispositionen befähigen die Akteure schließlich zur Ausübung diskursiver Macht. Wie am Ende des folgenden Kapitels dargelegt werden soll, wird diskursive Macht über drei Dimensionen aufgespannt. Sie bezieht sich zum einen auf die Definitionsmacht über akademische Standards („Exzellenz" definieren, Taxonomien hervorbringen), zum zweiten auf die Fähigkeit, die dadurch abgesteckten Rahmen durch Publikationen in Top-Journalen zu bedienen („Exzellenz" praktizieren, sich als ForscherIn einer bestimmten Statusgruppe positionieren) und schließlich auf die Fähigkeit, den kognitiven Mustern der akademischen Diskurse zu entsprechen und dadurch als Mitglied der akademischen Gemeinschaft sichtbar zu werden (sich als ForscherIn einer bestimmten horizontalen Gruppe positionieren).

Im ersten Fall geht es also darum, die wissenschaftliche Gemeinschaft auf eine bestimmte akademische Praxis festzulegen (Wissenschaftspolitik betreiben); im zweiten Fall geht es darum, als Elite der akademischen Gemeinschaft ebendiese akademische Praxis erfolgreich auszuüben (Statuspolitik betreiben); schließlich geht es darum, in der Welt der Ideen einen Platz einzunehmen (Wissenschaft im idealistischen Sinne betreiben). Über die dritte Dimension, die im fünften Kapitel anhand einer Diskursanalyse wirtschaftswissenschaftlicher Texte umfassend untersucht werden soll, schreibt sich die akademische diskursive Praxis in den Referenzrahmen einer akademischen Weltgemeinschaft ein, die allerdings von einem Netzwerk lokal situierter Institutionen dominiert wird und damit auch die institutionelle Ordnung in unterschiedliche lokale und globale Reputationsregime zwischen „Harvard", „MIT" etc. auf der einen und vielen kleinen lokalen Einrichtungen auf der anderen Seite einbettet.

Diskursive Macht ist damit auf eine komplexe Art und Weise auf strukturelle und kulturelle Macht angewiesen, die das Resultat von institutionellen Technologien auf der Meso- und der Mikroeben sind, weil sie einerseits bereits in die struk-

Abb. 3.9 der Elitenexus.
(Quelle: Eigene Darstellung)

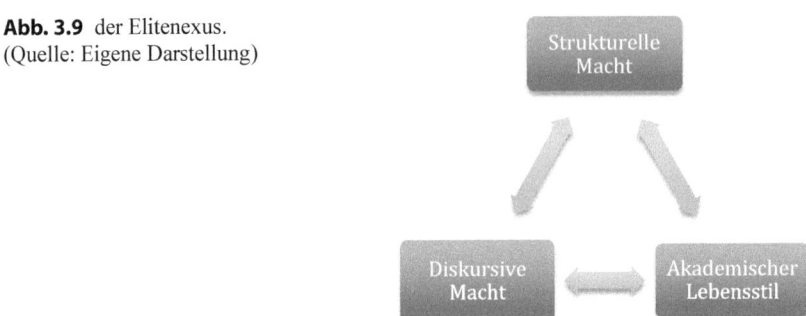

turelle Ausrichtung einfließt und damit vorausgesetzt werden muss, und weil sie andererseits das Ergebnis struktureller und kultureller Macht ist. Das Zusammenwirken von struktureller, kultureller und diskursiver Macht bildet schließlich den Elitenexus, der das strukturierende Prinzip der akademischen Welt der Ökonomie darstellt (vgl. Abb. 3.9).

Graduiertenschulen als Kaderschulen 4

4.1 Der formale Aufbau

Im Zuge der Globalisierung der Wissenschaft etablieren sich auch im deutschsprachigen Raum Graduiertenschulen nach amerikanischem Vorbild. Die Einführung von Graduiertenschulen ist das Resultat der Ausübung struktureller Macht, die hier unter der Bedingung der Magnifizierung insbesondere durch die Departmentalisierungs- und Konzentrationstechnologien bewirkt und durch die Evaluierungstechnik taxonomisch gerahmt wird. Denn nicht jede VWL-Fakultät ist in der Lage, Graduiertenschulen einzurichten. Einerseits muss eine kritische Größe überschritten werden, damit die Ansiedlung von Schulen möglich wird, anderseits müssen dafür zusätzliche Mittel bereitgestellt werden. Die Promotion wird nun durch eine legitimierende Formalstruktur geformt und das Ziel besteht darin, konkurrenzfähige ForscherInnen darin zu schulen, gezielt in bestimmten Journalen publizieren zu können, obgleich die hier erfolgende Sozialisation weit über das Erlernen künstlerisch-technischer Möglichkeiten hinausgeht und sich in den gesamten Bereich der Ausbildung inkorporierter Dispositionen erstreckt. Man kann sich die Graduiertenschulen deshalb als Kinderstube der globalisierten VWL vorstellen, in der die akademischen Sprösslinge unterschiedliche Stationen des Erwachsenwerdens durchlaufen müssen.

Während die klassische Promotion in der deutschsprachigen akademischen Welt durch die Professur als zentraler und strukturierender Institution geprägt (Mommsen 1987) und nach dem „Meister-Lehrling"-Prinzip aufgebaut ist, stehen im angel-sächsischen Raum strukturierte und weniger auf die Person der Professorin fixierte Programme im Mittelpunkt der akademischen Nachwuchsbildung

© Springer Fachmedien Wiesbaden 2015
J. Maeße, *Eliteökonomen,* DOI 10.1007/978-3-658-07338-1_4

(Bosbach 2009). Im Rahmen der Ausrichtung der deutschen Wissenschaftslandschaft nach dem Prinzip der „Exzellenz" seit den 1990er Jahren wurden nun auch
in Deutschland vermehrt Graduiertenschulen eingerichtet, die in der Regel von der
DFG gefördert sind (Enders und Kottmann 2009).

In der VWL haben sich Graduiertenschulen vor allem an den Mega-Fakultäten
angesiedelt. Die älteste Schule ist an der Fakultät in Bonn. Die Bonn Graduate
School of Economics (BGSE) bildet nach derzeitigem Stand (2012/13) 86 Pro-
movierende aus. Die Graduate School of Economics and Social Sciences (GESS)
in Mannheim bietet derzeit 74 Graduierten einen Platz. An der Munich Graduate
School of Economics (MGSE) studieren 85 Personen. In der Cologne Graduate
School (CGS) promovieren derzeit 58 NachwuchswissenschaftlerInnen in BWL
und VWL. Auch an der Graduate School of Economics Finance and Management
(GSEFM) in Frankfurt, Darmstadt und Mainz können ÖkonomInnen aus BWL
und VWL promovieren, sie umfasst derzeit 122 NachwuchswissenschaftlerInnen.
Darüber hinaus haben die Universitäten Bochum, Dortmund und Essen mit dem
Rheinisch-Westfälischen Wirtschaftsforschungsinstitut die Ruhr Graduate School
of Economics ins Leben gerufen. Schließlich wurden weitere kleine Graduiertenschulen gegründet bzw. sind in Planung, etwa in Kiel und Berlin. Generell ist an
deutschsprachigen VWL-Fakultäten ein Trend zu beobachten, auch individuelle
Promotionen an Lehrstühlen nach dem Modell der Graduiertenschule zu strukturieren, etwa wenn es aus quantitativen und finanziellen Gründen nicht möglich ist,
eine eigene Schule einzurichten.

Das bedeutet, dass sich das Modell der Graduiertenschule als Orientierungs-
rahmen auch da durchsetzt, wo die Einrichtung einer solchen Institution aus Gründen mangelnder Magnifizierung, Konzentration und Departmentalisierung nicht
möglich ist. Nachahmungen dieser Art sind typisch für Gesellschaftsordnungen,
die auf ökonomischer Ungleichheit basieren. Denn die Praktiken der herrschenden
Klasse dienen als eine Art Benchmark insbesondere für die aufstiegsorientierten
„Mittelschichten", also jener überwiegend großen Einrichtungen, die in der Semiperipherie angesiedelt sind. Während mittelgroße und große Fakultäten „Quasi-
graduiertenschulen" einrichten, um ihrem Nachwuchs den Kampf um die oberen
Plätze zumindest zu ermöglichen, werden die abgeschlagenen Fakultäten demgegenüber nur noch in der Lage sein, marginale Elemente dieser Institution zu reali-
sieren, etwa die kumulative Struktur der Promotion, wenige Paperpräsentationen
auf kleineren Tagungen, sporadische Aufenthalte in der angelsächsischen Welt und
die schnelle Orientierung auf eine Stelle im Bereich der angewandten Wirtschaftsforschung und eine periphere Professur.

Die Graduiertenschulen nehmen jedes Jahr jeweils zwischen fünf und 20 NachwuchswissenschaftlerInnen auf und statten diese mit Stipendien in Höhe von etwa 1200 € und mehr aus. Hierbei handelt es sich um reine Forschungsstipendien. Lehraufgaben werden, wenn überhaupt, nur am Rande zu Übungszwecken wahrgenommen. Das Doktorandenstudium dauert zwischen vier und fünf Jahre und ist formal streng durchstrukturiert (vgl. Abb. 4.1).

In der ersten Phase finden Vorlesungen und Seminare zu den Grundlagen statt (Mikroökonomie, Makroökonomie und Mathematik, Statistik, Ökonometrie). Diese Phase muss in der Regel mit einer Prüfung abgeschlossen werden. In der zweiten Phase wird eine Vertiefung vorgenommen. Hier diskutieren die NachwuchsökonomInnen in kleinen Gruppen Papers und entwickeln eigene erste Ideen für ihr jeweiliges Dissertationsprojekt. Nach den ersten beiden Phasen sind die technischen Grundlagen gelegt, in der dritten Phase wird das eigene erste Forschungs-

Admission and allocation of mentor						
1st year (fall)	Core: Advanced Micro economics I	Core: Advanced Macro economics I	Core: Advanced Econometrics I	Core: Mathematics		
1st year (spring)	Core: Advanced Micro economics II	Core: Advanced Macro economics II	Core: Advanced Econometrics II	Core: Advanced Microconomics III	Core: Advanced Macroeconomics III	Core: Advanced Econometrics III
Dissertation Proposal (to be accepted by admissions committee)						
2nd year (fall)	Electives			CDSE Seminar	Research colloquium	
2nd year (spring)	Electives	Dissertation Proposal		CDSE Seminar	Research colloquium	
Summer and Conference Workshops						
3rd year (fall)	Bridge Courses (CDSB, CDSS) Academic Writing Course	Work on thesis		CDSE Seminar	Research colloquium	
3rd year (spring)		Work on thesis		CDSE Seminar	Research colloquium	
Summer and Conference Workshops						
4th year (fall)	Work on thesis			CDSE Seminar	Research colloquium	
4th year (spring)	Work on thesis			CDSE Seminar	Research colloquium	
Summer and Conference Workshops						
5th year	Work on thesis / Job market preparation			CDSE Seminar	Research colloquium	
Submission of thesis and defense (to be accepted by dissertation committee)						

Abb. 4.1 Struktur der Graduiertenschule in Mannheim. (Quelle: http://gess.uni-mannheim. de/doctoral-programs/economics-cdse/cdse-program.html, Zugegriffen 22.1.2013)

projekt durchgeführt. In der letzten Phase werden publikationsreife Papers verfasst, Vorträge gehalten und Konferenzen besucht. Erst wenn mindestens ein Paper erstellt ist, das in den Augen der BetreuerInnen Aussicht auf eine Veröffentlichung in einem hoch gerankten Journal hat, bekommt die NachwuchswissenschaftlerIn die „Freigabe" der Institution, um sich mit eben diesem „Job Market Paper" zu bewerben. Nicht nur der Eintritt in die Institution, sondern auch der Durchlauf und der Austritt werden streng reguliert. Auf diese Weise ist Scheitern während der Promotion kaum möglich.

Dem Job Market Paper sind in der Regel Gutachten beigelegt. Auf diese Weise überträgt die Institution ihren Ruf auf die Absolventen der Graduiertenschulen und bürgt gewissermaßen für die „Qualität" der Absolventen. Auch hier lassen sich die im letzten Kapitel untersuchten Effekte der Departmentalisierung ablesen. In den USA beginnt dieser Prozess im Oktober eines jeden Jahres mit der Versendung der Unterlagen an eine zentrale Einrichtung. Während der Jahrestagung der American Economic Association im Januar führen die potentiellen ArbeitgeberInnen (Universitäten, Zentralbanken und andere Einrichtungen, die an akademisch ausgebildeten ÖkonomInnen Interesse haben) Interviews durch. Nach dieser Interviewphase findet zwischen Februar und April das „fly out" statt, das heißt die KandidatInnen, die nach dem ersten Interview in die engere Wahl gekommen sind, werden zu etwa eintägigen Bewerbungsmarathons eingeladen, in denen sie auf Herz und Nieren geprüft werden. In diesem kollektiven Prüfungsprozess wird die korrekte akademische Klassenzugehörigkeit der ganzen Person sichergestellt. Dieser Prozess beinhaltet zahlreiche Gespräche mit allen Mitgliedern des Departments, gemeinsames Essen, einen Vortrag und Abendessen. Bis zum Monat Mai haben die AbsolventInnen in der Regel eine Anstellung. Wie Auswertungen von AbsolventInnenbiographien gezeigt haben, sind die Aussichten auf eine prestigeträchtige Stelle im akademischen Bereich, bei staatlichen Behörden oder in der Finanzindustrie gut bis sehr gut. Gegen Ende des Jahres erfolgt die Verleihung des akademischen Grades. In vielen Fällen beginnt nun erst der eigentliche Publikationsprozess, der sich dann nochmals über mehrere Jahre hinziehen kann.

Das bzw. die Paper (in der Regel werden drei Paper für die Promotion angefertigt) werden nun nach dem Dachrinnenprinzip bei Journalen eingereicht. Auf Grundlage dezidierter Kenntnisse über das System der Journale wird gemeinsam mit KollegInnen und vor allem der BetreuerIn eine Einschätzung des Papers vorgenommen (ist es ein methodisches Paper, behandelt es eine Frage von allgemeinem disziplinären Interesse, ist es eher subdisziplinäre Fachfrage, ist es „sehr gut" etc.?). Zunächst wird das Paper möglichst weit „oben" in der Hierarchie eingereicht und tröpfelt in Form von Ablehnungen solange die Hierarchie „herunter", bis es irgendwo „hängen bleibt" und veröffentlicht ist. In dem Moment ist die ForscherIn offiziell von der akademischen Gemeinschaft anerkannt und beginnt fortan eine akademisch-diskursive Akteursträgerschaft als Vollmitglied der Gemeinschaft auszubilden, weil es nun über seine Publikationen sichtbar wird (dazu mehr im anschließenden Kapitel).

4.2   Die institutionelle Konstruktion akademischer Akteure

Wie bewegen sich Individuen in diesen formalen Strukturen der Graduiertenschule? Um dieser Fragen nachzugehen, wurden insgesamt 25 Interviews mit ÖkonomInnen an acht Universitäten geführt, davon drei Mega-Fakultäten, eine Groß-Fakultät und vier mittlere Fakultäten. 14 Interviews wurden mit Postdocs, zwei mit ProfessorInnen und fünf mit Promovenden geführt. Diese 21 Interviews wurden nach den Regeln des narrativ-biographischen Interviews erhoben, die vier verbleibenden Interviews wurden als leitfadengestützte ExpertInneninterviews geführt. Das Ziel der narrativ-biographischen Interviewmethode bestand darin, die institutionellen Technologien zu rekonstruieren, die den Verlauf der Doktorandenphase strukturieren. Die InterviewpartnerInnen wurden gebeten, ihren Promotionsverlauf zu beschreiben und ihre Erfahrungen nachzuerzählen. Die Interviews wurden transkribiert und vor dem Hintergrund einer diskursanalytischen Methodologie, wie sie Angermüller (2010b) vorgestellt hat, feinanalytisch ausgewertet. Das Ziel der Analyse bestand nicht in einer Rekonstruktion der vollen biographischen Verlaufskurve nach Schütze (1987), sondern in einer Rekonstruktion der Art und Weise, wie sozial verfestigte Regeln im Sinne von Technologien der Macht (Foucault) professionelle Verläufe von Promotionsphasen strukturieren, in dessen Zuge die Individuen kulturelles Kapital inkorporieren und als Akteure im Wissenschaftssystem diskursiv handlungsfähig werden. Es ging also weder um die latenten Strukturen, die Handeln und Deuten ermöglichen, noch um die biographischen Verläufe, sondern um das sichtbar werden lassen heterogener Technologien (siehe dazu Kapitel zwei, Abschnitt sechs und sieben). Die hier angewendete und unter Umständen von den jeweiligen VertreterInnen der objektiven Hermeneutik und des narrativ-biographischen Interviews als heterogen empfundene Vorgehensweise in der Analyse des Interviewmaterials ist also einer Analyseperspektive geschuldet, die jene Heterogenitäten im Sozialen vermutet.

Durch institutionelle Technologien wie etwa dem Lesen, Schreiben, Präsentieren und Diskutieren werden Individuen akademische Akteure, indem sie in unterschiedliche Sozialbeziehungen etwa zu BetreuerInnen, Vorbildern des Faches und KollegInnen eintreten und ein Wissen über ihre professionelle Lebenswelt anhäufen und inkorporieren, das es ihnen ermöglicht, unterschiedliche Rollen zu spielen und schließlich als diskursive Akteure aufzutreten. Während sich die formalen Strukturen der Graduiertenschulen auf die normativen und offiziellen Regeln beziehen, sind institutionelle Technologien jene Praktiken auf der Ebene der Aktivitätsstruktur. Aus diskursanalytischer Sicht können die formalen Strukturen als Texte oder Skripte bezeichnet werden, an denen sich die Individuen in ihrer Praxis mehr oder weniger orientieren, wobei die Übersetzungsprozesse von Formalstrukturen in gelebte Praxis selbst Strukturen herausbilden. Diese dynamischen Strukturen nenne ich in Anlehnung an Foucaults Idee der Technologien der Menschenführung institutionelle Technologien.

Während Foucault Disziplinartechnologien – etwa die Sitzordnung in Schulen –, Selbstführungstechnologien – z. B. die Ethik – oder Technologien der Regulation – die Statistik – unterscheidet, soll im Folgenden gezeigt werden, wie durch institutionelle Technologien auf der Mikroebene akademische Akteure in der VWL konstruiert werden. Während Praktiken im Sinne praxeologischer Ansätze so individuell und vergänglich sind wie die Situation, in der sie beobachtet werden können, bezieht sich der Begriff der institutionellen Technologien auf jene Regeln, die zwischen den offiziellen Anforderungen der Institution bzw. des Dispositives im weitesten Sinne (also etwa den normativen Anforderungen der Graduiertenschule, wie sie in Abb. 4.1 dargestellt ist), und der praktischen Ausformung jener Regeln im situativen Alltag vermitteln. Sie liegen also zwischen Normen als Strukturen und Situationen im Sinne von Kontextualisierungen.

Auf Grundlage der Analyse von narrativ-biographischen Interviews mit Postdocs in den Mega-Fakultäten wurden vier institutionelle Technologien identifiziert, die sowohl für ehemalige Promotionsstudierende im angelsächsischen Raum als auch im deutschsprachigen Raum gelten. Dies sind:

- die „Beziehung zur zentrale Bezugsperson",
- die „technische und paradigmatische Schulung",
- das „ökonomische Labor" und
- das „Publizieren".

Diese vier Technologien korrespondieren mit der biographischen Verlaufskurve, wie sie durch die formalen Strukturen vorgegeben ist, ohne allerdings damit zusammenzufallen. Die Entscheidung zur Promotion, die Wahl des Themas und des Ortes sind ohne das Eingehen einer Beziehung zur zentralen Bezugsperson undenkbar. Auch wenn diese Beziehung sich über die Zeit verändert und entwickelt, die „Faszination" für das Fach und das fundamentale Interesse an der Wissenschaft hängen üblicherweise mit der Projektion auf ein Vorbild zusammen. Man kann sagen, dass der eigentliche Eintritt in die wissenschaftliche Welt mit der Herstellung einer sozialen Beziehung zu einer Bezugsperson im Feld beginnt. Anschließend erfolgt die vor allem paradigmatische und technische Schulung. Dies findet vor allem im Studium und in den ersten beiden Semestern der Graduiertenschule statt. Das eigene Forschungsprojekt und die damit zusammenhängende Entwicklung der akademischen Selbstfindung geschieht im „ökonomischen Labor", in dem das eigene Thema entdeckt und die individuelle Forschungsleistung sowohl im „stillen Kämmerlein" als auch in intensiver Interaktion mit dem näheren KollegInnenumfeld (und hier vor allem mit der zentralen Bezugsperson) erbracht wird. Diese institutionelle Technologie fällt vor allem mit dem zweiten und dritten Jahr in der Graduiertenschule zusammen. Abschließend erfolgt das „Publizieren". Hierbei geht es vor allem darum, sich mit seinem Paper in der öffentlichen Welt der Forschung zu positionieren und einen Anspruch auf einen Platz in hoch gerankten Journalen zu erheben. Diese Phase fällt mit dem letzten Jahr in der Graduiertenschule (Erbringung des Nachweises der Publikationsfähigkeit gegenüber der zentralen Bezugsperson) und den folgenden zwei bis drei Jahren (Platzierung einer Publikation in einem prestigeträchtigen Journal) zusammen.

Allerdings sind in den Erzählungen der ÖkonomInnen auch Abweichungen von dieser zeitlichen Korrespondenz zu finden. So ist etwa die zentrale Bezugsperson in allen Phasen äußerst präsent; technische Schulungen beispielsweise im Programmieren oder in der Anwendung eines bestimmten Modells können zu einem späteren Zeitpunkt im Zuge des Forschungsprozesses erfolgen; der für das „ökonomische Labor" typische Selbstfindungs- und Entwicklungsprozess zur Forscherpersönlichkeit kann bereits gegen Ende des Studiums erstmalig einsetzen, und eine intensive Textexegese, wie sie für das „ökonomische Labor" typisch ist, kann in der Phase des Publizierens, also nach Beendigung der Promotion, wiederholt einsetzen.

Die Bezugsperson: das Verhältnis zur akademischen Elternfigur als „Gesellschaftsvertrag"

Nichtsdestotrotz prägt die formale Struktur der Graduiertenschule, wie sie heute vor allem in den Eliteclustern vorgefunden werden kann, den Verlauf der Promotion, die für die Entwicklung der wissenschaftlichen Persönlichkeit von zentraler Bedeutung ist, weil hier das soziale Umfeld auf eine spezifische Art und Weise entsteht, in dem die Persönlichkeitsentwicklung stattfindet (Engler 2001). Die Graduiertenschule ist der Ort, an dem die Promovierenden ihre vermutlich wichtigste soziale Beziehung eingehen, die Beziehung zu einer „zentralen Bezugsperson". Auch wenn die ProfessorInnenzentrierung im Zuge der Departmentalisierung abnimmt und in Graduiertenschulen nach angelsächsischem Vorbild gegenüber der Institution der Schule in den Hintergrund tritt (Bosbach 2009), ist das Eingehen

einer Beziehung zu einer (oder zwei) zentralen Bezugsperson(en) von grundlegender Bedeutung. In allen Interviews wurde deutlich, dass die Bezugsperson in allen
Phasen der akademischen Karriere bis hin zur eigenen Professur (und oft auch
darüber hinaus) nicht nur das Scharnier ins Forschungsfeld bildet, sondern ein wesentlicher Bestandteil des Netzwerks ist und bleibt (etwa durch Ko-Autorschaften).
Ausgehend von der Bezugsperson bildet sich ein Großteil aller anderen sozialen
Beziehungen, etwa zu anderen DoktorandInnen, zu ForscherInnen an anderen Einrichtungen, die zu einem ähnlichen Thema arbeiten, zu etablierten Größen des Faches, die oft Teil des Netzwerks der Bezugsperson sind, oder durch die Vermittlung
einer Postdoc-Stelle.

Über die zentrale Bezugsperson betreten DoktorandInnen das Feld der Wissenschaft, etwa über die Themenfindung, wie der folgenden Interviewausschnitt
illustriert:

> Da war für mich klar: ich bleibe im empirischen Bereich, habe mich dann an dem
> orientiert, was meine Doktor-Mutter als Forschungsschwerpunkte hatte. (ÖkonomIn 4)

Die DoktorandInnen orientieren sich aber nicht nur an den Forschungsschwer-
punkten ihrer Bezugspersonen, sie werden – u. a. dadurch – auch in das bestehende
soziale Netzwerk eingeführt und etabliert. Dies erfolgt etwa durch Ko-Autorschaften, Gespräche im Rahmen der Literaturrecherche oder die Auswahl von Stellen
für den weiteren Bewerbungsweg. Insbesondere wenn die Bezugsperson über Ämter etwa im Editorial Board einer bestimmten Zeitschrift verfügt oder in jene Netzwerke eingebunden ist, die über die Macht verfügen zu definieren, was gerade eine
„aktuelle Forschungsfrage" bzw. ein „relevantes Forschungsthema" ist, ist sie für
den Nachwuchs von unschätzbarem Wert. Die Bezugsperson ist aber nicht nur die
Schaltstelle für den Eintritt in die bestehenden Netzwerke. Sie liefert auch durch
zahlreiche und – im Gegensatz zur klassischen professoralen Promotion – regelmäßig stattfindende und systematisch institutionalisierte Gespräche eine kognitive
Kartierung des Feldes, die es den DoktorandInnen ermöglicht, sich darin zu orientieren und das System der Journale aus einer spezifischen Perspektive kennen zu
lernen.

> Es gibt eine gewisse Liste [von Journalen] oder eine Idee, die man entwickelt, nicht
> nur aus sich selbst heraus natürlich, aber auch dann gerade in der Kommunikation
> mit anderen Leuten, auf Konferenzen oder in Seminaren, wo man gerade als junger
> Forscher vielleicht Hinweise bekommt, man könnte es auch dort versuchen oder viel-
> leicht lieber nicht. Also da kriegt man teilweise auch von erfahreneren Leuten Hin-
> weise oder hier z. B.: ich hab den Max Müller [Name geändert], meinen Kollegen,

als Mentor quasi, er ist quasi voller Professor, ich bin Junior-Professor, und für solche Fragen kann man auch seinen Mentor dann zu Rate ziehen und einfach gucken: wo könnte man das hinschicken, wie könnte man das angehen? (ÖkonomIn 5)

Die zentrale Bezugsperson begleitet in den Graduiertenschulen die DoktorandInnen durch alle biographischen, institutionellen und emotionalen Stationen. Gerade weil in den Eliteclustern der VWL die Publikation in hoch gerankten Journalen obligatorisch ist, warten die NachwuchswissenschaftlerInnen oft viele Jahre auf die offizielle Anerkennung durch die Wissenschaftsgemeinschaft, die mit einer erfolgreichen Publikation verbunden ist. In diesem Zusammenhang kommt es öfter zu kleineren Sinnkrisen. Auch (und vielleicht gerade) in solchen Situationen ist die Bezugsperson als Vorbild, akademische Autorität und „Legitimator in letzter Instanz" gefragt:

Man kriegt ja auch immer das Feedback dann vom Professor, wie es dann weitergehen soll und ja, und vor allem eben die Motivation, auch weiterzumachen dann. (ÖkonomIn 1)

Im Unterscheid zur Figur der ProfessorIn, die ebenfalls eine zentrale Bezugsperson für die NachwuchswissenschaftlerInnen darstellt, ist die zentrale Bezugsperson in den Graduiertenschulen der VWL nicht gegenüber der Professur, sondern gegenüber der Schule als Institution mitsamt ihren offiziellen und inoffiziellen Regeln verpflichtet. Die Trennung zwischen Person und Institution nimmt dadurch zu. Denn in der Schule stehen alle Promovenden unter ständiger Beobachtung aller Mitglieder. Die Graduiertenschule trägt Merkmale einer „totalen Institution" (Goffman 1973), was sich etwa an den außergewöhnlich hohen AbsolventInnenquoten ablesen lässt[1].

Unter der Voraussetzung, dass die Betreuungsrelationen zwischen BetreuerInnen und Promovierenden gering bleiben, ist es offenbar unmöglich, unerkannt zu scheitern oder auch nur über die geplante Zeit hinweg zu promovieren. Ebendiese Struktur wirkt auch auf die zentrale Bezugsperson verpflichtend. Üblicherweise müssen die DoktorandInnen eine Prüfung nach der ersten Phase, die durch eine paradigmatische und technische Schulung gekennzeichnet ist, ablegen. Erst dann qualifizieren sie sich für die eigentliche Promotion. Auf diese Weise verschafft sich die Institution eine Rückversicherung bezüglich des zu erwartenden Promotionserfolgs ihrer Mitglieder und garantiert diesen Mitgliedern wiederum maxi-

---

[1] Meine InterviewpartnerInnen versicherten mir auch Nachfrage, dass ihnen kein Fall von Scheitern bekannt wäre.

male Unterstützung. Wenn das traditionelle Verhältnis zwischen der ProfessorIn und dem Promovenden als „Lehrling" einer Familie ähnelt, in der die Zukunft des Promovenden ganz vom Gutdünken des „Vaters" abhängt, dann ähnelt die Graduiertenschule eher dem „Gesellschaftsvertrag". Die oft mittelalterlich anmutende Professoren-Promovenden-Beziehung wird nun gewissermaßen modernisiert und in eine eher betriebsförmig-professionelle Beziehung zwischen den Betreuenden und den Betreuten mit klaren, institutionalisierten Zielen gegossen. Insofern kann hier von einer Organisationalisierung und Bürokratisierung der Wissenschaft im Sinne Webers gesprochen werden.

Paradigmatische und technische Schulung: die pränatale Phase
Alle DoktorandInnen absolvieren eine Schulung in den kanonisierten Subdisziplinen des Faches. Diese Schulung erfolgt in Form von Vorlesungen in der ersten Phase der Doktorandenschule. Eine ÖkonomIn beschreibt dies folgendermaßen:

> Das wird ein bisschen mehr sein als anderthalb Jahre, glaube ich, weil in der ersten, in dem ersten Jahr ist es üblich in dem, das ist wie in so einer Graduiertenschule quasi lediglich Kurse zu machen, also man hat im Grunde eine Gruppe von 20 Leuten, die PhD machen, die jetzt im ersten Jahr sind und wir haben quasi alle Mikro, Makro, Ökonometrie, quasi die Grundlagen noch mal gehört, um quasi relativ detailliert diese Themen dann abzuhandeln und quasi detailliert Bescheid zu wissen, was in den einzelnen Feldern passiert. Erst im zweiten Jahr hat man *field crosses*, also Wahlfächer, die man wählen, um möglicherweise Vertiefungsfächer zu bekommen, wie z. B. Spieltheorie oder angewandte Mikro oder experimentelle Ökonomik oder Verhaltensökonomik, ja, also erst im zweiten Jahr hat man eine Ausrichtung, in der man erst mal aufnimmt quasi, was in den einzelnen Feldern gemacht wird und erst in dem Moment hat man, glaube ich, die Möglichkeit, sich mit konkreten Forschungsfragen zu befassen, die wirklich relevant sind. Also man mag das vorher gemacht haben, aber also jedenfalls bei mir war es vorher noch nicht so, dass ich da vorher irgendwas relevantes hätte zustande bringen können, sondern das war dann erst im Laufe des zweiten Jahres, dass man sich vertieft hat auf verschiedene Fächer und dass man dann auch angefangen hat, in dieser Vertiefung zu gucken, was sind denn interessante Fragestellungen, die noch offen sind. (ÖkonomIn 5)

Anders als in vielen sozialwissenschaftlichen Disziplinen existiert in der VWL die Idee eines Kanons, der sich vor allem über die Lehrbücher institutionalisiert hat (Pahl 2012). Der Kanon vermittelt eine übergreifende Idee und Orientierungsstruktur für die Disziplin, er wird durch Frontalunterricht vermittelt und in Klausuren abgeprüft. Welche genauen Auswirkungen eine solche Kanonisierung auf die NachwuchsforscherInnen hat, muss Gegenstand noch ausstehender Untersuchungen bleiben. Zu einer Homogenisierung der VWL entlang eines „Mainstreams", in dem nur noch innere Kontroversen ausgetragen werden, führt die Kanonisierung jedenfalls nicht (siehe etwa Pahl 2013a; Halsmayer und Huber 2013). Entweder handelt es sich um ein Wissenschaftsritual, das kaum nachweisbare Effekte auf die Forschung hat, oder es strukturiert den Habitus der NachwuchswissenschaftlerInnen im Sinne eines evolutionären Wissenschaftsverständnisses. Während es im evolutionären Wissenschaftsverständnis vor allem darum geht, die Geschichte der Disziplin als eine auf einander aufbauende „Entdeckung" und „Widerlegung" von „wissenschaftlichen Erkenntnissen" zu erzählen, schreiben etwa antagonistische Wissenschaftsverständnisse die Geschichte des Faches als einen „Kampf der Schulen" (Restivo 1992) und konstruktivistische Ansätze sehen die Entstehung und Auflösung von „Paradigmen" (Kuhn 1967) oder „Epistemen" (Foucault 1974). Zu prüfen wäre auch, ob diese Schulungen weniger einen Bildungs-, sondern eher einen Zertifizierungseffekt nach Bourdieu haben. Demnach hätte das Bachelorstudium die ritualhafte Funktion einer Vorauswahl für das fachlich orientierte Studium, das erst mit dem Masterstudium bzw. der Promotion einsetzt. Was dann in der Bachelorphase abgeprüft würde, ist nicht Fachwissen, sondern die Bereitschaft VWL zu studieren. Schließlich kann das Studium auch als eine „Zeremonie" im Sinne des Neoinstitutionalismus gelesen werden, wonach sich die Disziplin gegenüber der Öffentlichkeit als eine geschlossene, in sich stimmige, schulbuchmäßig formierte Wissensordnung präsentiert (die dann freilich kaum noch etwas mehr mit dem realen Forschungsalltag zu tun hat).

Neben der paradigmatischen Schulung erfolgen die für die Karriere der NachwuchswissenschaftlerInnen vermutlich bedeutendere technische Schulung, etwa in statistischen und ökonometrischen Methoden, Programmieren oder in mathematischem Handwerkszeug, das in der Regel an die speziellen Bedürfnisse der Forschung gebunden ist, wie die folgende Ausführung illustriert:

Genau, das Modell durchrechnen, das ist eine große Arbeit. Dann verschiedene Annahmen immer wieder auch lockern und wieder schauen, ob man das berechnen kann und vielfach ist das Problem, dass diese Modelle nicht mehr per Hand ausgerechnet werden können und man dann so halt mit numerischen Methoden arbeiten muss und am Anfang konnte ich noch gar keine numerischen Methoden. Aber wir hatten dann Glück gehabt, unser Professor hat dann Leute eingeladen, die dann so Kurse angeboten bzw. es war eine Person, der hat dann einen Kurs angeboten für numerische Methoden und, genau, und dann haben wir diesen Kurs gemacht, das war so ne Art Crash-Kurs, so eine Woche. Aber da, es hat schon etwas gebracht, weil der war auch ganz nett, mit dem konnte man dann auch direkt reden und ich konnte ihm dann zeigen, was ich probiert hatte am Computer, diesen Code und wir haben den dann zusammen angeschaut und er hat mir so Tipps gegeben, ja, und dann hatte ich noch diese Tool-Box, die ich auch immer benutze eigentlich für numerische Methoden, hab ich dann kennengelernt. Und auch die Post-Doc, die bei uns war, die hatte auch ein bisschen Ahnung mit dieser Tool-Box und das hat natürlich alles sehr geholfen, ich mein, wenn ich einfach allein gewesen wäre, hätte ich nicht genau

gewusst, weil bei diesem Programmieren ist es halt am Anfang immer schwierig:
der Einstieg und man muss halt, brauch schon ein bisschen Hilfestellung vielleicht
und, ja, und das Wissen hab ich dann mit der Zeit immer mehr halt erweitert und
dann auch, dann war auch ein glücklicher Zufall, dass auch dann ein Professor an die
Uni kam, an die Uni Zürich, der auch sehr gut war mit numerischen Methoden und
der auch noch wieder einen Kurs angeboten hat. Das war zwar schon ein paar Jahre
später, aber da bin, da war ich halt immer noch dran, hatte immer noch nicht alles
gelöst in diesem 1. Projekt und da war ich froh, da bin ich auch wieder in den Kurs
gegangen und, ja, also, da hat man immer wieder was gelernt, auch in Kursen noch,
auch wenn man denken würde, ok, Doktoranden, die schreiben nur noch an ihrer
Doktorarbeit, die machen keine Kurse mehr, aber eigentlich muss man dann trotzdem
noch, wenn man so gewisse Probleme hat, dann hingehen und selber noch das wieder
lernen. (ÖkonomIn 1)

Wie dieses Interview verdeutlicht, findet die technische Schulung als institutionelle Technologie in einem Umfeld anderer institutioneller Technologien statt.
Man beachte nur die Rolle der zentralen Bezugsperson („unser Professor") für die
Bereitstellung des technischen Wissens und der Knüpfung neuer sozialer Beziehungen im Feld oder die unmittelbare Präsenz des „ökonomischen Labors", das
wir im Folgenden näher untersuchen wollen. Für unsere Analyse der Schulung als
institutionelle Technologie ist aber vor allem die Tatsache interessant, dass die paradigmatische Schulung zunächst einfach nur bestanden werden muss, als handele
es sich hierbei um ein Initiationsritual, dessen praktischer Sinn darin besteht, die
NachwuchswissenschaftlerInnen darauf einzuschwören, die Regeln der akademischen Welt zu akzeptieren. Mit dem „Bestehen" erfolgt der Eintritt in das ökonomische Labor, jener Technologie, die für die Selbstfindung und Selbstentdeckung
der wissenschaftlichen Persönlichkeit im Rahmen von Doktorandenschulen von
zentraler Bedeutung ist.

Ökonomisches Labor: die akademische Kindheit
Mit dem Eintritt in das ökonomische Labor werden unterschiedliche institutionelle Technologien miteinander kurzgeschlossen, vor allem durch das Kennenlernen
der zentralen Bezugsperson, über die Findung des Themas und dem damit zusammenhängenden Wissen über technische Methoden und analytische Möglichkeiten.
Dabei handelt es sich nicht nur um trockenes methodisches Wissen, sondern auch
um Subjektivierungsmodalitäten zu Herstellung der akademischen Persönlichkeit.
Der Weg von der Schulung ins Labor wird von einer ÖkonomIn folgendermaßen
beschrieben:

Das ist einmal der Sinn des, also der Sinn, dass alle einmal die ganze Bandbreite an
Kursen besuchen ist, dass sie auf eine Ebene gehoben werden bzgl. der Methoden, der
formalen Methoden, Mathematik, etc. Und dann die Wahlkurse, die angeboten wer-

den, sind eben auch schon dazu da, einzelne Themen näher vorzustellen und viele der
Wahlkurse sind aufbauend auf den Forschungsinteressen der jeweiligen Professoren,
d. h. hier weiß man oder kann man abschätzen, wenn mich das Thema interessiert, der
Professor forscht zu dem und dem Thema, ich könnte den auch als Betreuer wählen
und genau so hat das dann funktioniert. Bei mir waren das zwei Kurse, die thematisch
ähnlich waren, von zwei Professoren, die dann im Endeffekt auch mein Betreuer und
mein Zweitbetreuer wurden (ÖkonomIn 7)

Der Übergang in das ökomische Labor ähnelt oft einer „Auferstehung", weil einerseits der Kanon von den NachwuchswissenschaftlerInnen eine Unterwerfung
verlangt, die nun beendet ist, und weil andererseits mit dem Eintritt in das Labor
die Suche nach einem Forschungsthema beginnt. Über dieses Forschungsthema
kristallisiert sich die Forscherpersönlichkeit als individuelle Persönlichkeit heraus,
weil sie sich damit letztlich im Zuge des „Publizierens" als diskursiver Akteur
positionieren muss. Ohne die Ausbildung einer autonomen Wissenschaftspersönlichkeit wird eine Positionierung in den oberen Rängen der akademischen Hierarchie kaum möglich sein. Autonomie ist kein Persönlichkeitsmerkmal, sondern eine
klassenspezifisch institutionalisierte strategische Ressource, die es den Akteuren
ermöglicht, unter Vielen hervorzustechen. Hier beginnt der unterschwellige Kampf
um jene knappen strategischen Positionierungsmöglichkeiten, die der akademische
Individualismus bereithält. Aus diesem Grund wird die „Findung des Themas"
oder das Finden einer „Idee" von vielen Beteiligten als eine der schwierigsten Aufgaben wahrgenommen:

Ich glaub, wo sich die meisten schwer tun, also in VWL, ist die Themenfindung
(ÖkonomIn 3)

Mit dem Eintritt in das Labor und die Themensuche beginnt nicht nur die Positionierung im Feld der VWL; vielmehr hat dieses Moment eine zutiefst subjektive
Dimension. Dies zeigt sich an den diskursiven Markern für Subjektivität wie etwa
„ich", „mich", „mir", die besonders oft an jenen Stellen der Interviews vorkommen, an denen die InterviewpartnerInnen diesen Prozess des Eintritts in die institutionelle Technologie des Labors beschrieben haben, wie der folgende Ausschnitt
illustriert:

Dann sich zu überlegen, was ist denn eigentlich ein interessantes Thema und inter-
essante Themen zu finden ist eigentlich am einfachsten, wenn man diese Vorlesungen, diese Vertiefungsvorlesungen besucht und dann guckt, was interessiert *mich* und
in welche Richtung könnte *ich mir* vorstellen, jetzt tiefer zu graben, vielleicht liest
dann die eine oder andere Literatur dann noch *selbstständig* durch, um zu sehen,
was könnte denn interessant sein, und so war das bei *mir*, dass *ich* im Grunde eine

> Vertiefungsvorlesung in experimenteller Ökonomie gehört hab und dann auch dort
> gesehen habe, an was quasi Leute in den letzten 5 Jahren gearbeitet haben. Also man
> kommt quasi an die Forschungsgrenze und in dem Moment, genau, hat sich bei *mir*
> so ein Interesse entwickelt, in eine Literatur *mich* reinzulesen und dann dort auch zu
> gucken, das war dann also experimentelle Literatur über strategisches Denken und
> das hat sich dann so langsam entwickelt, ein *eigenes* Experiment zu entwickeln und
> dann auch durchzuführen (ÖkonomIn 5)

Deiktische Marker verbinden in der Perspektive der Diskursanalyse einen bestimmten sprachlich-kognitiven Gegenstand, sei dies eine Erfahrung, ein Argument oder eine These, mit der Person, die im Hier und Jetzt der Äußerung unmittelbar gezeigt wird (deixis = „zeigen"). Weil das Ich der zentrale Referenzpunkt für
den Gegenstand – in unserem Fall für die Themenfindung – ist, verbindet sich mit
der Findung des Themas akademische Subjektivität. Dieser Akt der „Interpellation" (Althusser) durch das wissenschaftliche Feld wird die weitere akademische
Laufbahn prägen wie kaum ein anderes Ereignis, weil damit gewissermaßen die
„Geburt" der WissenschaftlerIn eingeleitet wird und der Gang in die akademische
Kindheit beginnen kann. Wie die Sozialisationsforschung lehrt, ist die Kindheit
eine Phase von zentraler Bedeutung für die Persönlichkeitsentwicklung. Hier entscheidet sich, welche akademischen Wege eröffnet werden und welche tendenziell
verschlossen bleiben. Wer auf diese Weise in Elitecluster hineingeboren wird, hat
die Option, später selbst zur Publikationselite zu gehören. Denn bekanntlich ist
soziale Herkunft und nicht „Leistung" die Grundlage für die Zugehörigkeit zur
herrschenden Klasse.

Das weitere Wirken des ökonomischen Labors als institutionelle Technologie
besteht vor allem darin, im Rahmen der *Themensuche* und der *Suche nach einer*
wissenschaftlichen Aussage, mit der sich die ForscherIn später im Zuge des Publizierens diskursiv verorten kann, zu lesen, zu schreiben, Untersuchungen anzustel-
len, Zeitreihen zu konstruieren und auszuwerten, Gespräche mit der Bezugsperson
und KollegInnen zu führen und Vorträge zu halten. Dieser Prozess beginnt zunächst mit einer Literatursuche, die etwa folgendermaßen dargestellt werden kann:

> Ich hatten hauptsächlich dann angefangen mit den Papieren, die quasi diese For-
> schungsrichtung dann etabliert hatten, also quasi sehr wichtige Papiere, die dann z. B.
> das Modell zum ersten Mal aufgestellt hatten, ja, also es gibt ein Papier, das für mich
> konkret relevant war, von Rosemarie Nagel von 1995 in der American Economic
> Review, die quasi als erstes ein Modell aufgeschrieben hat zum strategischen Denken
> und gibt es natürlich relativ viele Papiere, die auf diesem Papier aufbauen, andere
> Modelle vorschlagen oder andere Daten, andere experimentelle Daten nehmen und
> dieses Modell verfeinern, ja, und das ist im Grunde dann eine Literatur zwischen
> 1995 und dem Moment 2007 gewesen, die man sich anschaut und dann durchsucht.
> Also das geht meistens dann, den Prozess, OK, welche Papiere haben jetzt Nagel

1995 zitiert oder welche Papiere sind auch noch in der Vorlesung als wichtige Papiere erwähnt worden oder wurden auch in den, in sehr guten Journalen publiziert, also das ist quasi so der Zugprozess, teilweise dann auch, guckt man vielleicht auch relativ spezifisch, ob dieses Thema vom Working Paper aufgegriffen wurde. Man kann ja über Google-Scholar relativ oder über andere Plattformen relativ gut gucken, ob es thematisch solche Papiere gibt. (ÖkonomIn 5)

Das Lesen, das sich über bis zu acht Monate erstrecken kann, erschöpft sich im ökonomischen Labor aber nicht in der Literaturrecherche, sondern besteht vor allem darin, durch eine akribische Auslegung der ökonomischen Texte Lesen zu üben:

Genau, ja, also in Kursen eben und dann eben sich die Literatur angucken, wirklich auch, es geht letztendlich darum auch, die Beweise zu verstehen, ja, also in diesem Bereich ist es so: ich lese das Papier und das ist immer so bewiesen eigentlich wie ein mathematisches Papier, ein bisschen, wird das Modell beschrieben, dann kommt eine Proposition, das ist das Gleichgewicht, und dann ist ein Appendix da, wo das bewiesen wird, dann ist, so ein Paper durchzuarbeiten, bis man das wirklich verstanden hat. (ÖkonomIn 3)

Besonders interessant erscheint hier der Übergang vom passiven zum aktiven Lesen, wie er in den ersten beiden Zeilen des Interviewausschnittes beschrieben wird. Während es in den Kursen noch darum ging, die Literatur kennen zu lernen, geht es im ökonomischen Labor nun darum, sich intensiv mit den Texten zu befassen und Lesen zu üben.

Neben dem Lesen und Lesen üben ist das Experimentieren ein weiterer fundamentaler Bestandteil des ökonomischen Labors. Das folgende Beispiel illustriert diesen Prozess anhand einer Dissertation über ein Modell:

Das war im Rahmen von einem allgemeinen Projekt hier, das im Rahmen auch von seinem Forschungsprojekt, ja, eine Fragestellung, wo er gemeint hat, das könnte für mich interessant sein. Da war es wieder so, dass wir angefangen haben mit einer anderen Vorstellung, was da rauskommen würde, und im Laufe des Arbeitens eben dann sich neue Fragestellungen entwickelt haben. Also das ist halt, ich würde sagen, es ist häufig so, dass man so einzelne Projekte anfängt und dann entweder sieht man, dass ist nicht wirklich interessant ist oder im Laufe des Einarbeitens merkt man: das gibt es schon, das ist sehr ähnlich zu etwas, was schon existiert, oder häufig, kann auch dazukommen, dass man keine klaren Effekte bekommt und es ist natürlich immer so, wenn man sagt, wenn man was theoretisches modelliert und dann sagt, das kann so und so sein, aber man weiß nicht genau, man kann keine klare Condition angeben, wann es in die eine Richtung geht, der Effekt, wann in die andere Richtung. So etwas lässt sich nicht verkaufen, weil man es nicht empirisch testen kann, da jetzt. D.h. häufig sind dann auch Projekte tot, weil man manche Beweise nicht führen kann, ja, weil keine klare Aussage rauskommt, das passiert schon häufig, dass man in die

eine Richtung modelliert, dann sagt, ok, das ist eine Sackgasse und dann was neues
anfangen muss, aber in der Hinsicht war das auch bei dem Projekt, haben angefangen
was zu modellieren, das ließ sich so nicht lösen, dafür sind wir auf andere Sachen aufmerksam geworden, die dann eben zu einem anderen Paper geführt haben. Ja, aber,
also es ist nicht so klar, dass man anfängt und dann sagt, das ist, also das Ergebnis
quasi schon kennt. (ÖkonomIn 3)

In anderen Interviews haben ÖkonomInnen davon erzählt, wie sie die Daten für
Zeitreihen reinigen mussten, Experimente durchgeführt haben oder sich mit Pro-
grammiersprachen vertraut machten, um eine Methode mit empirischen Daten zu
testen. Diese Phasen des Experimentierens umfassen oft über ein Jahr und nehmen
damit die meiste Zeit in Anspruch.

I spent significant amount of time, so I would say that the first two years of my PhD
I spent in identifying which was the best data source to use and also to apply to get
this data and then to clean them, because back then I was inexperienced and during
my thesis this was part of the process to learn how to clean this data, so it took me, I
would say, almost two years. (ÖkonomIn 6)

Obwohl das Experimentieren auch zu unerwarteten Ergebnissen führen kann, setzt
es die Findung eines Themas und eine intensive Literaturexegese ebenso voraus
wie eine erste Literaturschau. Beim Abfassen der Ergebnisse wird es von weiteren
Literaturrecherchen begleitet.

Die letzte Phase im ökonomischen Labor ist zugleich die erste Phase des „Publizierens", nämlich Vorträge halten und Schreiben lernen. In dieser Phase geht es
darum, die erzielten Ergebnisse in die wissenschaftliche Gemeinschaft zu kommunizieren und damit den letzten Schritt aus der akademischen Adoleszenz zu gehen
und schließlich als wissenschaftliche Persönlichkeit ein kompetenter akademisch-
diskursiver Akteur zu werden. Hier geht es vor allem darum, Schreiben zu üben
und Vorträge zu halten. Insbesondere die ersten „Proposals" und „Drafts" sowie
die ersten Vorträge in den „Brown Bag Seminars" sind von zentraler Bedeutung für
das Schreiben üben. Das Schreiben und Vortragen wird von intensiven Kommen-
taren und Kritiken durch – zunächst – den engeren Kreis der wissenschaftlichen
Gemeinschaft, also die Bezugsperson, die anderen ProfessorInnen und Postdocs
sowie die PromotionskollegInnen begleitet. Die Forschung wird somit permanent
evaluiert. Diese Evaluationen werden von einer ÖkonomIn folgendermaßen dargestellt:

Im zweiten Jahr, Kurse am Anfang und dann auch eigentlich ist das übergegangen
ins Verfassen der Dissertation, man musste dann in regelmäßigen Abständen die
Ergebnisse oder Zwischenergebnisse präsentieren. Das war für die gesamte Kohorte

verpflichtend, d. h. da war ein Termin im Jahr, an dem an drei aufeinanderfolgenden Tagen den ganzen Tag präsentiert wurde. Professoren saßen drin, gaben Feedback etc. etc., das war relativ durchstrukturiert, das hat auch dazu geführt, dass die Leute nicht irgendwo im eigenen Büro versauert sind und vielleicht irgendwo verloren gegangen sind. (ÖkonomIn 7)

Auch der weitere Gang des Papers ist von permanenten Evaluationen durch die wissenschaftliche Gemeinschaft charakterisiert, zunächst im engeren Kreis, wie er im Interviewausschnitt dargestellt wird. Dann werden die Papiere auf Nachwuchskonferenzen sowie auf kleinen Fachtagungen präsentiert. Schließlich werden die Arbeiten auf den großen nationalen und internationalen Konferenzen – etwa des Vereins für Socialpolitik oder der American Economic Association – vorgestellt. Im Zuge dieses Prozesses lernen die NachwuchswissenschaftlerInnen nicht nur, wie sie ein Paper schreiben müssen, sondern sie knüpfen dabei wertvolle Kontakte zu künftigen KollegInnen und ArbeitgeberInnen. Von besonderer Bedeutung ist das Kennenlernen möglicher Mitglieder von Editorial Boards von Zeitschriften sowie das Entdecken von relevanten Forschungsthemen, um den Beitrag so zu formulieren, dass er eine Chance hat, später an prominenter Stelle veröffentlicht zu werden. Denn bevor ein Paper bei einer Zeitschrift in die Peer-Review geht, muss es vom Editorial Board akzeptiert werden. Die HerausgeberInnen der Zeitschrift, die überproportional oft an Mega-Einrichtungen eine Professur haben, sind die erste offizielle Hürde im Publikationsprozess. Erst wenn das Paper hier positiv evaluiert wurde, kommt es in den weiteren Evaluationsprozess. Indem die DoktorandInnen diese Evaluationsleiter erklettern, erfolgt zugleich der Übergang zur Technologie des „Publizierens".

Publizieren: Das Erwachsenwerden
Das Publizieren ist in der VWL in viel stärkerem Maße als in anderen Disziplinen ein kollektiver Prozess. Bis ein Paper nach dem ersten (!) Draft reif für die Publikation ist, hat es in der Regel – wenn es sich um eines der ersten Papers handelt – einen Evaluations- und Umschreibprozess von bis zu fünf Jahren hinter sich. Bis zur ersten (!) Einreichung wird das Papier oft bis zu sieben Mal im kleineren und größeren KollegInnenkreis vorgestellt und es werden intensive Gespräche mit der zentralen Bezugsperson sowie mit anderen KollegInnen geführt. Nachdem dieser Prozess absolviert ist und ein in den Augen insbesondere der zentralen Bezugsperson publizierbares Paper ausgearbeitet ist, teilt sich der akademische Werdegang in zwei Phasen auf. Auf der einen Seite bewerben sich die Doktoranden nun mit dem „Job-Market Paper" für eine Postdoc-Stelle bzw. Juniorprofessur; zum anderen beginnt der Publikationsprozess. Betrachten wir zunächst das Job-Market-Paper.

Das Job Market Paper hat die Funktion, sich gegenüber der wissenschaftlichen Gemeinschaft als „Perspektiv-ÖkonomIn" darzustellen. Hier müssen umfassende Kompetenzen nachgewiesen werden, die eine ÖkonomIn im Interview folgendermaßen beschreibt:

> Gut, also die eine Sache ist natürlich, man sollte zeigen: verschiedene, also breite Kenntnis der Literatur ist eine Sache, ja? D. h. je mehr Literatur man da kennt, umso wichtiger, umso klarer ist es auch, dass die Möglichkeit steigt, dass einer, der das Paper liest, sagt, ach ja, die Literatur kenn ich, also eine Verbindung zu möglichst vielen Bereichen herstellen, das ist eine Sache. Die andere Sache ist, gut, methodische Kenntnisse zu zeigen, ja, d. h. vielleicht ein Paper zu machen, das sowohl einen theoretischen als auch einen empirischen Teil hat, ja, also man macht ein Modell und testet das dann empirisch oder man macht ein Modell und sagt, ok, dieses Modell kann jetzt folgende empirisch beobachtete Fakten erklären oder bietet einen alternativen Erklärungsansatz, ja. Dann natürlich Beispiele, immer wichtig, eben Relevanz zu zeigen, ist eine Möglichkeit auch zu sagen, ok, das hat Anwendung in diesem Markt, in jenem Markt und da verschieden Beispiele zu finden, ja, dass man sagt, muss ich vielleicht, wo sich auch wieder die Zuhörer eher wiederfinden. (ÖkonomIn 3)

Das Job Market Paper ist gewissermaßen eine Art „Testfall" für den realen Publikationsprozess. Die konkrete Rolle und Gewichtung dieses Papiers variiert vermutlich von Institution zu Institution. Aber gerade in den Eliteclustern, die sehr stark auf die Rekrutierung von publikationspotenten ForscherInnen für „Top-Journale" ausgerichtet sind, wird das Job Market Paper eine ganz andere Rolle spielen als für Einrichtungen, die vor allem Stellen im Hinblick auf die Bewältigung des Tagesgeschäftes (Lehre bei acht SWS, volle Verwaltungstätigkeit, Forschungsorganisation, Drittmitteleinwerbung, Nachwuchsbetreuung und – zuletzt und meist in den Semesterferien – eigene Forschung) besetzen.

Neben dem bzw. nach dem Bewerbungsprozess in den Eliteclustern setzt mit dem Publikationsprozess ein weiterer Evaluationsprozess ein, der vor allem über die Einreichung und Wiedereinreichung der Papers verläuft:

> Zum einen, der Publikationsprozess in VWL ist sehr langsam, sprich teilweise man schickt was ein, man hat ein Working Paper geschrieben, man hat es auf verschiedenen Seminaren präsentiert, auf Konferenzen, man hat Kommentare eingearbeitet und denkt, jetzt ist es soweit, dass man es einschicken kann und dann kann das auch gut mal ein Jahr dauern, bis man dann die erste Antwort bekommt. Dann bekommt meistens eben Referee Reports, also andere Fachleute in dem Gebiet schreiben dann eben einen Bericht, was sie gut finden, was sie gern geändert haben wollen, dann entweder wird es abgelehnt, basierend darauf, oder man bekommt eben Revise-Resubmit. Das ist dann eben, man muss die und die Auflagen erfüllen und kann es dann wieder hinschicken und das dauert dann häufig zwei, drei Jahre bis dann das Arbeitspapier dann wirklich veröffentlicht ist. (ÖkonomIn 3)

Dieser Prozess kann, wie im Interview beschrieben, weitere zwei bis drei Jahre dauern. Die extrem langen Publikationszeiten führen dazu, dass sich neben dem System der Journale ein System von „Working Paper" etabliert hat. Während es bei der Publikation in den Journalen vor allem um die Akkumulation von symbolischem Kapital geht, finden große Teile der konzeptuellen akademischen Debatte über die Working Paper statt. Fast alle Postdocs, mit denen ich gesprochen habe, kannten die Papiere, die in den für sie relevanten Journalen publiziert sind, bereits vorher als Working Paper. Damit etabliert sich neben der Welt der offiziellen Publikationen eine Parallelwelt. Die Kriterien der Kategorisierung, die der Suche nach relevanten und „guten" Working Papers zugrunde liegen, sind nicht identisch mit dem System der Journale, weil eine Klassifizierung über das Punktesystem hier erst rudimentär möglich ist. Das bedeutet, dass in der VWL freilich – wie in jeder anderen Wissenschaft auch – nicht nur Rankings, sondern auch informelle Kriterien der Zuschreibung von Relevanz und Reputation (Hirschauer 2005) von Bedeutung sind. Meine Interviews legen allerdings den Verdacht nahe, dass die informelle Welt der Working Paper sich der Klassifizierungslogik der Journale annähert:

> Es gibt bei dem Workingpaperserie, da gibt es inzwischen auch schon eine Art Hierarchie. Und zwar gibt es zum Beispiel die NBER, das ist eine wichtige ÖkonomInnenvereinigung in den USA. Das National Bureau of Economic Research. Und das, würde ich sagen, ist so ziemlich eine sehr renommierte Workingpaperreihe und zum Beispiel ist es da so, deren Newsletter hab ich abonniert. Das heißt jede Woche bekommt man die neuen Papiere und kann sich die durchlesen und sieht was passiert. Das heißt, weil da eben auch schon ein gewisses Qualitätssignal ist, weiß man, da wird nicht jeder aufgenommen, da werden nur bestimmte Leute ausgesucht, die da aufgenommen werden, die dann ihre Papiere dort veröffentlichen können. Das heißt man hat schon hoffentlich eine positive Auswahl. Und an der orientiert man sich auch. Das heißt, das ist so ein Paralleluniversum zu den Journalen. Der Unterschied dazu ist eben der, dass das noch stärker pfadabhängig ist, weil da, ich glaube das NBER hat glaub ich keine beziehungsweise ich, ich weiß nicht ob die ein Review für die Workingpapers haben. Aber natürlich ist da viel eher eine Sache aus, okay, da kann, wenn ein sehr guter Autor Mist schreibt, kann er das trotzdem da publizieren. Während natürlich beim Journal prinzipiell immer noch auf die Qualität des einzelnen Papiers ankommt zumindest im Idealfall. Aber das heißt, genau wahrscheinlich aus dem Problem heraus, dass das so lang dauert hat sich dann auch so eine Hierarchie entwickelt. Man hat da auch Qualitätssignale, okay, diese Workingpapers sollte man verfolgen, dann natürlich bei Konferenz trägt das mit. (ÖkonomIn 12)

Inwiefern sich diese informellen Kriterien mit den offiziellen Kriterien decken, müsste eigenständig untersucht werden. Sicherlich bieten Bräuningers, Haucaps und Mucks Studien zum Verhältnis von Relevanz und Reputation einen Hinweis darauf, dass es sich hierbei keinesfalls um eine Homologie der Klassifizierungs-

weisen handelt. Allerdings lassen die oben angeführten Ergebnisse der Netzwerk-
analyse einen Zusammenhang zwischen der Zusammensetzung der Elitecluster
und der Publikationsquote in hoch gerankten Journalen vermuten. Gäbe es diesen
Zusammenhang nicht, dann hätten auch die hier untersuchten Graduiertenschulen
keinen systematischen Einfluss auf die Reproduktion der Elitecluster und den damit zusammenhängenden Strukturen sozialer Ungleichheit im Feld der VWL.

Im Folgenden soll anhand eines Beispiels illustriert werden, wie im Zuge des
Lesens wissenschaftliche Netzwerke und Klassifizierungsmuster bzw. Taxonomien
zusammenspielen. Der Leseprozess kann als ein Suchprozess beschrieben werden,
der durch die Einbettung in soziale Netzwerke, das spezifische Forschungsfeld und
das System der Journale vorstrukturiert. Der folgende Interviewausschnitt illustriert die Rolle der Netzwerke für die Findung relevanter Literatur:

> Genau eigentlich aus Kursen und Vorlesungen hat man schon die relativen und wirk-
> lich zentralen wichtigsten Papiere oder aus Lehrbüchern kennt man die dann schon
> und kann sich von da dann so ein bisschen zurückhangeln. Das heißt, irgendwie ist
> ja jedes Papier ein Ergebnis der vorherigen Literatur und so einem Startpunkt aus
> kann man das ja in beide Richtungen verfolgen und gucke: okay welche wichtigen
> Arbeiten werden zitiert, die darauf aufbauen und natürlich kann man ja auch super
> angenehm über google scholar gucken. Also welche Arbeiten zitieren denn auch diese
> Arbeit, um sozusagen die Position eines Papiers im Rahmen der Literatur zu finden
> und dann auch zu sehen: okay wo sind denn Anknüpfungspunkte? (ÖkonomIn 12)

Die Einführung in das Feld durch die Zuweisung relevanter Literatur erfolgt wiederum durch die zentralen Bezugspersonen. Dies muss aber nicht (nur) im Rahmen
der paradigmatischen Schulung stattfinden. Andere InterviewerInnen haben etwa
berichtet, wie sie in vier-Augen-Gesprächen mit ihren BetreuerInnen auf relevante
Literatur hingewiesen wurden. Die sozialen Netzwerke haben hier eine Autorisierungsfunktion, weil sie relevante von nicht relevanter Literatur unterscheiden.
Wenn zentrale Texte identifiziert sind, werden beispielsweise Zitationsanalysen
mit google scholar genutzt, um davon ausgehend das weitere Forschungsfeld zu
rekonstruieren. Darüber hinaus sind Tagungen und Gespräche mit KollegInnen
weitere Quellen für die Identifizierung relevanter Paper. Sobald die NachwuchswissenschaftlerInnen in das System der Journale eingeführt sind und relevante
Feld-Journale von anderen wie etwa General-Interest-Journalen unterscheiden
können, werden die sozialen Netzwerke von den Klassifizierungsschemata als
„Autorisierungsinstanz" ergänzt (siehe etwa Heilberger und Riebling 2012 zu
Journalen). Nicht nur die Inhalte der Literatur macht sie für das eigene Forschungsfeld relevant, sondern auch ihr Ort in der Hierarchie der Journale, die Frage, ob sie

als Working Paper existieren oder als publizierter Artikel sowie die VerfasserIn des Papers und der Publikationsort:

> Also ganz allgemein, für die VWL gibt es fünf Journals, die so als General Interest Journals gelten. Dann gibt es noch das Journal of Finance, das sozusagen, was so in der finance-Forschung das Journal überhaupt ist. Das ist eigentlich ein ganz starker Konsens, diese Liste ist praktisch in Stein gemeißelt. Darunter gibt es halt noch second General Interest Journals, also Journals, die auch sehr wichtig und gut sind, aber die in der Wahrnehmung ein bisschen unter den fünf stehen, aber auch keinen spezifischen Themenfocus haben. Da gibt es vielleicht noch drei, vier, fünf und dann gibt es noch für alle möglichen Felder bestimmte Fieldjournals, die dann spezifisch für bestimmte Teilfelder, die führenden Journals sind. Und das sind eigentlich so die Liste von 20, 30 Journals, die so die ganz entscheidenden und wichtigen sind und die sollte man dann eigentlich auch verfolgen. Das heißt, diese General Interest Journals plus die Feld Journals aus dem entsprechenden Bereich, dann kann man immer wissen, was passiert. *Und irgendwo in diesen Journals sind auch typischerweise die wichtigsten Artikel, die man in der Literatur dann eben hat und zumindest auf einem der wichtigen Artikel ist da verwiesen. Und es ist vielleicht kein guter, aber ein praktischer Indikator zumindest, wenn man sieht: okay wenn man zu seinem bestimmten Thema in dem Journal nichts findet, dann hat man auch noch nicht wirklich den richtigen Ansatzpunkt gefunden. Weil jede Literatur, die irgendwie eine Bedeutung hat oder einen Einfluss hat, hat es zumindest irgendwann in die wichtigen Journals geschafft.* Und das heißt, entweder man findet meinen Bezugspunkt und hat entweder so eine neue Idee, was typischerweise so natürlich nicht der Fall ist, oder man hat noch nicht den Richtigen Blickwinkel gefunden, wie man das Thema verstehen muss und zu welcher Literatur das eigentlich gehört, wo man es andocken kann. (ÖkonomIn 12)

Von besonderer Bedeutung sind die unterstrichenen Zitatstellen. Hier wird deutlich, inwiefern die taxonomische Hierarchie der Journale eine Autorisierungsfunktion für die Erzeugung von akademischer Relevanz hat. Die Frage, ob es sich um ein qualitativ hochwertiges bzw. inhaltlich relevantes Paper handelt, wird abgekoppelt von der Frage, welchen Platz das jeweilige Paper im generalisierten Blick der wissenschaftlichen Gemeinschaft in der Hierarchie der Rankings einnimmt. Neben der Positionierung in der Hierarchie der Journale und der „Klassiker" zielt das Lesen der Literatur vor allem auf die Positionierung der eigenen Arbeit. Handelt es sich um General-Interest-Thema? Hat jemand bereits dazu geforscht? Was ist der genaue Beitrag der eigenen Arbeit?

> Genau. Man muss sich halt so ein Netz vorstellen und gucken, an welcher Stelle steht denn jetzt wirklich das Papier und was sind die wichtigsten Punkte, wo man es einordnen kann? Natürlich ist die große Sorge, die man immer hat, muss man halt auch sagen, das gehört dazu, aber man will ja auch sicherstellen, dass der Beitrag, den

man selber machen will, dass es den halt nicht schon gibt. Und das einem das nicht
einer nach einem Jahr erzählt. Deswegen hat man da schon auch einen großen Anreiz,
das sauber zu machen. (ÖkonomIn 12)

Diese Selbstpositionierung ist von enormer Bedeutung. Während die Konstruktion
des Forschungsfeldes und die Einordnung in die Hierarchie eher noch Vorleistun-
gen für den eigentlichen Forschungsprozess darstellen, hat die Selbstpositionierung schließlich einen zentralen Einfluss auf die diskursive Wahrnehmung durch
die akademische Gemeinschaft. Hier kann man als ForscherIn viel gewinnen aber
auch viel verlieren. Die Kunst der Selbsteinschätzung besteht darin, das kommunikative Potential der eignen Arbeit optimal zu nutzen und die Papiere gezielt auf
bestimmte Rezeptionsweisen zuzuschneiden. Handelt es sich um eine technische
Verfeinerung eines bestehenden Modells? Sind die Ergebnisse von allgemeinem
Interesse für das Fach? Hat die Forschungsarbeit das Potential für eine Top-Pub-
likation? Oder sollte man es überhaupt veröffentlichen? Auf diese Fragen der diskursiven Positionierung wird im nächsten Kapitel noch detaillierter eingegangen
werden, denn die Rolle, die das Paper in der taxonomischen Hierarchie einnimmt
und die es im strukturalen Machtgefüge für die Karriere der jeweiligen ForscherIn
spielen kann (siehe Kapitel drei), hängt auch von der Wahl der Positionierungsstrategie ab (Kapitel fünf, Teil vier). An dieser Stelle sei aber darauf hingewiesen,
dass eine genaue Feldkenntnis, die ForscherInnen in den Graduiertenschulen und
den angeschlossenen Netzwerken erwerben, und ein Feldzugang, der hier ebenfalls
eröffnet wird, eng mit einer gezielten Kommunikationsstrategie zusammenhängen.
Eine erfolgreiche Kommunikation ist schließlich die Voraussetzung dafür, nach der
Promotion eine Postdoc-Stelle zu finden.

Vor dem Hintergrund des Lesens, der Kommentare in den Referee Reports,
durch Gespräche mit der Bezugsperson und durch Vorträge setzt ein „strategisches
Schreiben" ein, das sich vom „Schreiben lernen" dadurch unterscheidet, dass es
hier nicht mehr nur darum geht, die Forschungsergebnisse zusammenzuführen und
zu verschriftlichen, sondern darum, sie gezielt nach außen zu tragen. Eine ÖkonomIn beschreibt dies folgendermaßen:

> Ja, ja, selbstverständlich, ja, also das ist schon wichtig, dass das, halt, auch gut
> geschrieben ist. Also bevor ich was eingereicht habe, hab ich es mehrmals überarbei-
> tet, dass es halt nicht zu formell ist, also dass man einen guten Textfluss hat, also
> dass man es gut durchlesen kann, weil die Journals erwarten ja auch, dass man auch
> einigermaßen gut schreibt. Ich versteh es auch, weil, ich denke mal, die wollen auch
> nicht jemanden dann haben, der zwar sehr tolle Sachen herausgefunden hat, aber das
> irgendwie niemand versteht, was der überhaupt gemacht hat, also, oder zumindest,
> dann müssen die Ergebnisse sozusagen schon sehr extraordinär sein, dass man dann

sozusagen noch Erfolg haben kann bei den Journalen, weil dann ist ja die editoriale Arbeit viel aufwendiger, dann müssen die einem ja quasi wahrscheinlich den Text korrigieren, müssten die dann im schlimmsten Fall, wenn man das selber nicht hinbekommt, also wenn man den Text schon selber schön geschrieben hat, hat man dann schon viel größere Chancen, dass das auch akzeptiert wird. Das ist halt die Sache, also man kann das denen nicht einfach so (Lachen) einfach vor die Füße werfen, da muss man schon sehr hart dran arbeiten, deswegen habe ich auch sehr lang gebraucht und habe ich halt vielen Leuten zum Lesen gegeben, habe auch sehr gute Tipps bekommen zum Glück von meinem Doktorvater. (ÖkonomIn 1)

Wie der Interviewausschnitt verdeutlicht, ist „gutes Schreiben" eine zentrale Voraussetzung, um in den anvisierten Journalen publizieren zu können. Eine solche gezielte Kommunikation setzt wiederum ein Wissen über die Welt der VWL voraus, das sich vor allem auf drei Aspekte zu beziehen scheint: einerseits auf die Vorlieben der konkreten Personen, die in der engeren wissenschaftlichen Gemeinschaft aktiv sind; auf das System der Journale; und auf einen bestimmten „Schreib-Kult", wie er insbesondere in den Elite-Journalen betrieben wird. Wenn es stimmt, dass die Art zu Schreiben neben der Einbettung in Elitenetzwerke eine zentrale Bedingung dafür ist, in hoch klassifizierten Journalen publizieren zu können, dann ist „Schreiben können" als eine Kunstfertigkeit neben dem Feldwissen über KollegInnen, relevante Forschungsthemen, technischem Knowhow und einem durch die Mitgliedschaft in informellen Netzwerken begründeten „Gespür" für relevante Themen die wichtigste Form von Kulturkapital, das es im Zuge der Entwicklung zur Forscherpersönlichkeit in den sozialen Netzwerken, in welche die Doktoranden eingebettet sind – insbesondere von der zentralen Bezugsperson –, zu erwerben und zu inkorporieren gilt. Eine ÖkonomIn erläutert diesen Schreibprozess als gezielte Wissenschaftskommunikation folgendermaßen:

Also ich glaub es gibt verschiedene Kriterien, die man anstrebt, also, die man quasi bei jedem Papier anstrebt, dass man die Inhalte relativ klar kommuniziert. Ja also für jeden verständlich, da ist es schon eine Herausforderung genau abzupassen, was kann ich eigentlich meinem Leser zumuten als Hintergrundwissen, was man quasi schon voraussetzen kann und was, auf was kann ich aufbauen, quasi. Von daher klingt es vielleicht einfach zu sagen: Ok, ich will es klar schreiben und meistens will man es natürlich auch kurz schreiben und trotzdem verständlich, aber ich denke, über die Zeit entwickelt man ein Gefühl dafür, quasi welche Leserschaft man hat und wie man das dann machen muss, damit man nicht zu hoch oder nicht zu niedrig ansetzt, ja, und dann kommt man relativ schnell schon in eine Region, wo man teilweise dann den Stil anpasst oder versucht anzupassen auf ein konkretes Journal, also eine konkrete Leserschaft, die über das Journal spezifiziert wird. Also wenn ich ein Papier an ein allgemeines Journal schicke, muss ich im Grunde von der Motivation oder auch von der Art, wie es aufgeschrieben ist, auch Leute erreichen, sage ich mal, die mit dem

Feld an sich vielleicht nicht so viel Kontakt haben, ja, und das bedeutet, dass man vielleicht die Einleitung quasi grundsätzlicher anfängt und das Thema in ein breiteres Bild platziert, als wenn man das jetzt an ein Field-Journal schicken würde. Also das, diese Einordnung ist dann, glaube ich, schon wichtig, dass man dem Leser ermöglicht, das einzuordnen, in welcher, also was kann ich als Leser erwarten, was kommt jetzt in dem Papier auf mich zu, in welchem Gebiet befindet sich jetzt diese Arbeit und was wird da eigentlich gemacht, ja, und bei einem Field-Journal kann man dann schon relativ schnell relativ konkret werden, worüber man schreibt und mit was man sich befasst. Also das ist jetzt so eine, glaube ich, relativ wichtige Sache bei einem Papier, dass man weiß, wen man eigentlich anspricht mit dem Papier, ja. (ÖkonomIn 5)

Der Interviewausschnitt verdeutlicht die vielfältigen Formen von Wissen über die Welt, an die sich die Wissenschaftskommunikation richtet, etwa das Wissen über das Wissen der KollegInnen, die Erwartungen, welche die wissenschaftliche Gemeinschaft mit den unterschiedlichen Journalen verbindet, und einen Kenntnisstand in unterschiedlichen Forschungsgebieten, auf den man sich sprachlich beziehen muss. Zudem ist in dem Interviewausschnitt eine Kategorisierung von Journalen zu erkennen, wie sie auch in den anderen Interviews vorkam. Demnach werden die Journale nicht nur hierarchisch geordnet, sondern auch horizontal in „General Interest" und „Field-Journals" unterteilt. Diese beiden taxonomischen Kategorien scheinen so fundamental für die Wissenschaftskommunikation in der VWL zu sein, dass sich hier wohl auch sprachliche Unterschiede niederschlagen. Mit dem Erwerb einer spezifischen „Schreibkunst" ist das Publizieren allerdings noch nicht beendet, wie der folgende Interviewausschnitt illustriert.

Also man hat, glaube ich, wenn man so ein Papier dann fertig geschrieben hat und quasi zufrieden damit ist und auch relativ viele Kommentare schon eingearbeitet hat und quasi schon das Papier relativ abgerundet hat, hat man glaube ich eine Vorstellung, an welche Journals man das schicken kann, also welche Journals dem jetzt quasi Aufmerksamkeit schenken würden. Und da glaube ich, es gibt einen Namen dafür, an den ich mich leider jetzt nicht erinnere, hat jeder Forscher so eine Liste von Journals, die er quasi durchgeht, um vielleicht relativ optimistisch und anspruchsvoll bei einem vielleicht allgemeinen Journal anzufangen, was eine relativ hohe Reputation hat und dann weiterzumachen, wenn das nicht klappt, das man ein Fieldjournal hat, was eine hohe Reputation hat. (ÖkonomIn 5)

Vielmehr setzt nun jenes Einreichen der Papers nach dem Dachrinnenprinzip ein, das oben schon erwähnt wurde. Das heißt, dass auf Grundlage der sozial sedimentierten, kognitiven Klassifizierung des „Systems der Journale" eine kollektive Einschätzung (in der Regel mit Hilfe der Bezugsperson) der „Qualität" bzw.

„Potentials" des Papers erfolgt und der erste Entwurf möglichst „weit oben" eingereicht wird. Nun setzt eine umfassender Reviewprozess ein, in dem das Paper
immer wieder evaluiert, umgeschrieben und neu eingereicht wird, bis es schließlich irgendwo „hängen bleibt" und publiziert wird. Rückblickend beschreibt eine
ÖkonomIn diesen Lernprozess folgendermaßen:

> Ja, also es ist schon so, dass man sagt, es sollte für eine breite Masse der Wissen-
> schaftler wichtig sein, wenn man dort veröffentlicht, dann muss natürlich, schreibt
> man natürlich auch solche Sachen ein bisschen anders, als wenn man jetzt sagt, man
> geht in ein Nischen-Journal, wo wirklich nur Leute sind, die genau in dem gleichen
> Bereich arbeiten, dann schreib ich das Paper ein bisschen anders. Ja, und solche
> Sachen, wie das dann eben ist, da muss, also ich würde sagen, der Lernprozess ist
> bei weitem noch nicht abgeschlossen, also das merkt man immer wieder, dass man
> das anders machen kann, aber ich glaube, das war ein extrem guter oder wichtiger
> Schritt in, also um eine wissenschaftliche Karriere zu machen, dass man das erwirbt,
> also die Fähigkeit, einfach wie man so ein Paper schreibt, wie man die Idee dann zu
> Papier bringt, dass es auch die Leute interessiert, letztendlich ist es auch ein bisschen
> die eigenen Sachen verkaufen. (ÖkonomIn 3)

Wenn Akteure diese Selbst- und Fremdeinschätzung vornehmen, kann davon
ausgegangen werden, dass die Wissenschaftspersönlichkeit voll ausgebildet und
der Sozialisationsprozess erfolgreich abgeschlossen ist. Die Akteure sind nun einerseits in ein dichtes soziales Netzwerk wertvoller Beziehungen eingebettet und
sie haben andererseits ein komplexes Wissen darüber inkorporiert, wie man sich
erfolgreich in diesen Netzwerken bewegt. Beides versetzt sie nun in die Lage, in
einen akademischen Diskurs einzutreten, der auf die Reproduktion struktureller
Macht zielt, wie sie im dritten Kapitel beschrieben wurde. Das inkorporierte Wissen und Können sowie die Einbettung in akademische Netzwerke kann im Anschluss an Bourdieu als kulturelle Macht oder Kulturkapital bezeichnet werden.
Kulturelle Macht entsteht nur unter den Bedingungen struktureller Macht; umgekehrt basiert die Reproduktion struktureller Macht, das heißt die Akkumulation
von Ämtern, Drittmitteln und hochwertigen Publikationen auf kultureller Macht.
So lange die Technologie der Evaluation wirkt, das heißt so lange die bestehenden Klassifizierungssysteme von der akademischen Gemeinschaft anerkannt sind
und sich mit den Technologien der Magnifizierung, der Departmentalisierung und
der Konzentration verbinden, werden die AbsolventInnen der Graduiertenschulen
einen unschlagbaren Vorteil gegenüber ihren KollegInnen aus der akademischen
Peripherie im Wettkampf um die Akkumulation akademischen Kapitals haben.
Dieser ungleiche Kampf findet in der Welt der akademischen Diskurse statt.

4.3   Die Akkumulation akademischen Kapitals durch Diskurse

Wissenschaftliche Texte habe die Eigenschaft, aufgrund ihrer inneren Vielstim-migkeit zahlreiche Verwendungsweisen zu ermöglichen. Sie fungieren als Kom-munikationsmittel, schreiben sich in unterschiedliche Debatten ein und dienen der Anhäufung von Punkten für Rankings. Wie die wissenschaftssoziologische Dis-kursforschung gezeigt hat, spannen akademische Diskurse zahllose kleine und große Welten auf, die sich oft nicht entsprechen. Einerseits sind sie Motor der so-zialen Ordnungsbildung (Angermüller 2010a), denn jeder akademische Text liefert immer auch eine Kartierung und damit eine Vorstellung von der Beschaffenheit der jeweilige akademischen Welt, in der er sich bewegt; andererseits schreiben sich Diskurse – und seien sie in ihrer inneren Struktur noch so vielfältig – nicht im luftleeren Raum ein, sondern sie werden in Kontexten gelesen, bewertet und wei-terverwendet, die sie weder kontrollieren noch vorhersehen können. Sie schreiben sich in Forschungsfelder ein, können Bestandteil eines Kanons werden, sie lassen neue Forschungsfelder entstehen und lösen alte auf und ab.

Die Diskurse der VWL können etwa als Teil einer Ideengeschichte interpretiert werden. Demnach würden die Texte wissenschaftlichen Paradigmen zugeordnet, dominante Paradigmen und Schulen von heterodoxen unterschieden und evolu-tionäre Schübe in der Abfolge von Ideen identifiziert (siehe etwa Colander et al. 2004). Ideengeschichtliche Analysen dienen vor allem der Selbstvergewisserung der jeweiligen Disziplin. Aus soziologischer Sicht ist jedoch der genaue Status der Ideengeschichte noch nicht geklärt, denn einerseits geben ideengeschichtliche Analysen einen tiefen Einblick in die Kontroversen des Faches, andererseits sind sie Bestandteil des Analysegegenstandes und damit selbst Gegenstand der Analyse. Der Blick, den ÖkonomInnen auf sich und ihre Probleme werfen, ist nicht unbe-dingt mit dem soziologischen Blick identisch.

Die Rollen, die akademische Diskurse spielen, lassen sich nicht auf eine Bedeu-tung fixieren. Oft ist die Grenze zwischen zu analysierenden Diskursen und analy-sierenden Diskursen unklar. Da akademische Diskurse sehr unterschiedliche und vielfältige Verwendungsweisen und damit Bedeutungen hervorbringen können, möchte ich im Folgenden mit einer heuristischen Unterscheidung arbeiten. Auf der einen Seite haben Diskurse eine *materielle* Funktion, weil sie zur Reproduk-tion der Produktionsbedingungen der wissenschaftlichen Gemeinschaft beitragen; auf der anderen Seite haben sie eine *ideelle* Funktion, indem sie in die Welt der wissenschaftlichen Ideen eintreten, an alte Ideen anschließen und neue hervorbrin-gen. Auch in der Ökonomie führt die ideelle Welt (Kapitel fünf) gegenüber der materiellen Welt (Kapitel drei und vier) ein Eigenleben. Wie stehen diese beiden

Welten in Beziehung zueinander? Werden nur bestimmte Ideen mit Publikationen in Top-Journalen honoriert? Findet eine Anpassung kritischer Ideen an bestimmte dominante Paradigmen statt, um symbolische Macht zu erlangen (Heilberger und Riebling 2012)? Oder existieren sie weitestgehend unabhängig voneinander, das heißt ohne Korrelation zwischen spezifischen Ideen und erfolgreicher Reproduktion des Feldes?

Auf der einen Seite verhandeln Diskurse in der VWL zahlreiche konzeptuelle Fragen des Faches; auf Grundlage dieser Diskurse entstehen Forschungsfelder, Paradigmen, Modelle und Methoden. Diese Welt ist tendenziell global ausgerichtet und orientiert sich an der von US-amerikanischen Universitäten geprägten akademischen Weltgemeinschaft. Auf der anderen Seite werden die Publikationen in eine Hierarchie eingeordnet und quantitativ bewertet. Diese Bewertungen wiederum teilt das Feld in ein akademisches Zentrum und periphere Regionen ein. Die quantitativen Vergleiche und Bewertungen werden immer wichtiger für die Verteilung von Mitteln, Ämtern und Posten. Diese zweite Welt, in die sich akademische Diskurse einschreiben, bezieht sich auf die institutionellen Kontexte, die wiederum regional geprägt sind. Allerdings ist die Entstehung von Forschungsfeldern unmittelbar an die Einordnung von Ideen in die Hierarchie gebunden, denn nur durch Präsenz in den Top-Journalen werden Forschungsfelder im generalisierten Blick der Gemeinschaft erkannt und anerkannt. Umgekehrt ist weder erfolgreiches Publizieren noch die Vergabe von Stellen und anderen akademischen Kapitalien ohne eine Zuordnung von ForscherInnen auf Forschungsfelder denkbar.

Wie Angermüller gezeigt hat (2012), spielen sich akademische Diskurse sowohl in der Welt des Wissens, das heißt in den disziplinären und subdisziplinären Grüppchen, als auch in der Welt der Macht ab, die insbesondere durch hierarchisierende Klassifikationstechniken gekennzeichnet ist. Diese beiden Pole können je nach disziplinärem oder historischem Kontext enger zusammenrücken oder stärker auseinander driften. Die Professionssoziologie (Clark 1983) hat die Welt der Universität noch in einen institutionellen und einen disziplinären Part unterteilt und behauptet, dass beide Welten eigenständigen Logiken folgen. Während erstere durch die Institution „Universität" mit ihren Rollenaufteilungen zwischen Lehrenden und Studierenden, Professoren und Mitarbeitern, Lehrkörper und Verwaltung sowie den organisationalen Aufgaben und Zielen gekennzeichnet ist, zeichnet sich letztere durch die innerdisziplinären Gewohnheiten aus, etwa die Methoden, die Forschungsgegenstände, das Wissenschaftsverständnis, die Schulen und Forschungshierarchien. In der Professionssoziologie ist die Welt der Institution und die der Disziplinen noch klar voneinander geschieden; Angermüller zeigt, dass diese Welten diskursiv aufeinander bezogen werden, auch wenn sie heterogenen Standards unterworfen sind.

Im Falle der VWL scheinen die beiden Welten so eng aneinander gerückt zu sein, dass sie miteinander korrespondieren, ohne jedoch in eine homologe Beziehung zu treten. Die Welt der Macht greift durch Rankings auf die Welt des Wissens über, ohne jedoch die ideelle Welt des Wissens vollständig zu dominieren. Diese Korrespondenz impliziert nicht notwendigerweise eine Homologie zwischen wissenschaftlichem Paradigmen und akademischer Macht. Eine oft diagnostizierte Dominanz des neoklassischen Paradigmas etwa muss nicht unbedingt mit struktureller Macht jener Akteure im Feld einhergehen, die mit Rationalitätsannahmen arbeiten und von Gleichgewichtsmärkten ausgehen. Vielmehr liegt die Korrespondenzbeziehung zwischen der ideellen und der materiellen Welt des Diskurses auf einer tieferen, strukturellen Ebene. Diese Korrespondenz kann als *funktionale* Korrespondenz bezeichnet werden.

Sowohl die materiell-reproduktive als auch die ideell-konzeptuelle Dimension akademischer Diskurse basiert auf Positionierungsstrategien. Durch Positionierungsstrategien werden im akademischen Diskurs Akteure als diskursive Akteure sichtbar, indem sie sich in Forschungsfelder einschreiben, eine kritische Position beziehen und damit den Raum für neue Forschungsfelder eröffnen, taxonomische Karten von Forschungsbereichen anlegen oder Forschungsfelder füllen und konsolidieren. Im nächsten Kapitel werden diese Positionierungsstrategien mit den Mitteln der äußerungstheoretischen Diskursanalyse detailliert untersucht. Mittels der Positionierungsstrategien treten die Akteure des wissenschaftlichen Feldes in eine kommunikative Beziehung zueinander.

Mit dem Begriff der funktionalen Korrespondenz soll unterstrichen werden, dass akademische Diskurse gleichzeitig in zwei unterschiedliche Kontexte kommunizieren müssen. Sie müssen sich einerseits in ein Forschungsfeld einschreiben und sie müssen damit andererseits systematisch hohe Punktwerte erzielen. Akademische Texte haben also zwei Bedeutungen: eine institutionell-materielle und eine akademisch-ideelle. Obgleich keine Homologie zwischen ihnen besteht, existieren – anders als in vielen sozialwissenschaftlichen Disziplinen – diese beiden Welten nicht unabhängig voneinander. Eine ForscherIn in der Pädagogik kann etwa in ihrem Forschungsfeld und darüber hinaus eine sehr hohe Anerkennung genießen; gleichzeitig wäre es nicht ungewöhnlich, wenn dieselbe ForscherIn gegenüber der Institution Universität nichts Zählbares nachweisen kann. Genau dies ist heute unter den Bedingungen des Elitismus in der VWL kaum noch denkbar.

In den gängigen Sozial- und Naturwissenschaften ist auf der einen Seite eine Vielzahl gleichwertiger Publikationsoptionen vorzufinden, die je nach Forschungsfeld sehr unterschiedlich eingeordnet und von unterschiedlichen ForscherInnen unterschiedlich gewichtet werden. Ein unkontroverser Konsens über einige wenige Top-Journale ist abgesehen von der VWL offenbar in nur wenigen Disziplinen zu beobachten. Auf der anderen Seite ist die Distanz zwischen der ideellen und der materiellen Dimension viel größer. Wer über zahlreiche Drittmittel verfügt, muss in den Augen der Wissenschaftsgemeinschaft noch lange keine gute ForscherIn sein. Vielmehr erfordert die Forschungsorganisation eigene Kompetenzen, Sozial-beziehungen und Zeit, die investiert werden muss (Bourdieu 1992; Münch 2007). Dieses Problem muss freilich auch die VWL lösen und vermutlich ist die Strategie der Departmentalisierung die Antwort auf ebendieses Zeit- und Ressourcenprob-lem (Münch 2008). Nichtsdestotrotz zwingt die Technologie der Evaluation die Akteure des Feldes zu einer Monopolisierung und Zentralisierung von akademi-schem Erfolg durch spezifische Publikationen und akademischer Macht in Form von Mitteln, Ämtern und Posten.

In den gängigen Sozial- und Naturwissenschaften führt der Exzellenzwettbe-werb offenbar immer nur vorübergehend zu einer Konzentration von zusätzlichen Mitteln auf bestimmte Standorte. Nachdem ein Exzellenzcluster ausläuft, löst sich das Monopol auf, die Akteure suchen sich neue Stellen und ein anderer Standort kann für eine bestimmte Zeit auf die zusätzlichen Mittel zugreifen. Eine syste-matische Reproduktion von struktureller Macht auch unabhängig von konkreten Personen ist nur selten zu beobachten. In der Regel verliert ein Standort mit der Emeritierung einer ProfessorIn bzw. mit dem Auslaufen eines großen Drittmittel-projektes seine Reputation. Hier setzen keine Akkumulationsprozesse ein, sondern es finden lediglich hin und her schwankende Strukturverschiebungen statt.

Einiges spricht dafür, dass dies in der VWL so nicht möglich sein wird. Ei-nerseits haben sich bereits auf Grundlage der relativen Verteilung der Professu-ren Mega-Einrichtungen etabliert, die aufgrund ihrer hohen Anzahl von Stellen über eine Basis für strukturelle Macht verfügen; andererseits ist die Entwicklung im deutschsprachigen Raum nicht mehr von den globalen Amerikanisierungsten-denzen des Feldes abzulösen; nicht zuletzt wird diese Entwicklung staatlicherseits zusätzlich gefördert und findet in einer gesellschaftlichen Umwelt statt, die in Zu-kunft vermutlich eher mehr als weniger akademische ÖkonomInnen rekrutieren wird. Denn die Monopolisierungstendenzen in der VWL finden vor dem Hinter-grund von Strukturverschiebungen auf der Ebene des kapitalistischen Weltsystems statt, wie im letzten Kapitel ausgeführt werden soll.

Um strukturelle Macht *langfristig* sicherstellen zu können, muss es dem Feld der VWL nicht nur gelingen, Ressourcen in Kapital und damit in strukturelle Macht zu transferieren. Diese Entwicklung haben auch andere Wissenschaften be-reits hinter sich. Sobald zusätzliche Mittel systematisch eingesetzt werden können, um einen Vorteil im Kampf um die Definition „guter Wissenschaft" im Feld zu erlangen, handelt es sich um Kapital. Im zweiten Schritt muss allerdings Kapital in Kapital verwandelt werden, damit ein akademischer Kapitalismus entsteht und

die Phase der „ursprünglichen Akkumulation" (die Magnifizierung) in eine Entwicklung systematischer Macht und Ungleichheit überführt werden kann (durch
Konzentration, Departmentalisierung und Evaluation). Die Ressourcen des Feldes
treten nun in einen Akkumulationszyklus ein:

$$R\text{-}K\text{-}K'$$

An dieser Stelle, also am Übergang von einfachem akademischen Kapital (K) zur
Kapitalakkumulation (K'), das heißt am Punkt der Verwandlung von Kapital in
Kapital (was optimalerweise mehr Kapital sein sollte, aber nicht zwingendermaßen
sein muss!), spielt nun der Diskurs bzw. die materielle Dimension des Diskurses
eine entscheidende Rolle. Während strukturelle Macht noch kulturelle Macht erzeugen kann und kulturelle Macht Akteure hervorbringt, die diskursive Macht ausüben können, müssen die Produkte der diskursiven Machtausübung wiederum in
strukturelle Macht konvertiert werden, damit die Akkumulationszyklus geschlossen werden kann. Ganz grundsätzlich gilt dies erst einmal unabhängig davon, was
eigentlich in der Welt der Ideen vor sich geht, das heißt welche Schulen oder Paradigmen die Forschungslandschaft prägen (oder kritisieren). Gleichwohl muss die
Welt der Ideen bedient werden. Das bedeutet, dass auch sogenannte „heterodoxe
Schulen" an der Kapitalakkumulation teilhaben können (siehe etwa Pahl 2013c).
Aber es reicht nicht aus, nur die Welt der Ideen zu bedienen, es muss auch noch
etwas „Zählbares" dabei herauskommen. Darin besteht die funktionale Korrespondenz zwischen der ideellen und der materiellen Dimension unter der Voraussetzung
eines akademischen Kapitalismus, wie er sich in der VWL zu entwickeln scheint.
   Eine bloße Verbindung von ideeller und materieller Diskursivität kann den
Akkumulationsprozess auf lange Sicht nicht sicherstellen. Vielmehr muss auch
abgesichert werden, dass die strukturellen Technologien weiterhin wirken, insbesondere die Technologie der Evaluation, die dafür Sorge trägt, dass es im Feld
der VWL zu einer strukturellen Verknappung kommt, damit nur jene in die Spitze
der „besten Forschung" aufsteigen, die dafür auch ausgebildet worden sind. Das
heißt, es müssen insbesondere die Kriterien so definiert werden, dass es bestimmte Gruppen systematisch schaffen, erfolgreich zu publizieren. Der Kampf um die
Aufrechterhaltung der Definitionsordnung als Machtordnung ist der alles entscheidende Kampf, um den Reproduktionsprozess als Akkumulationsprozess, der über
die akademischen Diskurse verläuft, abzusichern. Man stelle sich nur vor, es gäbe
im Feld plötzlich eine Revolution von der Peripherie, dann wären das diskursiv
vermittelte Akkumulationsregime und der damit verbundene Elitenexus von heute
auf morgen wertlos. Mit dem revolutionären Zerfallen der Hierarchie würde sich
vermutlich auch die gesellschaftspolitische Rolle der Ökonomie als Leitwissen-

schaft der Globalisierung erübrigen (Kapitel zwei und sechs). Es stünde also vermutlich mehr auf dem Spiel als nur die rituelle Reproduktion einer akademischen
Klassenordnung.

Die innerwissenschaftlichen Debatten in den jeweiligen Forschungsfeldern,
also der primäre akademische Diskurs, muss auch von einem sekundären akademischen Diskurs unterschieden werden, der allgemeine Kriterien von „guter
Wissenschaft" wie etwa die Modellorientierung, die Mathematisierung oder die
Prognosefähigkeit ökonomischer Modelle und Theorien ebenso verhandelt wie
ästhetische Kriterien „schönen Schreibens" und „guten Argumentierens" oder formale Kriterien wie etwa die Orientierung auf Journale oder Working Paper. Aus
einer innerwissenschaftlichen Perspektive scheint die Unterteilung in drei Diskurse etwas willkürlich, weil diese drei Diskurse bzw. diese drei Dimensionen des
akademischen Diskurses der VWL ineinander übergehen und sich überlagern; aber
aus diskurssoziologischer Perspektive wird deutlich, dass jede dieser drei Dimensionen eine spezifische Rolle für den Akkumulationszyklus spielt.

Der Sekundärdiskurs sichert den Rahmen ab, in dem sich der ideelle Primärdiskurs abspielt; der materielle Primärdiskurs sorgt für die Reproduktion der Strukturen, die hinter der Rahmung durch den Sekundärdiskurs stehen; und der ideelle
Primärdiskurs erzeugt die wissenschaftliche Illusio, also die innere Faszination,
das Interesse für die Wissenschaft. Er sorgt für die emotionale Identifikation der
Akteure, ohne die Forschung überhaupt keinen subjektiven Sinn ergeben würde.

Die drei Funktionen, die akademische Diskurse in der VWL übernehmen können, entsprechen drei Dimensionen, die sich auch als drei soziale Welten bzw.
Kontexte beschreiben lassen. Die materielle Diskursdimension entspricht den
Erfordernissen der vor allem regional und nationalstaatlich ausgerichteten akademischen Institutionen (Kapitel drei); die ideelle Dimension orientiert sich an den
Erfordernissen einer globalisierten, durch amerikanische ForscherInnen und Institutionen dominierte akademische Diskussion (Kapitel fünf), sie ist entscheidend
für die Entstehung von Forschungsfeldern; und die sekundäre Dimension liegt
zwischen der lokalen und globalen Sozialwelt und befasst sich mit dem Selbstverständnis einer akademischen Wissenschaft. Während die materielle und die ideelle
Diskursdimension sich wie Signifikant und Signifikat verhalten, wobei der Signifikant die materielle Basis und das Signifikat die ideelle Vorstellung bezeichnet,
könnte die sekundäre Diskursdimension der Referent sein, auf den sich schließlich
das Zusammenspiel von Signifikat und Signifikant beziehen.

Die funktionale und die sekundäre Dimension wurden im vorletzten Kapitel
untersucht. Im folgenden Kapitel werden die Regeln der ideellen Diskursdimension analysiert. Das Zusammenspiel dieser drei Diskursdimensionen im Rahmen
der unterschiedlichen Ebenen, die in dieser Arbeit und in der folgenden Abhand-

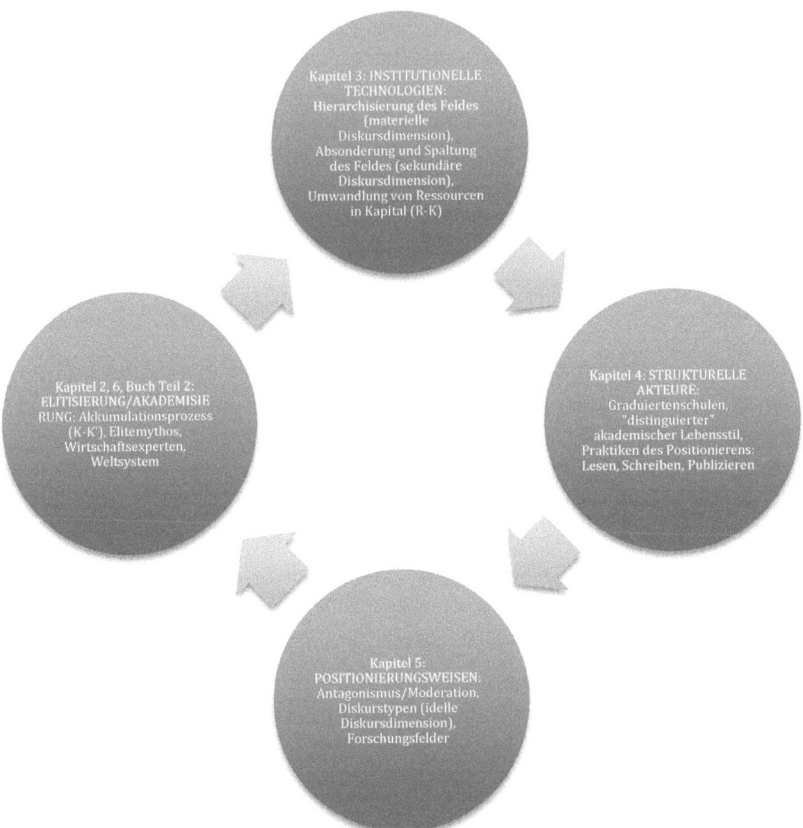

Abb. 4.2 Das akademische Akkumulationsregime. (Quelle: Eigene Darstellung)

lung (Maeße 2015a) untersucht werden, illustriert das akademische Akkumulationsregime (Abb. 4.2.). Es gibt zugleich einen Überblick über den Zusammenhang der verschiedenen Untersuchungsgegenstände der empirischen und theoretischen Kapitel.

Die Diskurse der akademischen Weltgesellschaft

5

5.1 Die diskursive Konstruktion akademischer Akteure

Wie jede soziale Welt muss auch die wissenschaftliche Welt symbolische Sichtbarkeit erzeugen. Während strukturelle Formen von Macht, die im vorletzten Kapitel untersucht wurden, sich auf die oft unsichtbaren Wirkungsmechanismen des Sozialen beziehen, erzeugen Symbole jene Sichtbarkeit, ohne die strukturelle Macht ins Leere laufen würde. Ämter, Orden, Posten und andere Auszeichnungen sind nicht nur Ausdruck von Macht; sie haben auch eine kommunikative Funktion, weil sie als Taxonomien die soziale Welt ordnen. Symbolische Sichtbarkeit wird in der Wissenschaft üblicherweise durch ganz unterschiedliche Diskurse erzeugt. Neben Rankings, die wissenschaftliche Leistung durch die Einordnung von Publikationen entlang einer vertikalen Skala beurteilen, spielen hierfür die disziplinären und sub-disziplinären Grüppchen und Forschungsgemeinschaften eine zentrale Rolle, die durch eine horizontale Einteilung in Forschungsfelder und Forschungsthemen zahlreiche Repräsentationen der akademischen Realität hervorbringen.

Auf der horizontalen Ebene, die insbesondere durch wissenschaftliche Texte wie etwa Lehrbücher, Journalartikel oder Manuskripte erzeugt wird, spielen unterschiedliche Labels in der VWL eine Rolle. Wie im letzten Kapitel dargelegt wurde, ist etwa die Unterteilung in „Mikroökonomie", „Makroökonomie", „Statistik", „Mathematik", „Ökonometrie" für die lehrbezogene Kanonisierung des Faches von zentraler Bedeutung. Auch in der Forschungspraxis – etwa bei Vorträgen auf Tagungen –, in der Strukturierung von Wissenschaftsorganisationen – man denke hier nur an die Bezeichnung der Ausschüsse im Verein für Socialpolitik – sowie in der Ausgestaltung der Lehrstühle sind Klassifizierungen vorzufinden, die sich an

© Springer Fachmedien Wiesbaden 2015
J. Maeße, *Eliteökonomen*, DOI 10.1007/978-3-658-07338-1_5

kanonisierte Forschungsfeldern orientieren, auf Traditionen berufen oder Resultat wissenschaftspolitischer Aushandlungsprozesse sind. Ein Blick in die Ideenge-schichte der Ökonomie zeigt wiederum eine völlig andere horizontale Ordnung, die das Fach entlang von Paradigmen wie „Historische Schule", „Institutionalis-mus", „Neoklassik" oder „Keynesianismus" einteilt.

Welche dieser Begriffsordnungen spiegelt nun die akademische Realität dahin-ter am besten wieder? Aus diskurssoziologischer Sicht ist die Widerspiegelungs-theorie, die auch den Rankings oder anderen Statistiken zugrunde liegt, höchst fragwürdig, weil statistische Klassifikationsordnungen als symbolische Realität die dahinter stehende akademische Realität (mit)erzeugen. Das Verhältnis von so-zialer Realität und symbolischer Repräsentation ist nicht nur in der Soziologie ein kontroverses Thema. Spätestens mit Luhmanns Kritik einer privilegierten soziolo-gischen Beobachterposition (Luhmann 1998) erscheint eine schlichte Gegenüber-stellung von sozialen Strukturen und symbolischen Repräsentationen, von Welt und Sprache überholt. Auch bei Bourdieu (1970) und den TheoretikerInnen der Kritischen Theorie (Horkheimer und Adorno 1969) wird die symbolische Ordnung als Teil der von Macht und Herrschaft durchzogenen sozialen Realität begriffen. Wie insbesondere der Interaktionismus und die Ethnomethodologie gezeigt haben, ist die symbolische Ordnung einer Gesellschaft nicht nur Teil der sozialen Struk-turen, die sie vorgibt zu repräsentieren, sondern sie trägt dazu bei, diese Ordnung überhaupt herzustellen, aufrechtzuerhalten und zu verändern (Goffman 1978; Gar-finkel 1987).

Diskurstheorie und Diskursanalyse schließen an diese Entwicklung an. Wäh-rend insbesondere die dekonstruktivistische Diskurstheorie im Anschluss an Der-rida (siehe etwa Laclau und Mouffe 2000; Stäheli 2000) den konstruktivistischen Charakter des Diskurses unterstreicht, hat die Diskursanalyse im Anschluss an Foucaults Arbeiten zum Diskursbegriff (Foucault 1981) die vielfältigen Möglich-keiten aufgezeigt, wie Diskurse multiple Realitäten hervorbringen (Bublitz 2003; Keller et al. 2003, 2004; Angermuller et al. 2014). Sprache und Diskurs als Teil der symbolischen Ordnung sind nicht nur Bestandteil der Realität, sie erzeugen auch die Realität (mit), die sie vorgeben zu beschreiben. Damit schließt die Diskursana-lyse nicht nur an Entwicklungen aus der Systemtheorie und dem Interaktionismus an, sondern sie erweitert den konstruktivistischen Blick für eine Analyse der viel-fältigen Möglichkeiten, über die Gesellschaft und Sprache in Beziehung treten. Dazu zählen nicht nur gesprochene Sprache sondern auch geschriebene Texte und Bilder.

Gegenüber semiotisch und phänomenologisch ausgerichteten Methoden der Diskursanalyse, die sich für die Rekonstruktion von Wissenshaushalten, Argumen-tationsmustern, Deutungen und Ideologien interessieren, fragen äußerungstheoretische Ansätze der Diskursanalyse (siehe etwa Angermüller 2007; Wrana 2006) danach, wie der Diskurs Sichtweisen und Perspektiven in der und auf die soziale Welt erzeugt. Die so erzeugten Perspektiven wiederum müssen von Akteuren aktiv angeeignet, das heißt bezogen, zurückgewiesen oder verändert werden, um in ihren professionellen Kontexten handlungsfähig werden zu können. Die symbolischen Taxonomien haben vor allem eine Funktion: sie erlauben es den Akteuren in der Welt der Wissenschaft einen Platz einzunehmen und dort als legitime Akteure sichtbar zu werden (Angermüller 2010a).

Was genau sind diskursiv konstruierte Akteure? Wie im letzten Kapitel dargelegt wurde, verbinden sich die strukturellen Konzentrationsprozesse in der akademischen Welt der VWL mit der Heranbildung spezifischer akademischer Subkulturen, die sich insbesondere in den und um die Graduiertenschulen herum ansiedeln. Das Zusammenspiel von Macht und Kultur durch Departmentalisierung und Evaluationsklassifikationen schafft Räume der Sozialisation, in denen Akteure erschaffen werden, die in der Lage sind, dem Elitenexus zu entsprechen. Die Akteure sind nicht nur eingebettet in ein enges Netzwerk wertvoller akademischer Beziehungen, sondern sie werden zu akademischen Kadern heransozialisiert, die über die Fähigkeiten verfügen, in bestimmten Journalen zu publizieren. Obgleich einige Akteure in der VWL durch ihre Einbettung in spezifische soziale Netzwerke privilegierte Zugänge zu prestigeträchtigen Publikationsmöglichkeiten haben, manifestieren sich diese Fähigkeiten als akademische Diskurskompetenz, die sich letztlich in der kognitiven Inkorporierung diskursiver Strukturmuster zeigt. In diesem Zusammenhang spielen die Graduiertenschulen, die in den Eliteclustern in den letzten Jahren etabliert wurden, eine bedeutende Rolle, zielen sie doch darauf ab, akademisch-strukturelle Akteure zu produzieren, die in der Lage sind, akademisch-diskursive Akteursträgerschaft zu entfalten.

Akademisch-strukturelle Akteure sind Individuen und Gruppen, die in der Lage sind, in internationalen „Top-Journalen" systematisch bei konstant hoher Publikationsproduktivität zu publizieren. Sie sind heute und zukünftig nicht nur in Eliteclustern und Mikronetzwerken eingebettet und haben Zugriff auf ökonomisches Kapital, sondern sie verfügen zudem über die Kulturtechnik des Schreibens und Publizierens. Das kulturelle Kapital muss in einem langen Prozess mühevoll erworben werden, indem es kognitiv inkorporiert wird. Dieser Prozess der Inkorporierung von kulturellem Kapital findet in den Doktorandenschulen statt (siehe Kapitel vier). Dies bezeichnet die strukturelle Dimension akademischer Akteure auf Grundlage sozialer Macht und Ungleichheit (Kapitel drei). Demgegenüber bezieht sich der Begriff akademisch-diskursiver Akteursträgerschaft auf die symbolische Ebene und ist das Resultat von Wissenschaftsdiskursen, die vor dem Hintergrund der Elitehierarchie stattfinden. Dies soll in diesem Kapitel herausgearbeitet werden.

Strukturelle Akteure sind gewissermaßen die machtvoll gebündelte Fähigkeit zu publizieren; *diskursive Akteure* entstehen erst dann, wenn auch real publiziert wird. Um als „exzellente ForscherIn" sichtbar zu werden, müssen die Akteure in ihren und durch ihre Publikationen als Mitglied einer wissenschaftlichen Gemeinschaft, Subdisziplin oder eines bestimmten disziplinären Standpunktes Erkennbarkeit erlangt haben. Akademisch-strukturelle Akteure sind die materielle Bedingung für die Konstruktion von akademisch-diskursiver Akteursträgerschaft; umgekehrt ist akademisch-diskursive Akteursträgerschaft die Voraussetzung für die Akkumulation von ökonomischem und sozialem Kapital, welches wiederum einfließen muss in die Konstruktion von Kulturkapital in Form von akademisch-strukturellen Akteuren.

Zwischen akademisch-strukturellen Akteuren und akademisch-diskursiver Akteursträgerschaft besteht also eine Dialektik, die in der Akkumulation von Macht ihre Aufhebung findet. Diskursive Macht in Form von zählbaren Publikationen ist das spezifische Resultat der Verbindung von struktureller und diskursiver Dimension von akademischen Akteuren. Diskursive Ideen in Form von Zugehörigkeit zu einer Schule oder einem Forschungsfeld sind dagegen das allgemeine Resultat dieser Verbindung. Während das spezifische Resultat durch das System struktureller Macht determiniert ist, ist das allgemeine Resultat offen für Variationen. Das Allgemeine ist nicht spezifisch, es muss aber durch Technologien der Macht in das Raster des Spezifischen überführt werden.

Trotz der Offenheit der ideellen Dimension von akademischer Akteursträgerschaft für Variationen ist diese Dimension des akademischen Akteurs nicht unstrukturiert. Vielmehr wird der Diskurs durch die Logik der Positionierung strukturiert. Dies ist ebenfalls eine Form von Macht, auch wenn sich diese Form der Macht nicht im Bereich der ökonomischen Ressourcen des Feldes, sondern in der kognitiven Welt der Akteure abspielt, die selbst natürlich nichts anderes als der inkorporierte Teil einer spezifischen Form von Sozialwelt ist, welche in der folgenden Diskursanalyse herausgearbeitet werden soll. Der Begriff der kognitiven Macht verweist somit auf die Fähigkeit der Akteure, sich handelnd zu bewegen und soll zur weiteren diskurstheoretischen Öffnung der Bourdieu'schen Habitustheorie beitragen. Denn Texte und Sprache stehen den sozialen Strukturen nicht als Artefakte gegenüber; in ihnen spielt sich vielmehr selbst eine besondere Form sozialer Beziehungen ab (Angermüller 2007; Maeße 2010a; Hamann 2014). Während die materielle Dimension des Diskurses sowie die akademisch-strukturelle Akteursträgerschaft an die Kapitalien der strukturellen Macht gekoppelt sind, hängt die ideelle Dimension des Diskurses sowie die akademisch-diskursive Akteursträgerschaft an der kognitiven Macht des Feldes, das sich über die Positionierungsweisen artikuliert. Die Kulturmacht steht zwischen diesen beiden Blöcken. Hieran erkennen

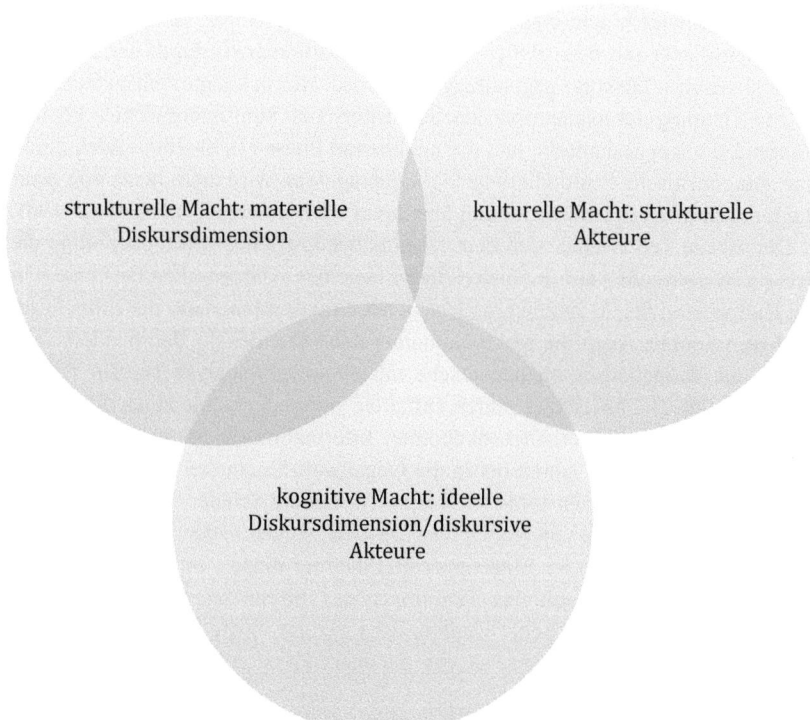

Abb. 5.1 Diskursive Macht. (Quelle: Eigene Darstellung)

wir, wie komplex das System diskursiver Macht aufgebaut und mit dem System kultureller und struktureller Macht verbunden ist (vgl. Abb. 5.1). In der folgenden Analyse ökonomischer Diskurse soll gezeigt werden, wie akademisch-diskursive Akteure durch Technologien der Positionierung hervorgebracht werden und wie kognitive Macht ausgeübt wird.

Im ersten Teil wird untersucht, wie der Keynesianische Diskurs das makro-ökonomische Denken seit den 1930er Jahren strukturiert hat. Das Ziel dieser Ana-lyse ist es zu zeigen, inwiefern ein Feld des Denk- und Sagbaren durch diskursi-ve Strukturen über Jahrzehnte hinweg geprägt werden kann. Auf der einen Seite soll dargelegt werden, dass und inwiefern der Keynesianische Diskurs noch heute Einfluss ausübt; hierfür werden die makroökonomischen Diskurse der 1970er und 1980er Jahre untersucht. Auf der anderen Seite werden die Auflösungserscheinun-gen dieses spezifisch Keynesianischen Denkens herausgearbeitet, die sich bis in unsere Gegenwart hinein erstrecken, indem die Unterschiede des Diskurses der Neo-Keynesianer (ab den 1990er Jahren) der Positionierungslogik der klassisch Keynesianischen Diskurse gegenübergestellt wird. Hierin könnte sich andeuten, in welche Richtung der akademisch-ideelle Diskurs sich künftig entwickeln könnte. Während die Keynesianische und die neoliberale Phase (1930–2000) noch durch eine antagonistische Positionierungslogik geprägt war, wird diese heute von einer pragmatisch-moderierenden Haltung überlagert oder gar abgelöst (Maeße 2013d).

Der zweite Teil widmet sich dem Diskurs der kritischen Mikroökonomie, die sich – gewissermaßen auf der materiellen Ebene der akademischen Diskurse – in den letzten zehn bis 20 Jahren als herrschende Fraktion innerhalb der Elitecluster etablieren konnte. Auch die Mikroökonomie der Mitte des 20. Jahrhunderts war durch eine formalistisch-mathematische Gleichgewichtsanalyse geprägt (Blaug 2003). Ab den 1970er/1980er Jahren entfaltete sich jedoch eine zunächst heterogene Hegemonie aus Verhaltensökonomie, Informationsökonomie, Spieltheorie etc., die ab den 1990er Jahren bis in die Gegenwart hinein das Gesicht der ökonomischen Theorie prägen sollte wie kaum eine andere Schule. Dies spiegelt sich nicht nur in der Vergabe von Nobelpreisen wieder, sondern auch in der Besetzung gewichtiger Professuren im Elitecluster und darüber hinaus. Indem die diskursiven Strukturen unterschiedlicher Traditionen der mikroökonomischen Kritik an der Neoklassik herausgearbeitet werden, wird gezeigt, inwiefern sich die mikroökonomische Positionierungsweise von der makroökonomischen Positionierung unterscheidet.

Im letzten Abschnitt verlassen wir die Welt der „großen Ideen", die die ideelle Ebene der akademischen Diskurse prägen, und tauchen ausgehend davon in den Forschungsalltag der Gegenwart in den Eliteclustern ein, indem unterschiedliche Diskurstypen herausgearbeitet werden, die im Verbund mit anderen Institutionen und Technologien Forschungsfelder in der Ökonomie erzeugen. Ab den 1970er Jahren ist die Ökonomie durch Internationalisierungstendenzen geprägt (Fourcade 2006), die sich einerseits in der Verwendung des Englischen als wissenschaftliche Standardsprache und der Orientierung auf Journale als akademische Standardpublikation und andererseits in der explosionsartigen Entwicklung von separaten Forschungsfeldern und Subforschungsfeldern wiederspiegelt (siehe Kapitel drei, Abschnitt zwei). Unter diesen Voraussetzungen werden hierarchisch gestaffelte Positionierungsweisen und eine zunehmende Spezialisierung von Forschungsfeldern von Bedeutung für die Entfaltung des Faches. Während also in den ersten beiden Teilen die horizontale Welt der Positionierungslogiken untersucht wird, widmet sich der letzte Teil den diskursiven Voraussetzungen der vertikalen Strukturierung der akademischen Weltgemeinschaft.

5.2   Die Keynesianische „Kreuzigung" der akademischen Welt

Die Entwicklung der modernen Ökonomie als wissenschaftlicher Disziplin ist ohne die Entstehung der Makroökonomie undenkbar. Diese wiederum ist untrennbar mit dem Namen John Maynard Keynes verbunden. Die Makroökonomie befasst sich mit dem Wechselverhältnis von aggregierten Größen der Volkswirtschaft wie etwa Zinsen, Güterpreisen, Löhnen, Investitionen etc. und untersucht, wie sich diese Größen untereinander beeinflussen. Was passiert etwa mit den Zinsen, wenn die Investitionen steigen? Die „Klassiker" um Friedman würden ein Ansteigen der Zinsen vermuten, weil der Grenznutzen des Geldes sinken und die Geldmenge sich verringern würde; die ÖkonomInnen um Keynes sehen demgegenüber den Zins nicht in der Abhängigkeit der Geldmenge – diese kann und soll notfalls von der Zentralbank ausgeweitet werden –, vielmehr betonen sie die Rolle von Konsum und Investition für die Erhöhung der Auslastung der Wirtschaft, was sich letztlich in Vollbeschäftigung wiederspiegelt.

Für die Institutionalisierung der modernen Ökonomie als Disziplin mit internationaler Reichweite spielten unterschiedliche Komponenten eine Rolle, die zur Entwicklung der Keynesianischen Makroökonomie nicht in unmittelbarer Beziehung stehen. Einerseits ist hier die Abtrennung von den Sozial- und Kulturwissenschaften zu nennen, anderseits die Etablierung als Modellwissenschaft im Rahmen eines positivistisch-naturwissenschaftlichen Wissenschaftsverständnisses (Morgan 2012; Yuval 1998, Breslau 2003). Auch die Entwicklung der Massenuniversität und die Entstehung eines ökonomischen Lehrkanons ab den 1960er Jahren sind von Bedeutung gewesen. Keynes selbst war eher ein intellektueller Querkopf im britischen Establishment und hatte mit den wissenschaftstheoretischen Kämpfen und dem innerfachlichen Kleinkrieg, die sich rund um die Entstehung der disziplinären Identität abspielten, nur wenig zu tun, obgleich er auch in anderen Auseinandersetzungen der Disziplin verortet werden kann und von seinen Jüngern oft recht zielsicher verortet wird.

Ohne den Keynesianismus in Form der neoklassischen Synthese, wie sie von Hicks und Samuelson formuliert und verbreitet wurde, wäre diese Institutionalisierung aber nicht denkbar gewesen (Hesse 2010a). Die institutionellen Veränderungen am Anfang des 20. Jahrhunderts waren von der Keynesianischen Revolution begleitet, die das kognitive Feld der Wirtschaftswissenschaft angesichts von Depression, wirtschaftspolitischen Fehlschlägen und Weltkrieg neu ordnete und dem ökonomischen Denken und wirtschaftspolitischen Handeln eine neue Ausrichtung gab. Die Leistung von Samuelson, Hicks und Meade bestand vor allem darin, die Keynesianischen Ideen in eine Modellform zu bringen (siehe Morgan 2012,

S. 217 ff.), als Lehrbuch für das Fach massenhaft verfügbar zu machen (insbesondere durch Samuelson) und Keynes' Ideen an die bestehende neoklassische Diskussion evolutionär anschließbar zu machen (insbesondere durch Hicks). Keynes Arbeit selbst stand der mathematischen Modellbildung eher distanziert gegenüber, seine verhaltenstheoretischen Ausführungen etwa zur Konsumneigung erinnern an anthropologisch-soziologische *ad hoc*-Beobachtungen und Keynes' Schriften stützten sich überwiegend auf verbale Formulierungen, wirtschaftspolitische Analysen und umfassende theoretische Manuskripte.

Nach Coats war der Keynesianismus der bisher einzige wirkliche wirtschaftswissenschaftliche Paradigmenwechsel im Sinne Kuhns. „The Keynesian revolution was unique in the history of economics, especially in regard to its impact on the economics profession" (Coats 1993, S. 61). Obwohl auch die Debatten um und über das Wissenschaftsverständnis der Ökonomie paradigmatische Einflüsse hatten, war es vor allem die Auseinandersetzung mit der neoklassischen Gleichgewichtstheorie des Marktes, die die beiden kognitiven Pole der modernen Ökonomie zwischen Markt vs. Staat, Nachfrage vs. Angebot, Gleichgewicht vs. Krise, homo oeconomicus vs. animal spirits absteckte. Die Innovationen durch die Keynesianische Kritik an der Neoklassik lagen also weniger auf der institutionellen Ebene der Disziplin, sondern vor allem auf der Ebene der ökonomischen Ideen.

Der Keynesianismus und die Ökonomie als moderne, organisierte Disziplin entwickelten sich allerdings trotz (oder gerade *wegen*) der Abgrenzungsbemühungen vom Staat als Bestandteil des modernen Regierungsapparates (siehe etwa Breslau 2003; Fourcade 2009). Denn die von Hicks und Samuelson gewendete Keynesianische Makroökonomie ermöglichte nicht nur eine „Professionalisierung" (Coates 1993) der Ökonomie als Disziplin, sondern auch eine Anwendung ökonomischer Begriffe auf die staatliche Regierung durch makroökonomische Wirtschaftssteuerung (Hall 1989). Mit der Keynesianischen Makroökonomie verband sich erstmals eine systematische, professionelle ökonomische Wirtschaftssteuerung, wenngleich die mühevolle Erarbeitung von Statistik und Wirtschaftsdaten anderen vorbehalten blieb (Morgan 1990). Die Verbindung von akademischer Innovation und staatlicher Wirtschaftsteuerung vermittelt und vorangetrieben durch die von den USA ausgehenden Globalisierung der Disziplin, des Staates und der Ökonomie war die Bedingung für die Erfolgsstory der Makroökonomie (Fourcade 2006), ist doch die Entwicklung und Institutionalisierung der Ökonomie als akademischer Disziplin ohne die Entwicklung des modernen Staates kaum denkbar (Foucault 2006; Maeße 2013c).

Wenn es also möglich ist, in der Wissenschaft von Paradigmen nach Kuhn (1967) oder Epistemen im Sinne Foucaults (1974) zu sprechen, dann war Keynes' Auseinandersetzung mit der neoklassischen Gleichgewichtstheorie des Marktes von zentraler Bedeutung für die Formation der Denk- und Wahrnehmungsschemata der Volkswirtschaftslehre, insbesondere seit dem Ende des Zweiten Weltkrieges und dem Beginn der amerikanischen Hegemonie in Wissenschaft, Wirtschaft und Politik. Dies zeigt sich nicht zuletzt auch darin, dass fast alle ÖkonomInnen, die ich interviewt habe, auf die Frage nach den fünf wichtigsten ÖkonomInnen Keynes angaben. Wie genau Keynes' Ideen auszulegen sind; welche Formen des Keynesianismus als „wahrer" oder „Bastard-Keynesianismus" zu bezeichnen sind; wo genau Keynes' konzeptueller Einfluss auf die Ökonomie liegt; ob, und wenn ja, von wem und wie oft er widerlegt, weiterentwickelt oder kritisiert wurde – dieser Streit kann der ökonomischen Disziplin und jenen überlassen werden, die sich berufen fühlen, daran mitzuwirken. Aus wissenschaftssoziologischer Sicht ist die enorme Fülle, Vielfalt und Widersprüchlichkeit an Interpretationen der Keynesianischen Schriften ein Indikator für den enormen Einfluss des Keynesianischen Denkens. Nur selten kontrollieren die Urheber auch die Auslegung ihrer Ideen. Der Ökonom Michael Woodford drückt die Bedeutung des Keynesianismus für die Formation des ökonomischen Denkens etwa folgendermaßen aus:

> Many of the most important developments in macroeconomics since World War II can be described as attempts to come to terms with the ‚Keynesian revolution' that we have just described. The rise of Keynesian economics created a place for macroeconomics as a second main branch of economic theory, alongside microeconomic theory. (Woodford 1999, S. 8)

Aber worin liegt diese nahezu magische Macht des Keynesianismus? Ideen – auch ökonomische Ideen – verstehen sich nicht von selbst, sondern werden durch Positionierungspraktiken in taxonomische Ordnungen überführt. Ihre Inhalte und Wirkungen werden erst in sozial organisierten Aneignungsprozessen durch die Akteure des Feldes erzeugt. Reine Sprache ist ein bloßes Abstraktum, sie wird erst in der Aneignung durch die Akteure lebendig, wirksam und entfaltet kognitive Macht. Es soll deshalb nicht danach gefragt werden, aus welchen sachlichen oder thematischen Gründen die Inhalte der Keynesianischen Makroökonomie einen so überwältigenden Einfluss hatte (siehe dazu etwa Hall 1989), sondern es soll gezeigt werden, durch welche diskursiven Technologien sie kommunikativ vermittelt werden und somit kognitive Macht ausüben.

Die Diskursanalyse interessiert sich nicht für den Inhalt ökonomischer Ideen, sondern für die Form, in der sie präsentiert und hervorgebracht werden. Wenn Keynes' Ideen oder besser gesagt der Keynesianismus in seinen unterschiedlichen Formen auf die Entwicklung und Institutionalisierung der ökonomischen Disziplin einen Einfluss hatten, dann kann davon ausgegangen werden, dass auch die Art und Weise, wie Keynes seine Ideen präsentierte, das heißt wie er sich diskursiv positionierte, die Art und Weise prägte, wie Akteure in der VWL konstruiert und damit Denk-, Wahrnehmungs- und schließlich Handlungswelten strukturiert werden.

Keynes und die „Klassiker"

Werfen wir zunächst einen Blick auf eine typische Stelle am Anfang von Keynes' Hauptwerk, der „Allgemeinen Theorie".

> 1) *Ich* habe dieses Buch die *Allgemeine Theorie der Beschäftigung, des Zinses und des Geldes genannt* und hebe dabei das Wort *allgemein* hervor. 2) *Ich* wähle diesen Titel, weil *ich* die Art meiner Beweisführung und Folgerungen jenen der *klassischen* Theorie über das Thema *entgegenstellen* will, jener Theorie, in deren Anschauungen ich *erzogen worden bin*, und welche *heute*, genau wie während der *letzten hundert Jahre*, das wirtschaftliche Denken und Handeln unserer regierenden und akademischen Kreise beherrscht. 3) *Ich* werde darlegen, daß die Postulate der klassischen Theorie nur in einem Sonderfall, aber *nicht* im Allgemeinen gültig sind, weil der Zustand, den sie voraussetzt, *nur* ein Grenzfall der möglichen Gleichgewichtslagen ist. 4) Die Eigenheiten des von der klassischen Theorie vorausgesetzten Sonderfalles weichen *überdies* von denen unserer gegenwärtigen wirtschaftlichen Verhältnisse ab, und ihre Lehren werden daher *irreführend und verhängnisvoll*, wenn *wir* versuchen, sie auf die Tatsachen der Erfahrung zu übertragen. (Keynes 2002 [1936])
>
> Fußnote:
> 2i) Der Ausdruck „die klassischen Ökonomen" wurde von Marx erdacht und von ihm für Ricardo und James Mill und deren *Vorgänger* angewandt, das heißt für die Begründer der Theorie, welche in der Ricardianischen Ökonomie ihren Höhepunkt fand. 2ii) Ich habe mich daran gewöhnt, obschon ich dabei vielleicht einen groben Fehler begehe, in der „klassischen Schule" die *Nachfolger* Ricardos einzuschließen, das heißt jene, welche die Ricardianische Theorie angenommen und vervollkommnet haben, einschließlich (zum Beispiel) J. S. Mill, Marshall, Edgeworth und Professor Pigou.

Aus Sicht der Diskursanalyse, wie sie hier verstanden wird, verläuft die Positionierung der Akteure, die Wissenschaftskommunikation und die damit verbundene Ausübung kognitiver Macht nicht in erster Linie über die konzeptuellen Begriffe und Theorien oder die Überzeugungskraft umfassender Argumentationsstrukturen, sondern über Operatoren der Deixis und der Polyphonie. Dies sind etwa Personalpronomen („ich", „mich", „wir", „uns"), Adverbien der Zeit und des Ortes („jetzt", „heute"; „hier", „dort"), Negationen („nicht"), Wertungen („verhängnisvoll") und Konjugationen („war"). Die diskursiven Operatoren sind einerseits linguistische Merkmale eines Textes, sie dienen andererseits auch als „Lesehilfen" für die Interpretation eines Textes durch LeserInnen in sozialen Kontexten: welche Vorstellungen auf eine Idee durch Akteure im Zuge der Interpretation projiziert wird, hängt also mit der Art und Weise zusammen, wie diese Idee durch Positionierung vorgebracht wird.

Während die Linguistik oft die sprachliche Seite dieser diskursiven Formen beleuchtet, interessiert sich eine Diskursoziologie für die soziale Strukturierungsmacht sprachlicher Operatoren. Operatoren leiten den Interpretationsprozess an, ohne die Interpretation zu determinieren. Sie lenken gewissermaßen den inneren Blick der LeserIn auf ein „ich", das spricht, einen Ort, der über „dort" angezeigt wird, einen Zeitpunkt, der ein „heute" von „vor hundert Jahren" unterschiedet, oder auf zwei Sprecherrollen, die durch Negationen wie „nicht" erzeugt werden. Diskursive Operatoren spannen das abstrakte Gerüst auf, innerhalb dessen sich das sozial organisierte Denken und Interpretieren im Verlaufe der Lektüre abspielt. Freilich ist dieses Denkgerüst nicht der sozialen Welt gegenübergestellt, es ist vielmehr ein Teil von ihr. An solche Strukturen des Denkens sind schließlich soziales Handeln und soziale Strukturen der Macht gebunden.

Die Operatoren sind in der Textstelle aus Keynes' „Allgemeiner Theorie" markiert. Sie haben die Funktion, im Diskurs verschiedene Perspektiven einzuführen, diesen Perspektiven Aussagen zuzuschreiben, diese ins Verhältnis zu setzen, Sprechern[1] zuzuordnen und damit Positionen zu konstruieren (ausführlich Angermüller 2007, S. 139 ff., Maingueneau 2000, für das Beispiel des Bologna-Prozesses Maeße 2010a, S. 163 ff.). Der folgende Schaukasten illustriert, wie ein einfacher Beispieltext mit der Diskursanalyse „aufgeklappt" werden kann, um die sich darin abspielenden sozialen Zusammenhänge herauszuarbeiten.

Schritte der Analyse diskursiver Positionierungspraktiken
Beispieltext: „Ich bin kein Klassiker"
1. *Perspektiven* einführen: per_1, per_2
2. *Aussagen* auf Perspektiven zuschreiben: per_1: „*Ich bin ein Klassiker*", per_2: *NEIN per_1*
3. Perspektiven ins *Verhältnis* setzen: per_1 *vs.* per_2
4. Perspektiven *Sprechern* zuordnen: $per_1(a)$, $per_2(l)$, wobei a = Gegenspieler; l = Fürsprecher
5. *Positionen* konstruieren:
   $per_1(a)$: „*Ich bin ein Klassiker*"
   $per_2(l)$: *NEIN per1*

---

[1] „Sprecher" sind ebenso wie „Institution" oder „Akteur" wissenschaftliche Begriffe. Sie bezeichnen formale Elemente der diskursiven Struktur und werden demzufolge nicht geschlechtergerecht formuliert.

Werfen wir nun einen Blick auf Keynes' Diskurs. Die oben angeführte Textstelle ist das erste Kapitel in Keynes Hauptwerk mit dem dort genannten Titel „Allgemeine Theorie der Beschäftigung, des Zinses und des Geldes". Man wird schnell erkennen, dass es sich bei Keynes' Diskurs um einen oppositionellen Diskurs höchster Intensität handelt. Der Operator „ich" in Aussage 1 markiert eine Position, von wo aus der Sprecher einen Diskurs über seinen eignen Diskurs hält. In Aussage 2 stellt der Sprecher dieser Position eine weitere Position gegenüber, die er mit dem Adjektiv „klassisch" markiert. In der Fußnote werden eine Reihe Namen genannt, die der Sprecher mit dieser Position der „Klassiker" verbindet. Der zweite Teil der Aussage 2 verhandelt das Verhältnis zwischen der Position des Sprechers und jener „klassischen Theorie", indem Operatoren der Zeit („erzogen worden bin", „heute", „der letzten hundert Jahre") die Bedeutung jener „Klassiker" für das Denken von Keynes selbst und seiner Zeitgenossen hervorheben. Aussage 3 bezieht die bevorstehende Abhandlung (es handelt sich hierbei um das erste Kapitel) auf dieses „Denken", indem der Diskurs durch die Negation „nicht" klarstellt, wie der Sprecher zu jenem „Denken der Klassiker" „jetzt" steht. Aussage 4 stellt schließlich den Bezug zur Wirtschaftspolitik her.

Entscheidend für die Positionierung sind die Aussagen 2 und 3. Der Keynesianische Diskurs lässt sich folgendermaßen diskursanalytisch formalisieren:

Der Keynes-Diskurs

$per_1(2)(l_1)$: ich will die Art meiner Beweisführung und Folgerungen jenen der klassischen Theorie entgegenstellen

$per_2(2)(l_2)$: ich bin in deren Anschauungen erzogen, t_{-1} (siehe Präteritum von „bin")

$per_3(2)(l_3)$: sie beherrschen das wirtschaftliche Denken und Handeln unserer regierenden und akademischen Kreise, t_{-1} UND t_0 (siehe „letzten hundert Jahre", „heute")

$per_4(3)(a_1)$: Die Postulate der klassischen Theorie sind im Allgemeinen gültig

$per_5(3)(l_4)$: NEIN per_4 (siehe „nicht")

$per_6(3)(l_5)$: Die Postulate sind ein Sonderfall

$per_7(3)(l_6)$ Ich werde darlegen, dass per_5 und per_6

Das Markante an der Keynesianischen diskursiven Positionierungsweise besteht nicht nur darin, dass es sich um einen antagonistischen Diskurs handelt, der mit „den Klassikern" und „Keynes" zwei Lager gegenüberstellt. Es fällt zudem auf, dass es kaum Positionierungsmöglichkeiten zu geben scheint, die zwischen diesen beiden Lagern liegen. Abgesehen von der in Aussage 3 angedeuteten Gemeinsamkeit, in der Keynes den „Klassikern" zugesteht, dass ihre Version der Wirtschaftstheorie auf wenigstens einen „Sonderfall" zutrifft, kann eine diametrale Proliferation von Perspektiven beobachtet werden. Auf der Seite „der Klassiker" werden zahlreiche VertreterInnen des Faches aufgereiht, wie etwa ein Blick auf die Fußnote (Aussage 2i und 2ii) verrät. Diese Aufreihung verschiedener VertreterInnen der Disziplin wie etwa Ricardo, Pigou oder Marschall setzt sich im gesamten Buch fort und prägt die für Keynes typische Art der Positionierung. Auf der anderen Seite beobachten wir eine Verteilungsstruktur der Sprecher, wie sie selten in Diskursen vorkommen. Während „die Klassiker" durch lediglich einen einzigen Sprecher vertreten sind (a_1), kommen die Sprecher, die für Keynes' Ansichten stehen, sechs Mal vor (l_{1-6}). Im Grunde spricht Keynes in sechsfacher Ausführung gegen einen „Klassiker-Sprecher", der gewissermaßen durch die immer wieder genannten Figuren (Mill, Pigou, Ricardo etc.) hindurchleuchtet. Einzig in Marx scheint Keynes einen Kollegen zu vermuten. Damit wird nicht nur die Vielzahl an ökonomischer Theorie „seit Ricardo" auf eine einzige Position reduziert, gleichzeitig „vervielfältigt" sich Keynes auf der anderen Seite der antagonistischen Linie durch seine zahlreichen Sprecher. So wird ein massives „Keynesianisches" Übergewicht erzeugt und gleichzeitig eine Reduktion des gesamten Feldes der ökonomischen Theorie auf zwei Positionen vorgenommen. Dies ist eine Möglichkeit, wie Diskurse Dominanz erzeugen können. Man kann sich die Keynesianische Positionierung zunächst als eine vertikale Linie vorstellen, die zwischen denjenigen verläuft, die auf der Keynesianischen Seite stehen – den Keynesianern – und denjenigen, die auf der Seite der Klassiker stehen (vgl. Abb. 5.2).

Keynes$_1$

Keynes$_2$

Keynes$_3$

Keynes$_4$

Keynes$_5$

Keynes$_6$

Pigou$_1$

Ricardo$_1$

Edgeworth$_1$

Mill$_1$

Marschall$_1$

Walras$_1$

Abb.5.2 Der Keynesianische Antagonismus. (Quelle: Eigene Darstellung)

Abb. 5.3 Das Keynesianische Kreuz. (Quelle: Eigene Darstellung)

So wird bereits im ersten Kapitel das Feld geordnet und die Art und Weise, wie sich Akteure in der Makroökonomie positionieren, festgelegt. In den folgenden Kapiteln werden nun die unterschiedlichen Themen abgehandelt, beginnend mit der Theorie der Löhne, der Frage der Arbeitslosigkeit, der Funktion des Zinses, der Theorie des Konsums und der Investition bis hin zur Rolle staatlicher Eingriffe. Und so ließe sich zu jedem Thema ein waagerechter Balken ziehen, der das zu besprechende Thema nennt und ein senkrechter Balken, der die sich widersprechenden Antworten der jeweiligen Kontrahenten gegenüberstellt (vgl. Abb. 5.3).

Wie kann ausgehend von der Positionierungsstrategie ein Einfluss des Keynesianismus für das Feld der Ökonomie abgeleitet werden? Mit Keynes verband und verbindet sich wohl immer noch eine der zentralen Kritiken an jenem Modell, das bis heute zumindest in den Lehrbüchern als ökonomisches Standardmodell gilt. Nach der neoklassischen Gleichgewichtstheorie pendeln sich die Elemente der Ökonomie wie Preise, Zinsen, Arbeit, Investitionen, Rücklagen etc. durch den Mechanismus von Angebot und Nachfrage, Grenznutzen und Grenzkosten ein. Nicht nur für die Ökonomie als akademischer Disziplin, sondern auch für die Steuerung realer Volkswirtschaften etablierte sich dieses Modell als Denkhintergrund. Auch wenn reale Volkswirtschaften nie im Gleichgewicht sind, fungiert die Vorstellung vom Gleichgewicht und die Regeln und Mechanismen, die dazu führen, als regulatives Modell. Ein solches Gleichgewichtsmodell verband sich sowohl mit Praktiken der Wirtschaftsplanung als auch mit der Vorstellung eines marktkonformen Liberalismus. Insofern hatte die Gleichgewichtsideen etwas klassenunspezifisches (Speich Chassé 2013), konnte sie doch sowohl von sozialistischen als auch von liberalen ÖkonomInnen verwendet werden. Genau darin liegt bzw. lag wohl die Stärke der neoklassischen Synthese für die praktischen Probleme der Wirtschaftssteuerung und der Grund für die Proliferation kybernetischer Modellen der Volkswirtschaft, die sich seinerzeit alle in der Tradition des Keynesianischen Denkens sahen (siehe etwa Hesse 2010a, S. 27 ff.).

Ähnliches gilt für die Disziplin. Weil die Ökonomie sich in Abgrenzung zu den theorieorientierten und zugleich empirischen Sozialwissenschaften als *Modell*wissenschaft akademisch institutionalisierte, hat die Idee des Modells einen enormen normativen und regulativen Einfluss darauf, was als legitimes ökonomisches Denken gelten darf. Die Modellform bestimmt nicht unbedingt den akademischen Inhalt der Ideen, allerdings legt sie die Bedingungen disziplinärer Legitimität und Zugehörigkeit fest. Ökonomische Ideen werden vor allem dann als „ökonomisch" von der Wissenschaftsgemeinschaft anerkannt, wenn sie als Modell vorliegen. Wie Morgan (2012) darlegt, besteht das Denken in Modellen vor allem darin, ein System von Objekten zu konstruieren, die nach bestimmten Kausalregeln zueinander in Beziehung treten. Der neoklassische Ansatz entspricht einem solchen Denken in Modellen sehr viel eher als Keynes' Theorie, die vor allem Krisen, Paradoxien und heterogene Wirkungszusammenhänge betonte. Nicht zuletzt ist das Gleichgewichtsmodell des Marktes historisch tief verankert im ökonomischen Denken. Das bedeutet, dass es nicht nur wissenschaftstheoretisch-institutionelle, sondern auch historische Gründe für die Insistenz der Neoklassik nach Keynes' Intervention gibt.

Auf der anderen Seite haben Modelle ihre Grenzen, sowohl in der wirtschaftspolitischen Anwendung als auch in der akademischen Debatte. Genau dies war der Punkt, an dem Keynes ein attraktives intellektuelles Angebot machte. Der Gleichgewichtszustand ist nur ein Extremfall in einer Ökonomie, die aus zahlreichen Wechselwirkungen zwischen ökonomischen Aggregaten (Rücklagen, Investitionen, Zinsen, Konsum etc.), unterschiedlichen Märkten (etwa Arbeitsmärkte und Gütermärkte) und unterschiedlichen rationalen und irrationalen Verhaltensweisen der Marktakteure (der Fall der „Liquiditätsfalle" etwa) besteht. Keynes' Kritik an der Neoklassik führte jedoch nicht nur sachliche Argumente in die Debatte ein, auf die sich die Keynesianer in der Regel emphatisch berufen. Vielmehr etablierte Keynes – ähnlich wie Marx – eine bestimmte „Haltung" gegenüber den Opponenten seines Diskurses, den „Klassikern": nämlich den Antagonismus.

Man hätte die Kritik an „der" Gleichgewichtstheorie sicher auch in einem deutlich differenzierteren Modus äußern können, ohne die sachliche Dimension infrage zu stellen. Hierfür sind in der Mikroökonomie zahlreiche Beispiele zu finden. Vielleicht war diese Form der Zuspitzung, wie sie Keynes vorgenommen hat, aber auch notwendig, um sich in einer aufgewühlten Zeit Gehör zu verschaffen. Wie oben gesehen werden konnte, stellt Keynes seine KollegInnen gewissermaßen kollektiv auf eine Linie und verpasst ihnen das Label „Klassiker"; gegenüber dieser Reihe positioniert er vor allem seine eigene Theorie der effektiven Nachfrage in schroffem Gegensatz und erwähnt seine potentiellen „Genossen" wie etwa Marx nur am Rande. Dies aber bedeutet, dass die Kritik an der neoklassischen Gleichgewichtstheorie in den Augen der TeilnehmerInnen des Feldes der Ökonomie, das heißt der LeserInnen, auf die die kognitive Macht des Keynes'schen Diskurses wirkt, sich von nun an nicht nur mit Keynes' sachlicher Argumentation verbindet, sondern auch und vor allem mit der Logik antagonistischer Akteursträgerschaft. Von nun an zirkulieren nicht nur Keynes Sachaussagen, sondern auch die Art, wie sie von Keynes diskursiv hervorgebracht wurden. Die Ökonomie ist im wahrsten Sinne des Wortes ein diskursives Schlachtfeld, in dem man sich nur wenig schenkt. Die Gründe dafür sind vielfältig und hängen selbstverständlich auch mit der sozialen und politischen Relevanz der Inhalte zusammen. Jedoch beeinflussen beides, der Inhalt *und* die Form, die Rezeption der Theorie von Keynes. Der Antagonismus ordnet, wenn man so will, die makroökonomischen Gedanken der Akteure, indem ein Thema aufgeworfen wird – etwa die Theorie des Zinses – und dazu zwei kontradiktorische Ansichten aufgestellt werden, wobei die eine den Leuten um Keynes und die andere jenen Antagonisten zugeordnet werden kann und soll, die das Label „die Klassiker" tragen.

Im Folgenden soll gezeigt werden, wie der Keynes'sche Antagonismus durch die Diskurse der nach-Keynesianischen Makroökonomie wirkt und diese über Jahrzehnte formte und beeinflusste. Die folgenden Keynesrezeptionen stellen zugleich wichtige Stationen des makroökonomischen Diskurses dar, wie er sich ab den 1930er Jahren über Hicks, Samuelson, Friedman, Lucas & Co. und die RBC-Theoretiker bis in die heutige Zeit der Neo-Keynesianer entwickelte.

Varianten des Antagonismus

In den meisten Lehrbüchern zur Makroökonomie gilt das IS-LM-Modell von Hicks und Hansen als populärste Übersetzung der Keynesianischen Theorie in die mathematische Modellsprache der Ökonomie und als Versöhnung von Keynes mit den „Klassikern" zur neoklassischen Synthese. Samuelson hat dieses Modell schließlich in Lehrbuchform gebracht und damit über den gesamten Globus verteilt. So entstand „der" Keynesianismus. Das IS-LM-Modell untersucht den Zusammenhang von Geldmarkt und Gütermarkt und verbindet damit allgemeine Vorstellungen zu Marktgleichgewichten mit Keynesianischen Markverwerfungen. Die Bewertung des IS-LM-Modells als „Keynesianisch" oder „klassisch" ist genauso kontrovers wie das kognitive Feld, das der Keynesianische Diskurs aufspannt. Wenden wir uns nun dem Text von Hicks zu und fragen, welche Positionierungsweisen dieser Diskurs erzeugt. Bereits im Titel von Hicks Papier zur IS-LM-Kurve deutet sich der Konflikt zwischen „Keynes" auf der einen Seite und den „Klassikern" auf der anderen Seite an:

Mr. Keynes and the „Classics": A Suggested Interpretation

In der Diskursanalyse werden Teile einer Aussage, die in Anführungsstriche gesetzt sind, als polyphone Aussagen gelesen, das heißt, der Führsprecher (Hicks) zitiert hier im Falle der „Klassiker" einen anderen Sprecher („Keynes"?) und hält damit den Gegensatz zwischen „Keynes" und den „Klassikern" auf Distanz; auf der anderen Seite kommt der Diskurs offenbar nicht darum herum, den Keynes'schen Antagonismus zu wiederholen, obwohl er ihn problematisiert. Aber wie steht Hicks nun zu Keynes? Nach einer Gegenüberstellung der nach Hicks' Auffassung „klassischen" mit der „Keynesianischen" Theorie (S. 147–152) kommt Hicks zu folgender Schlussfolgerung:

> 1) It is this system of equations which yields the startling conclusion, that an increase in the inducement to invest, or in the propensity to consume, will *not* tend to raise the rate of interest, *but* only to increase employment. 2) *In spite of this, however*, and *in spite of the fact* that quite a large part of the argument runs in terms of this system, and this system alone, *it is not the General Theory*. 3) *We* may call it, if *we* like, Mr. Keynes' *special theory*. 4) The General Theory is something appreciable *more* orthodox. (Hicks 1937, S. 152)

Der Hicks-Diskurs

$per_1(1)(a_1)$: It is this system of equations which yields the startling conclusion, that an increase in the inducement to invest, or in the propensity to consume, will tend to raise the rate of interest

$per_2(1)(l_1)$: NEIN per_1 (siehe „not")

$per_3(1)(l_2)$: increase employment (siehe „but")

$per_4(2)(a_2)$: it is a General Theory

$per_5(2)(l_3)$: NEIN per_4 (siehe „not")

$per_6(2)(x_1)$: this [per_2 UND per_3] IST RICHTIG UND quite a large part of the argument runs in terms of this system, and this system alone

$per_7(2)(l_4)$: per_5 IST KORREKT, TROTZ per_6 (siehe „in spite of")

$per_8(3)(l_5)$: We may call it, if we like, Mr. Keynes' special theory.

$per_9(4)(l_6)$: per_4 HAT ÄHNLICHKEIT MIT per_1

Was passiert in Hicks' Diskurs? Ganz offensichtlich ist dieser Diskurs mehrschichtiger, komplexer und polyphoner als Keynes' Diskurs. Dies kann man klar der im Schaukasten abgebildeten Formalisierung entnehmen. Während im Keynesianischen Diskurs nur ein Gegenspieler vorkam, treten hier bereits zwei Gegenspieler (per_4, per_1) und ein Mitspieler (per_6) auf, der nicht auf ein spezifisches Lager ($_{1,\,a}$) verortet werden kann.

Zunächst betritt ein Protagonist das Spielfeld (per_1), der eine Aussage trifft, die typisch für die (neo)klassische Theorie zu sein scheint: „wenn Investitionen und Konsumausgaben steigen, dann steigen auch die Zinsen". Dem wiederspricht ein Antagonist (per_2), indem er Keynes Aussage ins Spiel bringt (per_3), wonach dann nicht der „Zins", sondern die „Beschäftigung" zunehmen müsse. In Aussage 2 wird ein Rollentausch vollzogen. Während Hicks bisher noch auf der Seite der Keynesianer stand, was an der Kennzeichnung „l" ablesbar ist, betritt hier ein Spieler das Diskursfeld, der eine Bewertung und Einordung dessen vornimmt, was in Aussage 1 verhandelt wurde, nämlich die Frage nach den ökonomischen Effekten von Investition und Konsum. Während ein Sprecher dies als „Allgemeine Theorie" qualifiziert (per_4), weist dies ein anderer Sprecher zurück (per_5), obwohl er den Argumenten des neutralen Spielers (per_7) Recht gibt. Stattdessen insistiert Hicks, dass es sich um eine spezielle Theorie (per_8) handle, die in der Tradition der „Klassik" stehe (per_9).

Bedeutet dies, dass Keynes' Theorie „nur ein Sonderfall der klassischen Theorie" ist und somit überhaupt nicht in Kontrast zur Klassik steht? Denn immerhin wendet sich Hicks nicht gegen Keynes, er sieht aber offenbar auch keine Konflikte mit der Klassik. Wie jedoch an der Zusammensetzung der Perspektiven deutlich wird, vollzieht Hicks' Diskurs den Keynes'schen Antagonismus nach, insbesondere zwischen per_1 und per_2 sowie – allerdings in umgedrehter Form – auch zwischen per_4 und per_5. Hicks arbeitet sich am Keynesianischen Kreuz gewissermaßen von beiden Seiten ab. Er tauscht nur die Rollen im Spiel, das Spiel selbst bleibt aber intakt: wie er es auch dreht und wendet, es bleibt ein Kreuz. Dieser Doppelkonflikt tritt besonders in der letzten Aussage hervor, in der er die „Allgemeine Theorie" als etwas „orthodoxes" bezeichnet und damit die antagonistischen Sprecher per_1 und per_4 gleichsetzt. Hicks gibt Keynes Recht und bestreitet seine These zugleich. Damit schreibt er den Antagonismus in einer spezifisch Hicks'schen Variante fort, die es Samuelson und den Biographen der Makroökonomie später ermöglichen sollte, Keynes in eine evolutionäre Reihe mit den Klassikern zu stellen.

Die Opposition zwischen den „Klassikern" und „Keynes", die der Keynesianische Diskurs eingeführt hat, dominiert das makroökonomische Denken bis in die Gegenwart. Nach dem Ende des Zweiten Weltkrieges bis in die 1970er Jahre setzte sich in unterschiedlichen Varianten das, was man sich seinerzeit unter „Keynesianismus" alles vorstellen konnte, überall durch und dominierte die VWL-Lehrstühle (siehe etwa Hesse 2010a). Ab den 1970er Jahren ging dann der Swing in die entgegengesetzte Richtung. Die „Inflationskrise", das Scheitern sozialdemokratischer

Regierungen sowie ein Generationswechsel an den Universitäten begünstigten das Aufkommen von Friedmans Monetarismus, der von nun an für die kommenden 30 Jahre das Feld dominieren sollte. Trotz der Swings in die eine und die andere Richtung und der damit einhergehenden doppelten Ablösung der jeweiligen „Orthodoxie", blieb die systematische Abarbeitung des makroökonomischen Diskurses am Keynesianischen Antagonismus dem Feld erhalten. Während die ÖkonomInnen in der ersten, industriell dominierten Hälfte der US-Hegemonie an der einen Seite des Kreuzes standen (1945–1970), hangelten sie sich in der zweiten, finanzmarktdominierten Hälfte gewissermaßen auf die andere Seite hinüber (1970–2000). Was verrät uns Friedmans Diskurs darüber?

> 1) Our examination of this body of evidence reveals that Keynes was generalizing from an idiosyncratic episode—the interwar period in the United States. 2) The pre-World War I period in the United States and the United Kingdom, even the interwar period in the United Kingdom, and the post-World War II period in both countries do *not* reveal the phenomena that Keynes regarded as contradicting „orthodox" monetary theory. *On the contrary*, experience during these periods and in these countries conforms to that theory very well. Indeed, one of the ironies of our examination of the evidence is that experience in Keynes's native United Kingdom conforms to the simplest version of the „orthodox" theory he attacked better than does experience in the United States. The view that Keynes's theory, *far from being* general, as he labeled it, is highly special, has often been expressed but *never* documented as fully as *we* believe *we* have been able to do. (Friedman und Schwartz 1982, S. 622)

Die Friedman'sche Intervention löste zwischen Keynesianern und „Klassikern" bzw. „Monetaristen" eine erbitterte Schlacht um empirische Fakten und ihre Auslegung aus. Während die einen es als erwiesen ansehen, dass Keynes Recht hatte, führen die anderen Daten ins Feld, die das genaue Gegenteil belegen sollen. Während etwa Keynes die These vertritt, dass staatliche Konjunkturpolitik in Verbindung mit einer lockeren Geldpolitik Wachstum und Beschäftigung erhöhe, konterte Friedman, dass eine Erhöhung der Geldmenge (langfristig) Inflation und kurzfristig Inflationserwartungen erzeuge und, wenn überhaupt, nur einen negativen Effekt auf die Konjunkturentwicklung habe. Während für Keynes der Auslastungsgrad der Wirtschaft erst mit Vollbeschäftigung erreicht war, glaubte Friedman, dass dies durch das Marktgleichgewicht hergestellt werde und eine „natürliche Arbeitslosenquote" voraussetze. Ebenso wie Keynes den „Klassikern" in jeder Hinsicht wiedersprach, stelle sich Friedman in jeder Frage gegen Keynes. Damit wiedersprach er Keynes zwar inhaltlich und leitete die „Gegenrevolution" ein, auf der formalen Ebene des Diskurses änderte sich jedoch nichts, den Antagonismus ließ er voll und ganz intakt. Insofern kann auch Friedman als diskursiver „Keynesianer" bezeichnet werden.

Nach der kanonisierten Version der Entwicklung des makroökonomischen Denkens im 20. Jahrhundert (sie dazu etwa Woodford 1999) folgten auf Friedmans Monetarismus, der eine langfristig ausgerichtete konstante, restriktive Geldpolitik forderte, die TheoretikerInnen der „rationalen Erwartung". Prominente VertreterInnen sind etwa Lucas, Sargent und Wallace. In dem Beitrag mit dem vielsagen Titel „After Keynesian Macroeconomcis" positionieren sich Lucas und Sargent gegenüber Keynes und Friedman folgendermaßen:

> 1) That is, the theory predicts that there is *no way* that the monetary authority can follow a systematic activist policy and achieve a rate of output that is on average higher over the business cycle than what would occur if it simply adopted a no-feedback, X-percent rule of the kind Friedman [8] and Simons [32] recommended. 2) For the theory predicts that aggregate output is a function of current and past unexpected changes in the money supply. 3) Output will be high only when the money supply is and has been higher than it had been expected to be, i.e., higher than average. 4) There is simply no way that on average over the whole business cycle the money supply can be higher than average. 5) Thus, while the preceding theory is capable of explaining some of the correlations long thought to invalidate classical macroeconomic theory, the theory is classical both in its adherence to the classical theoretical postulates and in the „*non*activist" flavor of its implications for monetary policy. (Lucas und Sargent 1978, S. 60–61)

Der besondere Beitrag, den die ErwartungsnutzentheoretikerInnen noch leisten, besteht darin, die bei Friedman und anderen bereits angelegte Mikrofundierung fortzusetzen und zu radikalisieren. Demnach haben die Marktakteure Erwartungen hinsichtlich der Zukunft der Wirtschaft. Wenn der Staat beispielsweise Konjunkturpolitik betreibt, dann erwarten die Akteure Inflation und erhöhen etwa die Preise, so die Theorie. Auf diese Weise würden sie staatliche Konjunkturpolitik auch kurzfristig unterlaufen. Wie sich in Lucas' und Sargents Diskurs bereits zeigt, verändert sich nun auch an einer bestimmten Stelle die diskursive Logik. Auf der einen Seite beziehen sie gegen Keynes (*After* Keynesian Macroeconomics) Position als „Klassiker" (Aussage 5) und reproduzieren damit den Antagonismus; auf der anderen Seite kann der Beginn eines eher technischen Diskurses beobachtet werden, der letztlich in der Ablehnung jeglicher Form staatlicher Politik gipfelt (*nonactivist*, Aussage 5). Beide Trends, der differenzierende Ausbau der Position der „Klassiker" als auch die Technisierung, setzten sich bei den TheoretikerInnen der „Real Business Cycles" (RBC) fort, wie das folgende Zitat belegt.

> In this paper we demonstrate how certain very ordinary economic principles lead maximizing individuals to choose consumption- production plans that display many of the characteristics commonly associated with business cycles. Our explanation is entirely consistent with i) rational expectations, ii) complete current information,

iii) stable preferences, iv) no technological change, v) no long-lived commodities, vi) no frictions or adjustment costs, vii) no government, viii) no money, and ix) no serial dependence in the stochastic elements of the environment. We also provide a completely worked out example of the type of artificial economy we have in mind. The time-series properties of the example exhibit some major features of observed business cycles. Although this type of model may not be capable of explaining all of the regularities in actual business cycles, we believe that it provides a useful, well-defined benchmark for assessing the relative importance of factors (e.g., monetary disturbances) that we have deliberately ignored. (Long und Plosser 1983, abstract)

Während die 1970er und 1980er Jahre durch eine Hinwendung zum Pol der Klassiker gekennzeichnet waren, setzte in den 1990er Jahren nun scheinbar wieder ein Swing in die andere Richtung ein. In der RBC-Theorie befindet sich die Wirtschaft zu jedem Zeitpunkt im Marktgleichgewicht, es sei denn, es kommt bedingt durch externe Schocks zu Marktbereinigungen. In jedem Fall sollte der Staat die Wirtschaft dem Markt überlassen.

Mit der RBC-Theorie wird damit der „Klassiker"-Pol zugespitzt, indem innerhalb der Anti-Keynesianischen Hegemonie Differenzierungen vorgenommen werden, die letztlich eine ganze Reihe neuer diskursiver Positionierungstechniken in das Feld einführen, welche nicht auf der horizontalen, sondern auf der vertikalen Ebene der akademischen Diskurse die Voraussetzungen für die Etablierung der VWL als akademischer Weltgemeinschaft schaffen werden. Die Entwicklung dieser vertikalen Ebene, die im letzten Abschnitt dieses Kapitels ausführlicher behandelt werden, wird schließlich die diskursive Bedingung dafür sein, dass alle akademischen Akteure der VWL weltweit unter den Voraussetzungen des selben Journal-Ranking-Systems produzieren. Ab den 1970er/1980er Jahren setzt die weltgesellschaftliche Entgrenzung der VWL ein (Coats 1993, S. 395 ff.). Traditionelle Publikationsformate und regionale bzw. nationale Wissenschaftssprachen werden nun vollständig an den Rand der Disziplin gedrängt.

Ohne Elitebildungsprozesse würde es den einzelnen nationalen Wissenschaftsräumen vermutlich unmöglich gemacht, überhaupt einen Teil ihrer Mitglieder in die zumindest halbwegs sichtbaren Subwelten der akademischen Weltgemeinschaft zu entsenden. Bereits hier deutet sich an, dass die Entwicklung der VWL – insbesondere die Elitebildungsprozesse – nicht den Dynamiken einzelner nationaler oder gar regionaler akademischer Felder entspringen können, sondern dass sie vielmehr durch die übergeordneten Strukturen eines Weltsystems geprägt sein müssen, wenngleich auch keine besonderen innerwissenschaftlichen Gründe dafür erkennbar sind, dass sich überhaupt eine wissenschaftliche Weltgemeinschaft in dieser institutionellen Form entfaltet. Es müssen andere, nicht-akademische weltgesellschaftliche Determinanten sein, welche die Monopolisierungen in der VWL vorantreiben. Auch angrenzende Disziplinen – wie etwa die Sozialwissenschaften – haben sich unter den Voraussetzungen von Globalisierung in den vergangenen Jahrzehnten ausdifferenziert; aber keine hat sich sowohl auf der institutionellen als auch auf der diskursiven Ebene globalen Formaten derart untergeordnet wie die VWL.

Die sogenannten Neo-Keynesianer bzw. die VertreterInnen der „neuen neo-klassischen Synthese", die sich in den 1990er Jahren etablieren, halten den RBC-TheoretikerInnen nun kurzfristige Friktionen und Rigiditäten entgegen. Langfristig folge die Wirtschaft zwar den Marktgesetzen, aber kurzfristig kann es zu Verwerfungen kommen, etwa weil Preise nicht sofort angepasst werden, Akteure nicht über alle Informationen verfügen oder weil Industrieanlagen nicht sofort auf den neuesten Stand gebracht werden können. Das, so könnte man meinen, ist nicht weit weg von Friedmans Haltung, der ebenfalls die kurze von der langen Frist unterschied und damit sogar die Notwendigkeit konstanter Geldmengenpolitik rechtfertigte. Im Gegensatz zu den Monetaristen folgern die Neo-Keynesianer daraus aber nicht eine bestimmte (restriktive) Geldpolitik, sondern einen flexiblen, pragmatischen Umgang mit der kurzen Frist. Man könne schließlich nicht wissen, welche konkreten Friktionen auftreten. Die Neo-Keynesianer leiten eine bestimmte Form der Wirtschaftspolitik nicht mehr aus theoretischen Einsichten über die Wirtschaft ab, sondern die Möglichkeit ganz unterschiedlicher wirtschaftspolitischer Interventionen. Es kommt nun auf den Kontext an. Damit unterscheiden sie sich sowohl von Keynes als auch von den „Klassikern". Nun müsse von Fall zu Fall entschieden werden, weil zwingende Generalkausalitäten skeptisch betrachtet werden. Spiegelt sich diese pragmatische Haltung auch in der Positionierungsweise der Neo-Keynesianer wieder?

> 1) Great progress was made in the theory of monetary policy in the last quarter century. 2) Theory advanced on both the classical and the Keynesian sides. 3) New classical economists emphasized the importance of intertemporal optimization and rational expectations (Lucas 1981; Ljungqvist und Sargent 2000). 4) Real business cycle (RBC) theorists explored the role of productivity shocks in models where monetary policy has relatively little effect on employment and output (Prescott 1986; Plosser 1989). 5) Keynesian economists emphasized the role of monopolistic competition, mark-ups and costly price adjustment in models where monetary policy is central to macroeconomic fluctuations (Mankiw and Romer 1991; Mankiw 1990; Romer 1993). 6) The new neoklassical synthesis (NNS) incorporates elements from both the classical and the Keynesian perspectives into a single framework. (Goodfriend 2002, S. 165, 166)

Hierbei handelt es sich um einen fast lupenreinen monophonen Diskurs bzw. um einen Diskurs ohne kontroverse Polyphonie. Ist dies ein Bruch mit dem Keynesianischen Antagonismus? Während Keynes' Diskurs einen Gegenspieler konstruierte und Hicks' Diskurs zwei unterschiedliche Gegenspieler hervorbrachte, kommt dieser Diskurs – zumindest auf der Ebene der paradigmatischen Auseinandersetzungen – ohne eine innere Konfliktstruktur aus, obgleich unterschiedlicher Sprecherperspektiven konstruiert werden. Zunächst wird der gemeinsame Fortschritt hervorgehoben (Aussage 1 und 2), dann werden die VertreterInnen der einen Seite (Aussage 3 und 4) und anschließend die der anderen Seite (Aussage 5) auf die Bühne zitiert. Abschließend (Aussage 6) werden sie zusammenaddiert.

Ob dieser Diskurs nun aus Sicht der Keynesianer „neoklassisch" oder aus Sicht der Neoklassiker „Keynesianisch" ist oder nicht, sei dahin gestellt. In jedem Fall wird die Konfliktstruktur bzw. die Keynesianische Positionierungsweise nicht wiederholt. Es scheint fast so, als mache die Ökonomie ihren Frieden mit dem Keynesianischen Kreuz (und wohl auch gleich mit der Makroökonomie). In welche Richtung sich dies bewegt, bleibt abzuwarten. In jedem Fall können an dieser Struktur Tendenzen abgelesen werden, die sich auch langfristig auf die Entwicklung der Ökonomie auswirken könnten. Ob sich hierin etwa die Entwicklung von Regierungsinstrumenten für die Intervention in eine multipolare Welt abzeichnet oder ob damit nur das Scheitern der neoklassisch-neoliberalen Gouvernementalität kaschiert werden soll, werden die künftigen Kämpfe in der akademischen und der nicht-akademischen Welt entscheiden.

Zunächst ist durch die Gegenüberstellung von Langfristigkeit und Kurzfristigkeit der Raum für alle möglichen Interventionen eröffnet. Dies sollten auch hartgesottene Keynesianer zunächst einmal anerkennen. Was bedeutet schon das Eingeständnis an die „Klassiker", dass „langfristig" der Marktmechanismus obsiegt, wenn keiner weiß, wie lang eigentlich „langfristig" ist? Haben sich die Neo-Keynesianer damit nicht die Möglichkeit geschaffen, jede Verwerfung mit der „Kurzfristigkeit" von Friktionen zu erklären und damit auch alle möglichen staatlichen Eingriffe zu rechtfertigen? Zudem leitet sich der spezifische Charakter der Friktionen nicht aus dem Paradigma ab, wie noch bei Friedman. Vielmehr kann es sich auch um zahllose verschiedene Ursachen handeln, die von Fall zu Fall entschieden werden müssen. Liefert damit der Neo-Keynesianismus nicht das perfekte diskursive Werkzeug, um etwa Finanzkrisen managen zu können, weil sie sich aus welchen machtpolitischen Gründen auch immer nicht lösen lassen?

Darüber hinaus bietet diese makroökonomische Haltung ganz neue Möglichkeiten einer „Mikrofundierung der Makroökonomie", wie sie seit Jahrzehnten gefordert wird und wie sie etwa durch die TheoretikerInnen der rationalen Erwartungen mit dem Konzept des *homo oeconomicus* umgesetzt wurde. „Kurzfristig" sind alle möglichen Rationalitäten, Spielzüge, institutionelle Verwerfungen und Einbettungen sowie sozial bedingten Verhaltensweisen denkbar. Dies entsteht nicht aus dem Chaos von Marktverwerfungen, die sich „langfristig" wieder im Gleichgewicht einpendeln, sondern sie gehören systematisch zur Wirtschaft dazu. Mit dem neo-Keynesianischen Diskursmuster ist es möglich, situativ zu regieren und gleichzeitig eine ökonomisch anerkannte Erklärung an der Hand zu haben. Dabei braucht man noch nicht einmal ein neues Paradigma zu erfinden, eine „neo-Keynesiansiche Revolution" ist gar nicht nötig. Eine „kalte Wachablösung" macht es auch. Man bedient sich einfach im Werkzeugkasten der Ökonomie, wie es gerade passt, und benötigt dafür noch nicht einmal eine umfassende theoretische Begründung. Politik ohne Theorie.

Dieser neue Denk- und Möglichkeitsraum entsteht nicht durch große Kämpfe, den triumphalen Siegeszug eines neuen Paradigmas und die Errichtung einer neuen Machtbastion, sondern indem man einfach nur das „nicht" aus dem Diskurs entfernt. Was das Fehlen eines so unbedeutend erscheinenden Wörtchens doch ausmachen kann! Das kleine Wörtchen „nicht" ist eben nicht „nur ein Wort". Es ist der Operator, der soziale Kämpfe hervorbringt und das Soziale damit regiert. Die Gegenüberstellung von „Markt" und „Staat", „Angebot" und „Nachfrage", „Keynes" und die „Klassiker" ergibt sich eben nicht (nur) aus dem Inhalt der Theorie, sondern (auch) aus der Art und Weise der Positionierung. Umgekehrt bedeutet dies dann aber auch, dass Inhalte einer bestimmten Theorie auch unter anderen diskursiven Formen denkbar sind. Für die Zukunft ist eine Keynesianische Wirtschaftspolitik- und -theorie auch ohne diskursives Kreuz denkbar.

Wie wir im Falle von Hicks' Diskurs gesehen haben, können Zusammenhänge, die bei Keynes „logisch" erscheinen – nämlich dass der Zinssatz nicht mechanisch von der Geldmenge abhängt und dass dies voll und ganz der Theorie der Klassiker widerspricht –, auch entkettet und neu zusammengesetzt werden: ja, der Zinssatz hängt nicht mechanisch vom Geldangebot ab, aber, nein, dies widerspricht nicht voll und ganz der Theorie der Klassiker. Mit dem Aufkommen des Neo-Keynesianismus findet nun eine weitere Entkettung und Demontage des Keynes'schen „Kreuzes" statt. Aber wird damit nicht nur dem Keynesianismus, sondern auch der „neoklassische Orthodoxie" in der Makroökonomie der Boden entzogen, weil die Logik der kognitiven Kartierung des Feldes sich ändert? Waren die „Klassiker" um Friedman & Co. nicht von Keynes ebenso abhängig wie dieser von ihnen? Und wenn akademische Gegensätze auf diskursiv konstruierten Beziehungen basieren, was bedeutet es für die akademischen Gegensätze, wenn die Beziehungsmuster sich auflösen?

Während Lucas & Co. nicht nur Keynes, sondern auch die neoklassische Synthese kritisierten und jede Form von Intervention in die Wirtschaft zurückwiesen, schwingt das Pendel nun scheinbar wieder in die andere Richtung. Wohin genau die Entwicklung geht, wird sich zeigen. Aber im Zeichen des sogenannten „Neo-Keynesianismus", bei dem es sich weder um ein Paradigma noch um eine echte

Kritik an einem Paradigma handelt, deutet sich eine Abschwächung der klassen-
kampfartigen Diskursstruktur des Keynesianismus an. Dies ist sicher nicht das
Ende der gesellschaftlichen Klassenkämpfe, aber es könnte der Beginn einer neuen
Logik des Politischen sein, die sich im Rahmen der Globalisierung auch in anderen
Feldern abspielt und die weltgesellschaftlichen Klassenkämpfe in eine neue dis-
kursive Ordnungsstruktur überführt.

5.3   Der mikroökonomische Zick-Zack-Kurs

Die Mikroökonomie ist deutlich älter als die Makroökonomie und geht letztlich auf
die Idee des *homo oeconomicus* zurück, das den Eigennutz anstrebende, alle Informationen rational verarbeitende Marktwesen. Neben dieser neoklassischen Figur
kann die Mikroökonomie aber auch auf eine breit gefächerte Tradition kritischer
Ansätze zurückblicken: den Institutionalismus etwa, der Transaktionskosten und
andere soziale Institutionen als Hindernisse für reine Rationalität sieht, die Informationsökonomie, die die Rolle unvollkommenen Markwissens betont, die Verhaltensökonomie, die psychologische Prozesse berücksichtigt, oder die Spieltheorie,
die sich mit strategischem Verhalten unter Unsicherheit befasst. In der Wissenschaftsforschung und in der ökonomischen Ideengeschichte werden diese Richtungen oft neben anderen als „heterodoxe Ansätze" der „neoklassischen Orthodoxie"
gegenübergestellt oder als „de-facto-orthodox" in die Reihe der Neoklassik gestellt
(Pahl 2013c). Die „neoklassische Orthodoxie" beherrsche im Grunde das ökonomische Denken völlig und lasse nur am Rande Platz für abweichende Meinungen.
    Dabei wird üblicherweise eine Homologie von strukturaler und diskursiver
Macht unterstellt. Im Falle der VWL würde dies bedeuten, dass in den Bereichen
der strukturellen Macht (also den Eliteclustern) auch jene Denkschulen beheimatet
sind, die über die höchste Form akademischer Legitimität verfügen, das heißt jene
Methoden, Denkweisen, Theorien und akademischen Arbeitsstile vertreten, die im
Feld als dominant wahrgenommen werden. In der wirtschaftspolitischen Debatte
werfen insbesondere die KritikerInnen den Wirtschaftswissenschaften in Deutschland vor, einen neoliberalen Grundkonsens zu pflegen, der selbst wiederum auf der
neoklassischen Theorie des freien Marktes basiert. Was ist an diesen Zusammenhängen dran? Die folgenden Ausführungen sollen dieses Bild nicht grundsätzlich
infrage stellen, jedoch sollten es zumindest relativiert werden, um nicht den wissenschaftssoziologischen Blick für die Risse, Fluchtlinien und die feinen Unterschiede im Feld und im Diskurs der Ökonomie zu verlieren.
    Auf Grundlage von Publikationen, Selbstbeschreibungen (Homepage, Inter-
views) sowie Fremdbeschreibungen (etwa Porträts im Handelsblatt) aller 21 ForscherInnen aus dem Elitecluster (Frankfurt, Mannheim, München, Bonn), die im

Tab. 5.1 Verteilung der „EliteökonomInnen". (Quelle: Eigene Darstellung)

Gesamt-zahl	Makro	Mikro	Neo-klassik	Ökono-metrie/ Statistik	Kriti-sche Mikro-ökono-mie[a]	Wirt-schafts-liberal	Kritisch wirt-schafts-liberal	Keine Aussage
21	6[b]	11[c]	5,5[c]	5[c]	9,5[c]	10	2	9

[a] Spieltheorie, Informationsökonomie, Behaviorismus, Institutionenökonomie, experimentelle Ökonomie etc

[b] Mehrfachnennungen möglich

[c] Mehrfachnennung durch Mehrfachzuordnung möglich, etwa: Mikroökonomie und Verhaltensökonomie

Handelsblatt-Ranking 2011 gelistet waren, wurde die akademische Zugehörigkeit sowie die wirtschaftspolitische Einstellung ermittelt. Diese Zusammenstellung ist nicht repräsentativ für die Gesamtheit der Volkswirte im deutschsprachigen Raum. Sie umfasst vielmehr nur diejenigen, die sowohl in den genannten „Eliteclustern" situiert sind, als auch nach den Kriterien der Disziplin besonders erfolgreich publizieren. Es ist mithin die herrschende Fraktion der herrschenden Klasse, um es mit Bourdieu zu formulieren, also die Dominanten aus der Gruppe der Erfolgreichen. Die Ergebnisse der Untersuchung werden in Tab. 5.1 dargestellt.

Zunächst fällt auf, dass die Zahl der MikroökonomInnen die der MakroökonomInnen deutlich übersteigt. Dies könnte ein Hinweis darauf sein, dass der mikroökonomische Pol im Feld ein deutliches Übergewicht gewonnen hat und der makroökonomische Pol offenbar an Einfluss verliert. Unter die Rubrik „Neoklassik" wurden jene ÖkonomInnen gezählt, die sich klar für Gleichgewichtsmärkte und rationales ökonomisches Nutzenkalkül ausgesprochen haben. Demgegenüber wurden jene ÖkonomInnen den kritischen Ansätzen zugeordnet, die in ihrer akademischen Arbeit von begrenzter Rationalität, der Existenz von Institutionen und unterschiedlichen Marktlogiken, von unvollständiger Information und/oder von nicht-rationalen Entscheidungskomponenten wie etwa Emotionen oder sozialen Strukturen ausgehen. Da auch in verhaltensökonomischen Ansätzen das Zusammenspiel von Märkten mit voller Information und Gleichgewicht und Märkten mit begrenzter Information und Teilgleichgewicht eine Rolle spielt, war in einem Fall eine klare Zuordnung zu Neoklassik und/oder Verhaltensökonomie nicht möglich. Diese ÖkonomIn wurde deswegen hälftig aufgeteilt. Unabhängig davon, ob eine klare Aufteilung, wie sie hier vorgenommen wurde, sinnvoll ist bzw. den komplexen Klassifizierungsrealitäten im Diskurs der VWL entspricht, zeigt sich dennoch eine klare Tendenz in Richtung einer Relativierung und Infragestellung dessen, was oft als „neoklassische Orthodoxie" bezeichnet wird: nämlich der unhinterfragten Ko-Prämisse von Equilibrium-Markt und rationalem Nutzenkalkül in der Form eines einfach strukturierten *homo oeconomicus*.

Die Krise der Neoklassik als akademischer Doxa des Feldes zeigt sich aber nicht nur an dem Aufkommen verhaltensökonomischer Ansätze, sondern auch an zeitgenössischen Entwicklungen in der Makroökonomie, wie im letzten Abschnitt angedeutet wurde. So sind in der Geldtheorie und -politik seit etwa den 1990er Jahren Neo-Keynesianische Ansätze auf dem Vormarsch, die die Real-Business-Cycle-Theorie relativieren. Auch die Zunahme ökonometrischer Forschung, die dem Prinzip einer induktiven Statistik zu folgen scheint und die Rolle ökonomischer Grundgesetze eher klein schreibt, sowie der Boom empirischer Forschung, der im Zuge der digitalen Verfügbarkeit von Datensätzen in den letzten zehn Jahren eingesetzt hat, eröffnet neue Räume und Möglichkeiten für die Herausbildung eines relativ heterogenen akademischen Diskurses, der sich nicht als Block gegen „die" Neoklassik in Stellung bringen muss, um neue wissenschaftliche und theoretische Perspektiven in der VWL zu eröffnen. Jenseits der horizontalen Ebene akademischer Diskurse, auf der sich tendenziell die paradigmatischen Kämpfe der Disziplin abspielen, bietet die entfaltete vertikale Diskursordnung, die im nächsten Kapitel behandelt wird, hierfür besondere Entfaltungsmöglichkeiten. Ein abschließender Blick auf die NobelpreisträgerInnen ab dem Jahr 2000 bestätigt das Bild einer Dezentrierung der neoklassischen Orthodoxie als dominanter Fraktion des Feldes (vgl. Tab. 5.2).

Auch im Fall der NobelökonomInnen ist die Tendenz in Richtung kritischer Mikroökonomie eindeutig und entspricht beinahe spiegelbildlich der Verteilungsstruktur im deutschsprachigen Elitecluster. Wie man auch immer genau die Konturen des zeitgenössischen akademischen Feldes der VWL beschreiben will, sei es als „verkappter neoklassischer Konsens", als „reine Modellwissenschaft" oder als Feld im Umbruch, die Vorstellung von der Wirtschaftswissenschaft, die nur mit Hilfe abstrakter mathematischen Modelle jenseits der Empirie an Gleichge-

Tab. 5.2 Verteilung der NobelpreisträgerInnen 2001–2012. (Quelle: Eigene Darstellung)

Gesamt	Mikro	Makro	Keynesianisch	Neoklassik	Kritische Mikroökonomie[a]
25[b]	13(+4)[c]	5(+4)[c]	3[d]	4(+1)[e]	13

[a] Spieltheorie, Informationsökonomie, Behaviorismus, Institutionenökonomie, experimentelle Ökonomie etc
[b] Darunter befinden sich zwei ÖkonometrikerInnen und eine PolitikwissenschaftlerIn, die nicht weiter mitgezählt werden
[c] Mehrfachnennungen möglich; vier ÖkonomInnen, die zu Mikro- und zu Makrofragen gearbeitet haben
[d] Mehrfachnennung möglich
[e] Mehrfachnennungen möglich; eine Person nicht klar zuzuordnen

wichtsmärkten und rationalen Erwartungen tüftelt, entspricht so nicht mehr der beobachtbaren Realität. Vielmehr scheint sich vor allem innerhalb der kritischen Mikroökonomie ein Feld relativ pluraler Ansätze etabliert zu haben, die sowohl auf der globalen als auch auf der nationalen Ebene die Mehrheitsfraktion innerhalb der akademischen Elite stellen, wenngleich der Modellpositivismus als herrschendes Paradigma ungebrochen ist und kulturwissenschaftlich-qualitative Ansätze kaum eine Chance habe, sich in der ökonomischen Disziplin auch nur am Rand zu etablieren. Davis (2006) spricht in diesem Zusammenhang etwa von einer „Pluralisierung" der VWL/economics. Es hat also ein Machtwechsel zugunsten der kritischen Mikroökonomie stattgefunden, wie auch immer dieser Machtwechsel genau zu interpretieren ist. Dies belegt auch die Studie von Goldschmidt und Szmrecsanyi (2007), die das Aufkommen der empirisch vorgehenden kritischen Mikroökonomie anhand einer linguistischen Analyse von Artikeln in Journalen nachweist.

Wie passt diese Beobachtung nun zu der Einstellung zu wirtschaftspolitischen Fragen? Hier zeigt sich ein relativ klares Bild. Während etwa die Hälfte der untersuchten Fälle keine Hinweise auf eine wirtschaftspolitische Positionierung gegeben haben (neun von 21), ist eine klare Mehrheit von zehn Fällen zu finden, die sich kritisch gegenüber staatlichen Eingriffen äußert, sich für eine europäische Austeritätspolitik ausspricht, Wettbewerb und Leistung präferiert sowie freie Märkte befürwortet. Nur in zwei Fällen wurde eine kritische Haltung gegenüber freien Märkten geäußert und Regulierungen befürwortet. Das könnte bedeuten, dass eine kognitive Trennung zwischen der akademischen und der politischen Welt vollzogen wird. Eine eigenständige Untersuchung müsste allerdings überprüfen, inwiefern die oben ermittelte Verteilung der wirtschaftspolitischen Ansichten sich zur gesamtgesellschaftlichen Verteilungsstruktur verhält, inklusive der relativ hohen „Wahlenthaltung" in Form einer Nichtäußerung zu wirtschaftspolitischen Fragen.

Im Rahmen dieser Untersuchung kann und soll diesem scheinbaren Widerspruch nicht systematisch nachgegangen werden. Eine Ursache kann darin liegen, dass die oben aufgezählten nicht-neoklassischen Perspektiven – wie etwa die verhaltensökonomischen Ansätze oder Teile des Neo-Keynesianismus – keinesfalls in eine scharfe Opposition zu Gleichgewichtsmärkten treten, wie dies etwa bestimmte Gruppen unter den Keynesianern tun, sondern vielmehr eine moderierende Haltung einnehmen, wie im nächsten Abschnitt gezeigt wird (siehe Maeße 2013d). Die Ursache kann aber auch damit zusammenhängen, dass eine kritische Haltung zur Neoklassik heutzutage (wie auch in den 1940er/1950er Jahren) nicht unbedingt mit linken politischen Einstellungen einher gehen muss, die im politischen Feld oft mit marktkritischen Äußerungen assoziiert wird. Schließlich kann dieser scheinbare Widerspruch mit den unterschiedlichen Rollen zusammenhängen, die ProfessorInnen einnehmen. Wie die Professionssoziologie (Clark 1983) und die Diskurssoziologie (Angermüller 2012a) gezeigt haben, spielt die ProfessorIn eine institutionelle Rolle als Mitglied an der Universität und eine wissenschaftliche Rolle als Mitglied einer Disziplin. Über die institutionelle Rolle ist die Person stärker an den Staatsapparat und den damit verbundenen Anforderungen gebunden, während die ProfessorIn als ForscherIn an die Anforderungen der Disziplin gebunden ist. Im Falle der Wirtschaftswissenschaft kommt noch hinzu, dass sie seit ihrer Institutionalisierung ab dem Ende des Zweiten Weltkrieges sich als gespaltene Disziplin mit zwei sehr unterschiedlichen wissenschaftlich-akademischen Welten entwickelt hat (Maeße 2013b). Auf der einen Seite entstand die akademische Disziplin an den Universitäten, auf der anderen Seite entwickelte sich die angewandte Wirtschaftsforschung als Instrument des ökonomischen Regierens in den Wirtschaftsforschungsinstituten. Obgleich beide Welten aufeinander bezogen sind, haben sie dennoch eigene Regelstrukturen ausgebildet, die sich in auseinanderfallenden wirtschaftspolitischen und wirtschaftstheoretischen Sichtweisen wiederspiegeln können.

Auch wenn die oben angeführten Ergebnisse der Untersuchung über die akademische Zugehörigkeit und die wirtschaftspolitische Einstellung von WirtschaftswissenschaftlerInnen nicht repräsentativ für das Feld als Ganzes sind, drückt sie dennoch Tendenzen in der hiesigen VWL aus. Die Kritik an der Neoklassik ist im Feld fest etabliert und steht in keiner Beziehung zur Kritik an der VWL als mathematisierter Modellwissenschaft (Pahl 2013a). Vielmehr geht die Kritik an der Mathematisierung der Wirtschaftswissenschaft eher auf Teile der angewandten Wirtschaftswissenschaft sowie auf die Auseinandersetzung mit der Historischen Schule zurück. Modelle und Mathematisierungen werden der Kritik an der Neoklassik nicht im Wege stehen (Pahl 2013c). Vielmehr spielen sie für die Wirtschaftswissenschaft als „performativer Disziplin", das heißt als Realität erzeugende Wissenschaft (Fourcade 2009), die Teil der zeitgenössischen Regierung des globalen Sozialgefüges ist (Bröckling et al. 2000; Maeße 2013a), eine bedeutende Rolle, weil insbesondere von Kontexten abstrahierte Modelle in unterschiedliche, neue Kontexte eingebaut werden und damit in andere wirtschaftspolitische Realitäten übersetzt werden können. Die Wirtschaftswissenschaft ist in sich heterogener als oft vermutet wird und die Auseinandersetzungen laufen quer über die unterschiedlichen Labels hinweg (Halsmeyer und Huber 2013).

In der folgenden Diskursanalyse soll der Frage nachgegangen werden, wie die kritischen Mikroökonomien durch diskursive Techniken der Positionierung kognitive Macht im ideellen Diskursgeschehen ausüben. Dazu werden Diskurse einiger „Klassiker" aus Spieltheorie, Verhaltensökonomie, Informationsökonomie und Institutionalismus untersucht.

Varianten der kritischen Mikroökonomie

Mit dem Begriff der „kritischen Mikroökonomie" sollen hier jene Paradigmen bezeichnet werden, die sich auf die eine oder andere Art und Weise kritisch mit der Neoklassik auseinandersetzen. Das Spektrum kritischer mikroökonomischer Ansätze reicht über unterschiedliche Konfliktlinien hinweg und bezieht KeynesianerInnen wie etwa Joseph Stiglitz ebenso mit ein wie SpieltheoretikerInnen und VerhaltensforscherInnen, die sich nie zu makroökonomischen und wirtschaftspolitischen Fragen geäußert haben. Je nach Betrachtungsweise lässt sich das Feld der Kritik in unterschiedliche Forschungszweige, Traditionen und Subdisziplinen unterteilen, die mal zu den „heterodoxen Outsidern" und mal zum „Mainstream" des Feldes gezählt werden (Davis 2006; Colander et al. 2004). Die folgende Diskursanalyse beschränkt sich auf vier Forschungsfelder, die allerdings häufig ineinander übergehen und sich aufeinander beziehen.

1. Die *Verhaltensökonomie* geht auf die Erforschung der psychologischen Grundlagen von Entscheidungsprozessen in Risikosituationen zurück. In ihrer heutigen Form entstand die Verhaltensökonomie erst im letzten Viertel des 20. Jahrhunderts. Wichtige VertreterInnen sind Daniel Kahneman und Amos Tversky. Typische Fälle der Verhaltensökonomie sind etwa Entscheidungen an Finanzmärkten, die auf kognitive Verzerrungen, Herdenverhalten oder Aversionen zurückgehen. Das Ziel der Verhaltensökonomie ist es, Entscheidungen unter der Voraussetzung von Anomalien zu modellieren und schließlich auch prognostizierbar zu machen.

2. Demgegenüber ist die *Spieltheorie* traditionell tief in der Mathematik verwurzelt und untersucht strategisches Verhalten in Situationen, die durch einen hohen Grad an informationeller Komplexität, Intransparenz und der wechselseitigen Interaktion von Entscheidungen mehrerer Akteure gekennzeichnet sind. Die Spieltheorie ist nicht nur in der Ökonomie verankert, sondern greift auch auf die Naturwissenschaften und andere Disziplinen über. Sie geht auf die Arbeiten von John von Neumann und Oskar Morgenstern in den 1920/1930er Jahren zurück. Prominente VertreterInnen der zeitgenössischen Spieltheorie sind Reinhard Selten, John C. Harsaniy, John F. Nash, Robert J. Aumann oder Thomas C. Schelling. Typische Fälle der Spieltheorie sind etwa Unternehmensentscheidungen unter den Bedingungen begrenzter Rationalität und Zeitdruck. Aber auch Tüftelspiele, Alltagssituationen mit verschachtelten Interessen und militärische Planspiele werden spieltheoretisch untersucht. Das Ziel der Spieltheorie besteht darin, rationales Verhalten unter der Bedingung hoher Komplexität zu modellieren.

3. Die *Informationsökonomie* untersucht rationales Verhalten von Marktakteuren unter der Bedingung von Informationsasymmetrien. Während die Spieltheorie von mathematischer Komplexität und die Verhaltensökonomie von psychologisch bedingten Anomalien ausgehen, richtet die Informationsökonomie den Blick auf Märkte, in denen Informationen systematisch ungleich verteilt sind. Die Informationsökonomie kennt nicht nur einen Markt, sondern unterschiedliche Markttypen. Ein typischer Fall ist etwa der Markt für Gebrauchtwagen. Hier weiß die VerkäuferIn des Wagens strukturell besser über eventuell auftretende Schäden Bescheid als die potentielle KäuferIn. Da die KäuferIn dies jedoch einkalkuliert, preist sie das Risiko ein und es pendelt sich ein Marktpreis ein, der unterhalb des „fairen Preises" liegt. Wichtige Vertreter der Informationsökonomie sind George A. Akerlof, Joseph Stiglitz und Robert J. Shiller.

4. Die *Neue Institutionenökonomie* geht auf Ronald Coases Theorie des Unternehmens zurück. Demnach brauchen Märkte Institutionen um zu funktionieren, weil der freie Markt nicht alle Probleme effizient lösen kann. Nach Coase kann etwa die Institution des Unternehmens im Vergleich zum Markt Transaktionskosten von Gütern senken. Ausgehend vom Institutionalismus entwickelten sich unterschiedliche Forschungsfelder wie etwa die Principal-Agent-Theorie oder die Theorie der Verfügungsrechte. Wichtige Vertreter sind etwa Douglas North und Ronald Coase. Ziel der Institutionalismusforschung ist die Untersuchung von Markt-Institutionen-Konstellationen für die Findung effizienter Lösungen. Ein typisches Beispiel ist etwa das Verhältnis zwischen Bankkunden (Principal) und Finanzinvestor (Agent).

Während der Diskurs der Makroökonomie von einem Antagonismus zwischen den Keynesianern und den (Neo-)Klassikern gekennzeichnet war, scheint die mikroökonomische Debatte eine differenziertere und bisweilen kompliziertere Struktur aufzuweisen. Dies zeigt sich nicht nur an den unterschiedlichen Traditionen, die alle irgendwo zwischen „heterodoxer Ökonomie" und „Mainstream" angesiedelt sind (siehe etwa Colander 2000), sondern auch in der Bewertung der Debatte, in der eine klare Gegenüberstellung der Kontrahenten schwer zu fallen scheint. Während etwa VertreterInnen der Verhaltensökonomie (siehe etwa Collin und Leowenstein 2003) einen Bruch mit dem neoklassischen Konzeptes des *homo oeconomicus* unterstreichen, sehen AnhängerInnen der Erwartungsnutzentheorie (Cubit et al. 2001) aber auch sozialwissenschaftliche KritikerInnen des *homo oeconomicus* (siehe etwa Heilberger und Riebling 2012) keinen Bruch. Zwar diagnostiziert auch Colander (2000) einen „death of neoclassics", allerdings sieht er kein geschlossenes Paradigma, das an die Stelle der Gleichgewichtstheorie tritt, sondern vielmehr einen eklektizistischen Mix unterschiedlicher Ansätzen, die lediglich durch ihre Modellorientierung eine gemeinsame Grundlage haben. Nicht zuletzt scheint sich die für die Makroökonomie typische Korrelation zwischen akademischer Orientierung (freier Markt vs. Nachfragetheorie) und wirtschaftspolitischer Einstellung (Deregulierung vs. makroökonomischer Steuerung) aufzulösen, wie aus Tabelle eins deutlich wird. An die Stelle klarer wirtschaftspolitischer Konzepte und Maßnahmen, die sich aus einem geschlossenen akademischen Paradigma ableiten, tritt entweder wirtschaftspolitisches Desinteresse, wie die geringe Anzahl von ÖkonomInnen zeigt, die sich überhaupt öffentlich zu wirtschaftspolitischen Fragen äußern, oder ein konfuser Mix aus Regulierungen, Deregulierungen, außerordentlichen Maßnahmen und konjunkturpolitischer Flickschusterei, wie sie in der gegenwärtigen Finanzkrise beobachtet werden kann. Inwiefern könnten diese Phänomene in einer systematischen Beziehung zum Diskurs der neuen akademischen Elite stehen, die sich aus einem relativ pluralistischen Forschungsfeld rekrutiert und heute die Mehrheitsfraktion innerhalb der akademischen Eliten zu stellen scheint?

Werfen wir zunächst einen Blick auf den Diskurs der Klassiker und Wegbereiter der Verhaltensökonomie Kahneman und Tversky. Hierbei handelt es sich um die ersten Worte der Einleitung eines der klassischen Texte der Verhaltensökonomie, für den Kahneman später den Wirtschaftsnobelpreis erhielt (Tversky war bereits verstorben).

1) Expected utility theory has dominated the analysis of decision making under risk. 2) It has been generally accepted as a normative model of rational choice [24], and widely applied as a descriptive model of economic behavior, e.g. [15, 4]. 3) Thus, it is assumed that all reasonable people would wish to obey the axioms of the theory [47, 36], and that most people actually do, most of the time. [Absatz] 4) The present paper describes several classes of choice problems in which preferences systematically violate the axioms of expected utility theory. 5) In the light of these observations *we* argue that utility theory, *as it is commonly interpreted and applied*, is *not* an adequate descriptive model and *we* propose an alternative account of choice under risk. (Kahneman und Tversky 1979, S. 263)

Zunächst wird der diskursive Gegenspieler benannt („expected utility theory"), seine akademische Meinung skizziert (Aussage 1 bis 3) und seine mögliche Position in der akademischen Welt dargelegt („that most people actually do, most of the time", Aussage 3). Obwohl bereits in Aussage 3 der ansonsten recht monophone Diskurs unterbrochen wird, indem es dem Fürsprecher zwar gelingt, seinen neoklassischen Gegenspieler zu positionieren, er sich jedoch nicht im Klaren darüber ist, welche KollegInnen im Feld sich dieser Position auch tatsächlich anschließen, entwickelt sich die für diesen kritischen mikroökonomischen Diskurs so charakteristische Polyphonie erst ab Aussage 4.

Der Kahneman/Tversky-Diskurs

$per_1(4)(l_1)$: The present paper describes several classes of choice problems in which preferences systematically violate the axioms of expected utility theory.

$per_2(5)(x)$: ES GIBT EINE „common interpretation of utility theory"

$per_3(5)(a)$: In the light of these observations [= per_1] we argue that utility
theory SO, WIE SIE per_2 DEFINIERT is an adequate model.

$per_4(5)(l_2)$: NEIN per_3

$per_5(5)(l_3)$: we propose an alternative account of choice under risk

Wie ein Blick in den Schaukasten zeigt, entfaltet sich hier der eigentliche Konflikt
zwischen den VertreterInnen der neoklassischen Nutzentheorie und den verhaltensökonomischen Kritikern, indem per_3 gegenüber per_4 und per_5 in ein antagonis-
tisches Verhältnis tritt. Um die Besonderheit der Polyphonie dieses schriftlichen
Diskurses besser erkennen zu können, kann man sich die Konfliktsituation zwischen den Sprechern als eine virtuelle Szene vorstellen, wie sie sich etwa während
einer Diskussion auf einer Tagung ereignen könnte (siehe zu dieser Art der Darstellung ausführlich Maeße 2010a, Kap. 7). In diesem Fall kann das Streitgespräch
wie in der folgenden Übersicht dargestellt werden.

Dialog als Szene auf einer Tagung

„Sitzungsleiter" (Sprecher 1): Das vorliegende Papier beschreibt mehrere
Klassen von Entscheidungsproblemen, in denen Präferenzen systematisch
die Axiome der Erwartungsnutzentheorie verletzen.

„Kommentatorin aus dem Publikum" (Sprecher 2): Allerdings gibt es
unterschiedliche Varianten der Erwartungsnutzentheorie. Sprecher 1 geht
wohl von einer „allgemein anerkannten Interpretation" aus.

„Neoklassiker" (Sprecher 3): Vor dem Hintergrund dessen, was Sprecher
1 ausgeführt hat, und unter der Voraussetzung dessen, was Sprecher 2 ein-
geworfen hat, ist die Erwartungsnutzentheorie ein angemessenes Modell.

„Verhaltensökonom" (Sprecher 4): Nein, Sprecher 3!

„Verhaltensökonomin" (Sprecher 5): Wir schlagen ein alternatives
Modell vor.

Zunächst führt der „Sitzungsleiter" in das vorzustellende Papier ein. Daraufhin meldet sich eine Teilnehmerin aus dem Publikum („Kommentatorin"), fällt dem Sitzungsleiter ins Wort und relativiert eine vom Sitzungsleiter vorgenommene Kategorisierung („unterschiedliche Varianten der Erwartungsnutzentheorie"). Anschließend meldet sich ein Vertreter des neoklassischen Lagers zu Wort und qualifiziert Teile der Aussagen seiner Vorsprecher über die Erwartungsnutzentheorie als „angemessenes Modell". Daraufhin weisen zwei AnhängerInnen der Verhaltensökonomie die Aussage des Neoklassikers zurück und schlagen ein „alternatives Modell" vor.

Während die Protagonisten der jeweiligen Lager eine eindeutige Position beziehen, wie sie auch im Keynesianischen Diskurs als Antagonismus herausgearbeitet wurde, wirkt die Rolle des Kommentators merkwürdig, scheint er doch diverse Aspekte des Gegensatzes zwischen „Neoklassikern" und „Verhaltensökonomen" zu relativieren und die Konfliktstruktur irgendwie zu „biegen", denn sowohl der neoklassische Kontrahent als auch die verhaltensökonomischen SprecherInnen lassen sich auf diesen Kommentartor ein und akzeptieren, dass es innerhalb des Feldes der Erwartungsnutzentheorie wohl unterschiedliche Abstufungen zu geben scheint, die unter Umständen mehr oder weniger mit verhaltensökonomischen Ansichten kompatibel wären. In jedem Fall sind die beiden antagonistischen Lager nicht vollständig geschlossen, wie es etwa im Keynesianischen Diskurs deutlich wurde, weil sich die beiden VerhaltensökonomInnen letztlich nicht gänzlich von der Erwartungsnutzentheorie absetzen, sondern scheinbar nur von Teilen dieser Theorie. Festzuhalten bleibt: beide Seiten bleiben am selben Tisch sitzen und treten in einen moderierbaren Dialog.

Neben der Verhaltensökonomie gilt die Spieltheorie als einer der großen Widersacher des *homo oeconomicus*. Sie ist wesentlich älter als der Behaviorismus und hat deutlich mehr NobelpreisträgerInnen hervorgebracht. Einer der Klassiker der Spieltheorie ist der Bonner Ökonom Reinhard Selten. Ein Sammelbandartikel zum Thema „Bounded Rationality" beginnt mit folgenden Worten.

1) Modern mainstream economic theory is largely based on a *un*realistic picture of human decision making. 2) Economic agents are portrayed as fully rational Bayesian maximizers of subjective utility. 3) This view is *not* based on empirical evidence, but rather on the simultaneous axiomization of utility and subjective probability. 4) In the fundamental book of Savage (1954), the axioms are consistency requirements on actions, where actions are defined as mappings from states of the world to consequences. 5) It has a strong intellectual appeal as a concept of ideal rationality. 6) However, it is *wrong* to assume that human beings conform to this ideal. (Selten 2001, S. 24)

Der Diskurs beginnt ähnlich wie Kahnemans und Tverskys Diskurs mit einer antagonistischen Gegenüberstellung eines Fürsprechers und eines Gegenspielers in Aussage 1 sowie mit einer kurzen Charakterisierung der Position des Gegenspielers in Aussage 2. In Aussage 3 wird der Antagonismus fortgesetzt, indem zwei Sprecher die Frage verhandeln, welche Theorie der Realität entspricht und welche nicht. Auch dies ähnelt auf dem ersten Blick dem makroökonomischen Diskurs, warf doch auch Keynes seinen Gegenspielern vor, an der „Realität" vorbei zu theoretisieren.

Der Selten-Diskurs

$per_1(1)(a_1)$: Modern mainstream economic theory is largely based on a realistic picture of human decision making.

$per_2(1)(l_1)$: NEIN per_1 (siehe „un" in „unrealistic")

$per_3(2)(l_2)$: Economic agents are portrayed as fully rational Bayesian maximizers of subjective utility

$per_4(3)(a_2)$: This view (= per_3) is based on empirical evidence

$per_5(3)(l_3)$: NEIN per_4 (siehe „not")

$per_6(3)(l_4)$: [this view is] (per_3) the simultaneous axiomization of utility and subjective probability

$per_7(4)(l_5)$: In the fundamental book of Savage (1954), the axioms are consistency requirements on actions, where actions are defined as mappings from states of the world to consequences

$per_8(5)(l_6)$: It has a strong intellectual appeal as a concept of ideal rationality

$per_9(6)(a_3)$: DIE WÜRDIGUNG DURCH per_8 IMPLIZIERT, DASS per_8 AUCH GÜLTIG IST

$per_{10}(6)(l_7)$: NEIN per_9 (siehe „however")

$per_{11}(6)(a_4)$: human beings conform to this (per_8) ideal

$per_{12}(6)(l_8)$: NEIN per_{11} (siehe „it is wrong to assume that")

Interessant ist allerdings die sportliche Haltung, die Seltens Diskurs in Aussage 5 einnimmt. Denn bevor er die wirtschaftstheoretische Position seines Gegenspielers in Aussage 6 als „falsch" zurückweist, würdigt er die Errungenschaften von „Savage" als „strong intellectual appeal as a concept of ideal rationality". Auch dieser Diskurs soll als interaktive Szene ausformuliert werden, um die Spannungen und die Besonderheiten im Diskurs sowie die damit verbundene kognitive Lese- und soziale Konfliktstruktur besser sichtbar werden zu lassen.

Interaktive Szene

„Neoklassiker I" (Sprecher1): Die moderne Mainstreamökonomie basiert im Wesentlichen auf einem realistischen Bild von menschlichen Entscheidungsprozessen.

„Spieltheoretikerin I" (Sprecher2): Nein, Neoklassiker!

„Spieltheoretiker I" (Sprecher3): Ökonomische Akteure werden als vollständig rationale Bayesianische Nutzenmaximierer dargestellt.

„Neoklassikerin I" (Sprecher4): Das, was Spieltheoretikerin I sagt, basiert auf empirischer Erkenntnis.

„Spieltheoretikerin II" (Sprecher5): Nein, Neoklassikerin I!

„Spieltheoretiker II" (Sprecher6): Das, was Spieltheoretiker I meint, ist die simultane Axiomatisierung von Nutzen und subjektiver Wahrscheinlichkeit.

„Spieltheoretikerin III" (Sprecher7): In dem wegweisenden Buch von Savage (1954) sind die Axiome Konsistenzbedingungen für Handeln, wobei Handeln als die Kartierung von Zuständen in der Welt in Bezug auf ihre Konsequenzen definiert wird.

„Spieltheoretiker III" (Sprecher8): Ja, Spieltheoretikerin III, dies hat eine enorme intellektuelle Ausstrahlung als ein Konzept der reinen Rationalität.

„Kommentator" (Sprecher9): Die Würdigung, die Spieltheoretiker III ausspricht, impliziert, dass Savages Theorie reiner Rationalität auch empirisch gültig ist.

„Spieltheoretikerin IV" (Sprecher10): Nein, Kommentator!

„Neoklassiker II" (Sprecher11): Menschen entsprechen diesem Ideal.

„Spieltheoretiker IV": Nein, Neoklassiker II!

Wie wir in diesem Dialog erkennen können, würdigt der spieltheoretische Sprecher nicht nur seinen Widersacher, sondern der Dialog zwischen den spieltheoretischen und neoklassischen Kontrahenten ähnelt einem lebendigen Streitgespräch, in dem beide Seiten relativ oft zu Wort kommen und ihre Ansichten vertreten können. Zwar wird dem Neoklassiker klar widersprochen, allerdings wird er nicht wirklich „niedergemacht". Man merkt an dieser Stelle, dass es sich hier in der Tat „nur" um ein intellektuelles Streitgespräch handelt. Anders als der Keynesianische Diskurs fügt sich dieser Diskurs nicht in politische und soziale Konfliktstrukturen ein, in denen nicht nur um akademische Fragen, sondern auch politische Macht und die Verteilung von Wohlstand verhandelt werden. Die Konklusion ist in dieser Hinsicht aufschlussreich.

1) I hope that I have been successful in conveying the essential features of bounded rationality *as I understand it*. 2) In the introduction, *I* argued that rational decision making within the cognitive bounds of human beings must be nonoptimizing. 3) The exposition of aspiration adaption theory served the purpose of demonstrating the possibility of a coherent modeling approach to nonoptimizing *but nevertheless* systematic and reasonable boundedly rational behavior. (Selten 2001, S. 34)

Werfen wir einen Blick auf die Aussage 3. Wie dem Schaukasten zu entnehmen ist, besteht hier offensichtlich Klärungsbedarf gegenüber einer Perspektive, die vielleicht in der Lebensrealität der akademischen Welt von Selten & Co. nur am Rande von Bedeutung ist und sich gegen jede Form von Rationalität zu richten scheint. Die Form „but nevertheless" bringt eine Implikation bzw. eine Präsupposition der Aussage 3 ins Spiel, die vom Text nicht expliziert wird, die dennoch im Diskurs der Akteure eine Rolle spielt, etwa indem sie Bestandteil des latenten sozialen Wissens der Akteure ist. Dabei könnte es sich etwa um die Frage handeln, ob und inwiefern „nicht-optimierendes Verhalten" „irrational" ist oder nicht. Jedenfalls macht Seltens Diskurs an diesem Punkt eine Klarstellung, indem er den zweifelnden Sprecher (per$_2$) zurückweisen lässt und erklärt, dass auch nicht-optimales Verhalten rational ist.

Der Selten-Diskurs II

per$_1$(3)(l$_1$): The exposition of aspiration adaption theory served the purpose of demonstrating the possibility of a coherent modeling approach to nonoptimizing [...] behavior.

per$_2$(3)(a): per$_1$ IMPLIZIERT, DASS „nonoptimizing behavior" irrational ist

per$_3$(3)(l$_2$): NEIN per$_2$ (siehe „but nevertheless")

per$_4$(3)(l$_3$): per$_1$ = „nonoptimizing behavior" ist „systematic and reasonable boundedly rational"

Inwiefern sich dieser Zug auf den tatsächlichen konzeptuellen Gehalt der Spieltheorie auswirkt, mag die ökonomische Fachdebatte entscheiden. Ebenso wie die „Würdigung" und die lebendige Dialogizität in der Einleitung wird dadurch die Intensität des Antagonismus abgedämpft und ein Raum für eine eher pluralistische Debatte eröffnet, in die sich jede und jeder hineinbegeben kann, ohne in eine Klassenkampfstruktur Keynesianischer Prägung einzutreten. Dies macht die Anerkennung der diskursiven Widersacher als KollegInnen des Diskurses wesentlich einfacher und strukturiert freilich die Interpretation dieses Textes. Denn wenn der

Konflikt zwischen der „Spieltheorie" und der „Erwartungsnutzentheorie" nicht als ein wechselseitig exkludierender Antagonismus inszeniert wird, dann fällt es einerseits einfacher, die Spieltheorie in die Linie mit der „klassischen" Theorie zu stellen und andererseits innerhalb der klassischen Theorie schon spieltheoretische Ansätze und Anknüpfungspunkte zu entdecken und hineinzuinterpretieren. Steht das, was Selten und die SpieltheoretikerInnen machen, wirklich im Gegensatz zur Neoklassik? Handelt es sich vielleicht nur um eine verkappte Form des *homo oeconomicus*? Oder wird hier wirklich eine Alternative zum „neoklassischen Mainstream" aufgemacht? Fragen dieser Art lässt der Diskurs offen.

Eine ähnliche Stellung nimmt auch die Institutionenökonomie ein. Auf der einen Seite kritisieren die VertreterInnen um Coase die neoklassische Theorie; auf der anderen Seite gilt der Institutionalismus auch als Werkzeug zur „Reparatur" von Marktverwerfungen, gerade um den Marktmechanismus optimal wirken zu lassen. Insbesondere normativ ausgerichtete Principal-Agent-Ansätze sprechen sich für Märkte aus, die allerdings institutionell eingebettet werden müssen. In der Rede, die Coase anlässlich seiner Nobelpreisverleihung gehalten hat, positioniert er sich folgendermaßen.

> 1) In my long life I have known some great economists, *but I* have *never* counted myself among their number *nor* walked in their company. 2) I have made *no* innovations in high theory. 3) *My* contribution to economics has been to urge the inclusion in our analysis of features of the economic system so obvious that, like the postman in G. K. Chesterton's Father Brown tale, "The Invisible Man," they have tended to be overlooked. 4) *Nonetheless, once* included in the analysis, they will, as *I* believe, bring about a complete change in the structure of economic theory, *at least* in what is called price theory or microeconomics. 5) What *I* have done is to show the importance for the working of the economic system of what may be termed the institutional structure of production. (Coase 1992, S. 713)

Auffällig ist hier auf der einen Seite die fast schon ironisch wirkende Würdigung der „great economists" und die demonstrative Bescheidenheit, mit der Coase sein eigenes Wirken umschreibt. Ab Aussage 3 und 4 nimmt der Diskurs dann eine merkwürdige, zwiespältige Wendung. Auf der einen Seite könnte der Eindruck entstehen, dass Coases „Anmerkungen" zur Preistheorie ein Randerscheinung sind, die eventuell in das neoklassische Gebäude eingebaut werden können; auf der anderen Seite verspricht uns der Sprecher hier einen „complete change" des gesamten Gebäudes, um dann wieder in Bescheidenheit zu verfallen und lediglich eine Modifikation der Preistheorie in Aussicht zu stellen. Ein genauerer Blick auf diese diskursive Struktur zeigt, wie daraus ein kognitiver Mechanismus entsteht, der eine sowohl-als-auch Haltung auf Seiten der LeserInnen befördern könnte.

Der Coase-Diskurs

$per_1(3)(l_1)$: My contribution to economics has been to urge the inclusion in our analysis of features of the economic system so obvious that, like the postman in G. K. Chesterton's Father Brown tale, "The Invisible Man," they have tended to be overlooked.

$per_2(4)(a_1)$: per_1 IMPLIZIERT, DASS SICH DANN NICHTS AM ÖKO-NOMISCHEN SYTEM ÄNDERT

$per_3(4)(l_2)$: NEIN per_2

$per_4(4)(x)$: they will bring about a complete change of the structure of economic theory

$per_5(4)(l_3)$: ICH DENKE, DASS per_4 (siehe „as I believe")

$per_6(4)(l_4)$: WENN per_1, DANN per_5 (siehe „once")

$per_7(4)(l_5)$: VIELLEICHT per_6 (siehe „at least")

$per_8(4)(l_6)$: per_6 IST GÜLTIG, WENN what is called price theory or microeconomics

Wie dem Schaukasten zu entnehmen ist, tut sich der Sprecher äußerst schwer damit, eine klare Position zu beziehen. Immer wieder kommt dem Fürsprecher irgendetwas in die Quere, das ihn dazu zwingt, die vorher getätigte Aussage zurückzunehmen, zu relativieren oder hinter Kausalbeziehungen zu verstecken. Letztlich kann sich Coase nur auf den letzten Sprecher, der eine Änderung der Preistheorie in Aussicht stellt, wirklich festlegen, ohne jedoch die Sprecher davor, die das ganze neoklassische System infrage stellen, endgültig anzunehmen oder fallen zu lassen. Der Diskurs tändelt gewissermaßen hin und her und eröffnet damit ein kognitives Feld, das auch widersprüchlich wirkende Beziehungen zwischen der Institutionenökonomie und der Neoklassik zulässt. Es ist etwa so, als ob – wie im Keynesianischen Diskurs – sich links und rechts der antagonistischen Linien zwischen der neoklassischen und der kritisch-mikroökonomischen Position, sei dies die Spieltheorie, die Verhaltensökonomie oder, wie in diesem Fall, die Institutionenökonomie die unterschiedlichen Sprecher aufteilen. Aber dann, wenn es darauf ankommt, den letzten Fürsprecher in das Lager der Kritiker zu stellen, macht der Diskurs einen Rückzieher und belässt ihn oben auf dem Balken zwischen den beiden Lagern (Abb. 5.4).

Damit scheint sich das Keynesianische „Kreuz" in ein mikroökonomisches „T" zu verwandeln und der Balken oben auf der Senkrechten fungiert wie eine Brücke zwischen den beiden Lagern. Diese „Brücke" kann unterschiedliche Funktionen übernehmen. Sprecher können dort „zwischengelagert" werden, wenn sie nicht

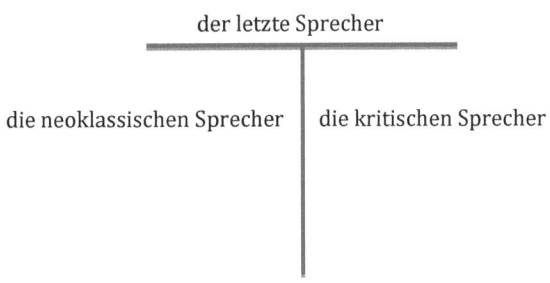

Abb. 5.4 das mikroökonomische „T". (Quelle: Eigene Darstellung)

endgültig verortet werden können, oder Sprecher können über sie eventuell auch das Lager wechseln. Nicht zuletzt kann diese Brücke auch als eine „Kommandobrücke" fungieren, auf der der Regisseur des Konfliktes steht und immer wieder zwischen den Lagern „vermittelt". Diese Figur des „Moderators" tritt etwa in Akerlofs Diskurs besonders deutlich hervor.

Die Informationsökonomen Akerlof, Shiller und Stiglitz zählen zu jenen VertreterInnen der Disziplin, die Keynesiansche Makroökonomie mit kritischer Mikroökonomie verbinden und damit nicht nur in akademischen Diskursen Stellung beziehen, sondern auch an den durch den Keynesianischen Antagonismus geprägten Diskursen teilnehmen. Umso interessanter ist es, dass auch hier der für die kritische Mikroökonomie typische Zick-Zack-Kurs wiederzufinden ist. Im folgenden Textdokument handelt es sich um die ersten Worte einer Einleitung eines Beitrages von Akerlof und Dickens.

> 1) *Since* the publication of *The Wealth of Nations*, economists have built an entire profession on a single powerful theory of human behavior based on a few simple assumptions. 2) That model *has been* fruitful applied to a wide range of problems. 3) *But, while* economists *have been* elaborating their analysis, keeping their basic behavioral assumptions the same, sociologists, anthropologists, political scientists, and psychologists *have been* developing and validating models based on very different assumptions. [Absatz] 4) For most types of economic behavior, the economists' model is probably quite adequate. 5) The models developed by other social sciences are generally ill-suited for direct incorporation into economic analysis. 6) *Nevertheless, insofar as* studies in these other disciplines establish that people do *not* behave as economists assume they do, economists should endeavor to incorporate these observations. (Akerlof und Dickens 1982, S. 307)

Der informationsökonomische Diskurs enthält neben dem Antagonismus und der Würdigung des Gegenspielers auch den für den mikroökonomischen Diskurs typischen Zick-Zack-Kurs insbesondere in Aussage 5 und 6. Allein Aussage 6 besteht aus sieben Sprechern, wie dem Schaukasten zu entnehmen ist.

Der Akerlof/Dickens-Diskurs

$per_1(1)(l_1)$: economists have built an entire profession on a single power-
ful theory of human behavior based on a few simple assumptions, ZU
t_{-1} BIS t_0 (siehe „since The Wealth of Nations")

$per_2(2)(l_2)$: That model IS fruitful applied to a wide range of problems,
ZU t_{-1} BIS t_0 (siehe „has been")

$per_3(3)(l_3)$: economists ARE elaborating their analysis, keeping their
basic behavioral assumptions the same, sociologists, anthropologists,
political scientists, and psychologists ARE developing and valida-
ting models based on very different assumptions, ZU t_{-1} BIS t_0 (siehe
„have been")

$per_4(3)(a_1)$: per_2 IMPLIZIERT, DASS ES KEINE PROBLEME IN DER
ÖKONOMISCHEN THEORIE GIBT UND IMMER SO WEITER
GEHEN KANN

$per_5(3)(l_4)$: NEIN per_4 (siehe „but")

$per_6(3)(l_5)$: JA per_5 WEGEN per_3 (siehe „while")

$per_7(4)(a_2)$: the economists' model is probably quite adequate

$per_8(4)(l_6)$: NEIN UND JA per_7 (siehe „for most types of economic behavior")

$per_9(5)(a_3)$: The models developed by other social sciences are generally
suited for direct incorporation into economic analysis

$per_{10}(5)(l_7)$: NEIN per_9 (siehe „ill" in „ill-suited")

$per_{11}(6)(a_4)$: per_{10} IMPLIZIERT, DASS SOZIALWISSESNCHAFT
UND ÖKONOMIE NICHT ZUSAMMENPASSEN

$per_{12}(6)(l_8)$: NEIN per_{11} (siehe „nevertheless")

$per_{13}(6)(a_5)$: people do behave as economists assume they do

$per_{14}(6)(l_9)$: NEIN per_{13} (siehe „not")

$per_{15}(6)(l_{10})$: studies in these other disciplines establish that per_{14}

$per_{16}(6)(l_{11})$: economists should endeavor to incorporate these observations

$per_{17}(6)(l_{12})$: WENN per_{15}, DANN per_{16} (siehe „insofar as")

Diese enorme Komplexität ist insofern erstaunlich, weil die Aussage 6 nur aus
einem kurzen Satz gebildet wird. Betrachten wir diese Aussage etwas genauer.
Zunächst verhandeln die Sprecher 11 und 12 eine Implikation der vorhergehenden
Aussage 5 (Haben die Erkenntnisse der Sozialwissenschaften Auswirkungen oder
nicht?). Die Sprecher 13 und 14 verhandeln dagegen einen Nebensatz (ob sich

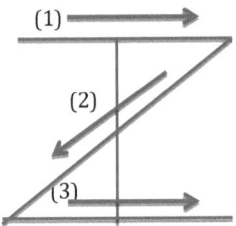

Abb. 5.5 das mikroökonomische „T-Z". (Quelle: Eigene Darstellung)

die Menschen so verhalten, wie es ÖkonomInnen annehmen), der wiederum Teil eines weiteren Nebensatzes ist (dass dies jene anderen Disziplinen meinen), der schließlich Schlussfolgerungen für die Ökonomie haben sollte (Sprecher 16: dass die Ökonomie diese sozialwissenschaftlichen Erkenntnisse in ihre Modelle aufnehmen möge), die aber nur dann gilt, wenn diese anderen Disziplinen tatsächlich zeigen können, dass die Menschen sich nicht so verhalten, wie es ÖkonomInnen annehmen (Sprecher 17).

Während die Sprecher immer wieder über die Brücke des mikroökonomischen „T" flitzen und damit eine feste Lagerbildung zwischen der Neoklassik und der Informationsökonomie verhindern, ohne jedoch den Widerspruch zwischen beiden aufzuheben, entsteht gewissermaßen im Schatten dieser Zick-Zack-Szene die Figur eines diskursiven „Moderators", der im Hintergrund die Strippen zieht. Seine Aufgabe ist es, darauf zu achten, dass die Fürsprecher ihre antagonistische Position gegenüber den neoklassischen Widersachern einnehmen, aber dann, wenn sie diese Position einmal eingenommen haben, dort nicht verharren, sondern erneut den Antagonismus problematisieren, um schließlich wiederum einen neuen Konflikt aufzumachen. Insofern gesellt sich zu dem statischen mikroökonomischen „T" ein dynamisches „Z", welches das „T" überlagert. Die Sprecher gehen zuerst auf der oberen Horizontale in das Lager des Kritikers (1), rutschen dann den Querbalken runter ins Lager der Neoklassik (2) und huschen dann wieder hinüber zu den Kritikern (3) (vgl. Abb. 5.5).

Die Kritik der kritischen Mikroökonomie ist damit nicht nur eine moderate sondern vor allem eine moderierende Kritik.

5.4   Die Diskurstypen der akademischen Weltgesellschaft

Die Diskurse, die bisher analysiert wurden, waren ausnahmslos Diskurse von ÖkonomInnen, die entweder den Nobelpreis erhalten haben oder ihn erhalten hätten, wenn sie den Zeitpunkt ihrer möglichen Verleihung noch erlebt hätten (etwa Keynes und Tversky). Es handelt sich also nicht um Diskurse aus dem Forschungsalltag, sondern um außeralltägliche Größen und Klassiker des Feldes, welche die großen Linien der ökonomischen Ideenwelt bis heute prägen. Ohne Klassiker, Größen und Koryphäen können sich disziplinäre und transdisziplinäre Forschungsfelder nicht entwickeln; aber umgekehrt sind akademische Stars auf die Persistenz eines institutionalisierten Forschungsalltags angewiesen, in dem sie erst sichtbar werden, unabhängig davon, ob und inwiefern die jeweilige akademische Welt nach dem Modell der Elite oder dem der Republik strukturiert ist (siehe dazu Kapitel drei).

Die Struktur der kognitiven Macht, die in diesem Kapitel untersuchet wurde, steht nicht in einer homologen Beziehung zur Struktur der materiellen Macht, wie dies sowohl im Fall der kritischen Mikroökonomie als auch im Bereich der Makroökonomie deutlich wird. Vielmehr gehen beide Modalitäten kontingente Beziehungen ein. Während sich die Akteure von Verhaltensökonomie, Informationsökonomie & Co. in der Weltgemeinschaft der ökonomischen Ideen gegenüber „der" Neoklassik noch als „Underdog" positionieren, besetzen ihre VertreterInnen in der Welt der strukturellen Macht längst schon die mächtigsten Posten. Dieser Diskurs erinnert an eine Opposition, die aus der Regierung heraus geführt wird. Auf der anderen Seite sehen wir, wie der Keynesianische Diskurs selbst dann noch das makroökonomische Denken prägt, wenn die LehrstuhlinhaberInnen an den renommiertesten Einrichtungen und bedacht mit den höchsten Preisen längst nicht mehr bei Keynes & Co. stehen und selbst Teile jener profiliertesten Vertreter des Keynesianismus gar keine Makroökonomen mehr sind (etwa Joseph Stiglitz). Die Welt der großen Ideen folgt also einer eigenen Logik, die sich von der Logik der institutionellen Struktur der akademischen Welt unterscheidet (siehe Hamann 2014 für den Fall der Geisteswissenschaften). Nichtsdestotrotz gehen beide Welten definitive Beziehungen ein, die im nächsten Kapitel als heterologe Beziehungen definiert werden sollen. Zwischen der Welt der Ideen und der institutionellen Struktur steht schließlich der Wissenschaftsalltag, der wiederum durch unterschiedliche akademische Lebensstile geprägt ist. Das schlägt sich auch in der Logik der Diskurse nieder. Weil nicht jede und jeder ein „Star" sein kann, kann sich auch nicht jeder Akteur so positionieren.

Wie fügen sich diese Diskurse der akademischen Stars nun diskursiv in den Alltag ein? Welche Funktion übernehmen sie und wie verhalten sie sich gegenüber jenen Diskursen, die es nicht zum Nobelpreis schaffen? Im Folgenden, abschließenden Abschnitt schlage ich vor, den akademischen Diskurs der Ökonomie in fünf unterschiedliche Diskurstypen zu unterteilen, die a) für die diskursive Konstruktion von Forschungsfeldern unterschiedliche Funktionen übernehmen, die letztlich durch Journale und Rankings fixiert und an das System der strukturellen Macht rückgekoppelt werden (siehe Kapitel drei) und die b) durch eine jeweils eigene kognitive bzw. polyphone Struktur gekennzeichnet sind und damit Wege

des Einschreibens in die klassifikatorische Taxonomie der Journale vorstrukturie-
ren. Damit schließt sich der Kreis von der ideellen zur funktionalen und materiellen Diskursdimension (Kapitel vier, Abschnitt drei) im akademischen Akkumulationsregime der VWL.

Diskurs des Kritikers (des Kritikers)

Forschungsfelder entstehen in der Wissenschaft typischerweise durch die teils ko-
ordinierte, teils unkoordinierte diskursive Aktivität einer Vielzahl von ForscherInnen. Nichtsdestotrotz spielen nicht alle ForscherInnen die gleiche Rolle. So glie-
dern sich die Mitglieder eines Forschungsfeldes entlang einer horizontalen Linie
der unterschiedlichen Themen, Methoden und Aspekte und einer vertikalen Linie
des Ansehens und der Macht. Aus diskurssoziologischer Sicht ist eine solche Kar-
tierungsweise von Forschungsfeldern aber nicht objektiv gegeben, sondern selbst
das Produkt diskursiver Aktivitäten. Das bedeutet, dass die ForscherInnen vor
allem Diskurse über sich selbst produzieren und damit sowohl Akteure als auch
BeobachterInnen des eigenen akademischen Geschehens sind. Weil Forschungsfelder immer das Produkt unterschiedlicher und mitunter widersprüchlicher diskursiver Kartierungen sind, ist nie klar, wo die Grenze zu anderen Feldern verläuft.
Vielmehr können zahlreiche Überschneidungen vorgefunden werden, die einzelne
Akteure und Texte in sehr unterschiedlichen Feldern platzieren.

Die Ökonomie als akademische Disziplin hat unterschiedliche Technologien der
Produktion von Forschungsfeldern hervorgebracht. Zu nennen sind hier etwa das
System der Journale (siehe dazu Kapitel drei und vier), Lehrstuhlbezeichnungen,
Subdisziplinen, Kongresse, Workshops und Etikette. Neben diesen Technologien
zur Herstellung von Forschungsfeldern ist die diskursive Praxis wissenschaftlicher
Texte selbst zu nennen, auf die sich hier beschränkt werden soll. Innerhalb und
für das Funktionieren von Forschungsfeldern kommen unterschiedliche Diskurstypen zum Einsatz. Einer dieser Diskurstypen ist der Diskurs des Kritikers und der
diesen begleitende Diskurs des Kritikers des Kritikers. Der Diskurs des Kritikers
hat vor allem die Funktion, innerhalb der disziplinären Welt eine neue akademische Position zu begründen. Dies geschieht insbesondere, indem ein Denk- und
Kartierungsmodus festgelegt wird, wie dies in den letzten beiden Abschnitten für
die Fälle der Mikro- und der Makroökonomie aufgezeigt wurde. Kritikerdiskurse
legen die großen Fluchtlinien des Denk- und Sagbaren fest. Ebenso wie Kinder
die Sprache einer Gesellschaft, den Akzent einer Region und den Dialekt einer
Klasse erlernen, werden ÖkonomInnen in die makrologischen Denkmuster des Faches einsozialisiert. Das umfassende und oft als anstrengend empfundene Lesen
und Nachvollziehen kanonischer Text ist der Prozess, in dem ForscherInnen die
Sprache ihres Faches erlernen. Die Kritiker und Größen des Faches sind gewisser-

maßen gleichbedeutend mit den LehrmeisterInnen einer Kultur, deren Denk- und Sprechweise dann mit Hilfe unterschiedlicher Technologien wie etwa der Schule und der Schulen auf den gesamten Raum der jeweiligen Wissenschaft übertragen und machtvoll durchgesetzt wird.

Dabei kann es sich um eine theoretische Innovation handeln, um eine neue Methode oder um ein neues Forschungsthema. Der Diskurs des Kritikers schreibt sich in den weiteren Rahmen der Disziplin ein und übt auf die eine oder die andere Art und Weise Kritik, um damit den Raum für ein neues Forschungsfeld zu eröffnen. Um diese Funktion erfüllen zu können, reicht es nicht aus, einfach nur an bekannte Probleme anzuschließen und ausgehend davon eine Fragestellung, ein Forschungsdesign oder eine neuen Methode zu entwickeln. Vielmehr müssen Defizite benannt und etablierte Größen des Feldes – ob smart oder schroff, subtil oder offen – attackiert, zurückgewiesen und kritisiert werden. Ein prototypisches Beispiel für diesen Diskurstyp ist etwa Keynes' Diskurs. Auch die Diskurse der mikroökonomischen Kritiker, die im letzten Kapitel untersucht wurden, erfüllen diese Funktion. Solche Interventionen geben nicht selten einem Forschungsfeld bzw. einem Subfeld im weiteren Sinne ihren Namen („Keynesianismus", „Coase-Theorem", „Lucas-Kritik" etc.).

Zum Diskurs des Kritikers gesellt sich in aller Regel der Diskurs des Kritikers des Kritikers. Der Kritiker des Kritikers weist die Kritik des Kritikers gewissermaßen zurück. Er nimmt damit nicht nur den Kampf an, sondern adelt die Kritik des Kritikers. In dem Moment, in dem dieser Diskurs auftritt, ist die Kritik des Kritikers etabliert und kann auf allgemeine Anerkennung – nicht jedoch Zustimmung (!) – setzen. Ob ein Kritikerdiskurs letztlich in einer erfolgreichen Etablierung eines neuen Forschungsfeldes, eines Subfeldes, einer Methode, die in unterschiedlichen Feldern verwendet werden kann, oder gar eines Paradigmas mündet, dies entscheidet der Diskurs und seine Struktur nicht allein. Vielmehr sind wissenschaftliche Texte, die einen Kritikerdiskurs begründen können, darauf angewiesen, dass weitere diskursive Aktivitäten folgen: die Bildung einer Gruppe von Schülerdiskursen, Diskurse der Kanonisierung und Namensgebung und technische Diskurse. Nichtsdestotrotz ist der Diskurs des Kritikers durch eine polyphone Struktur gekennzeichnet, die die Figur des Kritikers konstruiert, indem sie den Sprecher der Kritik in eine antagonistische Beziehung zu anderen Figuren des Diskurses setzt, wie er in den unterschiedlichen Varianten bisher untersucht wurde.

Der Antagonismus
Position A vs. Position B

Diskurs der Schüler

Im wissenschaftlichen Diskurs kann nicht jede und jeder ein Kritiker werden. Diese Positionen zählen zu den knappsten Ressourcen des Feldes und sind nur einigen wenigen Akteuren vorbehalten, die oft erst am Ende ihrer Laufbahn oder gar nach dem Ableben zu echten Größen ihres Faches oder gar zu Klassikern avancieren. Ab den 1970er Jahren ist im Feld der VWL eine Ausdifferenzierung der Gemeinschaft in Spezialgebiete zu beobachten, die sich etwa in der Explosion der Anzahl der ökonomischen Sub-Fachgesellschaften zeigt (siehe Fourcade 2006, S. 175 bzw. Einleitung). Auf der anderen Seite setzt sich das Journalpaper gegenüber anderen Publikationsformen immer stärker durch (Laband und Piette 1994), Publikationserfolg wird nun zunehmend durch Rankings erfasst und verglichen. In diesem Zusammenhang werden Diskurstypen, die „unterhalb" von Kritikerdiskursen angesiedelt sind, immer wichtiger, um in der akademischen Weltgesellschaft eine Position bekleiden zu können. Der Status des Klassikers, der in der Regel auf dem Diskurstyp des Kritikers basiert, ist das Produkt diskursiver Zuschreibungen durch andere Akteure des Feldes. Die akademischen Anführer suchen sich nicht ihre Gefolgschaft aus, vielmehr ernennt sich eine Gruppe von Akteuren zu „Schülern" eines Klassikers, Theoretikers oder einer Methode und konstruiert dadurch überhaupt erst die Figur des Klassikers. Der Klassiker hat nur Macht über seine Schüler, wenn diese ihn dazu ermächtigen, indem sie seine Denkweise aufnehmen und zu Schülerdiskursen weiterentwickeln. Damit ermöglicht die Konstruktion von „Schülerpositionen" unterhalb der Ebene von „Klassikern" jene Proliferation von immerhin noch relativ prestigeträchtigen Positionen, die nötig sind, um einerseits der durch Spezialisierung und Vermassung eingeleiteten relativen Entwertung von Positionen entgegenzuwirken und gleichzeitig die „Klassiker" als Währungen im Kampf um symbolisches und ökonomisches Kapital in der akademischen Welt im Spiel zu halten.

Die Konstruktion von Schülerpositionen ist aufwendig und setzt eine Vielzahl von diskursiven Aktivitäten, Netzwerkbildungen, Publikationen und Forschungen voraus. In vielen Fällen kooperieren die Klassiker mit „ihren" Schülern und bilden gemeinsam über viele Jahre und Jahrzehnte ein Forschungsfeld auf. Die soziale Beziehung zwischen Klassikern und Schülern kann sehr eng oder nur symbolisch vermittelt sein. Klassiker können selbst Schüler gewesen sein, die in anderen historischen oder institutionellen Kontexten zu Klassikern aufsteigen. Die genaue Beziehung zwischen Klassikern und Schülern bleibt also der Einzelfallanalyse überlassen.

Nichtsdestotrotz unterscheiden sich Kritikerdiskurse von Schülerdiskursen in ihrer polyphonen Struktur. Schülerdiskurse bringen eine Position im Diskurs hervor, indem sie bestimmte Beziehungen der Subposition zwischen unterschiedlichen Figuren des Diskurses herstellen. Die Funktion der Schülerdiskurse besteht darin, ausgehend von einer Kritik bzw. einem Klassiker einen systematischen Forschungszusammenhang aufzubauen. Damit ist aber jeder Klassikerdiskurs immer auch ein Stück weit ein Schülerdiskurs (gewesen). Zum Schülerdiskurs zählen differenzierte Themen und Methoden, aufeinander aufbauende Forschungsfragen und Ergebnisse, die Etablierung von Diskussionsforen und übergreifenden Debatten, die Bildung von Anschlüssen an bestehende Forschungsfelder, die Besetzung und idealerweise auch die Benennung von Professuren, anderen Stellen sowie Forschungsgruppen und nicht zuletzt die Gründung von Zeitschriften, Gremien, Preisen etc. Das folgende Beispiel stammt von Klaus Adam. Adam ist ein international vernetzter Volkswirt an der Universität Mannheim und war 2011 im Handelsblatt-Ranking vertreten.

1) *Most economic models*, however, derive policy recommendations under the assumption that private agents share a common information set. 2) *In the realm of monetary policy*, for example, information asymmetries between private agents have *not yet* received much attention, and *the literature* has mainly focused on asymmetries between the private sector and the policy maker (e.g. Svensson and Woodford (2002a, b)). [Absatz] 3) *This paper* considers optimal monetary policy when private agents do *not* share a common information set and thereby seeks to close in part this gap in the monetary policy literature. (Adam 2003, S. 1)

In der Textpassage wurden die diskursiven Operatoren wie bereits im letzten Kapitel *fettunterstrichen* gekennzeichnet. Die Aussagen des Textes wurden durchnummeriert und die symbolischen Marker für Positionen im Diskurs wurden *fettkursiv* markiert. Während die diskursiven Operatoren Polyphonie erzeugen und damit Positionen im akademischen Diskurs hervorbringen, sind die symbolischen Marker Namen für diese Positionen. In der Aussage 1 wird zunächst eine allgemeine Position erzeugt, von wo aus eine Art „Usus" des Faches sichtbar wird („most economic models"). Aussage 2 konstruiert eine weiteren Position („in the realm of monetary policy"), die für Insider des Feldes als Name für ein Forschungsfeld fungiert (vom disziplinären Feld „economics" zum Forschungsfeld „monetary policy"). In diesem Feld wird nun eine polyphone Struktur evoziert, die zwei Perspektiven gegenüberstellt:

Der Schüler-Diskurs

$per_1(2)(a)$: information asymmetries between private agents have received much attention

$per_2(2)(x)$: NEIN per_1 (siehe „not")

$per_3(2)(l)$: NEIN per_1 zu t_{-1} (siehe „yet")

$per_4(3)(l)$: asymmetries between the private sector and the policy maker (e.g. Svensson and Woodford (2002a, b))

Der erste Sprecher vertritt die Haltung, dass „Informationsasymmetrien zwischen privaten Akteuren Aufmerksamkeit erhalten haben", der zweite Sprecher weist dies zurück und der entscheidende Sprecher – also der Sprecher, den die AutorIn des Textes letztlich für sich reklamiert – relativiert die Zurückweisung des zweiten Sprechers, indem er die Zurückweisung von per_2 auf einen Zeitraum der Vergangenheit („bis jetzt") begrenzt. Das heißt, dass „Informationsasymmetrien zwischen privaten Akteuren" in der Vergangenheit (t_{-1}) „keine Aufmerksamkeit erhalten haben". Dies kann sich aber „jetzt" ändern. Im zweiten Teil der Aussage wird mit „the literature" eine weitere Position symbolisiert, der attestiert wird, dass sie „mainly focused on asymmetries between the private sector and the policy maker". Damit hat der Diskurs bereits ein Forschungsfeld konstruiert, in dem bestimmte Figuren handeln und gehandelt haben. Nun kann sich die AutorIn des Textes in Aussage 3 an dieser Struktur von Positionen ausrichten, indem der symbolische Marker „this paper" einen Platz in der symbolischen Ordnung für den Sprecher errichtet.

Ausgehend von den Perspektiven, die im Rahmen der Disziplin („most economic models") und des Forschungsfeldes („realm of monetary policy") aufgemacht wurden ($per_{1,2,3,4}$), nimmt der Sprecher nun seinen Platz ein, indem er per_3 folgt, per_4 als „ForscherkollegInnen" in Stellung bringt und an das Defizit von per_1 anschließt. Wie in der Abb. 5.6 zu erkennen ist, konstruiert der Diskurs des Schülers eine Position innerhalb einer positionalen Hierarchie, die den engeren und weiteren Raum seiner Forschung absteckt. Hierbei geht es nicht nur darum, Defizite sichtbar zu machen (per_1), sondern auch darum, den symbolischen Rahmen festzulegen („most econpmic models", „realm of monetary policy"), Forschungsergebnisse, in die sich die eigene Arbeit einreiht, sichtbar zu machen (per_4) und damit auch die Zugehörigkeit zu bestimmten Namen des Feldes zu signalisieren (Woodford ist etwa einer der wichtigsten Vertreter des Neokeynesianismus).

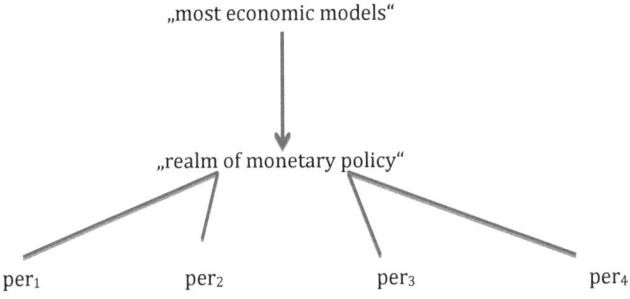

Abb. 5.6 Die Sub-Position. (Quelle: Eigene Darstellung)

Während die Aussage 1 noch die Spuren eines antagonistischen Kritikerdiskurses in diesen Diskurs trägt, indem er an einen Konflikt erinnert, der auf der Ebene der Paradigmen bzw. der disziplinären „Großpositionen" stattfindet, werden ausgehend von Aussage 2 eine Reihe subordinierter Positionen aufgebaut, an die der Schülerdiskurs anschließt (Aussage 3). Die polyphone Struktur der Schülerdiskurse ist ebenso wie die der Kritikerdiskurse keine Eigenschaft der Personen, sondern eine Funktion des Feldes sowie eine Struktur der diskursiven Positionierungsweise, das heißt, es ist ein kognitiver Mechanismus. Das bedeutet, dass auch Personen, die als „Kritiker" bzw. „Klassiker" identifiziert werden, Schülerdiskurse hervorbringen können und dies in der Regel auch tun, und umgekehrt, Schülerdiskurse Spuren von Klassikerdiskursen enthalten können. Zu nennen sind hier etwa die Diskurse der „rational expectations"-TheoretikerInnen, die vor allem den von Friedman geführten Kritiker-des-Kritiker-Diskurses aufnahmen und diesen hinsichtlich der „expectations"-Komponente ausbauten. Insofern nehmen die Diskurse von Sargent, Wallace & Co. sowohl an einem Kritiker-des-Kritiker-Diskurses als auch an einem Schülerdiskurs teil. Obwohl Schülerdiskurse und Kritikerdiskurse mit dem Antagonismus bzw. der Subposition unterschiedlichen Positionierungslogiken folgen, lassen sie sich nur idealtypisch, nicht jedoch empirisch voneinander trennen. Da aber Forschungsfelder Namen benötigen, um zu funktionieren, fallen insbesondere Kritikerdiskurse („Keynesisnismus") aber auch Schülerdiskurse („Lucas-Kritik") oft mit den Namen ihrer AutorInnen zusammen.

Diskurs der Lehrer

Die Namen der Klassiker wie etwa „Keynes", „Friedman" oder „Selten" benennen nicht in erster Linie konkrete Personen, vielmehr verweisen sie auf ein Forschungsfeld, ein Paradigma oder eine Theorie und üben somit selbst eine diskursive Funktion aus, indem sie einen sozio-akademischen Zusammenhang herstellen. Diskurse der Namensgebung haben die Funktion, Forschungsfelder retrospektiv zu institutionalisieren und zu kanonisieren, indem sie diese in eine bestimmte narrative Ordnung zu einander bringen. Im Gegensatz zum „Alltagsgeschäft" der akademischen Forschung sind Diskurse der Namensgebung besonderen Situationen der Reflexion vorbehalten. Diese Diskurse finden vor allem in Lehrbüchern, in der ökonomischen Ideengeschichte, in Festreden und in anderen Diskursen statt, die der allgemeinen Orientierung und Selbstvergewisserung der Disziplin gelten, etwa Vorträgen auf Jahreshauptversammlungen, speziellen Gastvorträgen, Vorträgen in Fachgesellschaften anlässlich besonderer Ereignisse, die das Fach in spezifischer Weise adressieren oder in den Medien (etwa ökonomische Krisen oder fachinterne Kritik).

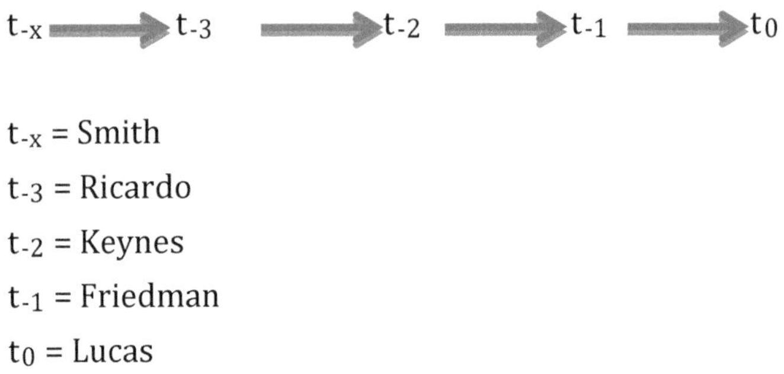

$$t_{-x} \longrightarrow t_{-3} \longrightarrow t_{-2} \longrightarrow t_{-1} \longrightarrow t_0$$

t_{-x} = Smith

t_{-3} = Ricardo

t_{-2} = Keynes

t_{-1} = Friedman

t_0 = Lucas

Abb. 5.7 Das Evolutionsnarrativ. (Quelle: Eigene Darstellung)

Ein Blick auf Namensgebungsdiskurse zeigt, dass in der Ökonomie vor allem ein evolutionärer Modus der Namensgebung vorherrscht. So schreibt etwa Woodford (1999) die Geschichte der Makroökonomie als einen aufeinanderfolgenden Kritik- und Lernprozess. Diesen evolutionären Narrationsmodus ist auch in Lehrbüchern wieder zu finden, unabhängig von der akademischen Ausrichtung der VerfasserInnen. Lehrbücher sind eine akademische Ahnengalerie, die sich auch dann nicht ändert, wenn sich die gesamte ökonomische Theorie als falsch oder unbrauchbar erweisen würde. Aus diesem Grund ändern sich Lehrbücher über die Zeit hinweg nicht oder nur graduell. Denn wenn eine neue Größe mit einer neuen ökonomischen Theorie emporsteigt, werden alle anderen nicht aus der Galerie entfernt, vielmehr neigt die Ökonomie dazu, die Geschichte dann entsprechend dem Evolutions- und Lernnarrativ umzuschreiben (vgl. Abb. 5.7).

Bei dieser Form der Geschichtsschreibung ist besonders das Fehlen des Antagonismus auffällig. Während sich die Protagonisten des Diskurses (etwa Keynes vs. Friedman) rituell in die Haare kriegen, erscheint der antagonistische Konflikt in den Lehrbüchern wie ein kollegialer Lernprozess, in dem „Irrtümer" aufgedeckt, „Fehler" korrigiert und „neue Probleme" erkannt werden. Es scheint fast so, als ob die Diskurse der Namensgebung eine Art Rückzugsraum für die oft hart geführten Debatten sind, die von der Realität der Konflikte in der Ökonomie so weit entfernt sind, wie die Lehre von der Forschung. Die Erforschung der konkreten Rolle dieser in mehrfacher Hinsicht realitätsfernen Diskursformen für die Rekrutierung des akademischen Nachwuchses bleibt künftiger Forschung vorbehalten (siehe aber Pahl 2013a).

Diskurs der Techniker

Während der Diskurs der Kritiker wenigen Akteuren vorbehalten ist und der Diskurs der Lehrer auf bestimmte Situationen (und Akteure) beschränkt bleibt, brauchen funktionierende Forschungsfelder eine Diskursform, welche die breite Masse der ForscherInnen in den Forschungsalltag einbezieht. Auch wenn der Diskurstyp des Schülers mit der ihm eigenen subpositionalen Positionierungsweise einen relativ weiten Raum für eine Vielzahl von Forschungsarbeiten eröffnen kann, ist er nicht in der Lage, der enorm großen Zahl von ForscherInnen in einer Disziplin wie der Ökonomie einen Platz zu geben, weil diese Welt nicht nur international ausgerichtet, sondern durch die Orientierung auf das System der Journale auch hierarchisch strukturiert ist. Um die Integration einer Vielzahl von ForscherInnen (allein im deutschsprachigen Raum kann von etwa 3000 ForscherInnen ausgegangen werden) in das Forschungssystem zu gewährleisten, kommt der Diskurstyp des Technikers zum Zuge.

Ebenso wie der Diskurs des Schülers oft mit dem Diskurs des Kritikers verschmilzt, lässt sich auch der Diskurs des Technikers nicht hermetisch vom Diskurs des Schülers abtrennen. Während der Diskurs des Schülers ausgehend vom Diskurs des Kritikers einen systematischen Forschungszusammenhang aufbaut, der über die Eröffnung von Forschungsthemen, Anwendungen, Methoden und Forschungsfragen verläuft, besteht die Funktion des Diskurses des Technikers nicht nur darin, umfangreiche ForscherInnenpopulationen eine Positionierungsmöglichkeit zu verschaffen, sondern ausgehend von einem bestehenden ausdifferenzierten Forschungsfeld neue Aspekte und Teilaspekte sichtbar zu machen und zu behandeln. Betrachten wir folgendes Beispiel von Martin Hellwig, Direktor des Max-Planck-Instituts für Wirtschaftsforschung in Bonn und einer der international bekanntesten deutschsprachigen ÖkonomInnen.

1) *Atkinson and Stiglitz (1976)* have shown that, under certain homogeneity and separability assumptions on preferences, an optimal system of taxes for public-sector funding or redistribution relies on direct taxation only. 2) *Kaplow (2006) and Laroque (2005)* have extended this result to show that, under the assumptions of Atkinson and Stiglitz, any feasible, incentive-compatible allocation is Pareto-dominated by an allocation that can be implemented by direct taxation, without recourse to distortionary indirect taxes. 3) *This note* uses the argument of Kaplow (2006) and Laroque (2005) to show that the result still holds under a weaker separability assumption on preferences. (Hellwig 2010, S. 156)

Zunächst hebt sich dieser Diskurs durch seine relativ technisch wirkende Sprache von den bisher analysierten Diskursen ab. Im Gegensatz zum Schülerdiskurs aus dem vorhergehenden Abschnitt scheint es auch nicht nötig zu sein, eine allgemeine Orientierung über symbolische Marker wie etwa Namen für Forschungsfelder zu geben. Vielmehr setzt dieser Diskurs offenbar ein dezidiertes Wissen seiner LeserInnen voraus, indem er relativ unvermittelt in eine eng gefasste Fachdebatte einsteigt.

Der Hellwig-Diskurs

$per_1(1)(x)$: Atkinson and Stiglitz (1976) have shown that [...] an optimal system of taxes for public-sector funding or redistribution relies on direct taxation only

$per_2(1)(l)$: JA per_1, WENN „certain homogeneity and separability assumptions on preferences"

$per_3(2)(l)$: Kaplow (2006) and Laroque (2005) have extended this result to show that, under the assumptions of Atkinson and Stiglitz, any feasible, incentive-compatible allocation is Pareto-dominated by an allocation that can be implemented by direct taxation, without recourse to distortionary indirect taxes.

$per_4(3)(l)$: This note uses the argument of Kaplow (2006) and Laroque (2005) to show that the result still holds under WENN NICHT per_2 (= a weaker separability assumption on preferences)

Wie hieran deutlich wird, positioniert sich der Sprecher (per_4) in diesem technischen Diskurs, indem er eine Annahme (per_2) aus einem bestehenden Fachdiskurs (per_1) herausnimmt und mit einem anderen Fachdiskurs (per_3) argumentativ verknüpft. Technische Diskurse greifen aber nicht nur isolierte Teilaspekte bestehender Forschungsergebnisse heraus, indem sie etwa, wie hier, Annahmen auswechseln. In technischen Diskursen besteht oft auch ein größerer Erklärungs- und Einführungsbedarf, bis der Akteur seine Position im Forschungsfeld eingenommen hat, wie beispielsweise der Diskurs von Glazer und Konrad illustriert:

The standard model of voluntary provision of public goods considers utility to be a function $u = u(x, G)$ of consumption of a private good x and of the sum of contributions to a public good G. Recent theoretical analyses derive the following properties of the Nash equilibrium. 1) In large economies only the very rich contribute to the public good (James Andreoni 1988; Timothy L. Fries at al. 1991); the share of contributions in total income is negligible. 2) Governmental supply of the public good crowds out private supply. If all individuals donate in the original equilibrium this crowding out is complete (Peter G. Warr 1982; B. Douglas Bernheim 1986; Theodore C. Bergstone et al. 1986). [Absatz] These theoretical results conflict with empirical evidence on private charity. According to Arthure H. White (1989), nine out of ten Americans report giving, and many studies show that crowding out is only partial (Richard Steinberg 1989). Such evidence led some theorists to suppose that donations enter directly into person's utility function, that is, $u = u(x, g, G)$, where g is his donation (see, for example, Andreoni, 1989, 1990; Richard Cornes and Todd Sandler 1984, 1994; Bruce R. Kingma 1989; Robert McClelland 1989; Russel D. Roberts 1987; Sandler and John Posnett 1991; Steinberg 1986, 1987). In this warm-glow approach the the act of giving directly enters the utility function (Kenneth J. Arrow 1972). [Absatz] We consider here an additional motive – the desire to demonstrate wealth, perhaps because individuals prefer to socialize with individuals of the same or higher social status (…). (Glazer und Konrad 1996, S. 1019)

Das allgemeine Merkmal dieses Diskurstyps besteht darin, eine für Laien relativ schwer zugängliche Verästelung (Abb. 5.8) von Positionen zu kreieren, die ausschließlich von engeren Fachzirkeln ratifiziert werden können, und dort eine Position zu platzieren, die es den Akteuren ermöglicht, irgendeinen Platz in der Forschungsgemeinschaft einzunehmen.

Damit setzt der technische Diskurs in der Regel ein detailliertes Wissen voraus, das nur von bestimmten Akteuren der akademischen Subwelt beherrscht wird und nachvollzogen werden kann. Anders als der Diskurs des Klassikers wirkt der technische Diskurs relativ emotionslos. Die antagonistischen Spuren verlieren sich in den polyphonen Verästelungen, die technische Diskurse hervorbringen. Hier werden kaum Gegensätze aufgebaut, sondern vielmehr detaillierte Netzwerke von Forschungsergebnissen, Einzelfallstudien, Annahmen und methodische Variationen konstruiert, die aufeinander aufbauen, mit einander in Dialog treten oder nebeneinander stehen. Gegensätze werden in der Regel über verschiedene Techniken der Argumentation, der Beweisführung oder der Präsentation empirischer Ergebnisse technokratisch geerdet. Konflikte werden somit technisch rationalisiert. Während

Abb. 5.8 Die Verästelung. (Quelle: http://www.pitopia.de/pictures/standard/w/wendt76/44/ wendt76_350744.jpg, Zugegriffen, 12.3.2014)

der Kritiker sich vor allem gegenüber seinen Widersachern positioniert und der Schüler die Position des Kritikers in langfristige, mitunter bereits technische Forschungsfragen übersetzt, baut der Techniker gegenüber seinen KollegInnen ein tendenziell teamförmiges, kooperatives Umfeld auf.

Fazit: zwischen globaler Hierarchie und akademischer Weltgesellschaft
Diskurse spielen in der akademischen Welt ganz unterschiedliche Rollen. Auf der einen Seite sind sie Vehikel im Prozess der Akkumulation akademischen Kapitals. Im Zusammenspiel mit anderen Klassifikationspraktiken und institutionellen Technologien erzeugen sie das Bild von Exzellenz und Elite, das von den akademischen Akteuren Verbindlichkeit einfordert und dazu beiträgt, einige Ausschnitte aus der deutschsprachigen VWL als „globale Insel" in eine US-dominierte akademische Weltordnung einzufügen. Auf der anderen Seite bilden Diskurse als ideelle Wissenskonstruktionsmaschinen eine akademische Weltgesellschaft, die jenseits der nationalen und lokalen institutionellen Kontexte auch auf den Füßen eigener Regeln steht. Hier geht es darum, sich in einem Forschungsfeld zu positionieren, indem die Diskursakteure sich auf der horizontalen Linie thematisch (Analyse von Arbeitsmärkten, Wirkung von Steuererhöhungen etc.) und paradigmatisch (Behaviorismus, Neo-Keynesianismus etc.) sowie auf der vertikalen Linie innerhalb der Diskurstypen verorten. In beiden Fällen geht es darum, eine Position in der akademischen Welt zu finden. Hierin zeigen sich auch die beiden Strukturierungsprinzipien der VWL. Auf der einen Seite wirkt die globale Hierarchie, die eine institutionelle verfasste Wissenschaftswelt nach dem Festland-Insel-Peripherie-Prinzip konstruiert, in der sich die Akteure über soziale Zugehörigkeit positionieren; auf der anderen Seite wirkt das Prinzip der akademischen Weltgesellschaft, die eine diskursiv verfasste Wissenschaftswelt erzeugt, in der sich die Akteure über die Diskurstypen positionieren. Beide zusammen geben den Rahmen ab, in dem sich die VWL als akademische Disziplin bewegt.

Allerdings existiert die VWL nicht in einem ahistorischen, gesellschaftsfreien Raum. Vielmehr ist sie Teil einer umfassenden politischen Ökonomie, in der sich Staat, Wissenschaft und Wirtschaft zu einem Macht-Wissens-Netzwerk zusammenfügen. Diese Beziehung zum Außen der Wissenschaft soll im abschließenden Kapitel thematisiert werden. Hier wird nun der Versuch unternommen, die unterschiedlichen Fäden zusammenzufügen, um der Frage nachzugehen, wie eine wissenschaftliche Disziplin in einen Elitisierungsprozess eintreten konnte, der sich entlang der unterschiedlichen Dimensionen erstreckt, die in den letzten drei Kapiteln herausgearbeitet worden sind.

„Elite" als spirituelle Bürgschaft 6

6.1 Die Ökonomie im Diskurs der Sozialwissenschaften

Die Ökonomie versteht sich seit ihrer Gründung als eine sozialwissenschaftliche Disziplin, obgleich sie insbesondere im 20. Jahrhundert darum bemüht war, sich von den qualitativ orientierten, historisch rekonstruierenden, beschreibenden Tendenzen der sozial- und kulturwissenschaftlich vorgehenden Disziplinen zu lösen, etwa durch eine methodologische und wissenschaftstheoretische Annäherung an die Naturwissenschaften. Gleichwohl liegt eben hierin das Besondere der Ökonomie im Diskurs der Sozialwissenschaften. Während alle Disziplinen, die heute zu den Sozial- und Kulturwissenschaften gezählt werden, ihre Version eines „Methodenstreits" durchlebt haben, hat die Ökonomie es offenbar geschafft, sich ihres qualitativen, historisch-hermeneutischen Flügels – etwa der Historischen Schule oder des Institutionalismus – weitestgehend zu entledigen. Heute bestehen etwa in der Soziologie quantitativ-deduktiv verfahrende, prognostisch ausgerichtete Ansätze neben qualitativen, teils rekonstruktiv, teils dekonstruktiv ausgerichteten Forschungsansätzen; auch in der Politikwissenschaft, den Organisations- und Managementstudien oder der Pädagogik stehen sich beispielsweise ein „kritischer Konstruktivismus" und ein „analytischer Positivismus" gegenüber. In der etablierten Ökonomie suchen wir jedoch vergebens solche paradigmatischen Auseinandersetzungen innerhalb der Teildisziplinen.

Zwar kann seit langem ein Diskurs der „heterodoxen Ökonomie" beobachtet werden, der mit einem äußerst heterogenem Repertoire an Methoden, Ansätzen und Wissenschaftsphilosophien gegen die „Orthodoxie" zu Felde zieht und darin keinesfalls so erfolglos ist, wie die heterodoxen ÖkonomInnen oft über sich selbst

© Springer Fachmedien Wiesbaden 2015
J. Maeße, *Eliteökonomen*, DOI 10.1007/978-3-658-07338-1_6

behaupten. Dennoch scheinen in diesem kritischen Diskurs und dem damit einhergehenden „neuen Pluralismus" in der Wirtschaftswissenschaft (siehe etwa Fine
und Milonakis 2009; Cullenberg et al. 2001) gerade jene Gruppen erfolgreich zu
sein, die den modelltheoretischen Formalismus, der dem Positivismus der Ökonomie zugrunde liegt, besonders gut entsprechen (Pahl 2013c). Nichtsdestotrotz hat
sich bis heute innerhalb der Ökonomie kein kultur- oder sozialtheoretischer Flügel
neben dem Modellformalismus – also dem „neoklassischen Paradigma" oder wie
auch immer die „Orthodoxie" bezeichnet wird – etablieren können, obgleich ein
solcher Flügel auf eine reiche Tradition innerhalb der ökonomischen Wissenschaft
zurückblicken und daran anschließen könnte. Stattdessen wird – anders als in allen
anderen Sozial- und Kulturwissenschaften – wohl auch in Zukunft eine alternative
Ökonomie ein eher marginalisiertes Dasein führen, es sei denn, sie vermag es, ihre
Thesen und Argumente modell-kausal zu reformulieren. Auch die hier untersuchten Oligopolisierungstendenzen des Feldes hängen mit dem modellformalistischen
Imperativ zusammen, weil dieser die wissenschaftstheoretischen Grundlagen für
erfolgreiches Publizieren festlegt.

Während also der Großteil der Sozial- und Kulturwissenschaften tendenziell
durch eine zweipolige Struktur in einem relativ egalitären Feld mit flachen und
unsystematischen Hierarchien gekennzeichnet sind, kann in der Ökonomie eine
relative wissenschaftstheoretische Homogenität in einem Feld beobachtet werden,
das durch die Herausbildung systematischer, personenunabhängiger Hierarchien
geprägt ist. Die Ökonomie scheint also ein Sonderfall zu sein. Wie ist diese wissenschaftssoziologische Anomalie zu erklären? Warum beobachten wir in der Ökonomie nicht auch jenen Prozess der Ausdifferenzierung zwischen einem gleich-
berechtigten kulturwissenschaftlich-qualitativen und einem naturwissenschaftlich-
quantitativen Pol, wie er sich in allen anderen Disziplinen durchgesetzt hat (Abbott
2000)? Was sind die Fliehkräfte der Marginalisierung und Hegemonialisierung?

In den folgenden Ausführungen plädiere ich dafür, die strukturelle Oligopoli-
sierung des Feldes und die wissenschaftsphilosophische Hegemonialisierung zugunsten des naturwissenschaftlich-positivistischen Poles des Faches nicht als ein
Resultat feldinterner Dynamiken zu lesen, sondern als einen Effekt des Weltsystems zu interpretieren.

In den vorangegangen Kapiteln wurden unterschiedliche Aspekte und Facetten
der Welt der deutschsprachigen VWL herausgearbeitet, die sich ab den 1970er Jahren entwickelt und in den ersten Jahren des neuen Jahrtausends entfaltet haben. Auf
der einen Seite wurde versucht zu zeigen, wie eine Eliteposition in der akademischen Welt als Resultat unterschiedlicher institutioneller Technologien entsteht. Im
Gegensatz zu funktionalistischen und ökonomischen Elitetheorien wird Elite hier
als der Effekt und Ausgangspunkt von Macht untersucht. Erst wenn akademische
Ressourcen, die unter den Bedingungen einer republikanischen Feldstruktur relativ

gleichmäßig über die Institutionen und Akteure des Feldes verteilt sind und nur selten und wenn, dann nur vorübergehend angehäuft werden, systematisch dafür eingesetzt werden, um akademische Reputation zu begründen und wissenschaftliche
Definitionsmacht auszuüben, wandeln sie sich in akademisches Kapital. Dieser
Prozess kann als Herausbildung von akademischen Clustern untersucht werden,
die sich im Gegensatz zu anderen Einrichtungen der traditionellen, auf den Nationalstaat orientierten akademischen Welt an globale Entwicklungen anschließen.
Elitecluster sind zugleich ein Schließungs- und ein Absonderungsprozess, weil sie
eine Mikrowelt begründen, die sich mit anderen akademischen globalen Mikrowelten verbindet und von ihren regionalen Wurzeln löst. Dadurch entsteht auf der
einen Seite ein „globales akademisches Dorf", das sich als eine von vielen globalen Inseln um das amerikanische akademische Festland herum ansiedelt; auf der
anderen Seite bildet sich eine regionalisierte akademische Peripherie heraus, die
von den akademischen Würden des Feldes tendenziell auf Distanz gehalten wird.

Der Prozess der Elitebildung durch Kapitalkonzentration vollzieht sich unabhängig von der individuell erbrachten Leistung einzelner ForscherInnen. Er ist der
Effekt von sozialen Eliteclustern, die einen spezifischen akademischen „Lebensstil" begründen und auf sozialen Absonderungsprozessen vom Rest der akademischen Welt basieren. Ein zentraler Bestandteil dieses akademischen Lebensstils ist
die Rekrutierungspraxis von NachwuchsforscherInnen durch Graduiertenschulen.
Akademische Nachwuchsbiographien werden durch unterschiedliche institutionelle Technologien auf der Mikroebene der wissenschaftlichen Lebenswelt darauf
ausgerichtet, Publikationskompetenz zu erwerben und in transnational ausgerichteten sozialen Netzwerken erfolgreich zu agieren. Die NachwuchsforscherInnen
„heiraten" gewissermaßen in transnational vernetzte Sozialbeziehungen ein. Was
zählt, ist das Erreichen eines systematisch hohen Publikationsoutputs in hoch
gerankten Fachzeitschriften. Unter dieser Voraussetzung werden ForscherInnen
Mitglied einer international vernetzten, amerikanisch dominierten akademischen
Gemeinschaft, die sich bereits heute um einige wenige international ausgerichteten
VWL-Fakultäten gruppiert. Die Welt der VWL ist demnach um wenige international ausgerichtete Zentren und eine große Anzahl regional orientierter „Normalfa-
kultäten" herum strukturiert (Fourcade 2006). Das bedeutet, dass neben einzelnen
US-amerikanischen Einrichtungen weltweit ausgewählte volkswirtschaftliche Fakultäten und Departments entstehen, die zusammen ein globales institutionelles
akademisches Gefüge bilden (Hodgson und Rothman 1999; Lebaron 2006).

Diese strukturellen Entwicklungen und Ausprägungen beeinflussen die Rollen,
die akademische Diskurse in dieser Welt spielen müssen. Auf der einen Seite sind
Diskurse an die Elitestrukturen sozialer Ungleichheit funktional rückgebunden,
weil Publizieren durch die Anwendung numerokratischer Technologien via Rankings quantitativ bewertet wird. In der VWL hat dies einen Einfluss auf die Rolle,

die ForscherInnen im institutionellen Gefüge spielen, weil die Reputation einer Eliteeinrichtung durch die systematische Erzeugung der Leistungsillusion aufrechterhalten werden muss. Auf der anderen Seite unterliegt die Welt der akademischen Diskurse auch in der VWL einer Eigenlogik (Clark 1983). Die Strukturen, die das Denk- und Sagbare regulieren, werden durch Positionierungsweisen festgelegt und haben sich in den letzten Jahren im Zuge der Etablierung des Neo-Keynesianismus, dem Aufstieg der kritischen Mikroökonomie zur herrschenden Fraktion in den Eliteclustern und der vertikalen Ausdifferenzierung unterschiedlicher Diskurstypen im Zuge einer spezialisierenden Arbeitsteilung ab den 1970er Jahren verändert. War das 20. Jahrhundert noch durch antagonistische Positionierungsformen geprägt, so setzen sich im 21. Jahrhundert offenbar moderate, pragmatische und moderierende Positionierungsweisen durch. Auch in Zukunft wird die VWL durch eine formalistische Modellorientierung geprägt sein; ob dies freilich mit einer neoklassischen Theorieorientierung einhergehen wird, erscheint fraglich (Pahl 2013b; Colander et al. 2004; Davis 2006).

Wie lassen sich diesen Entwicklungen soziologisch interpretieren? Warum toleriert die Volkswirtschaftslehre offenbar weltweit die Herausbildung von Eliteclustern und Exzellenzorientierungen, gegen die in anderen Disziplinen der Sozialwissenschaften massive Widerstände mobilisiert werden? Ist dies ein innerwissenschaftlicher Evolutionsprozess, der durch Prüfen, Weiterentwickeln und Ausdifferenzieren immer rationalere Ergebnisse und Strukturen hervorbringt, wie die funktionalistische Wissenschaftssoziologie behaupten würde (Bern-David 1991)? Oder handelt es sich lediglich um die nichtintendierten, arbiträren Effekte einer fortlaufenden Bildungsexpansion, in deren Zuge sich die entstehende Masse von WissenschaftlerInnen neue Nischen sucht und kleine epistemische Kulturen gründet, die von der Außenwelt abgeschnitten sind und zufällig in hierarchische und exklusive Strukturen einmünden (Knorr Cetina 2002)?

Sowohl die funktionalistische Makrosoziologie als auch die kulturepistemische Mikrosoziologie würden hier wohl eine internalistische Erklärung nahe legen. Demgegenüber plädiert das vorliegende Kapitel für eine externalistische Erklärung, weil intern induzierte Strukturbildungen in der Regel auf eine zweipolige Feldstruktur mit flachen Hierarchien hinauslaufen, auf eine „fractal distinction" (Abbott 2000, S. 10), nicht jedoch auf Marginalisierung, Hegemonialisierung und Monopolbildung. Demnach, so die These, die im Folgenden entwickelt werden soll, werden die Elitebildungsprozesse innerhalb der akademischen Welt der VWL durch externe Strukturverschiebungen auf der Ebene des Weltsystems angestoßen.

In den letzten Jahrzehnten, so die Überlegung, wurde der Nationalstaat im Zuge der Globalisierung als Quelle politischer Legitimität geschwächt. Die Fortschritts-, Wohlstands-, Freiheits- und Entwicklungsversprechen des Projektes der nationalstaatlich gerahmten Moderne geraten in eine Sinnkrise (Habermas 1985). Stattdessen übernehmen akademisch zertifizierte Experten mehr und mehr die Rolle von Legitimitätsbürgen in politischen Diskursen. Das Management der gegenwärtigen Finanzkrise durch ökonomische Experten ist ein besonders illustratives Beispiel für diesen Langfristtrend (ausführlich Maeße 2015a). Diese besondere Rolle akademischer Reputation bedarf allerdings einer besonderen Art der Zertifizierung, die über das übliche Maß akademischer Reputationszuweisung hinausgeht. Legitimation in politischen Diskursen ist das Resultat von Zertifizierung. Aber Zertifizierung bedarf ebenfalls der Legitimation. Globale Eliteuniversitäten leisten diese Zertifizierung, sie sind der Bürge in letzter Instanz. Diese These soll im Folgenden ausgeführt und mit einem Exkurs zur Theorie der Gabe theoretisch plausibilisiert werden. Eliteuniversitäten übernehmen im globalisierten Weltsystem eine Legitimierungsfunktion, der Elite- und Exzellenzmythos fungiert als Quelle akademischen Kapitals, das in der Welt der Politik in Ansehen verwandelt werden kann. Aus diesem Grunde plädiert diese Studie für eine externalistische Erklärung. Insbesondere die VWL ist keine wissenschaftliche Disziplin, die sich lediglich in einem epistemisch geschlossenen Feld bewegt. Sie ist vielmehr immer schon eingebettet in ein trans-epistemisches Feld, das an der Schnittstelle von akademischer, politischer, ökonomischer und medialer Welt angesiedelt ist (vgl. Abb. 6.1).

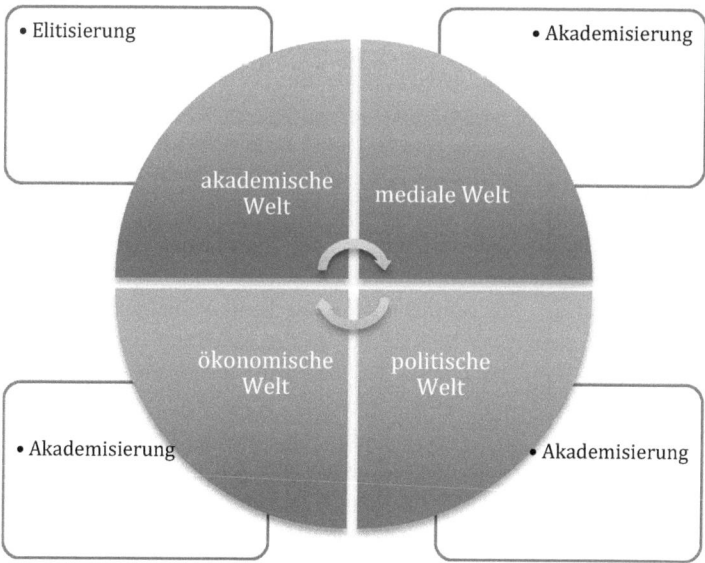

Abb. 6.1 Das trans-epistemische Feld ökonomischen Expertentums. (Quelle: Eigene Darstellung, sie auch Maeße 2013b, 2016)

Gegen eine auf die inneren Strukturen und Dynamiken gerichtete Erklärung spricht einerseits, dass es sich im Vergleich mit anderen Disziplinen im Falle der VWL wohl um einen Sonderfall handelt. Wie Studien über die Reputationsorientierung im Zuge der Nachwuchsrekrutierung zeigen (Han 2003), ist keine Disziplin so elitär geschlossen und gleichzeitig hierarchisch strukturiert wie die VWL. Wenn innere Dynamiken globalisierender Wissenschaftssysteme und Disziplinen den Takt angeben würden, dann müssten auch in anderen Disziplinen derartige Hierarchisierungs- und elitären Schließungsprozesse beobachtete werden können. Anderseits spricht die signifikante Außenorientierung der VWL etwa auf Fragen der Wirtschaftspolitik gegen eine interne Erklärung. Wie im zweiten und dritten Kapitel dargelegt wurden, ist die Institutionalisierung der Volkswirtschaftslehre in den Universitäten nach dem zweiten Weltkrieg im Zuge der Etablierung der US-Hegemonie untrennbar mit der Professionalisierung und Ausweitung der angewandten wissenschaftlichen Politikberatung und der gouvernementalen Umgestaltung der westlichen Gesellschaften nach dem Modell von Volkswirtschaften durch die Anwendung ökonomischer Expertise verbunden (Nützenadel 2005; Hesse 2010a; Fourcade 2006; Breslau 2003; Maeße 2013b). Dieser Prozess kann als Verwissenschaftlichung und Akademisierung bezeichnet werden (Maeße 2015a). Durch die ökonomisch-statistische Verwissenschaftlichung des Staates und der Gesellschaft ab dem 20. Jahrhundert (Desrosière 2005) und die Akademisierungstendenzen, die ab den 1970er Jahren einsetzten, wurde ein Pol im Außen der akademischen Welt etabliert, der auf die inneren Konturen der VWL einen enormen Einfluss haben sollte. Ausgehend von diesem Pol entwickelte sich eine Dialektik von Akademisierung und Elitisierung, welche die oben analysierten Strukturverschiebungen als Elitebildungsprozesse in Gang gebracht hat (Maeße 2015b).

Diese Überlegung soll in den folgenden Ausführungen verdeutlicht werden, indem eine an Mauss' Theorie der Gabe orientierte kultursoziologische Erklärung und eine weltsystemtheoretische Interpretation der vorliegenden Ergebnisse der empirischen Untersuchung vorgenommen wird. Das kapitalistische Weltsystem ist gekennzeichnet durch Strukturdynamiken und Kräfteverhältnisse, die sich nicht nur auf der Mikro- und der Mesoebene, sondern auch auf der Makroebene des globalen Systems abspielen und sowohl innerhalb als auch zwischen Institutionen und Feldern wirken (Arrighi 1994; Meyer 2005; Robertson 1992). Daraus folgt die Überlegung, dass die Herausbildung von global ausgerichteten Eliteclustern, die im untersuchten Fall auf der Mesoebene des Weltsystems anzusiedeln sind, nicht nur das Resultat innerwissenschaftlicher Dynamiken ist, sondern als das Ergebnis globaler Wirkungszusammenhänge interpretiert werden muss.

6.2   Heterologie in Wissenschaft und Gesellschaft

Gegenüber meritokratischen (Ben-David 1991), praxeologischen (Knorr Cetina 2002) und in Teilen auch feldtheoretischen Perspektiven soll hier aus diskurstheoretischer Sicht danach gefragt werden, wie die untersuchten Transformationsprozesse in der VWL als der Effekt inner- und außerwissenschaftlicher Prozesse und Kräfte verstanden werden können, als der Effekt eines trans-epistemischen Feldes, das akademische mit medialen, politischen und ökonomischen Diskurse in Beziehung setzt. Im Anschluss an und in Absetzung von Bourdieus Homologiepostulat wird das Verhältnis der unterschiedlichen Strukturebenen von Institution (Kapitel drei), Lebensstil (Kapitel vier) und Diskurs (Kapitel fünf) innerhalb der akademischen Welt der VWL als eine Beziehung der *Heterologie* beschrieben. Damit folgen wir Bourdieus Argument insofern, als ein systematischer Wirkungszusammenhang zwischen diesen Bereichen unterstellt wird. Allerdings beziehen sich die genannten Ebenen nicht spiegelbildlich aufeinander. Sie sind nicht homolog (Diaz-Bone 2002; Hamann 2014; Maeße 2013c), sondern heterolog aufeinander bezogen, weil es beim Übergang von einer Welt zur anderen zu Übersetzungsprozessen kommt. Wie in der empirischen Untersuchung gezeigt werden konnte, wirken in jeder Welt unterschiedliche institutionelle Technologien und diskursive Logiken. Obgleich die Welt des akademischen Diskurses, der Nachwuchsrekrutierung und der Strukturcluster auf einander bezogen sind und statistische Zusammenhänge aufweisen – etwa zwischen sozialer Herkunft („Mannheim"), akademischem Kapital („Platz im HB-100 Ranking"), akademisch-diskursiver Zugehörigkeit („kritische MikroökonomIn mit Schüler und Techniker-Positionierung") –, impliziert dies nicht, dass eine Ebene der anderen homolog folgt und durch sie determiniert wird. Vielmehr besteht jede Welt aus einem Innenleben, das auf eigenen Regeln fußt. Im Umkehrschluss bedeutet dies, dass jede Ebene Angriffspunkte für Transformationen, Übersetzungen und Deutungskämpfe bietet.

Eine Änderung auf der Ebene der ökonomischen Paradigmen und Positionierungsweisen (Kapitel fünf) etwa zu Lasten der „neoklassischen Orthodoxie" muss nicht unbedingt zu einem Umbruch im Elitesystem führen (Kapitel drei). Eine fortschreiend raffiniertere mathematisch-formalisierte Modellbildung in Folge einer vorangetriebenen Professionalisierung der Nachwuchsschulung in den Graduiertenschulen (Kapitel vier) kann durchaus mit heterodoxen Entwicklungen zusammenspielen, die sich überwiegend an der institutionellen Peripherie abspielen (Pahl 2013d). Daher kann eine Kritik an der Eliteorientierung des Feldes (Kapitel drei) mit erfolgreicher Positionierung auf der Ebene der ökonomischen Ideen (Kapitel fünf) einhergehen. Schließlich kann Zeit, die in den Aufbau hierarchischer Strukturen fließt (Kapitel drei), für die Publikation fehlen (Kapitel fünf). Heterologie

bedeutet, zwei Dinge im Blick zu behalten: die Eigenständigkeit akademischer
Welten und Subwelten und den verborgenen und offen zutage liegenden Zusammenhang zwischen ihnen.

Eine heterologe Beziehung besteht jedoch nicht nur zwischen innerwissenschaftlichen Welten, sondern auch zwischen Wissenschaft und Gesellschaft. Im
Falle der Ökonomie zeigt sich dies etwa an der engen Beziehung, die die VWL
zu den Institutionen des Staates und der Wirtschaft unterhält (Hall 1989; Pechman 1989; Maeße 2013b). Zu nennen sind hier auf der nationalen Ebene die Wirtschaftsforschungsinstitute, der Sachverständigenrat, die Beiräte in den Ministeri-
en, die Rolle von ökonomischem Expertentum in der Öffentlichkeit (Nützenadel
2005; Maeße 2012) und im Finanzwesen (MacKenzie 2006; Wansleben 2012;
Leins 2013; Kessler und Wilhelm 2014). Auf der internationalen Ebene bestehen
enge Beziehungen zu den globalen Institutionen des ökonomischen Regierens,
etwa zu IWF, Weltbank, OECD und neuerdings auch zu den Zentralbanken (Lebaron 2006) und Investmentbanken. Während die USA traditionell durch eine fest
institutionalisierte Arbeitsteilung von autonomen Wirtschaftsforschungseinrichtungen, Think Tanks und Universitäten auf der einen Seite und dem staatlichen Regierungshandeln auf der anderen Seite geprägt sind (Coates 1993; Fourcade 2009)
und demgegenüber etwa Frankreich durch eine große Differenz von akademischer
Forschung und ökonomischer Regierungsexpertise gekennzeichnet ist, kann das
deutsche System dazwischen angesiedelt werden (Wissenschaftsrat 1998). Seit den
1990er Jahren ist allerdings ein Trend zur „Akademisierung" von Wirtschaftsforschungsinstituten zu beobachten (Maeße 2015a). Während sich die Wirtschaftsforschungsinstitute bis in die 1990er Jahre hinein an den Anforderungen staatlichen
Regierungshandelns ausrichteten, gelten seit den 2000er Jahren Qualitätsstandards
aus der akademischen Welt als best-practice benchmark. Leistungsfähigkeit und
Qualität muss nun durch Publizieren in akademischen Journalen unter Beweis gestellt werden. Unter dieser Voraussetzung können die Wirtschaftsforschungseinrichtungen als ökonomische Experten Legitimität für ihre Expertisen reklamieren.

Wenn aber die akademische Welt – und als „Spitze" dieser Welt die Elitecluster
– zum normativen Standard für die Praxis in ökonomischen Experteneinrichtungen
des Staates werden, dann bleiben hiervon auch die akademischen Einrichtungen
nicht unbeeinflusst, weil sie nun auch als Problemlösungsagenturen des Staates in
Beschlag genommen werden. Umso ferner sich die akademischsten dieser Einrichtungen von den „profanen" Problemen des Staates wähnen, desto näher stehen sie
oft dem Regierungshandeln. Gerade international ausgerichtete staatliche Einrichtungen rekrutieren zunehmend akademisches Personal aus Einrichtungen mit hoher akademischer Reputation. So hat etwa die Deutsche Bundesbank in den 1990er
Jahren ein eigenes Forschungszentrum eingerichtet, um sich gegenüber anderen

Einrichtungen nun auch mit akademisch geschulter Expertise positionieren zu können. Die Forschungsabteilung der EZB etwa beherbergt zahlreiche forschungsstarke ÖkonomInnen. Der derzeitige Präsident des DIW, Marcel Fratzscher, erreichte als Forschungsleiter in der EZB einen oberen Platz im HB-100-Ranking. Im Kampf um internationales Ansehen in wirtschaftspolitischen Anliegen spielen akademisierte Expertisen eine Rolle für die Legitimierung von Machtpositionen in Definitionskämpfen. Das symbolische Ansehen scheint gegenüber den sachlichen Inhalten an Gewicht zu gewinnen. Die amerikanische Notenbank setzt mit ihrem hunderte ÖkonomInnen umfassenden Heer von akademisierten Experten die internationalen Standards (Lebaron 2008).

Dieser Trend der Ausstattung von Regierungsinstitutionen und internationalen Organisationen mit akademisierten ökonomischen Experten aus insbesondere angelsächsischen Eliteeinrichtungen bestätigt auch ein Blick auf die internationale Entwicklung (Fourcade 2006). Zu nennen ist hier beispielsweise die Rolle der sogenannten „Chicago Boys" für die Implementierung neoliberaler Reformen in Lateinamerika und die Rolle der „Berkeley Mafia" in Asien. Ökonomische Experten, die in Einrichtungen ausgebildet worden sind, welchen der Elite-Ruf vorauseilt, verfügen offenbar über eine besondere gesellschaftliche Attraktivität. Nicht nur in Entwicklungs- und Schwellenländern, sondern auch in Industrieländern nimmt der Einfluss von ökonomischen Experten mit US-amerikanischem Bildungshintergrund zu. Diese gesellschaftliche Attraktivität von Eliteökonomen nimmt die akademische Welt gegenüber der Welt der Politik in die Pflicht. Oberflächlich betrachtet handelt es sich hierbei ebenfalls um eine heterologe Beziehung, aber wie ist diese heterologe Beziehung strukturiert? Welche Seite beeinflusst welche wie und warum?

Erklärungsansätze
Üblicherweise wird die Beziehung zwischen der akademischen und der nichtakademischen Welt ökonomischen Expertentums als Wissenstransfer von der akademischen Welt in die Gesellschaft gedacht, wenngleich Rückkopplungen einkalkuliert werden. Demnach würde die akademische Welt die „besten Modelle" entwickeln, welche für die Welt der Politik erfolgreiche Anwendungen und Problemlösungen versprechen. Diese funktionalistisch-ökonomische Theorie des Verhältnisses von akademischer Welt und Politikwelt entspricht dem offiziellen Selbstverständnis der ökonomischen Expertenwelt. Nach Bourdieu wäre dies die Illusio des Feldes, der (Irr-)Glaube an die gesellschaftliche Mission und die (V-) Erkennung der Regeln des Spiels. Für die Gültigkeit dieser Erklärung spricht allerdings die Beobachtung, dass mittlerweile kein ernst zu nehmender Akteur im System der wirtschaftspolitischen Meinungsbildung auf die Anwendung ökono-

mischer Modelle, die dem aktuellen Stand der akademischen Debatte entsprechen, verzichtet. Wenn alle das Gleiche tun, so könnte argumentiert werden, dann sind sich die Akteure in der Summe einig und glauben fest an die Überlegenheit akademischer Modelle.

Auf der einen Seite wird seit Jahren hart darüber gestritten, inwiefern ökonomische Modelle aus der akademischen Fachdiskussion gegenüber dem anwendungsorientierten Expertenwissen aus der Politikberatung der Realität ökonomischer Beziehungen gerecht werden. Der jüngste „Methodenstreit" legt in Form einer zugespitzten öffentlichen Debatte Zeugnis davon ab (Pahl 2011; Caspari und Schefold 2011). Interviews, die ich mit ÖkonomInnen aus der akademischen Welt und aus Wirtschaftsforschungseinrichtungen geführt habe, belegen diese Differenz. Insbesondere ältere ÖkonomInnen aus beiden Bereichen neigen dazu, den Unterschied zwischen Anwendung und Theorie zu unterstreichen und mit blühender Sprache auszuführen, während jüngere ÖkonomInnen häufiger beide Welten zusammendenken. Dies könnte als Hinweis darauf gelesen werden, dass es sich in der Tat um eine Illusio handelt, an die jüngeren TeilnehmerInnen des Feldes noch viel stärker als ältere im guten Glauben festhalten. Insofern scheint die Theorie des Wissenstransfers auf dünnem Eis für eine plausible Erklärung der heterologen Beziehung zwischen Wissenschaft und Gesellschaft zu stehen.

In enger Anbindung zur Theorie des Wissenstransfers stehen Ideologieansätze. Demnach wird nicht Expertise von der akademischen auf die gesellschaftliche Welt übertragen, sondern eine Ideologie des freien Marktes, die für Deregulierungsmaßnahmen und Sozialabbau wissenschaftliche Legitimität stiftet. Akademisch zertifizierte Theorien, insbesondere die Neoklassik, dienen dazu, in der politischen Welt Klasseninteressen und das Einheimsen von Oberschichtprivilegien zu kaschieren. Während die „HofökonomInnen" des globalen Bürgertums vom freien Markt reden, herrscht in der ökonomischen Realität längst kein freier Markt mehr. Vielmehr wird im Namen von Freiheit, Wettbewerb und Leistungsgerechtigkeit in einer von Monopolen beherrschten Welt (Hufschmid 1972, 1994, 2002) Wohlstand und Arbeit zugunsten einer kleinen Klasse GutverdienerInnen umverteilt. Im globalen Rahmen etabliert sich eine Klasse globaler GroßkapitalistInnen (Krymanski 2012), die durch die Verbreitung von Freiheitsfloskeln und Leistungsmythen eine elitäre Klassenordnung als Ständeordnung aufrechterhalten. Ökonomische Experten würden hier als Ideologieproduzenten der Aufrechterhaltung der Privilegien von Elitedynastien dienen (Hartmann 2002).

Gegen diese Beobachtung ist grundsätzlich nichts einzuwenden. Allerdings kann sie nur begrenzt zur Erklärung des Beziehungstyps zwischen Wissenschaft und Gesellschaft beitragen. Zu denken wäre hier etwa an Bourdieus Theorie kulturellen Kapitals, wonach bestimmte akademische Akteure mit spezifischen Zertifikaten ausgestattet werden. In der Tat ist dies der generelle Ansatzpunkt, der hier weiterverfolgt werden soll. Allerdings besteht keine homologe Beziehung zwischen dem Zertifikat, dem eine bestimmte akademische Idee anhaftet („Modelle auf den ‚neuesten wissenschaftlichen Stand'"), und den ideologischen Inhalten, die Akteure vertreten. Ein Blick auf die herrschenden Paradigmen in der zeitgenössischen VWL zeigt jedoch, dass die vorliegenden Trends keinesfalls für eine Propagierung des freien Marktes sprechen. Vielmehr erlauben die neo-Keynesianischen und verhaltensökonomischen Modelle zahlreiche politische Übersetzungsmöglichkeiten jenseits von Sozialabbau und Deregulierung. Man denke nur an die Rolle prominenter ÖkonomInnen wie Stiglitz, Akerlof & Co. In der Mitte des 20. Jahrhunderts wurden mathematische, ökonometrische und spieltheoretische Modelle beispielsweise für quasi-sozialistische Wirtschafts- und Kriegsplanungen eingesetzt (Mirowski 2002). Später wurden mit Gleichgewichtsmodellen Deregulierungen begründet. Heute lassen die neo-Keynesianischen Modelle der Makroökonomie jede Form der Geldpolitik zu. Es gibt keinen Theorie-Politik-Determinismus. Jede Übersetzung akademischer Theorien in politische Strategien ist das Resultat von Interpretationen. Wirft man einen genaueren Blick auf die Geschichte ökonomischer Modelle und Theorie, dann lassen sich zahlreiche Beispiele für eine differenzierte, hochgradig interpretationsbedürftige Ideenlandschaft innerhalb der volkswirtschaftlichen Welt finden (etwa Halsmayer und Huber 2013).

Aus dem Inhalt eines akademischen Modells auf einen spezifischen ideologischen Gehalt einer politischen Idee zu schließen, ist soziologisch gesehen nicht ohne weiteres möglich, weil dies einen Interpretations- und Übersetzungsprozess der sozialen Akteure vorrausetzt, der in den sozialen und nicht in den ideellen Welten geleistet werden muss. Auch wenn akademische Akteure, die für bestimmte Ideen stehen (etwa Neoklassik), zu bestimmten politischen Einstellungen neigen (etwa liberal-konservative Einstellungen), dann handelt es sich hierbei lediglich um eine *statistische Korrelation*, nicht jedoch um eine *soziologische Beziehung*. Der soziale Prozess, der hinter der statistischen Korrelation steht, muss soziologisch erklärt werden. Nur vor dem Hintergrund dieser Differenz kann plausibilisiert werden, warum über die Hälfte der NobelpreisträgerInnen und ebenso die große Mehrheit der ÖkonomInnen aus den Eliteclustern (siehe Kapitel fünf, Abschnitt drei) sich in politischer Hinsicht für den freien Markt aussprechen, obwohl sie sich in ihren akademischen Diskursen gegen die Neoklassik positionieren.

6.3 Die „Verzauberung" der Welt: Reputation als Inschrift sozialer Herkunft

Wenn weder die *Ideologie-* noch die *Wissenstransfertheorie* eine befriedigende Antwort auf die Frage nach der Struktur des Zusammenhangs von Wissenschaft und Gesellschaft liefern kann, dann könnte der soziale *Status* der Akteure eine Möglichkeit darstellen, die heterologe Beziehung zwischen der akademischen und der nicht-akademischen Welt zu denken. Während Ideologie- und Wissenstransferntheorie tendenziell die Ebene des Wissens, das heißt die semantische Übertragung betonen, hat der Status der Akteure, die ein bestimmtes Wissen repräsentieren, zunächst wenig mit Wissensinhalten zu tun. Der Status ändert sich je nach Kontext, denn der Status eines Akteurs ist das Resultat der sozialen, diskursiven Zuschreibung von Reputation. Gleichzeitig zeugt der Status von der sozialen Herkunft des Akteurs, dem etwa in der Welt der Politik und der Welt der Medien eine bestimmte Eigenschaft zugeschrieben wird. Dieser Prozess findet nicht in der akademischen, sondern in der politisch-sozialen Welt statt, also in den Kontexten, in denen ÖkonomInnen der *Expertenstatus* zuerkannt wird. Im Folgenden soll dieser Zusammenhang von sozialer Herkunft und Reputationszuschreibung, Kontext der Produktion von Autorität und Kontext der Zuweisung von Autorität detaillierter ausgeführt werden.

Wie kann Reputation definiert werden? Reputation kann ganz allgemein als die Zuschreibung einer herausragenden Eigenschaft auf ein Individuum oder eine Gruppe definiert werden, die in einer Überhöhung mündet. Ein reputationsverleihendes Urteil kann auf erbrachter oder nicht erbrachter Leistung basieren. Hierfür hat die Religionssoziologie Max Webers etwa den Charismabegriff eingeführt. „Charisma", so Weber, „soll eine als außeralltäglich (ursprünglich, sowohl bei Propheten wie bei therapeutischen wie bei Rechts-Weisen wie bei Jagdführern wie bei Kriegshelden: als magisch bedingt) geltende Qualität einer Persönlichkeit heißen, um derentwillen sie als mit übernatürlichen oder übermenschlichen oder mindestens spezifisch außeralltäglichen, nicht jedem anderen zugänglichen Kräften oder Eigenschaften begabt oder als gottgesandt oder als vorbildlich und deshalb als ‚Führer' gewertet wird" (Weber 1972, S. 140). Wie in dieser Definition bereits anklingt, wird die charismatische Beziehung nach Weber als eine Beziehung begriffen, die auf eine transzendentale Instanz, etwa Gott, also auf etwas Jenseitiges verweist.

Die religionssoziologische Diskussion (siehe etwa Steyers 2012) hat diesen transzendentalen Aspekt mit den Begriffen „Religion" und „Magie" in zwei Richtungen gedeutet. Einerseits fungiert das Transzendentale vor allem in Form von Religion als Sinnquelle, Erklärung und Rationalisierungselement, um Komplexität

etwa im Alltag zu reduzieren, die Akteure zu entlasten und Handeln zu ermöglichen. In diesem Sinne erfüllt Religion als intermediäre Institution eine Integrationsfunktion. Demgegenüber wird dem „Magischen" eine Irrationalisierungs- und
Verblendungsfunktion zugewiesen. Ähnlich wie in der Ideologietheorie verführt
der Glaube an das Außeralltägliche und Übernatürliche die Akteure dazu, Weltdeutungen zu übernehmen, die allgemeinen gesellschaftlichen Rationalitätsstandards
zuwiderlaufen und sich mitunter gegen ihre materiellen und emotionalen Interessen richten. In diesem Sinne würde die Charismatheorie Reputation durch das Hin-
zuziehen eines transzendentalen Ortes oder einer transzendentalen Instanz in den
Augen der die Reputation durch Zuschreibung verleihenden Akteure erklären: Der
Glaube an etwas „Übernatürliches" veranlasst eine Gruppe oder ein Individuum
dazu, einer anderen Gruppe oder einem anderen Individuum Macht zu verleihen.
In diesem Sinne erfüllte Religion eine Verblendungsfunktion.

Ist dieses „Übernatürliche" lediglich eine ideologische Verblendung des Be-
wusstseins, die in säkularisierten, „entzauberten" Gesellschaften durch Aufklärung
wegdefiniert werden kann? Oder handelt es sich dabei um einen real existierenden,
sozialen Ort, der durch sozial organisierte Mysterien nur verschleiert wird? Das
heißt, kann das „Magische" jenseits seiner Integrations- und Entlastungsfunktion
bzw. seiner Bewusstseinsverblendungsfunktion noch eine dritte soziologische Bedeutung haben? Genau diese dritte Variante soll im Folgenden ausgeführt werden.

Die Verblendungstheorie muss sich vorwerfen lassen, dass sie zu unterkomplex
ist. In zeitgenössischen Gesellschaft kann nicht jede und jeder alles Wissen und beurteilen können. Unter den Bedingungen von sozialer Komplexität und begrenzter
Rationalität sind wir auf das bewusste oder unbewusste, gewollte oder ungewollte,
freiwillige oder unfreiwillige Vertrauen in die Urteile anderer angewiesen. Darin
besteht die soziale Rolle von Zertifikaten. Sie beglaubigen das Urteil einer sozial
autorisierten Autorität. Gegenüber der Integrationsfunktion lässt sich einwenden,
dass diese Prozesse der Zertifizierung keinesfalls einem übergeordneten Integra-
tions- oder Vergemeinschaftungsziel verpflichtet sind. Zertifikate und Autorisie-
rungen dienen keinem kommunalen, übergeordneten, transzendentalen Sinn, wie
etwa der Strukturfunktionalismus von Parsons noch vermutet hat. Es sind vielmehr
Prozesse der Macht, die hier wirken. Zertifikate (etwa in Form von Professorenti-
teln) sind Machtinstrumente, die der Durchsetzung bestimmter Akteure und Interessen Vorschub leisten. Aber sie können gleichzeitig auch Instrumente im Wider-
stand sein, wenn es Widerstandsgruppen gelingt, den systematischen Zugriff auf
diese Autorisierungsmittel sozial zu organisieren bzw. eigene nicht-institutionelle
Zertifikate etwa in From von Protestidentitäten (etwa als „Globalisierungskriti-
ker") zu erzeugen. Diese Verbindung von Macht, Zertifizierung und sozialer Herkunft soll mit dem Begriff der Gabe erörtert werden.

In dieser dritten, machttheoretischen Variante verweist das „Magische" auf die soziale Herkunft – im weitesten Sinne des Wortes – eines Akteures, die im Hier und Jetzt seiner diskursiven Inszenierung durch Zuschreibung von anderen Akteuren in den Inszenierungskontexten ratifiziert wird und als Reputation erscheint. Während Bourdieu soziale Herkunft vor allem auf die Familie und die Sozialstruktur bezog, kann der Begriff soziale Herkunft mit Mauss ausgeweitet werden. Einerseits wird soziale Herkunft hier feldübergreifend gedacht, weil sie sich als ein Element in einem trans-epistemischen Feld etabliert. Andererseits wird soziale Herkunft entindividualisiert und entfamilialisiert: Wirtschaftsexperten in den Medien müssen selbst keine „Eliteökonomen" in der akademischen Welt sein, um trotzdem als Mitglied dieser Klasse erkannt und anerkannt zu werden. So soll mit der Theorie der Gabe dargelegt werden, inwiefern ökonomische Experten in Medien und Politik auf ihre „soziale Herkunft" in den „Eliteclustern" anspielen und dadurch Reputationsgewinne erzeugen können.

Gegenüber der religionssoziologischen Verblendungssoziologie hat Marcel Mauss auf den profanen, säkularen Charakter von Reputationsverleihung hingewiesen. Nicht das Übernatürliche, Irrationale ist von Bedeutung, sondern die „Magie", die den realen sozialen Beziehungen innewohnt. Mit Mauss' Theorie der „Gabe" (1990) liegt eine anthropologisch-soziologische Erklärung von Reputationszuweisung vor, die den Status von Akteuren aus einer spezifischen sozialen Konstellation heraus erklärt. Im Gegensatz etwa zur Ware, die über einen Tauschwert und einen Gebrauchswert verfügt (Marx 2000), basiert die Gabe auf einem Bündnis zwischen GeberIn und NehmerIn. Wer einen Gegenstand als Gabe empfängt, der muss dieses Geschenk durch eine Gegengabe erwidern. Marx' Theorie der Ware hat einen subjektiven und einen objektiven Aspekt. Der subjektive Aspekt liegt im Gebrauchswert der Ware, der nur in den Augen der EmpfängerInnen existiert; der objektive Aspekt hingegen betrifft den Tauschwert, der letztlich vermittelt durch den Marktmechanismus auf der für den Gegenstand aufgebrachten Arbeitszeit basiert.

Worauf aber basiert die Gabe? Zunächst muss der Gegenstand, der zur Gabe erkoren wird, einen Gebrauchswert haben, der von der GeberIn und von der EmpfängerIn als ein allgemein anerkannter Wert betrachtet wird. Wie Mauss' Ausführungen immer wieder verdeutlichen, müssen es keine individuell nützlichen Dinge sein, die als Gabe fungieren (etwa Kupferplatten oder Unmengen an Nahrungsmitteln), sondern Dinge, die gegenüber einer imaginären Gemeinschaft von Bedeutung sind. Erst der generalisierte Blick, der zwischen ego und alter, GeberIn und EmpfängerIn steht, erschafft den Wert. Damit verfügt die Gabe weder über einen (nutzen-)subjektiven noch über einen (markt-)objektiven, sondern vielmehr über einen *diskursiv-sozialen* Wert. Sie basiert auf offiziell dargebotener und gemeinschaftlich gemeinter Wertschätzung.

Wie erhält ein Gegenstand allgemeine Wertschätzung und avanciert zur Gabe? Mauss greift hierfür auf die Mythologien urkommunistischer Gemeinschaften zurück und verweist auf die universale Rolle von Magie. Magie, etwa im Sinne des *Mana,* ist nicht mit Webers charismatischem Irrglauben oder dem religiösen Transzendentalglauben an eine jenseitige Instanz zu verwechseln. Mit dem Manabegriff verweist Maus auf einen Aspekt, der institutionalisierte soziale Beziehungen ausmacht. Ein Gegenstand wird zur Gabe und genießt allgemeine Wertschätzung, wenn er „beseelt" ist durch etwa drittes.

> Das, was in dem empfangenen oder ausgetauschten Geschenk verpflichtet, kommt daher, dass die empfangene Sache nicht leblos ist. Selbst wenn der Geber sie abgetreten hat, ist sie noch ein Stück von ihm. Durch sie hat er Macht über den Empfänger, so wie er durch sie, als ihr Eigentümer, Macht über den Dieb hat. Denn das *taonga* ist von *hau* seines Waldes, seines Ackerlandes, seines Heimatbodens beseelt; und das *hau* verfolgt jeden, der es innehat. (Mauss 1990, S. 33, 34)

Das bedeutet, die allgemeine Wertschätzung des Gegenstandes, der zur Gabe wird, resultiert aus etwas, das nichts mit dem Gegenstand selbst, sondern vielmehr mit der GeberIn zu tun hat. Dies wiederum ist die andere Seite der allgemeinen Wertschätzung: man kann die Gabe nicht zurückweisen und muss sie erwidern, weil es darum geht, der GeberIn der Gabe Wertschätzung entgegenzubringen. Mana verweist also auf die Herkunft seiner Träger, es ist das Insignium dieser Herkunft, das als Gabe ratifiziert wird.

Aber weshalb muss die EmpfängerIn der GeberIn der Gabe Wertschätzung entgegenbringen? Wie stehen soziale Herkunft und Inszenierungskontext, in dem die soziale Herkunft sich als Insignium zu erkennen gibt, in Beziehung zueinander? Was bedeutet das ominöse *hau* oder *Mana*, das sich im Gegenstand (*taonga*) niederschlägt? Bourdieu hat diesen Aspekt in einer kursorischen Anmerkung (Bourdieu 1985, S. 114) zu Mauss' Theorie der Gabe mit einem Bürgschaftssystem erläutert. Demnach basiert Anerkennung – etwa zwischen GeberIn und EmpfängerIn – auf Bürgschaft durch eine dritte Instanz. Die PatientIn (EmpfängerIn) erkennt die ÄrztIn (GeberIn) an, weil der Staat (**Mana**) dafür bürgt, dass die ÄrztIn berechtigt ist, verbindliche Diagnosen (Gabe) zu treffen, und die PatientIn darauf vertrauen (Gegengabe) kann, dass es sich um eine legitime Intervention handelt. Ähnlich verhält es sich mit der Gabe. Das Mana bürgt in den Augen der EmpfängerIn für die Reputation der GeberIn; es ist die Grundlage ihrer Wertschätzung. Es begründet das soziale Band der allgemeinen Wertschätzung der GeberIn durch die soziale Gemeinschaft, die sich im Gegenstand als Gabe wiederspiegelt und kann nur um den Preis der Zurückweisung des Manas aufgekündigt werden. Demnach ist das

Abb. 6.2 Die Struktur der Gabe. (Quelle: Eigene Darstellung)

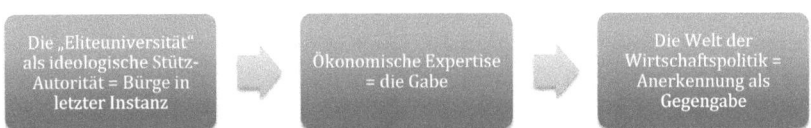

Abb. 6.3 Die spirituelle Bürgschaft. (Quelle: Eigene Darstellung)

Insignium der Herkunft ein Qualitätszertifikat. Dieses Qualitätszertifikat erzwingt schließlich – wenn es von Alter erkannt und anerkannt wird – in Diskursen eine Ratifizierung in Form der Gegengabe (vgl. Abb. 6.2).

Übertragen wir diese Denkfigur auf unseren Gegenstand, dann hat das Wort ökonomischer Experten in Politik, Öffentlichkeit und Wirtschaft deswegen Macht, weil es als Gabe an die Gemeinschaft gerichtet ist und etwa durch das Entgegenbringen von Respekt und Gehorsam erwidert werden muss. Das Mana wiederum bürgt dafür, dass die GeberIn (der Experte) berechtigt ist, eine Expertise (Ideologie, Definition, Fachwissen etc.) an die Gemeinschaft als Geschenk zu übergeben. Im Falle von Bourdieus Bürgschaftsbeispiel bürgt der Staat, im Falle des *taonga* des Maoristammes bürgt das *hau* des Besitzes des Gebers, welches die allgemeine Wertschätzung begründet, die der GeberIn das Recht verleiht, einen einfachen Gegenstand zur Gabe zu erheben. Durch den Gegenstand der Gabe leuchtet die Berechtigungsinstanz als soziale Herkunft und nicht der Gebrauchswert (und schon gar nicht der Tauschwert) des Gegenstandes. Die Macht ist das Mana der GeberIn.

Somit könnte die heterologe Beziehung zwischen Wissenschaft und Gesellschaft dadurch erklärt werden, dass die Universität als ein Bürge in letzter Instanz fungiert. Sie steht für die „soziale Herkunft" der Wirtschaftsexperten in den Medien und der Politik. Die Eliteeinrichtungen produzieren Mana – eine Art soziale Spiritualität –, das auf Experten übertragen wird und ihnen dadurch die Macht verleiht, in Form von Expertisen Geschenke zu verteilen, welche die Gemeinschaft nicht ohne weiteres zurückweisen kann, sondern durch die Erbringung von Anerkennung und Respekt erwidern muss (vgl. Abb. 6.3). Dies ist deshalb möglich, weil die soziale Spiritualität die Inschrift der sozialen Herkunft ist. Ohne die Existenz der Eliteuniversitäten wären die Experten in der Gesellschaft machtlos, weil ihnen das Mana fehlen würde, welches ihre einfachen Worte in Gaben verwandelt und damit ihre soziale Bedeutung erhöht.

Aber wer bürgt für die Universität? Ebenso wie im Falle des Manas und des Staates gibt es auch in diesem Fall einen „Bürgen in letzter Instanz", also einen Bürgen, für den es keinen weiteren Bürgen mehr gibt. An dieser Stelle wird der spirituelle Charakter der Gabe relevant. Auch Spiritualität ist eine Form der Verblendung, allerdings eher im psychoanalytischen Sinne. Während Religion einen Glauben begründet, der das Seelenheil verspricht, und Magie als Täuschung bezeichnet wird, ist Spiritualität eine Form der Ausblendung durch Verblendung im wörtlichen Sinn. Mit Zizek (2002) kann diese Form der Verblendung als Effekt des Realen bezeichnet werden. Man sieht das „Ding an sich", wie es ist, die Wahrheit als solche. Die Unerklärlichkeit der tieferen Bedeutung des Mana begründet als Evidenz seinen tieferen Sinn, weil die Alternative dazu die totale Alternativlosigkeit ist. Dies wiederum ist kognitiv so diffus, dass es inakzeptabel erscheint: im ultimativen Zweifelsfall ist selbst die absurdeste Erklärung noch plausibler als eine innovative Idee, insofern erstere an Bekanntes erinnert. Dies ist der Sinn akademischer Forschung, die für Außenstehende oft esoterisch, technisch und weltfremd wirkt. Wie würde die Gesellschaft reagieren, wenn sie akzeptieren müsste, dass es sich im Falle akademischer Forschung im Kern um nichts anderes handelt als um akademische Forschung? *L'art pour l'art*? In diesem Sinne ist der Exzellenzmythos eben jene Blende, welche die Wissenschaft auf die Gesellschaft ausrichtet.

Dies wird deutlicher, wenn man Mana unter dem Gesichtspunkt von *Pfand* und *Magie* betrachtet (Mauss 1990, S. 121 ff.). Das Pfand ist ein einfacher Bürge, denn es garantiert die Erfüllung eines Vertrages durch einen ökonomischen Preis. Nach Mauss ist das Pfand nicht nur ökonomisch – also durch seinen Tausch- und Gebrauchswert – bedingt, sondern es stiftet eine heimliche Bande zwischen den Vertragspartnern, weil mit dem Pfand auch ein Teil dessen zur EmpfängerIn hinüber wandert, das die GeberIn des Pfandes der Wertschätzung würdig macht und die NehmerIn des Pfandes zur Wertschätzung verpflichtet. Die GeberIn des Pfandes übt damit Macht über die NehmerIn aus und nicht, wie es die ökonomische Vertragstheorie unterstellt, die NehmerIn über die GeberIn. Soziologische Erklärungen, welche die Rolle von Wertschätzung und sozialer Bande unterstreichen, sind nicht weniger rational als ökonomische Theorien, die auf die Bedeutung ökonomischer Macht verweisen. Es handelt sich um eine andere Form von Rationalität. Die auf Bürgschaft basierende Rationalität operiert immer mit einem Ort, der sich nicht fassen und in eine rationale Bürgschaftskette einfügen lässt. So hat Levi-Strauss (1967) etwa Mana als einen leeren Signifikanten bezeichnet, der selbst keine konkrete Bedeutung hat, sondern allen anderen Dingen in ihren jeweiligen Kontexten Sinnverleihungsmöglichkeiten gibt: ein Gegenstand wird zur Gabe durch Mana von X. Damit der Bürge in letzter Instanz allerdings diese Rolle des sozialen Mana spielen kann, muss er eben die Tatsache, dass es für diesen einen Bürgen keinen weiteren Bürgen geben kann, überspielen. Akademische Forschung wäre demnach ein Rationalisierungsritual, das Spiritualität erzeugt und gleichzeitig das Fehlen eines praktischen Sinns ausblendet. Der Ort des Mana hat einen spirituellen Charakter, weil er einerseits mehr ist als die leugnende Verblendung der Magie, und anderseits weniger fassbar als der konkrete Glaube der Religion. Er kann als ein spiritueller Bürge bezeichnet werden, weil er ein mythisches Element enthält.

Nicht nur die Religions- sondern auch die Organisationssoziologie hat den sozialen Sinn scheinbar irrationaler Elemente in der Gesellschaft untersucht. Mythen haben nach Meyer und Rowan (1977) eine fundamentale Bedeutung für das Funktionieren von Organisationen unter der Bedingung von Hyperkomplexität. Die Umwelt trägt an die Organisation zahlreiche Anforderungen heran, die die Organisation nur um den Preis eines Kollapses erfüllen könnte. Weil Organisationen vor allem damit beschäftigt sind, die selbst produzierten Problem zu lösen, können sie die an sie gestellten Anforderungen der Umwelt, etwa nach Effizienz, oft nicht einlösen. Deswegen produzieren sie Mythen und Rituale, die ihr Innenleben gegenüber der Umwelt abschirmen und ihr Handeln legitimieren. Auch der spirituelle Bürge muss Komplexität bearbeiten, die darin besteht, einen nicht begründbaren Grund zu liefern. Wie Bourdieu betont, basiert Macht letztlich auf Willkür. Obgleich Kapital eine Funktion für das Stiften sozialer Beziehungen spielt, kennt die Machttheorie keine Instanz, die der Anwendung der Macht einen übergeordneten Sinn geben könnte. Dies unterscheidet die Machttheorie von funktionalistischen Integrations- und Markttheorien. Denn der spirituelle Bürge muss ein soziales Machtproblem lösen, kein funktionales. In diesem Sinne bürgt der Elitemythos, der in den Eliteclustern erzeugt wird, für das in der Gesellschaft agierende ökonomische Expertentum. Er stiftet die soziale Wertschätzung, die ihm entgegengebracht werden muss, und verhilft ökonomischen Experten dazu, vermittelt durch die Logik der Gabe Macht auszuüben.

Das Innenleben der akademischen Welt – also die Forschung und die Produktion von Exzellenz – dient dazu, den manischen Ort mit Exzellenzmythen und Eliteritualen zu rationalisieren. Für Außenstehende ist es völlig unmöglich zu entscheiden, inwiefern die Forschung unter Exzellenzbedingungen den funktionalen Erfordernissen der Wirtschaftssteuerung entspricht oder ob sie überhaupt Realität erfassen und damit einen gesellschaftlichen Nutzen haben kann. Der spirituelle Ort schottet sich gegenüber der Umwelt durch Mythen in Form einer esoterisch wirkender Forschungspraxis ab, die sich auf eine positivistische Wissenschaftsphilosophie stützt, welche wiederum ihre Grundlagen in einer hochgradig theoretisch induzierten philosophischen Debatte hat. Welche Form wissenschaftlicher Tiefe und Einsicht soll ausgerechnet der mathematische Formalismus begründen (Weintraub 2002), handelt es sich doch dabei gerade um eine der am weitesten der empirischen Welt abgewandten Arten der Wissenserzeugung (Restivo 1992)?

Durch die Anwendung von institutionellen Technologien, insbesondere von Rankings, wird allerdings die Behauptung in die Umwelt kommuniziert, dass es sich im Falle der esoterischen Forschung um „Exzellenz" handele. Rankings rationalisieren damit einen undurchschaubaren Ort. Sie gaukeln eine Realität vor, die niemand überprüfen kann, und erheben damit die Elitecluster zu spirituellen Bürgen. Der Anspruch, den eine akademische Praxis gegenüber sich selbst erhebt, muss von dem Anspruch unterschieden werden, den sie (durch andere hindurch) gegenüber der Außenwelt erhebt. Denn der Bürge bürgt keinesfalls für einen wie auch immer gearteten wahrhaften Kern der Gabe der GeberIn, sondern für die subjektive Projektion, die die EmpfängerIn auf Gabe und Geber wirft. Er bürgt für etwas, das er nicht kontrolliert. Die Struktur der Gabe besteht demnach nicht aus zwei, sondern aus drei Komponenten.

Die hier vorgestellten Ideen, wie heterologe Beziehungen zwischen Wissenschaft und Gesellschaft, Eliteclustern und ökonomischen Experten in Öffentlichkeit, Organisationen und Verbänden funktionieren können, bleiben auf der bisherigen Betrachtungsebene abstrakt. In der Tat ist es schwer vorstellbar, wie der spirituelle Bürge sein „Mana" auf die GeberIn überträgt, schließlich passiert diese „Übertragung" in den Augen der EmpfängerIn der Gabe. Nur unter diesen Voraussetzungen funktioniert die „Magie der Gabe", denn die EmpfängerIn ist die Instanz der Zuschreibung von Reputation. Das bedeutet freilich, dass die Inschrift der Herkunft, die die Träger des Mana kommunizieren, in wirtschaftspolitischen Diskursen erkannt werden muss. Wie man schnell sieht, überträgt sich das Mana nicht von allein. In den archaischen Gemeinschaften, welche die Durkheimianischen Anthropologen untersuchten, bestand eine interaktiv begründete, enge Gemeinschaftsbeziehung zwischen GeberInnen und EmpfängerInnen der Gabe. Die EmpfängerIn kannte die GeberIn und sie wusste, dass der Gabentausch stets vom generalisierten Blick der Gemeinschaft bezeugt wurde. Insofern können diese Gemeinschaften als hochgradig integrierte Sozialgebilde aufgefasst werden.

In den komplexen Sozialgefügen der Gegenwart besteht diese intime Nähe nicht mehr, zumindest nicht in dieser Form. Vielmehr verlaufen zwischen dem spirituellen Bürgen und der GeberIn sowie zwischen der GeberIn und der EmpfängerIn komplexe Prozesse ab, die als *Autorisierungsketten* bezeichnet werden können. Akteure und Organisationen autorisieren sich gegenseitig durch Diskurse und übertragen so die spirituelle Botschaft. Die akademische Aktivität in den Eliteclustern wird etwa medial dokumentiert; Experten treten in Diskussionsrunden plötzlich mit akademischen zertifizierten Methoden auf; hinter wirtschaftspolitische Haltungen von Regulierungsexperten stellt sich ein Heer von akademischen ÖkonomInnen, die auf bestimmte Journalpublikationen verweisen etc. Autorisierungsketten sind die „stille Post" in einer hyperkomplexen, vermachteten Sozialwelt, sie funktionieren wie mäandernde Netzwerke, deren Kommunikationszusammenhänge selbst für die Beteiligten oft schwer durchschaubar sind.

Akteure werden durch ihre institutionalisierte Position autorisiert, bestimmte Aussagen zu treffen, Gerüchten einen Wert beizulegen oder eine Praxis als legitim zu deklarieren. Sie produzieren Diskurse, indem sie sich zu bestimmten Fragen direkt und versteckt positionieren. Die stille Post wird so lange „weitergetratscht", bis keiner mehr weiß, woher sie eigentlich kam, aber alle sich sicher darin sind, dass bestimmte Akteure nun von Bedeutung sind. An dieser Stelle setzen dann Prozesse des Vergessens, der Sedimentierung und der retrospektiven Rationalisierung ein.

Reputation und Anerkennung werden oft implizit und spontan verliehen. Sie sind der diffuse Effekt einer diffusen Autorisierungsstruktur, die auf spirituellen Grundlagen steht. Gerade weil im Zweifelsfall niemand mehr genau weiß, was wann von wem wie gesagt oder getan wurde, erscheinen Autorisierungsprozesse „magisch". Nichtsdestotrotz würden die so gesponnen sozialen Machtbeziehungen auseinanderdröseln und aufhören zu existieren, sobald der spirituelle Bürge verschwinden würde. Er ist wie das „kleine Objekt a" in Lacans Psychoanalyse, das als übersehene, für unbedeutend gehaltene Stecknadel das Netzwerk von Sinn, Macht und Autorisierung zusammenhält. „Elite" und „Exzellenz" in der spirituellen Funktion als Reputation erzeugende Institution sind eine transitive Form symbolischen Kapitals, weil sie die Ausübung von Macht an Orten jenseits der Produktionsstätten ermöglichen. Sie sind allerdings nicht einseitig transitiv (von Wissenschaft nach Gesellschaft). Weil Reputation immer auf Zuschreibung durch den EmpfängerInnen der Gabe basiert, wird das symbolische Kapital aus der Wissenschaft von der Gesellschaft mobilisiert. Damit ist der Elitestatus von Wissenschaften auch der Effekt gesellschaftlich bedingter Isomorphie. Das Agens des Prozesses liegt in Politik und Gesellschaft und damit in den Makrostrukturen des kapitalistischen Weltsystems. Im Folgenden sollen die Konturen des zeitgenössischen Weltsystems skizziert werden, um den historischen Rahmen nachzuzeichnen, in dem die spirituelle Bürgschaft als Herrschaftslogik der Globalisierung sich entfaltet.

6.4   Kultur und Macht im Weltsystem

Im zeitgenössischen globalisierten Weltsystem, in dem sich der Kapitalismus als vorerst einzig verbliebener Wirtschafts- und Lebensform vermutlich zu Tode siegen wird, drängt der Konkurrenz- und Leistungsdruck mehr und mehr nicht-kapitalistische Utopien an den Rand, auf die gesellschaftliches Handeln aufbauen könnte. Nach dem Ende der nationalstaatlichen Moderne, die sich auf die „utopischen Energien" (Habermas 1985) von Aufklärung, Fortschritt und Wohlstand stützte und daraus politisches und gesellschaftliches Handeln legitimierte, sucht das postmoderne Zeitalter nach neuen Formen der Legitimation. Hier scheinen Bildung und Wissenschaft als Zertifizierungsagenturen einzuspringen. Als Bürgen für „Leistung" und „Wahrheit" sind sie eine dominante Quelle sozialer Legitimität und greifen über die Gabe als Strukturierungslogik auf die Gesellschaft über. So verbindet die Gabe verschiedene, heterologe Teilfelder des Weltsystems miteinander. Durch welche Strukturmuster ist das gegenwärtige Weltsystem gekennzeichnet, das aus sich heraus eine Herrschaftslogik gebiert, die mit dem Begriff der spirituellen Bürgschaft umrissen werden kann und dazu führt, dass lokale wirtschaftswissenschaftliche Einrichtungen in Elitebildungsprozesse eintreten und auf gesellschaftliche Anerkennung treffen?

Das kapitalistische Weltsystem hat die Globalisierung hervorgebracht, nicht umgekehrt. Unter Globalisierung wird typischerweise die Auflösung bzw. die transnationale Umgestaltung der auf den Nationalstaat fußenden Institutionenordnung verstanden. Staaten richten ihre Politik nicht länger auf die eigene Bevölkerung, sondern sie konstituieren sich als „nationale Wettbewerbsstaaten" (Hirsch 1996) bzw. „schumperterianische workfare-Staaten" (Jessop 1993) und begreifen sich damit als Akteure in einem internationalen Wettbewerbssystem. Die Institutionen werden ausgehöhlt und Teile der Macht des Staates an lokale, übergeordnete regionale und externe Akteure verschoben. Industrielle Beziehungen und Finanzsysteme werden entbettet und global reorganisiert, während die sozialen Beziehungen mit dieser Entwicklung nicht Schritt halten können (Altvater und Mahnkopf 1998). Die Märkte, die großen Konzerne, das Finanzsystem und Teile des politischen Systems lösen sich von den Alltagsstrukturen der lokal reorganisierten Gesellschaften. Als Resultat dieses Aufspaltungsprozesses sehen etwa Altvater und Mahnkopf ethnische Konflikte, regionale Nationalismen und Rassismen in einer neuen Form entstehen (Hobsbawm 2002).

Eine Aufspaltung zwischen regionalen beziehungsweise lokalen Strukturen und einer global reorganisierten Macht beobachtet auch die Elitentheorie. Während Hartmann (2008) die Persistenz nationaler Institutionen für die Rekrutierung gesellschaftlicher Eliten betont, unterstreichen etwa Krysmanski (2012) oder Sclair (2001) die Herausbildung globaler Eliten. Aus der Perspektive der Elitentheorie wird die Globalisierung von transnationalen Konzernen vorangetrieben, die sich durch Freihandelsabkommen, nationalen Gesetzgebungsverfahren und einen konsumorientierten Medienapparat immer stärkeren Zugriff auf Produktions- und Verwertungskapazitäten verschaffen. Hierbei spielen die Geld- und Konzerneliten eine Vorreiterrolle. Unterstützt werden diese durch politische, technische, manageriale, akademische und kulturelle Eliten, die sich um das kleine Zentrum der Geldeliten ansammeln und Zulieferaufgaben übernehmen. Auf einer transnationalen Ebene

bilden sich Bühnen, Milieus und Netzwerke heraus, die von der nationalen Institutionenordnung entkoppelt scheinen (Rothkopf 2008) und einen exklusiven Club
begründen, der aus wenigen 100 000 Individuen besteht, die gleichwohl über fast
das gesamte globale ökonomische Kapital in Form von Geld, Aktien und andern
Wertpapieren verfügen. Demgegenüber betont Hartmann die nationalen Karrierewege der Eliten. Obgleich sich die Eliten in globalen Netzwerken formieren, sind
sie dennoch an die nationalen Institutionen, etwa des Bildungssystems, der familialen Herkunft und der regional verorteten Organisationen in Staat, Wirtschaft und
Gesellschaft rückgekoppelt.

Gegenüber der strukturorientierten Globalisierungsforschung aus Elitesoziologie und politischer Ökonomie unterstreichen Kulturtheorien die symbolische
und kognitive Dimension der Globalisierung. Nach Hardt und Negri (2000) löst
sich die modernistische Dichotomie der nationalstaatlich geformten gesellschaftlichen Strukturierungskategorien auf, die um Fragen des Innen und des Außen, der
Tradition und des Fortschritts herum aufgebaut waren. Gegenüber der Souveränitätsmacht der modernistisch-nationalstaatlichen Ordnung werden biopolitische
Produktionslogiken relevant, die das Empire als eine neue Form von Ordnungsbildung und Legitimation hervorbringen. Mächtige Nationalstaaten, transnationale
Konzerne, globale NGOs und lokale Organisationen sind die Akteure des Empire.
Gegenüber der alten Souveränitätslogik tritt nun die Rolle von Kommunikation
und moralischen Werten in den Vordergrund. Im Empire herrscht der permanente „Ausnahmezustand", der auf moralisierender und moralisch bedingter Hysterie
basiert und eine polizeilich organisierte Ordnungsmacht ruft, die jenseits von kultureller, finanzieller und militärischer Sphäre als Krisenpräventions- und Krisenbe-
kämpfungstruppe fungiert. In einem aus lokalen Akteuren und globalen Mächten
zusammengesetzten rhizomatischen Sozialgefüge wird Macht durch Legitimati-
onsverfahren, Empörung, kommunikative Kartierung und die biopolitische Konstruktion kommerzialisierter und post-traditionaler Netzwerke ausgeübt (Peltzer
et al. 2012). Die diskursive Proklamierung von Konsens über gemeinsame Werte
(etwa Menschenrechte) und die moralische Skandalisierung von Praktiken und
Personen übt einen stärkeren Zwang aus als traditionelle Formen der juristisch
fundierten Unterdrückung und Ausbeutung. Die „schmutzigen" Formen der Macht
spielen sich im Verborgenen ab; nach außen muss der Schein moralischer Tadello-
sigkeit gewahrt werden, weil alle unter Beobachtung der emperialen Moral stehen.

Auch die Weltkulturtheorie (Meyer 2005) fokussiert die kognitive Dimension
der Globalisierung. Gegenüber governancetheoretischen, machtorientierten und
phänomenologisch-mikrosozialen Ansätzen bringen Meyer & Co. die makrokul-
turelle Ebene des Weltsystems ins Spiel. Die Weltkultur bezeichnet eine Ebene des
Weltsystems, die unterschiedliche Modelle für die Gestaltung zeitgenössischer Ge-

sellschaften bereithält. Dies betrifft sowohl Institutionen wie das moderne Staatswesen, das Bildungswesen, das Wirtschaftswesen, Praktiken und Technologien wie die Statistik oder die Demographie als auch Werte und Normen wie die Menschenrechte, Umweltschutz, Gleichstellung und abstrakte Prinzipien, insbesondere das Organisationsprinzip, Rationalität und Akteursträgerschaft. Während globale Modelle den kognitiven Rahmen vorgeben, Legitimation bereitstellen und einen unsichtbaren Druck zur Anpassung ausüben, adaptieren lokale und regionale Akteure die Strukturen der Weltkultur durch Isomorphieprozesse. Indem Meyer davon ausgeht, dass die Weltkultur als eigenständige Ebene jenseits eines partikularen Akteurs existiert und auf alle Staaten, Regionen und lokalen Akteur unabhängig von den ökonomischen Ressourcen und der hegemonialen Stellung gleichermaßen sozialen Zwang ausübt, entwickelt er Durkheims Religionssoziologie (1981) zu einer kultursoziologischen Globalisierungstheorie weiter. Gegenüber der globalen Ebene kennt auch Meyer die lokale Dimension, schließlich müssen globale Muster in lokale Kontexte überführt werden. Dieser glokale Aspekt der institutionellen Ordnung des Weltsystems zeigt sich in der neoinstitutionalistischen Theorie in der Doppelstruktur von Organisationen (Meyer und Rowan 1977). Auf der einen Seite verfügen Organisationen über eine Aktivitätsstruktur, über die sie an die lokalen Kontexte gebunden sind; auf der anderen Seite verfügen sie jedoch auch über eine Formalstruktur. Über die Formalstruktur sind sie an die Ansprüche der Umwelt gekoppelt. Für unseren Fall heißt das, dass sie darüber an die isomorphen Zwänge der Weltkultur teilhaben. Über die Formalstruktur schotten sich Organisationen nach außen ab, etwa indem sie Effizienzmythen streuen und damit auch dann den Ansprüchen der Weltkultur genügen, wenn dies aus praktischen Gründen im Organisationsalltag nicht möglich ist.

Während das nationalstaatliche Weltsystem der Moderne typischerweise als eine integrierte, funktional ausdifferenzierte Institutionenordnung beschrieben wird, über die eine souveränen Staatsmacht mit hoheitlichen Mitteln wacht, scheinen sich die Konturen eines globalen Weltsystems abzuzeichnen, die sich davon in zweierlei Hinsicht unterscheiden.

1. Die globale institutionelle Ordnung trägt die Form eines „glokalen" Gefüges (Robertson 1992), das die Institutionen, Organisationen und Akteure in zwei Dimensionen aufspaltet: in eine lokale und eine globale Orientierung. Hierin waren sich sowohl die polit-ökonomischen, elitesoziologischen als auch die kulturtheoretischen Ansätze einig. Während die lokale Dimension der gespaltenen Ordnungsgefüge der Globalisierung an die interpretative Verarbeitung globaler Zwänge in die alltagspraktischen Anforderungen gebunden ist, baut die globale Dimension auf vielfältige Weise Druck auf. Im Falle der Eliteöko-

nomen zeigt sich dies etwa an den Ämtern, Drittmitteln, biographischen Phasen oder den Publikationspraktiken in den Eliteclustern. Auch die Adaption globaler Modelle für die Nachwuchsrekrutierung, die globale Logik der Positionierungsweisen und die Anwendung internationaler Rankingstandards illustrieren den glo*k*alen Charakter der Eliteeinrichtungen. Auf der anderen Seite sind auch die Elitecluster nach wie vor an die lokale Institutionenordnung zurückgebunden, etwa durch die Nähe zu nationalen Regierungseinrichtungen, Wirtschaftsforschungsinstituten und nationalen Wissenschaftsverbänden. In der glo*k*alen Institutionenordnung lassen sich das Globale und das Lokale nicht mehr kategorisch trennen, sie bilden vielmehr ein Kontinuum von Ebenen, die akkumulativ ineinander übergehen und sich wechselseitig definieren, umprogrammieren und in neue Beziehungen zueinander setzen. Das Zusammenspiel von diskursiven Praktiken, Hierarchiebildungen, akademischen Karriereverläufen und die Anhäufung von akademischem und politischem Kapital erhält einen rhizomatischen Charakter.

2. Neben der glo*k*alen Strukturierungslogik ist die Globalisierung durch eine spezifische Verbindung von Macht und Kultur geprägt. Während Macht und Kultur in traditionellen Gesellschaftstheorien noch unterschiedlichen Sphären zugeordnet wurden, gehen beide in einem glo*k*al entgrenzten Sozialgefüge ineinander über. Die Elitetheorie und die politische Ökonomie assoziieren Macht vor allem mit dem Besitz und der globalen Konzentration ökonomischen Kapitals. Sie schenken damit dem Unterschied von Macht und Gewalt nicht genügend Aufmerksamkeit, denn Geld verwandelt sich nicht von selbst in Macht. Erst wenn Gewaltmittel Sinn produzieren und soziale Beziehungen knüpfen, verwandeln sie sich in Macht. Dies setzt allerdings Kultur voraus. Auch Meyer stellt Macht und Kultur entgegen, etwa indem er die Weltkulturtheorie von den marxistischen Weltsystemtheorien abgrenzt. Gleichwohl hält der Neoinstitutionalismus seine Abgrenzung zur Machttheorie nicht konsequent durch, etwa wenn er in Rechnung stellt, dass es durchaus nahliegend ist, „dass – ganz unabhängig von Macht und Interessen – die kulturellen Vorlieben und die Geschmacksstandards der dominanten Akteure schnell in globalen kulturellen Modellen kopiert werden. Insofern sind manche Teile der Weltkultur vielleicht ein relativ zufälliges – und nicht strukturnotwendiges – Spiegelbild der amerikanischen Kultur. Es kann zum Beispiel gut sein, dass die eher exotischen Seiten des amerikanischen Individualismus, etwa die ausgeprägte Beschäftigung mit dem Selbstwertgefühl und dem „Kind im Menschen", wieder aus der Weltkultur verschwinden, sobald die USA ihre hegemoniale Stellung verlieren. Es macht also Sinn zu behaupten, dass die Weltkultur direkt durch dominante Akteure geprägt wird. Aber es macht keinen Sinn zu behaupten, dass die Institutionalisierung und der

Wandel der Weltkultur allein auf dem zweckgerichteten Handeln konstruierter Akteure beruhen" (Meyer et al 2005, S. 120). Auch die Theorie des Empire denkt Fragen von Macht und Kultur zusammen, ohne jedoch konsequente theoretische Schlüsse daraus zu ziehen. Das Empire bleibt trotz der ausführlichen Hinweise zu Foucaults Theorie der Macht vage und abstrakt. Dies kann sowohl als ein Hinweis darauf gelesen werden, dass es Hardt und Negri noch an begrifflicher Differenziertheit fehlt, als auch dahingehend, dass Macht in der Globalisierung selbst diffus und abstrakt ist. Eine Verbindung von Weltkulturtheorie und Weltsystemtheorie kann hier Abhilfe schaffen, weil sie einerseits die Macht globaler Modelle mit der hegemonialen Rolle eines Akkumulationsregimes zusammendenkt, das von einem globalen Akteur zwar nicht souveränistisch „durchgepeitscht" wohl aber getragen und repräsentiert wird. Auch wenn die Weltkultur gegenüber der US-amerikanischen Kultur autonom ist und erst über glokale Aneignungsprozesse Globalisierung betreibt, ist sie dennoch nicht ohne das spezifische US-amerikanische Akkumulations- und Gouvernementalitätsregime zu denken. Insofern gehen die Konzentration ökonomischen Kapitals und die Ingangsetzung eines kulturell bedingten Herrschaftsregimes ineinander über. Im Falle der Eliteökonomen zeigt sich dies nicht nur in der Adaption amerikanischer Wissenschaftsstandards, die als globale Standards ausgewiesen werden, sondern auch darin, dass vor allem amerikanische Universitäten diese globalen Standards am besten erfüllen. Weltsystemtheorie und Weltkulturtheorie sollten zusammengedacht werden, weil sie der glokalen institutionellen Logik der Globalisierung einen machttheoretischen Kulturüberbau geben können, auf den das Funktionieren der glokalen Ordnung angewiesen ist.

6.5 Schluss: Der Mythos im Weltsystem

Wie in den dargelegten Ausführungen deutlich wird, ist das Weltsystem durch eine spezifische Verbindung von Macht und Kultur gekennzeichnet. Dies bedeutet auf der einen Seite, dass Kultur und Macht keine Gegensätze darstellen, sondern vielmehr ineinander übergehen. Auf der anderen Seite bedeute dies, dass die Felder und Ebenen der Gesellschaft nicht länger wie Schichten und Funktionssysteme über- und nebeneinander aufgebaut sind. Sie bilden vielmehr verschachtelte, transepistemische Welten heraus, die sich horizontal und vertikal überlappen. Nur unter dieser Voraussetzung können Legitimierungsprozesse jenseits von ideologischem Irrglauben und transzendental-theologischer Verweisstruktur Machtwirkungen entfalten. „Leistung", „Begabung", „Exzellenz" und „Elite" als Legitimationsmythen im Weltsystem basieren auf die unauflösliche Verbindung von Wissen und

Macht, also auf vermachtete Diskurspraktiken, die in einem horizontal und vertikal gebrochenen Sozialgefüge stattfinden. Wenn sich Macht und Kultur verbinden
und Legitimierungsinstrumente herausbilden, entstehen zwangsläufig Mythen als
Resultat multipler Überbrückungen in einem trans-epistemischen Wirkungszusammenhang. Diese mythische Dimension der ökonomischen Wissenschaft wird auch
in Zukunft weiteren systematischen Analysen unterzogen werden müssen, wenn
wir die Funktionsweise von Macht in der Globalisierung verstehen wollen. Sie
bildet einen Aspekt davon.

Mit der Theorie der Gabe sollte dargelegt werden, wie sich eine akademisierte
Gesellschaft einer akademischen Legitimationsquelle bedient, die über die soziale
gespaltene Existenz und diskursiven Inszenierungslogik einer bestimmten Klasse
von Experten abgewickelt wird: über Wirtschaftsexperten, die mit einem Bein in
der akademischen und mit den anderen Beinen in der Welt der Medien, der Politik
und der Wirtschaft stehen. Um diese Zusammenhänge sichtbar werden zu lassen,
müssen wir den Begriff der sozialen Herkunft weiter denken und ihn auf die Frage nach der Autorisierung von Diskursakteuren in einem horizontal gebrochenen
Sozialraum beziehen. Die Ausführungen zur Theorie der Gabe sollten hier einige
Hinweise geben, wie Kultur und Macht gedacht werden können, die sich in dem
historischen Rahmen eines kapitalistischen Weltsystems abspielen.

Diese Ausführungen können freilich nur allgemeine Hinweise über die konkrete Funktionsweisen von Macht in einem Welt(kultur)system der glo*kal* gespaltenen
Institutionengefüge geben, wie sie in sehr unterschiedlichen empirischen Fällen
etwa in der Politikberatung, in organisationsinternen Machtkämpfen oder auf Arbeitsmärkten beobachtet werden können. Die in Umrissen dargelegte Funktionsweise des Weltsystems gibt nur den Rahmen für jene Prozesse ab, in denen sich
Macht als eine schleichende Erscheinung abspielt. Die hier vorgestellte Überlegung
der Konstruktion von Reputation durch Autorisierungsketten zwischen akademischer und nicht-akademischer Welt, welche schließlich durch einen Bürgen in letzter Instanz autorisiert werden, kann vielleicht einen Aspekt dieser diffusen Form
von Macht erhellen. Nichtsdestotrotz ist die spirituelle Bürgschaft als Herrschaftssystem der Globalisierung nur unter der Voraussetzung eines glo*kalen* Weltsystems
denkbar. Die Elitebildungsprozesse in der akademischen Welt werden angestoßen
durch das Bedürfnis nach Reputation in einem von post-souveränistischen Formen
von Herrschaft und Legitimation vorstrukturierten, überschwemmten globalisierten Machtfeld. Gerade weil die Reichweite, über die ökonomisches Expertentum
heute als performative Maschine agiert, nicht mehr der überschaubare und souveränistisch beherrschbare Nationalstaat ist, sondern eine globale Komplexität aus
zahlreichen regionalen, historischen, politischen und kulturellen Besonderheiten
bildet, ist Macht, die hier agieren will, auf eine Legitimitätsquelle angewiesen, die

kontrovers infrage gestellt werden kann. Wissenschaft und insbesondere wissenschaftliche „Exzellenz" können als der Ort kontroverser Wahrheitssuche *per excellence* ausgewiesen werden. Das macht diesen Ort unter bestimmten Voraussetzungen schwer angreifbar. Im Gegenzug liefert die Exzellenzuniversität keine spezifische Form symbolischen Kapitals; vielmehr ist es der *Status* von „Exzellenz" und „Elite" selbst, der als symbolisches Kapital fungiert und durch die Logik der Gabe und der Autorisierungskette diskursiv übertragen wird. Macht durch akademische Eliteeinrichtungen als Produzenten symbolischer Güter für die Gesellschaft basiert auf komplexen kommunikativen Übersetzungen.

Die akademische Welt der Wirtschaftswissenschaft ist in sich komplex und kann auf eine einzige Determinante nicht reduziert werden. Jenseits von Elite und Exzellenz erstreckt sich auch in Mannheim, Frankfurt, Bonn und München sowie in Oxford, Harvard und London ein profaner akademischer Alltag, wie er aus zahlreichen Disziplinen, Universitäten und Forschungseinrichtungen bekannt ist. Die vergleichsweise augenfälligen Elitebildungsprozesse und die Selbstverständlichkeit, mit der dieser obskure Kult gesellschaftliche Anerkennung genießt, ist jedoch der Tatsache geschuldet, dass die Wissenschaft nicht autonom ist. Sie ist die Produktionsstätte eines Leistungsmythos, der Teil eines umfassenden gesellschaftlichen Legitimationsapparates ist. Die Wirtschaftswissenschaft funktioniert in diesem Fall wie eine Zulieferindustrie für die gesellschaftliche Machtausübung durch ökonomische Expertendiskurse. Wenn die schwedische Reichsbank eine „Zentralbank symbolischen Kapitals" (Lebaron 2006) ist, die Nobelpreise als Machtinstrumente konstruiert und verleiht, um ÖkonomInnen öffentliche Definitionsmacht zu geben, dann bilden die Eliteuniversitäten in der VWL das Schattenbankensystem, welche die symbolischen Investments kontrollieren, die den Kämpfen um Deutungshoheit im globalen Kapitalismus zugrunde liegen.

Literatur

Abbott, Andrew. 2000. *The chaos of disciplines*. Chicago: University of Chicago Press.

Adam, Klaus. 2003. Optimal policy with imperfect common knowledge. *ECB Working Paper Series*, Nr. 223.

Adler, David. 2013. *Doppelte Hegemonie im War on Terror-Diskurs nach der Tötung bin Ladens*. Magisterarbeit. Mainz.

Aglietta, Michel. 2000. *Ein neues Akkumulationsregime: die Regulationstheorie auf dem Prüfstand*. Hamburg: VSA.

Akerlof, George A., und William T. Dickens. 1982. The economic consequences of cognitive dissonance. *The American Economic Review* 723:307–319.

Altvater, Elmar, und Birgit Mahnkopf. 1998. *Grenzen der Globalisierung*. Münster: Westfälisches Dampfboot.

Angermüller, Johannes. 2007. *Nach dem Strukturalismus. Theoriediskurs und intellektuelles Feld in Frankreich*. Bielefeld: transcript.

Angermüller, Johannes. 2008. Postmodernismus und Postmoderne. Zwischen Repräsentationskrise und Entdifferenzierung. In *Poststrukturalistische Sozialwissenschaften*, Hrsg. Stephan Moebius und Andreas Reckwitz, 245–260. Frankfurt a. M.: Suhrkamp.

Angermüller, Johannes. 2010a. Wissenschaft zählen. Regieren im digitalen Panoptikum. *Leviathan. Berliner Zeitschrift für Sozialwissenschaft. Sonderheft 25: Sichtbarkeitsregime. Überwachung, Sicherheit und Privatheit im 21. Jahrhundert*. Hrsg. von Leon Hempel, Susanne Krasmann, Ulrich Bröckling, 174–190.

Angermüller, Johannes. 2010b. Widerspenstiger Sinn. Skizze eines diskursanalytischen Forschungsprogramms nach dem Strukturalismus. In *Diskursanalyse meets Gouvernementalitätsforschung. Perspektiven auf das Verhältnis von Subjekt, Sprache, Macht und Wissen*, Hrsg. Johannes Angermüller und Sylke van Dyk, 71–100. Frankfurt a. M: Campus.

Angermüller, Johannes. 2011. Makrosoziologie nach der Moderne. Von der Gesellschaft zum Sozialen. *Berliner Debatte Initial* 22 (4): 12–25.

Angermüller, Johannes. 2012a. Wissenschaft als Wissen/Macht. Für eine Wissenschaftssoziologie nach dem Strukturalismus. In *Transnationale Vergesellschaftung. Verhandlungen des 35. Kongresses der Deutschen Gesellschaft für Soziologie in Frankfurt am Main 2012*, Hrsg. Hans-Georg Soeffner, 707–718. Wiesbaden: Springer VS.

© Springer Fachmedien Wiesbaden 2015
J. Maeße, *Eliteökonomen*, DOI 10.1007/978-3-658-07338-1

Angermüller, Johannes. 2012b. Fixing meaning. The many voices of the post-liberal hegemony in Russia. *Journal of Language and Politics* 11 (1): 115–134.

Angermuller, Johannes. 2013. How to become a philosopher. Academic discourse as a multilevelled positioning practice. *Sociología histórica* 3:263–289.

Angermuller, Johannes, und Jens Maeße. 2014. Regieren durch Leistung. Die Verschulung des Sozialen in der Numerokratie. In *Leistung* im Erscheinen. Reihe: Pädagogik – Perspektiven, Hrsg. Alfred Schäfer und Christiane Thompson. Paderborn: Schöningh.

Angermüller, Johannes, und Silke van Dyk, Hrsg. 2010. *Diskursanalyse meets Gouvernementalitätsforschung*. Frankfurt a. M.: Campus.

Angermüller, Johannes, Katharina Bunzmann, und Martin Nonhoff, Hrsg. 2001. *Diskursanalyse: Theorien, Methoden, Anwendungen*. Hamburg: Argument.

Angermüller, Johannes, Jens Maeße, und Jan Standke, Hrsg. 2011. *Moving Con-Texts. Produktion und Verbreitung von Ideen in der globalen Wissensökonomie*. Berlin: Logos.

Angermuller, Johannes, Martin Nonhoff, Eva Herschinger, Felicitas Macgilchrist, Martin Reisigl, Juliette Wedl, Daniel Wrana, und Alexander Ziem, Hrsg. 2014. *Diskursforschung. Ein interdisziplinäres Handbuch, Band 1: Theorien, Methodologien und Kontroversen. Band 2: Methoden und Analysepraxis. Perspektiven auf Hochschulreformdiskurse*. Hrsg. Martin Nonhoff, Eva Herschinger, Johannes Angermuller, Felicitas Macgilchrist, Martin Reisigl, Juliette Wedl, Daniel Wrana, Alexander Ziem, Bielefeld: transcript.

Arendt, Hannah. 1970. *Macht und Gewalt*. München: Pieper.

Arrighi, Giovanni. 1994. *The long twentieth century. Money, power, and the origins of our time*. London: Verso.

Aspers, Patrik. 2007. Theory, reality, and performativity in markets. *The American Journal of Economics and Sociology* 66 (2): 379–398.

Aspers, Patrik, und Jens Beckert. 2008. Märkte. In *Handbuch der Wirtschaftssoziologie*, Hrsg. Andrea Maurer, 225–246. Wiesbaden: VS Verlag für Sozialwissenschaften.

Baumann, Zygmunt. 2005. *Moderne und Ambivalenz: das Ende der Eindeutigkeit*. Hamburg: Hamburger Edition.

Beck, Ulrich. 1988. *Gegengifte. Die organisierte Unverantwortlichkeit*. Frankfurt a. M.: Suhrkamp.

Beck, Ulrich. 1998. *Was ist Globalisierung? Irrtümer des Globalismus – Antworten auf Globalisierung*. Frankfurt a. M.: Suhrkamp.

Beck, Ulrich, Anthony Giddens, und Scott Lash. 1996. *Reflexive Modernisierung. Eine Kontroverse*. Frankfurt a. M.: Suhrkamp.

Beckert, Jens. 1997. *Grenzen des Marktes. Die sozialen Grundlagen wirtschaftlicher Effizienz*. Frankfurt a. M.: Campus.

Beckert, Jens. 2007. Die soziale Ordnung von Märkten. In *Märkte als soziale Strukturen*, Hrsg. Jens Beckert, Rainer Diaz-Bone, und Heiner Ganßman, 43–62. Frankfurt a. M.: Campus.

Beckert, Jens, und Christoph Deutschmann, Hrsg. 2009. *Wirtschaftssoziologie*. Wiesbaden: VS Verlag für Sozialwissenschaften.

Beckert, Jens, Rainer Diaz-Bone, und Heiner Ganßman, Hrsg. 2007. *Märkte als soziale Strukturen*. Frankfurt a. M.: Campus.

Bell, Daniel. 1973. *The coming of post-industrial society. A venture in social forecasting*. New York: Basic Books.

Ben-David, Joseph. 1991. *Scientific growth: Essays on the social organization and ethos of science*. Berkeley: University of California Press.

Berger, Peter L., und Thomas Luckmann. 1999. *Die gesellschaftliche Konstruktion der Wirklichkeit. Eine Theorie der Wissenssoziologie*. Frankfurt a. M.: Fischer.

Bernau, Patrick. 2014. Auf diese Wirtschaftsforscher hört das Land. Frankfurter Allgemeine Zeitung. http://www.faz.net/aktuell/wirtschaft/wirtschaftswissen/f-a-z-oekonomenranking-2014-hans-werner-sinn-gewinnt-13134115.html. Zugegriffen: 06 Sept 2014.

Bernhard, Stefan, und Christian Schmidt-Wellenburg, Hrsg. 2012. *Feldanalyse als Forschungsprogramm 1: Der programmatische Kern*. Wiesbaden: Springer VS.

Best, Jacqueline, und Matthew Paterson, Hrsg. 2009a. *Cultural political economy*. London: Routledge.

Best, Jacqueline, und Matthew Paterson. 2009b. Introduction: Understanding cultural political economy. In *Cultural political economy*, Hrsg. Jaqueline Best und Matthew Paterson, 1–25. London: Routledge.

Beyer, Jürgen. 2009. Varietät verspielt? Zur Nivellierung nationaler Differenzen des Kapitalismus durch globale Finanzmärkte. In *Wirtschaftssoziologie*, Hrsg. Jens Beckert und Christoph Deutschmann, 305–325. Wiesbaden: VS Verlag für Sozialwissenschaften.

Blaug, Mark. 2003. The formalist revolution. In *A companion to the history of economic thought*, Hrsg Warren J. Samuels, Jeff E. Biddle, und John B. Davis, 395–410. Malden: Blackwell.

Boltanski, Luc, und Eve Chiapello. 2003. *Der neue Geist des Kapitalismus*. Konstanz: UVK.

Bosbach, Eva. 2009. *Von Bologna nach Boston? Perspektiven und Reformansätze in der Doktorandenausbildung anhand eines Vergleichs zwischen Deutschland und den USA*. Leipzig: Akademische Verlagsanstalt.

Bourdieu, Pierre. 1970. *Zur Soziologie symbolischer Formen*. Frankfurt a. M.: Suhrkamp.

Bourdieu, Pierre. 1982. *Die feinen Unterschiede. Kritik der gesellschaftlichen Urteilskraft*. Frankfurt a. M.: Suhrkamp.

Bourdieu, Pierre. 1985. *Praktische Vernunft. Zur Theorie des Handelns*. Frankfurt a. M.: Suhrkamp.

Bourdieu, Pierre. 1992. *Homo academicus*. Frankfurt a. M.: Suhrkamp.

Bourdieu, Pierre. 1997. *Die verborgenen Mechanismen der Macht. Schriften zu Politik und Kultur 1*. Hamburg: VSA.

Bourdieu, Pierre. 2001a. *Wie die Kultur zu den Bauern kommt. Über Bildung, Schukle udn Politik. Schrifrten zu Politik und Kultur 4*. Hamburg: VSA-Verlag.

Bourdieu, Pierre. 2001b. *Das politische Feld. Zur Kritik der politischen Vernunft*. Konstanz: UVK.

Bourdieu, Pierre. 2004. *Der Staatsadel*. Konstanz: UVK.

Bourdieu, Pierre. 2005. *The social structures of the economy*. Cambridge: Polity Press.

Bourdieu, Pierre, Luc Boltanski, und Monique de Saint-Martin. 1981. *Titel und Stelle. Über die Reproduktion sozialer Macht*. Frankfurt a. M.: Europa-Verlag.

Bräuninger, Michael, und Justus Haucap. 2001. Was Ökonomen lesen und schätzen. *Perspektiven der Wirtschaftspolitik* 2 (2): 185–210.

Bräuninger, Michael, Justus Haucap, und Johannes Muck. 2011. Was lesen und schätzen Ökonomen im Jahr 2011? DICE Ordnungspolitische Perspektiven No. 18, http://hdl.handle.net/10419/49023.

Breslau, Daniel. 2003. Economics invents the economy: Mathematics, statistics, and models in the work of Irving Fisher and Wesley Mitchell. *Theory and Society* 32 (3): 379–411.

Bröckling, Ulrich. 2007. *Das unternehmerische Selbst. Soziologie einer Subjektivierungsform*. Frankfurt a. M.: Suhrkamp.

Bröckling, Ulrich, Susanne Krasmann, und Thomas Lemke, Hrsg. 2000. *Gouvernementalität der Gegenwart. Studien zur Ökonomisierung des Sozialen*. Frankfurt a. M.: Suhrkamp.

Bublitz, Hannelore. 2003. *Diskurs*. Bielefeld: transcript.

Callon, Michel, Hrsg. 1998. *The laws of the markets*. Oxford: Blackwell Publishers.

Callon, Michel, Yuval Millo, und Fabian Muniesa, Hrsg. 2007. *Market devices*. Malden: Blackwell Publisher.

Caspari, Volker, und Bertram Schefold, Hrsg. 2011. *Wohin steuert die ökonomische Wissenschaft? Ein Methodenstreit in der Volkswirtschaftslehre*. Frankfurt a. M.: Campus.

Chiapello, Eve. 2009. Die Konstruktion der Wirtschaft durch das Rechnungswesen. In *Diskurs und Ökonomie. Diskursanalytische Perspektiven auf Märkte und Organisationen*, Hrsg. Rainer Diaz-Bone und Gertraude Krell, 125–149 Wiesbaden: VS Verlag für Sozialwissenschaften.

Clark, Burton R. 1983. *The higher education system. Academic organization in cross-national perspective*. Berkeley: University of California Press.

Coase, Ronald H. 1992. The institutional structure of production. *The American Economic Review* 82 (4): 713–719.

Coats, A. W. Bob. 1993. *The sociology and professionalization of economics. British and american economic essays, Vol. II*. London: Routledge.

Cohan, Michael D., James G. March, und Johan P. Olson. 1972. A garbage can model of organizational Choice. *Administrative Science Quarterly* 17 (1): 1–25.

Colander, David C. 2000. The death of neoclassical economics. *Journal of the History of Economic Thought* 22 (2): 127–143.

Colander, David C., Richard P. Holt, und Barkley J. Rosser. 2004. The changing face of mainstream economics. *Review of Political Economy* 16 (4) 485–499.

Collin, Camber F., und Geroge Loewenstein. 2003. Behavioral economics: Past, present, future. In *Advances in behavioral economics*, Hrsg. Collin F. Camerer, George Loewenstein, und Mich Rabin, 3–51. New York: Princeton University Press.

Combes, Pierre-Philipp, und Laurent Linnemer. 2010. Inferring missing citations. A quantitative multi-criteria ranking of all journals in economics. Working Paper. https://server1.tepper.cmu.edu/barnett/journal_ranking_2010.pdf, Zugegriffen: 25 Okt 2014.

Cubit, Robin P., Chris Starmer, und Robert Sugden. 2001. Discovered preferences and the experimental evidence of violations of expected utility theory. *Journal of Economic Methodology* 8 (3): 385–414.

Cullenberg, Stephen, Jack Amariglio, und David F. Ruccio, Hrsg. 2001. *Postmodernism, economics and knowledge*. London: Routledge.

Davis, John B. 2006. The turn in economics: Neoclassical dominance to mainstream pluralism? *Journal of Institutional Economics* 2 (1): 1–20.

de Saussure, Ferdinand. 1967. *Grundriß der allgemeinen Sprachwissenschaft*. Berlin: de Gruyter.

Dean, Mitchell. 1999. *Governmentality. Power and Rule in Modern Society*. London: Sage.

Deleuze, Gilles, und Félix Guattari. 1992. *Tausend Plateaus. Kapitalismus und Schizophrenie*. Berlin: Merve.

Desrosières, Alain. 2005. *Die Politik der großen Zahlen. Eine Geschichte der statistischen Denkweise*. Berlin: Springer.

Deutschmann, Christoph. 2002. *Postindustrielle Industriesoziologie. Theoretische Grundlagen, Arbeitsverhältnisse und soziale Identitäten.* Weinheim: Juventa.

Deutschmann, Christoph. 2005. Finanzmarkt-Kapitalismus und Wachstumskrise. In *Finanzmarkt-Kapitalismus. Analysen zum Wandel von Produktionsregimen,* Hrsg. Paul Windolf, 58–84. Wiesbaden: VS Verlag für Sozialwissenschaften.

Deutschmann, Christoph. 2007. Unsicherheit und soziale Einbettung: Konzeptionelle Probleme der Wirtschaftssoziologie. In *Märkte als soziale Strukturen,* Hrsg. Jens Beckert, Rainer Diaz-Bone, und Heiner Ganßman, 79–93. Frankfurt a. M.: Campus.

Deutschmann, Christoph. 2012. Der Glaube der Finanzmärkte. Mainfeste und latente Performativität in der Wirtschaft. In *Soziologie der Finanzmärkte,* Hrsg. Herbert Kalthoff und Uwe Vormbusch, 131–150. Bielefeld: transcript.

Diaz-Bone, Rainer. 2001. *Kulturwelt, Diskurs und Lebensstil: eine diskurstheoretische Erweiterung der Bourdieu'schen Distinktionstheorie.* Wiesbaden: Leske + Budrich.

Diaz-Bone, Rainer. 2009. Qualitätskonventionen als Diskursordnungen in Märkten. In *Diskurs und Ökonomie. Diskursanalytische Perspektiven auf Märkte und Organisationen,* Hrsg. Herbert Kalthoff und Uwe Vormbusch, 267–292. Wiesbaden: VS Verlag für Sozialwissenschaften.

Diaz-Bone, Rainer. 2012. Die Autoreferentialität der Finanzmärkte. Die Perspektive der ‚Économie des conventiones' auf die Börsenwelt. In *Soziologie der Finanzmärkte,* Hrsg. Herbert Kalthoff und Uwe Vormbusch, 63–85. Bielefeld: transcript.

Diaz-Bone, Rainer, und Gertraude Krell, Hrsg. 2009. *Diskurs und Ökonomie. Diskursanalytische Perspektiven auf Märkte und Organisationen.* Wiesbaden: VS Verlag für Sozialwissenschaften.

Diaz-Bone, Rainer, und Laurent Thévenot. 2010. Die Soziologie der Konventionen. Die Theorie der Konventionen als ein zentraler Bestandteil der neuen französischen Sozialwissenschaften. Einleitung. *Trivium* 5:2–15.

Dobbin, Frank. 1994. *Forging industrial policy: The United States, Britain, and France in the railway age.* Cambridge: Cambridge University Press.

Dörre, Klaus. 2012. Krise des Shareholder Value? Kapitalmarktorientierte Steuerung als Wettkampfsystem. In *Entfesselte Finanzmärkte. Soziologische Analysen des modernen Kapitalismus,* Hrsg. Klaus Kraemer und Sebastian Nessel, 121–143. Frankfurt a. M.: Campus.

Dörre, Klaus, und Ulrich Brinkmann. 2005. Finanzmarkt-Kapitalismus: Triebkraft eines flexiblen Produktionsmodells? In *Finanzmarkt-Kapitalismus. Analysen zum Wandel von Produktionsregimen,* Hrsg. Paul Windolf, 58–84. Wiesbaden: VS Verlag für Sozialwissenschaften.

Dörre, Klaus, und Bernd Röttger. 2006. *Im Schatten der Globalisierung. Strukturpolitik, Netzwerke und Gewerkschaften in altindustriellen Regionen.* Wiesbaden: VS Verlag für Sozialwissenschaften.

Durkheim, Émile. 1981. *Die elementaren Formen des religiösen Lebens.* Frankfurt a. M: Verlag der Weltreligionen.

Durkheim, Émile. 1984. *Die Regeln der soziologischen Methode.* Frankfurt a. M.: Suhrkamp.

Durkheim, Émile. 1987. *Der Selbstmord.* Frankfurt a. M.: Suhrkamp.

Durkheim, Émile. 1992. *Über soziale Arbeitsteilung. Studien über die Organisation höherer Gesellschaften.* Frankfurt a. M.: Suhrkamp.

Ebner, Alexander. 2012. *Innovationsstrategien und Regionalentwicklung. Theorie und Empirie regionaler Innovationsprozesse*. Wiesbaden: Springer VS.

Ebner, Alexander. 2014. Vermarktlichung, Finanzialisierung und das Austeritätsparadigma der europäischen Krisenbewältigung. Eine polanyische Perspektive. In *Politik der Finanzialisierung*, Hrsg. Andreas Nölke und Marcel Heires, 49–61. Wiesbaden: Springer VS.

Eisenstadt, Shmuel N. 2000. *Die Vielfalt der Moderne*. Weilerswist: Velbrück.

Enders, Jürgen, und Andrea Kottmann. 2009. *Neue Ausbildungsformen – andere Werdegänge? Ausbildungs- und Berufsverläufe von Absolventinnen und Absolventen der Graduiertenkollegs der DFG*. Bonn: DFG Broschüre.

Engels, Anita, und Lisa Knoll, Hrsg. 2012. *Wirtschaftliche Rationalität. Soziologische Perspektiven*. Wiesbaden: Springer VS.

Engler, Steffanie. 2001. *„In Einsamkeit und Freiheit". Zur Konstruktion der wissenschaftlichen Persönlichkeit auf dem Weg zur Professur*. Konstanz: UVK.

Epstein, Gerald A., Hrsg. 2005a. *Financialization and the world economy*. Cheltenham: Edward Elgar.

Epstein, Gerald A. 2005b. Introduction: Financialization and the world economy. In *Financialization and the world economy*, Hrsg. Gerald A. Epstein, 3–16. Cheltenham: Edward Elgar.

Felder, Ruth. 2008. From Bretton Woods to neoliberal reforms: The international financial institutions and American power. In *American empire and the political economy of global finance*, Hrsg. Leo Pantich und Martijn Konigs, 175–197. London: Palgrave Macmillan.

Fine, Ben, und Dimitris Milonakis. 2009. *From economics imperialism to freakonomics. The shifting boundaries between economics and other eocial sciences*. London: Routledge.

Foucault, Michel. 1974. *Die Ordnung der Dinge. Eine Archäologie der Humanwissenschaften*. Frankfurt a. M.: Suhrkamp.

Foucault, Michel. 1977. *Überwachen und Strafen. Die Geburt des Gefängnisses*. Frankfurt a. M.: Suhrkamp.

Foucault, Michel. 1981. *Archäologie des Wissens*. Frankfurt a. M.: Suhrkamp.

Foucault, Michel. 1983. *Der Wille zum Wissen. Sexualität und Wahrheit 1*. Frankfurt a. M.: Suhrkamp.

Foucault, Michel. 1986a. *Der Gebrauch der Lüste. Sexualität und Wahrheit 2*. Frankfurt a. M.: Suhrkamp.

Foucault, Michel. 1986b. *Die Sorge um sich. Sexualität und Wahrheit 3*. Frankfurt a. M.: Suhrkamp.

Foucault, Michel. 2001. *In Verteidigung der Gesellschaft*. Frankfurt a. M.: Suhrkamp.

Foucault, Michel. 2004. *Die Geburt der Biopolitik. Geschichte der Gouvernementalität II*. Frankfurt a. M.: Suhrkamp.

Foucault, Michel. 2006. *Sicherheit, Territorium, Bevölkerung. Die Geschichte der Gouvernementalität I*. Frankfurt a. M.: Suhrkamp.

Fourcade, Marion. 2006. The construction of a global profession: The transnationalization of economics. *American Journal of Sociology* 112 (1): 145–194.

Fourcade, Marion. 2009. *Economists and societies. Disciplin and profession in the United States, Britain, and France, 1890s to 1990s*. Princeton: Princeton University Press.

Friedman, Milton, und Anna Schwartz. 1982. *Monetary trends in the United States and United Kingdom: Their relation to income, prices, and interest Rates, 1867–1975*. Chicago: University of Chicago Press.

Froud, Julie, Colin Haslam, Sukhdev Johal, und Karel Williams. 2000. Shareholder value and financialization: Consultancy promises, management moves. *Economy and Society* 29 (1) 80–110.

Galbraith, John K. 1990. *A short history of financial euphoria.* New York: Penguin.

Ganßmann, Heiner. 2007. Doppelte Kontingenz und wirtschaftliches Handeln. In *Märkte als soziale Strukturen,* Hrsg. Jens Beckert, Rainer Diaz-Bone und Heiner Ganßman, 63–77. Frankfurt a. M.: Campus.

Garfinkel, Herold. 1987. *Studies in ethnomethodology.* Cambridge: Polity Press.

Gibbons, Michael, Camille Limoges, Helga Nowotny, Simon Schwartzman, Peter Scott, und Martin Trow. 1995. *The new production of knowledge. The dynamic of science and research in contemporary society.* London: Sage.

Glazer, Amihai, und Kai A. Konrad. 1996. A signaling explanation for charity. *The American Economic Review* 86 (4): 1019–1028.

Glasze, Georg, und Annika Mattissek, Hrsg. 2009. *Handbuch Diskurs und Raum. Theorien und Methoden für die Humangeographie sowie die sozial- und kulturwissenschaftliche Raumforschung.* Bielefeld: transcript.

Glynos, Jason, Robin Klimecki, und Hugh Willmott. 2012. Cooling out the marks. The ideology and politics of the financial crisis. *Journal of Cultural Economy* 5 (3):297–320.

Goffman, Erving. 1973. *Asyle. Über die soziale Situation psychischer Patienten und anderer Insassen.* Frankfurt a. M.: Suhrkamp.

Goffman, Erving. 1978. *Interaktionsrituale. Über Verhalten in direkter Kommunikation.* Frankfurt a. M.: Suhrkamp.

Goldschmidt, Nils, und Benedikt Szmrecsanyi. 2007. What do economists talk about? A linguistic analysis of published writing in economic journals. *American Journal of Economics and Sociology* 66 (2): 335–387.

Goodfriend, Marvin. 2002. Monetary policy in the new neoclassical synthesis: A primer. *International Finance* 5 (2): 165 191.

Gowan, Peter. 1998. *The globalization gamble: The Dollar-Wall Street Regime and its consequences.* London: Verso.

Goyal, Sanjeev, Marco J. van der Leij, und José Luis Moraga-González. 2006. Economics: An emerging small world. *Journal of Political Economy* 142 (2): 403–412.

Granovetter, Mark S. 1985. Economic action and social structure. The problem of embeddedness. *American Journal of Sociology* 91:481–510.

Gross, Christiane, und Monika Jungbauer-Gans. 2007. Erfolg durch Leistung? Ein Forschungsüberblick zum Thema Wissenschaftskarrieren. *Soziale Welt* 58:453–471.

Gülker, Silke. 2011. *Wissenschaftliches und künstlerisches Personal an Hochschulen: Stand und Zukunftsbedarf. Eine Expertise gefördert durch die Max-Traeger-Stiftung.* In Reihe Hochschule und Forschung, Hrsg. von Gewerkschaft Erziehung und Wissenschaft. Frankfurt a. M: GEW Broschüre.

Gunder Frank, André. 1968. *Kapitalismus und Unterentwicklung in Lateinamerika.* Frankfurt a. M.: Europäische Verlagsanstalt.

Habermas, Jürgen. 1983. *Der philosophische Diskurs der Moderne. Zwölf Vorlesungen.* Frankfurt a. M.: Suhrkamp.

Habermas, Jürgen. 1985. *Die Neue Unübersichtlichkeit.* Frankfurt a. M.: Suhrkamp.

Hall, Peter A., Hrsg. 1989. *The political power of economic ideas. Keynesianism across nations.* Princeton: Princeton University Press.

Hall, Stuart, und Nora Räthzel, Hrsg. 2000. *Cultural studies: ein politisches Theorieprojekt*. Hamburg: VSA.

Halsmayer, Verena, und Florian Huber. 2013. Ökonomische Modelle und brüchige Welten – Joseph Vogels *Das Gespenst des Kapitals*. In *Wirtschaftswissenschaft als Oikodizee? Diskussionen im Anschluss an Joseph Vogels Gespenst des Kapitals*, Hrsg. Hanno Pahl und Jan Sparsam, 77–90. Wiesbaden: Springer VS.

Hamann, Julian. 2014. *Die Bildung der Geisteswissenschaften. Zur Genese einer sozialen Konstruktion zwischen Diskurs und Feld*. Konstanz: UVK.

Han, Shin-Kap. 2003. Tribal regimes in academia: A comparative analysis of market structure across disciplines. *Social Networks* 25:251–280.

Hardt, Michael, und Antonio Negri. 2000. *Empire*. Cambridge: Harvard University Press.

Hartmann, Michael. 2002. *Der Mythos der Leistungseliten*. Frankfurt a. M.: Campus.

Hartmann, Michael. 2008. *Elitesoziologie. Eine Einführung*. Frankfurt a. M.: Campus.

Hartmann, Martin, und Offe, Claus, Hrsg. 2001. *Vertrauen. Die Grundlage des sozialen Zusammenhalts*. Frankfurt a. M.: Campus.

Hartmann, Michael, und Johannes Kopp. 2001. Eliteselektion durch Bildung oder durch Herkunft? Promotion, soziale Herkunft und der Zugang zu Führungspositionen in der deutschen Wirtschaft. *Kölner Zeitschrift für Soziologie und Sozialpsychologie* 53 (3): 436–466.

Heiberger, Raphael H., und Jan R. Riebling. 2012. Incorporation through authorization. The case of behavioral economics. Working Paper.

Heining, Jörg, Jürgen Jerger, und Jörg Lingens. 2008. Deutsche Hochschulkarrieren im Fach Volkswirtschaftslehre. Eine deskriptive Analyse von Lebenslaufdaten. *Perspektiven der Wirtschaftspolitik* 9 (3): 306–328.

Heires, Marcel, und Andreas Nölke. 2011. Finanzkrise und Finanzialisierung. In *Die internationale Politische Ökonomie der Weltfinanzkrise*, Hrsg. Oliver Kessler, 37–52. Wiesbaden: Springer VS.

Hellwig, Martin F. 2010. A generalization of the Atkinson–Stiglitz 1976 theorem on the undesirability of nonuniform excise zaxation. *Economic Letters* 108:156–158.

Herschinger, Eva. 2011. *Constructing global enemies. Hegemony and identity in international discourses on terrorism and drug prohibition*. Abingdon: Routledge.

Hesse, Jan-Otmar. 2010a. *Wirtschaft als Wissenschaft. Die Volkswirtschaftslehre der frühen Bundesrepublik*. Frankfurt a. M.: Campus.

Hesse, Jan-Otmar. 2010b. The ‚Americanisation‘ of West German economics after the Second World War: Success, failure, or something completely different? *The European Journal of the History of Economic Thought*. First published on: 13 October 2010 iFirst.

Hicks, John R. 1937. Mr. Keynes and the „classics“: A suggested interpretation. *Econometrica* 5 (2): 147–159.

Hirsch, Joachim. 1996. *Der nationale Wettbewerbsstaat. Staat, Demokratie und Politik im globalen Kapitalismus*. Berlin: ID-Archiv.

Hirschauer, Stefan. 2005. Publizierte Fachurteile. Lektüre und Bewertungspraxis im Peer Review. *Soziale Systeme* 11 (1): 52–82.

Hobsbawm, Eric. 2002. *Die Geschichte des 21. Jahrhunderts. Ein Gespräch mit Antonio Polito*. München: DTV.

Hodgson, Goeffrey M., und Harry Rothman. 1999. Economics journals: A case of institutional oligopoly? *The Economic Journal* 109 (453): 165–186.

Horkheimer, Max, und Theodor W. Adorno. 1969. *Dialektik der Aufklärung. Philosophische Fragmente*. Frankfurt a. M.: Fischer.

Hornbostel, Stefan. 2008. Neue Evaluationsregime? Von der Inquisition zur Evaluation. In *Wissenschaft unter Beobachtung*, Hrsg. Hildegard Matthies und Dagmar Simon, 59–82. Wiesbaden: VS Verlag für Sozialwissenschaften.

Huffschmid, Jörg. 1970. *Die Politik des Kapitals. Konzentration und Wirtschaftspolitik in der Bundesrepublik*. Frankfurt a. M.: Suhrkamp.

Huffschmid, Jörg. 1994. *Wem gehört Europa? Wirtschaftspolitik und Kapitalstrategien. Bd. 2*. Heilbronn: Distelverlag.

Huffschmid, Jörg. 2002. *Politische Ökonomie der Finanzmärkte*. Hamburg: VSA.

Jameson, Fredric. 1989. Metacommentary. In: Ders., *The ideologies of theory. Essays 1971–1986.* Vol. 1 *Situations of theory* S. 3–16. Minneapolis: University of Minnesota Press.

Jameson, Fredric. 1997. *Postmodernism, or, the cultural logic of late capitalism*. Durham: Duke University Press.

Jasanoff, Sheila. 1990. *The fifth branch: Science advisers and policymakers*. Cambridge: Harvard University Press.

Jessop, Bob. 1993. Towards a schumpeterian workfare state? Preliminary remarks on postfordist political economy. *Studies in Political Economy* 40:7–39.

Jessop, Bob, Norman Fairclough, und Ruth Wodak, Hrsg. 2007. *Education and the knowledge-based economy in Europe*. Rotterdam: Sense Publishers.

Kahneman, Daniel, und Amos Tversky. 1979. Prospect theory: An analysis of decision under risk. *Econometrica* 47 (2): 263–291.

Kaldewey, David. 2013. *Wahrheit und Nützlichkeit. Selbstbeschreibungen der Wissenschaft zwischen Autonomie und gesellschaftlicher Relevanz*. Bielefeld: transcript.

Kalthoff, Herbert. 2005. Practices of calculation. Economic representation and risk management. *Theory, Culture & Society* 22 (2): 69–97.

Kalthoff, Herbert, und Uwe Vormbusch, Hrsg. 2012. *Soziologie der Finanzmärkte*. Bielefeld: transcript.

Keller, Reiner. 2005. *Wissenssoziologische Diskursanalyse. Grundlegung eines Forschungsprogramms*. Wiesbaden: VS Verlag für Sozialwissenschaften.

Keller, Reiner, Andreas Hirseland, Werner Schneider, und Willy Viehöver, Hrsg. 2001. *Handbuch sozialwissenschaftliche Diskursanalyse. Theorien und Methoden*. Opladen: Leske + Budrich.

Keller, Reiner, Andreas Hirseland, Werner Schneider, und Willy Viehöver, Hrsg. 2003. *Handbuch sozialwissenschaftliche Diskursanalyse. Forschungspraxis*. Opladen: Leske + Budrich.

Kessler, Oliver, Hrsg. 2011. *Die internationale Politische Ökonomie der Weltfinanzkrise*. Wiesbaden: Springer VS.

Kessler, Oliver, und Benjamin Wilhelm. 2014. *Finanzialisierung und die Performativität des Schattenbanksystems*. In *Politik der Finanzialisierung*, Hrsg. Andreas Nölke und Marcel Heires, 97–113. Wiesbaden: Springer VS.

Keynes, John M. 2002. *Allgemeine Theorie der Beschäftigung, des Zinses und des Geldes*. Berlin: Duncker und Humblot.

Klus, Luise. 2012. Die Performanz des Portfoliomanagements. Eine Fallstudie. In *Soziologie der Finanzmärkte*, Hrsg. Herbert Kalthoff und Uwe Vormbusch, 285–312. Bielefeld: transcript.

Knorr Cetina, Karin. 1991. *Die Fabrikation von Erkenntnis. Zur Anthropologie der Natur-wissenschaft.* Frankfurt a. M.: Suhrkamp.

Knorr Cetina, Karin. 2002. *Wissenskulturen. Ein Vergleich naturwissenschaftlicher Wissens-formen.* Frankfurt a. M.: Suhrkamp.

Knorr Cetina, Karin. 2006. How are global markets global? The architecture of a flow world. In *The sociology of financial markets,* Hrsg. Karin Knorr Cetina und Alex Preda, 38–61. Oxford: Oxford University Press.

Knorr Cetina, Karin, und Urs Brügger. 2002. Global microstructures: The virtual societies of financial markets. *American Journal of Sociology* 107 (4): 905–950.

Konings, Martijn. 2008. American finance and empire in historical perspective. In *American empire and the political economy of global finance,* Hrsg. Leo Pantich und Martijn Ko-nigs, 48–68. London: Palgrave Macmillan.

Kraemer, Klaus. 2009. Propheten der Finanzmärkte. Die Kompensation von Ungewissheiten durch charismatische Zuschreibungen. *Arbeits- und Industriesoziologische Studien* 22, 45–60.

Kraemer, Klaus. 2012. Ideen, Interessen und Institutionen: Welchen Beitrag kann die So-ziologie zur Analyse moderner Finanzmärkte leisten? In *Entfesselte Finanzmärkte. So-ziologische Analysen des modernen Kapitalismus,* Hrsg. Klaus Kraemer und Sebastian Nessel, 25–62. Frankfurt a. M.:Campus.

Kraemer, Klaus, und Sebastian Nessel, Hrsg. 2012. *Entfesselte Finanzmärkte. Soziologische Analysen des modernen Kapitalismus.* Frankfurt a. M.: Campus.

Krasmann, Susanne, und Michael Volkmer, Hrsg. 2007. *Michel Foucaults ,Geschichte der Gouvernementalität' in den Sozialwissenschaften. Internationale Beiträge.* Bielefeld: transcript.

Krücken, Georg. 2004. Hochschulen im Wettbewerb – eine organisationstheoretische Per-spektive. In *Organisationstheorie: Ihr Potential für die Analyse und Entwicklung von pädagogischen Felder,* Hrsg. Wolfgang Böttcher und Ewald Terhardt, 286–301. Wiesba-den: VS Verlag für Sozialwissenschaften.

Krücken, Georg. 2006. Innovationsmythen in Politik und Gesellschaft. In *Kluges Entschei-den,* Hrsg. Arno Scherzberg, Osman Can, und Ilyas Dogan, 259–274. Tübingen: Mohr Siebeck.

Krysmanski, Hans-Jürgen. 2012. *0,1 %. Das Imperium der Milliardäre.* Frankfurt a. M.: Westend Verlag.

Kuhn, Thomas S. 1967. *Die Struktur wissenschaftlicher Revolutionen.* Frankfurt a. M.: Suhr-kamp.

Laband, David N., und Michael J. Piette. 1994. The relative impacts of economics journals: 1970–1990. *Journal of Economic Literature* XXXII:640–666.

Lacan, Jacques. 1990. *Das Seminar. Buch 1. Freuds technische Schriften.* Weinheim: Qua-driga.

Lacan, Jacques. 1991. *Das Seminar. Buch 2. Das Ich in der Theorie Freuds und in der Tech-nik der Psychoanalyse.* Weinheim: Quadriga.

Laclau, Ernesto. 1990. The impossibility of society. In *New reflections on the revolution of our time,* Hrsg. Ernesto Laclau, 89–92. London: Verso.

Laclau, Ernesto, und Chantal Mouffe. 2001. *Hegemony and socialist strategy. Towards a radical democratic politics.* London: Verso.

Lamont, Michéle. 2009. *How professors think: Inside the curious world of academic judg-ment.* Cambridge: Harvard University Press.

Langenohl, Andreas. 2011. Die Ausweitung der Subprime-Krise: Finanzmärkte als Deutungsökonomien. In *Die internationale Politische Ökonomie der Weltfinanzkrise*, Hrsg. Oliver Kessler, 75–98. Wiesbaden: VS Verlag für Sozialwissenschaften.

Langenohl, Andreas. 2012. Von Zukünftigkeit zu Gegenwärtigkeit. Der Aufstieg der Arbitratgetheorie im Diskurs der Finanzökonomik. In *Soziologie der Finanzmärkte*, Hrsg. Herbert Kalthoff und Uwe Vormbusch, 151–176. Bielefeld: transcript.

Langenohl, Andreas, und Dietmar J. Wetzel, Hrsg. 2011. Sinnformen an Finanzmärkten. *Focus issue of Berliner Journal für Soziologie* 21 (4) 539–559.

Lash, Scott. 1996. Reflexivität und ihre Doppelung: Struktur, Ästhetik und Gemeinschaft. In *Reflexive Modernisierung. Eine Kontroverse*, Hrsg Ulrich Beck, Anthony Giddens, und Scott Lash, 195–286. Frankfurt a. M.: Suhrkamp.

Lash, Scott, und John Urry. 1987. *The end of organized capitalism*. Oxford: Polity Press.

Latour, Bruno. 1987. *Science in action. How to follow scientists and engeneers through society*. Cambridge: Harvard University Press.

Latour, Bruno. 1996. On actor-network theory. A few clarifications. *Soziale Welt* 47:369–381.

Laube, Stefan. 2012. Im Takt des Marktes. Körperliche Praktiken in technologisierten Finanzmärkten. In *Soziologie der Finanzmärkte*, Hrsg. Herbert Kalthoff und Uwe Vormbusch, 265–284. Bielefeld: transcript.

Lebaron, Frédéric. 2001a. Economists and the economic order. The field of economists and the field of power in France. *European Societies* 31:91–110.

Lebaron, Frédéric. 2001b. Toward a new critique of economic discourse. *Theory, Culture & Society* 18 (5): 123–129.

Lebaron, Frédréric. 2006. „Nobel" economists as public intellectuals: The circulation of symbolic capital. *International Journal of Contemporary Sociology* 43 (1): 87–101.

Lebaron, Frédédric. 2008. Central bankers in the contemporary global field of power: A ‚social space' approach. *Sociological Review* 56:121–144.

Lebaron, Frédédric. 2014. Economics as a strong field: The social bases of a discipli- nary domination. *Presentation, Work Shop „Zur Soziologie ökonomischen Wissens", 17. – 18. Juli 2014*.

Lee, Frederic S., Xuan Pham, und Gyun Gu. 2013. The UK Research Assessment Exercise and the narrowing of UK economics. *Cambridge Journal of Economics* 37, 693–717.

Lefort, Claude, und Marcel Gauchet. 1990. Über die Demokratie: Das Politische und die Instituierung des Gesellschaftlichen. In *Autonome Gesellschaft und libertäre Demokratie*, Hrsg. Ulrich Rödel, 89–122. Frankfurt a. M.: Suhrkamp.

Leins, Stefan. 2013. Playing the market? The role of risk, uncertainty and authority in the construction of stock market forecasts. In *Qualitative research in gambling: Exploring the production and consumption of risk*, Hrsg. Rebecca Cassidy, Andrea Pisac und Claire Loussouarn, 218–232. New York: Routledge.

Lentsch, Justus, und Peter Weingart, Hrsg. 2013. *The poltics of scientific advice. Institutional design for quality assurance*. Cambridge: Cambridge University Press.

Lessenich, Stephan. 2008. *Die Neuerfindung des Sozialen. Der Sozialstaat im flexiblen Kapitalismus*. Bielefeld: transcript.

Leyshon, Andrew, und Nigel Thrift. 1997. *Money – space. Geographies of monetary transformation*. London: Routledge.

Leyshon, Andrew, und Nigel Thrift. 2007. The capitalization of almost everything: The future of finance and capitalism. *Theory Culture & Society* 24 (7–8) 97–115.

Lévi-Strauss, Claude. 1967. *Strukturale Anthroplogie*. Frankfurt a. M.: Suhrkamp.
Long, John B. Jr., und Charles I. Plosser. 1983. Real business cycle. *The Journal of Political Economy* 91 (1): 39–69.
Lucas, Robert E., und Thomas J. Sargent. 1978. After Keynesianism. *Federal Reserve of Minneapolis Quarterly Review* 32, 1–16.
Luhmann, Niklas. 1986. Weltgesellschaft. In *Soziologische Aufklärung 2. Aufsätze zur Theorie der Gesellschaft,* Hrsg. Niklas Luhmann, 51–71. Opladen: Leske + Budrich.
Luhmann Niklas. 1987. *Soziale Systeme. Grundriß einer allgemeinen Theorie*. Frankfurt a. M.: Suhrkamp.
Luhmann, Niklas. 1992. Arbeitsteilung und Moral. Durkheims Theorie. In *Über soziale Arbeitsteilung. Studien über die Organisation höherer Gesellschafte,* Hrsg. Émile Durkheim, 19–38. Frankfurt a. M.: Suhrkamp.
Luhmann Niklas. 1998. *Die Gesellschaft der Gesellschaft. 2 Bd.* Frankfurt a. M.: Suhrkamp.
Luhmann, Niklas, und Eberhard Schorr. 1988. *Reflexionsprobleme im Erziehungssystem*. Frankfurt a. M.: Suhrkamp.
MacKenzie, Donald. 2006. *An engine, not a camera. How financial models shape markets*. Cambridge: MIT Press.
MacKenzie, Donald, Fabian Muniesa, und Lucia Siu, Hrsg. 2007. *Do economists make markets? On the performativity of economics*. Princeton: Princeton University Press.
Maeße, Jens. 2010a. *Die vielen Stimmen des Bologna-Prozesses. Zur diskursiven Logik eines bildungspolitischen Programms*. Bielefeld: transcript.
Maeße, Jens. 2010b. Der Ökonom als Volkstribun. Die mediale Inszenierung von ökonomischem Expertentum. *Aptum. Zeitschrift für Sprachkritik und Sprachkultur* 3:277–288.
Maeße, Jens. 2010c. Der Bologna-Diskurs. Zur politische Logik der Konsenstechnokratie. In *Diskursanalyse meets Gouvernementalitätsforschung,* Hrsg. Johannes Angermüller und Sylke van Dyk, 101–127. Frankfurt a. M.: Campus.
Maeße, Jens. 2011. Finanzmärkte als diskursive Praxisfelder. In *Moving Con-Texts. Produktion und Verbreitung von Ideen in der globalen Wissensökonomie,* Hrsg. Johannes Angermüller, Jens Maeße, und Jan Standke, 213–229. Berlin: Logos.
Maeße, Jens. 2012. Ökonomischer Expertendiskurs und transversale Öffentlichkeit. In *Krise, Cash & Kommunikation – Fallstudien zur Inszenierung der Finanzkrise in Informations- und Unterhaltungsmedien,* Hrsg. Anja Peltzer, Kathrin Lämmle, und Andreas Wagenknecht, 113–137. Konstanz: UVK Verlag.
Maeße, Jens, Hrsg. 2013a. *Ökonomie, Diskurs, Regierung. Interdisziplinäre Perspektiven*. Wiesbaden: Springer VS.
Maeße, Jens. 2013b. Spectral performativity. How economic expert discourse constructs economic worlds. *Economic Sociology. The European Electronic Newsletter* 14 (2): 25–31.
Maeße, Jens. 2013c. Das Feld und der Diskurs der Ökonomie. In *Ökonomie, Diskurs, Regierung. Interdisziplinäre Perspektiven,* Hrsg. Jens Maeße, 241–275. Wiesbaden: Springer VS.
Maeße, Jens. 2013d. „Krisenmanagement". Eine neue Form des ökonomischen Regierens? In *Sprachliche Konstruktionen sozial- und wirtschaftspolitischer Krisen in der BRD: Interdisziplinäre Perspektiven,* Hrsg. Martin Wengeler und Alexander Ziem, 85–110. Bremen: Ute Hempen Verlag.

Maeße, Jens. 2013e. Die Dialektik von Ökonomie, Diskurs und Regierung. Zur Einleitung. In *Ökonomie, Diskurs, Regierung. Interdisziplinäre Perspektiven,* Hrsg. Jens Maeße, 9–32. Wiesbaden: Springer VS.

Maeße, Jens. 2014a. Diskursforschung in der Ökonomie. In *Diskursforschung. Ein interdisziplinäres Handbuch, Bd. 1: Theorien, Methodologien und Kontroversen,* Hrsg. Johannes Angermuller, Martin Nonhoff, Eva Herschinger, Felicitas Macgilchrist, Martin Reisigl, Juliette Wedl, Daniel Wrana, und Alexander Ziem, 300–316. Bielefeld: transcript.

Maeße, Jens. 2014b. Die „Europäische Universität" als allegorischer Klassenkampf. Das Semiotische Viereck als Methode zur Untersuchung von Differenzen und Operationen. In *Diskursforschung. Ein interdisziplinäres Handbuch, Bd. 2: Methoden und Analysepraxis,* Hrsg. Johannes Angermuller, Martin Nonhoff, Eva Herschinger, Felicitas Macgilchrist, Martin Reisigl, Juliette Wedl, Daniel Wrana, und Alexander Ziem 528–556. Bielefeld: transcript.

Maeße, Jens. 2015a. *Wirtschaftsexperten. Die Akademisierung des politischen Diskurses.* unveröffentlichtes Manuskript.

Maeße, Jens. 2015b. The construction of economic experts. The dialectics between "elitization" and "academization" in economics and economic policy advice. *Working Paper.*

Maeße, Jens. 2016. Ökonomisches Expertentum. Für eine Diskursive Politische Ökonomie der Wirtschaftswissenschaft. In *Die Innenwelt der Ökonomie. Wissen, Macht und Performativität in der Wirtschaftswissenschaft.* im Erscheinen, Hrsg. Jens Maeße, Hanno Pahl, und Jan Sparsam.

Maeße, Jens, und Julian Hamann. 2014. Die Universität im Spannungsverhältnis von Feldern und Diskursen. Theoretische Grundzüge von Bildung und Wissenschaft in der Globalisierung. *in review.*

Maeße, Jens, und Martin Nonhoff. 2014. Macht und Hegemonie im Diskurs. In *Diskursforschung. Ein interdisziplinäres Handbuch, Bd. 1: Theorien, Methodologien und Kontroversen,* Hrsg. Johannes Angermuller, Martin Nonhoff, Eva Herschinger, Felicitas Macgilchrist, Martin Reisigl, Juliette Wedl, Daniel Wrana, und Alexander Ziem, 386–410. Bielefeld: transcript.

Martin, Randy. 2002. *The financialization of daily life.* Philadelphia: Temple University Press.

Martin, Hans-Peter, und Harald Schumann. 1996. *Die Globalisierungsfalle. Der Angriff auf Demokratie und Wohlstand.* Reinbek bei Hamburg: Rowohlt.

Marx, Karl. 1958. *Karl Marx, Friedrich Engels. Werke. Bd. 3.* Berlin: Dietz.

Marx, Karl. 2000. *Das Kapital. Kritik der politischen Ökonomie.* Köln: Parkland.

Maurer, Andrea, Hrsg. 2008. *Handbuch Wirtschaftssoziologie.* Wiesbaden: VS Verlag für Sozialwissenschaften.

Mauss, Marcel. 1990. *Die Gabe. Form und Funktion des Austauschs in archaischen Gesellschaften.* Frankfurt a. M.: Suhrkamp.

Merton, Robert K. 1973. Wissenschaft und demokratische Sozialstruktur. In *Wissenschaftssoziologie I. Wissenschaftliche Entwicklung als sozialer Prozess,* Hrsg. Peter Weingart, 45–59. Frankfurt a. M.: Athenäum.

Meyer, John. 2005. *Weltkultur. Wie die westlichen Prinzipien die Welt durchdringen.* Frankfurt a. M.: Suhrkamp.

Meyer, John W., und Brian Rown. 1977. Institutionalized organizations: Formal structure as myth and ceremony. *American Journal of Sociology* 83 (2): 340–363.

Meyer, John, John Boli, George M. Thomas, und Francisco O. Ramirez. 2005. Die Welt-gesellschaft und der Nationalstaat. In *Weltkultur. Wie die westlichen Prinzipien die Welt durchdringen,* Hrsg. John Meyer, 85–132. Frankfurt a. M.: Suhrkamp.

Mikl-Horke, Gertraude, Hrsg. 2011. *Sozioökonomie: Die Rückkehr der Wirtschaft in die Gesellschaft.* Marburg: Metropolis.

Miller, Peter. 2001. Governing by numbers. Why calculative perspectives matter. *Social Research* 68 (2): 379–396.

Millo, Yuval, und Donald MacKenzie. 2008. The usefulness of inaccurate models. The emergence of financial risk management. http://ssrn.com/abstract=1115883. Zugegriffen: 20.1014.

Mirowski, Philip. 2002. *Machine dreams: Economics becomes a cyborg science.* Cambridge: Cambridge University Press.

Moebius, Stephan, und Andreas Reckwitz, Hrsg. 2008. *Poststrukturalistische Sozialwissenschaften.* Frankfurt a. M.: Suhrkamp.

Morgan, Mary S. 1990. *The history of econometric ideas. Historical perspectives in modern economics.* Cambridge: Cambridge University Press.

Morgen, Mary S. 2012. *The world in the model. How economists work and think.* Cambridge: Cambridge University Press.

Mouffe, Chantal. 2005. *On the political.* London: Routledge.

Münch, Richard. 2007. *Die akademische Elite. Zur sozialen Konstruktion wissenschaftlicher Exzellenz.* Frankfurt a. M.: Suhrkamp.

Münch, Richard. 2008. Stratifikation durch Evaluation. Mechanismen der Konstruktion und Reproduktion von Statushierarchien in der Forschung. *Zeitschrift für Soziologie* 37 (1): 60–80.

Münch, Richard. 2009. *Globale Eliten, lokale Autoritäten. Bildung und Wissenschaft unter dem Regime von PISA, McKinsey & Co.* Frankfurt a. M.: Suhrkamp.

Münch, Richard. 2011. *Akademischer Kapitalismus. Über die politische Ökonomie der Hochschulreform.* Frankfurt a. M.: Suhrkamp.

Muniesa, Fabian. 2007. Market technologies and the pragmatics of prices. *Economy and Society* 36 (3), 377–395.

Musselin, Christine. 2008. Ten years after the Sorbonne Declaration – What has changed in European study structure? In *Hochschule im Wandel. Die Universität als Forschungsgegenstand,* Hrsg. Barbara M. Kehm, 309–318. Frankfurt a. M.: Campus.

Mützel, Sofie. 2009. Geschichten als Signale: Zur Konstruktion von Märkten. In *Diskurs und Ökonomie. Diskursanalytische Perspektiven auf Märkte und Organisationen,* Hrsg. Rainer Diaz-Bone und Gertraude Krell, 225–244. Wiesbaden: VS Verlag für Sozialwissenschaften.

Nölke, Andreas, und Marcel Heires, Hrsg. 2014. *Politik der Finanzialisierung.* Wiesbaden: Springer VS.

Nonhoff, Martin. 2006. *Politischer Diskurs und Hegemonie. Das Projekt „Soziale Marktwirtschaft".* Bielefeld: transcript.

Nützenadel, Alexander. 2005. *Stunde der Ökonomen. Wissenschaft, Politik und Expertenkultur in der Bundesrepublik 1949–1974.* Göttingen: Vandenhoeck und Ruprecht.

Ott, Marion, und Daniel Wrana. 2010. Gouvernementalität diskursiver Praktiken. Zur Methodologie einer Analyse von Machtverhältnissen am Beispiel einer Maßnahme zur Aktivierung von Erwerbslosen. In *Diskursanalyse meets Gouvernementalitätsforschung,* Hrsg. Johannes Angermüller und Sylke van Dyk, 155–181. Frankfurt a. M.: Campus.

Pahl, Hanno, 2011. Die Wirtschaftswissenschaften in der Krise. Vom massenmedialen Diskurs zu einer Wissenssoziologie der Wirtschaftswissenschaften. *Schweizerische Zeitschrift für Soziologie*, Sonderheft The Global Economic Crisis: Perceptions and Impacts, 37 (2): 259–281.

Pahl, Hanno. 2013a. Disziplinierung und Popularisierung ökonomischen Wissens als wechselseitiger Verstärkungsprozess. In *Wirtschaftswissenschaft als Oikodizee? Diskussionen im Anschluss an Joseph Vogels Gespenst des Kapitals*, Hrsg. Hanno Pahl und Jan Sparsam, 53–76. Wiesbaden: VS Verlag für Sozialwissenschaften.

Pahl, Hanno. 2013b. Zur performativen Dimension konstitutiver Metaphern in der ökonomischen Theoriebildung: Zwischen Disziplinarität und Gesellschaft. In *Ökonomie, Diskurs, Regierung. Interdisziplinäre Perspektiven*, Hrsg. Jens Maeße, 277–298. Wiesbaden: Springer VS.

Pahl, Hanno. 2013c. Überleben als heterodoxer Ökonom. Wissenschaftssoziologische Befunde und Handreichungen, insbesondere Modellierungen betreffend ohne Gewähr. *Working Paper 04/2013 der DFG-KollegforscherInnengruppe Postwachstumsgesellschaften*.

Pahl, Hanno, und Jan Sparsam, Hrsg. 2013. *Wirtschaftswissenschaft als Oikodizee? Diskussionen im Anschluss an Joseph Vogels Gespenst des Kapitals*. Wiesbaden: Springer VS.

Panitch, Leo, und Martijn Konings, Hrsg. 2008. *American empire and the political economy of global finance*. London: Palgrave Macmillan.

Parsons, Talcott. 1968. *The structure of social action*. New York: Free Press.

Parsons, Talcott. 1985. *Das System moderner Gesellschaften*. Weinheim: Juventa.

Parsons, Talcott, und Gerald M. Platt. 2000. *Die amerikanische Universität: ein Beitrag zur Soziologie der Erkenntnis*. Frankfurt a. M.: Campus.

Pechman, Joseph A., Hrsg. 1989. *The role of the economist in government. An international perspective*. New York: Harvester Wheatsheaf

Peltzer, Anja, Kathrin Lämmle, und Andreas Wagenknecht, Hrsg. 2012. *Krise, Cash und Kommunikation. Die Finanzkrise in den Medien*. Konstanz: UVK.

Pieper, Marianne, und Encarnación G. Rodríguez, Hrsg. 2003. *Gouvernementalität. Ein sozialwissenschaftliches Konzept in Anschluss an Foucault*. Frankfurt a. M.: Campus.

Preda, Alex. 2009. *Framing finance. The boundaries of markets and modern capitalism*. Chicago: Chicago University Press.

Readings, Bill. 1996. *The university in ruins*. Cambridge: Harvard University Press.

Reisigl, Martin, und Ruth Wodak, Hrsg. 2000. *The semiotics of racism. Approaches in Critical Discourse Analysis*. Wien: Passagen

Restivo, Sal. 1992. *Mathematics in society and history. Sociological inquiries*. Dordrecht: Kluwer.

Ringer, Fritz K. 1987. *Die Gelehrten. Der Niedergang der deutschen Mandarine 1890–1933*. Stuttgart: Klett-Cotta.

Robertson, Ronald. 1992. *Globalization: social theory and global culture*. London: Sage.

Rosa, Hartmut. 2005. *Beschleunigung. Die Veränderung der Zeitstrukturen in der Moderne*. Frankfurt a. M.: Surhkamp.

Rothkopf, David. 2008. *Die Super-Klasse. Die Welt der internationalen Machtelite*. München: Riemann.

Sassen, Saskia. 2006. The embeddedness of electronic markets: The case of global capital markets. In *The sociology of financial markets*, Hrsg. Karin Knorr Cetina und Alex Preda, 17–37. Oxford: Oxford University Press.

Schimank, Uwe. 1995. *Hochschulforschung im Schatten der Lehre*. Frankfurt a. M.: Campus.

Schulze, Gerhard. 2005. *Die Erlebnisgesellschaft. Kultursoziologie der Gegenwart*. Frankfurt a. M.: Campus.

Schütz, Alfred. 1960. *Der sinnhafte Aufbau der sozialen Welt: Eine Einleitung in die verstehende Soziologie*. Wien: Springer.

Schütze, Fritz. 1987. *Das narrativ-biographische Interview in Interaktionsfeldstudien*. Hagen: Fernuniversität-Gesamthochschule.

Selten, Reinhard. 2001. What is bounded rationality. In *Bounded rationality. An adaptive toolbox*, Hrsg. Gerd Gigerenzer und Reinhard Selten, 13–36. Dahlem Workshop Toolbox: Massachusetts Institute of Technology.

Sennholz-Weinardt, Barabara. 2014. Regulatory competition as a social fact: Constructing and contesting the threat of hedge fund managers' relocation from Britain. *Review of International Political Economy* im Erscheinen 21 (6): 1240–1274.

Sklair, Lesley. 2001. *The transnational capitalist class*. Oxford: Blackwell.

Slaughter, Sheila., und Larry L. Leslie. 1999. *Academic capitalism: Politics, policies, and the entrepreneurial university*. Baltimore: John Hopkins University Press.

Smelser, Neil J., und Richard Swedberg, Hrsg. 1994. *The handbook of economic sociology*. Princeton: Princeton University Press.

Sparsam, Jan. 2013. Eine soziale Entelechie des Marktes? Kapitalistische Ökonomie als ausgespartes Zentrum in der wirtschaftssoziologischen Oikodizee. In *Wirtschaftswissenschaft als Oikodizee? Diskussionen im Anschluss an Joseph Vogls Gespenst des Kapitals*, Hrsg. Hanno Pahl und Jan Sparsam, 159–193. Wiesbaden: Springer VS.

Speich Cassé, Daniel. 2013. *Die Erfindung des Bruttosozialprodukts. Globale Ungleichheit in der Wissensgeschichte der Ökonomie*. Göttingen: Vandenhoeck & Ruprecht.

Stäheli, Urs. 2000. *Poststrukturalistische Soziologien*. Bielefeld: transcript.

Stäheli, Urs. 2007. *Spektakuläre Spekulation. Das Populäre der Ökonomie*. Frankfurt a. M.: Suhrkamp.

Stavrakakis, Yannis. 2013. Dispatches from the Greek lab: Metaphors, strategies, and debt in the European crisis. *Psychoanalysis, Culture & Society* 18:313–324.

Stehr, Nico. 1994. *Arbeit, Eigentum, Wissen. Zur Theorie von Wissensgesellschaften*. Frankfurt a. M.: Suhrkamp.

Stichweh, Rudolph. 1984. *Zur Entstehung des modernen Systems wissenschaftlicher Disziplinen. Physik in Deutschland 1740–1890*. Frankfurt a. M.: Suhrkamp.

Stockhammer, Engelbert. 2014. Entstehung und Krise des finanzdominierten Akkumulationsregimes. Eine postkeynesianische Perspektive auf Finanzialisierung. In *Politik der Finanzialisierung*, Hrsg. Andreas Nölke und Marcel Heires, 33–48. Wiesbaden: Springer VS.

Styers, Randal. 2012. Mana and mystification: Magic and religion at the turn of the twentieth century. *Women's Studies Quarterly* 40 (3/4): 226–243.

Sum Ngai-Ling, und Bob Jessop. 2013. *Towards a Cultural Political Economy. Putting culture in its place in Political Economy*. Cheltenham: Edward Elgar.

Tenbruck, Friedrich H. 1972. Wissenschaft und Religion. In *Religion im Umbruch. Soziologische Beiträge zur Situation von Religion und Kirche in der gegenwärtigen Gesellschaft*, Hrsg. Jakobus Wössner, 217–244. Stuttgart: Enke Verlag.

Thiemann, Matthias. 2012. Out of the shadow? Accounting for special purpose entities in European banking systems. *Competition and Change* 16 (1): 37–55.

Vollmer, Hendrik. 2012. Signaturen der Finanzialisierung. Von Finanzmärkten zu Organisationen, zu sozialen Situationen und von dort zu allem anderen. In *Soziologie der Finanzmärkte,* Hrsg. Herbert Kalthoff und Uwe Vormbusch, 87–111. Bielefeld: transcript.

Vormbusch, Uwe. 2012a. *Die Herrschaft der Zahlen. Die Kalkulation des Sozialen in der kapitalistischen Moderne.* Frankfurt a. M.: Campus.

Vormbusch, Uwe. 2012b. Zahlenmenschen als Zahlenskeptiker. Daten und Modelle im Portfoliomanagement. In *Soziologie der Finanzmärkte,* Hrsg. Herbert Kalthoff und Uwe Vormbusch, 313–337. Bielefeld: transcript.

Wallerstein, Immanuel M. 1986. *Kapitalistische Landwirtschaft und die Entstehung der europäischen Weltwirtschaft im 16. Jahrhundert.* Frankfurt a. M.: Syndikat.

Wansleben, Leon. 2011. Wie wird bewertbar, ob ein Staat zu viele Schulden hat? Finanzexperten und ihr Bewertungswissen in der griechischen Schuldenkrise. *Berliner Journal für Soziologie* 21:495–519.

Wansleben, Leon. 2012. Was bedeutet "Research"? Praktiken von Währungsanalysten im Kontext sich wandelnder Marktkulturen. In *Soziologie der Finanzmärkte,* Hrsg. Herbert Kalthoff und Uwe Vormbusch, 235–262. Bielefeld: transcript.

Weber, Max. 1972. *Wirtschaft und Gesellschaft. Grundriß der verstehenden Soziologie.* Tübinge: Mohr.

Weingart, Peter. 2005. *Die Stunde der Wahrheit? Zum Verhältnis der Wissenschaft zu Politik, Wirtschaft und Medien in der Wissensgesellschaft.* Weilerswist: Velbrück.

Weintraub, Roy E. 2002. *How economics became a mathematical science.* Durham: Duke University Press.

Wetzel, Dietmar J. 2013. *Soziologie des Wettbewerbs. Eine kultur- und wirtschaftssoziologische Analyse der Marktgesellschaft.* Wiesbaden: Springer VS.

White, Harrison C. 1992. *Identity and control: A structural theory of social action.* Princeton: Princeton University Press.

Windolf, Paul., Hrsg. 2005a. *Finanzmarkt-Kapitalismus. Analysen zum Wandel von Produktionsregimen.* Wiesbaden: VS Verlag für Sozialwissenschaften.

Windolf, Paul. 2005b. Was ist Finanzmarkt-Kapitalismus? In *Finanzmarkt-Kapitalismus. Analysen zum Wandel von Produktionsregimen,* Hrsg. Paul Windolf, 20–57. Wiesbaden: VS Verlag für Sozialwissenschaften.

Wissenschaftsrat. 1998. *Stellungnahme zu den Wirtschaftsforschungsinstituten der Blauen Liste in den alten Ländern.* Berlin: Stellungnahmen des Wissenschaftsrates.

Woodford, Michael. 1999. Revolution and evolution in twentieth-century macroeconomics. *Prepared for the conference on ‚Frontiers of the Mind in the Twenty-First Century‘, Library of Congress.* Washington, June 14–18, 1999.

Wrana, Daniel. 2006. *Das Subjekt schreiben. Reflexive Praktiken und Subjektivierung in der Weiterbildung – eine Diskursanalyse.* Baltmannsweiler: Schneiderverlag Hohengehren.

Wullweber, Joscha, und Christoph Scherrer. 2010. Post-modern and post-structural International Political Economy. In *The international studies encyclopedia,* Hrsg. Robert A. Denemark, Oxford: Blackwell. Blackwell Reference Online

Yonay, Yuval P. 1998. *The struggle over the soul of economics. Institutionalist and neoclassical economics in America between the wars.* Princeton: Princeton University Press.

Young, Brigitte. 2011. Der privatisierte Keynesianismus, die Finanzialisierung des alltäglichen Lebens und die Schuldenfalle. In *Die internationale Politische Ökonomie der Weltfinanzkrise,* Hrsg. Oliver Kessler, 15–36. Wiesbaden: VS Verlag für Sozialwissenschaften.

Young, Brigitte. 2014. Finanzialisierung, Neoliberalismus und der deutsche Ordoliberalismus in der EU-Krisenbewältigung. In *Politik der Finanzialisierung,* Hrsg. Andreas Nölke und Marcel Heires, 63–77. Wiesbaden: Springer VS.

Zeise, Lucas. 2011. *Geld – der vertrackte Kern des Kapitalismus. Versuch über die politische Ökonomie des Finanzsektors.* Köln: PapyRossa.

Zizek, Slavoj. 2002. *Die Revolution steht bevor. Dreizehn Versuche über Lenin.* Frankfurt a. M.: Suhrkamp.

MIX
Papier aus verantwortungsvollen Quellen
Paper from responsible sources
FSC® C105338

If you have any concerns about our products,
you can contact us on
ProductSafety@springernature.com

In case Publisher is established outside the EU,
the EU authorized representative is:
Springer Nature Customer Service Center GmbH
Europaplatz 3, 69115 Heidelberg, Germany

Printed by Libri Plureos GmbH
in Hamburg, Germany